기독교 평생교육사상

김향균 저

평생교육자로서의 예수 그리스도

Jesus Christ as a Lifelong Educator Christian
Thoughts of Lifelong Education

학지사

머리말

> **" 가르치는 것은 예수의 주된 업무였다.**
> **그는 항상 교사였다. "**

기독교 신앙을 가진 사람들에게 삶은 곧 교육이자 학습이다. 교육은 기쁜 소식으로서의 복음을 전파하는 일이며, 학습은 복음을 통해 삶의 전환을 가져 오는 것이다. 학교 교육에서 교육과 학습이 분리된 것과는 달리, 기독교적인 삶 속에서의 복음을 가르치고 배우는 일은 동전의 양면처럼 분리되지 않는 것이 특징이다.

무엇보다 가르치는 일의 모범은 예수 그리스도였다. 성서는 예수를 무려 45회에 걸쳐 교사로서, 14회에 걸쳐 랍비로 부르고 있다. 제자들과 군중들은 물론 그를 반대하던 사람들마저 예수를 교사로 불렀다. 예수는 제자들을 가르치면서 동시에 제자들에게 남을 가르치라는 사명을 부여하셨다. 제자들의 가르치는 일에 세상 종말까지 함께하시겠다는 약속도 잊지 않으셨다.

교육의 일반적인 정의에서 보듯이 기독교인들에게 교육과 학습의 목적은 '전환'이라는 두 글자에 스며 있다. 학습자는 배움을 통해 전환되지만 교육하는 사람은 가르침을 통해 자신도 전환되는 것이 기독교적 교육의 신비함이기도 하다. 그리고 교육과 학습을 통한 전환은 어린 시절이나 삶의 특정한 단계에 국한되는 것이 아닌 평생 동안 지속되는 하나의 과정이며 여행이다.

유네스코는 보고서에서 '평생교육, 그 안의 보물'이라고 표현하고 있다. 필자는 기독교 평생교육사상이야말로 '그 안의 보물', 즉 복음(good news)이라 생각한다. 그렇다면 복음전파의 사명은 기독교적 삶과 신앙을 평생교육의 관점에서 새롭게 해석해야 할 학문적인 당위성을 제공한다. 다시 말해 기독교의 모든 학문 분야에 공통적으로 평생교육학적 시각으로의 전환이 요청된다는 것이다.

예를 들어, 기독교 신학이 추구하는 진리나 가치의 기준은 오로지 평생교육을 통해 입증되어야 한다. 교육은 신학의 목적이며, 소이연(所以然)이기 때문이다. 기독교적 사회복지의 개념에는 무엇보다 참된 '복지'에 대한 예수의 가르침의 사상이 중심이 되어야 하는 것은 당연한 일이다. 따라서 신학자나 교육자, 사회복지사에게 기독교 평생교육사상은 선택이 아니라 필수조건이 되는 것이다.

이 책은 필자의 이러한 필요성에 대한 인식에서 시작되었다. 더욱이 21세기 평생교육의 시대에 기독교 사상을 평생교육의 관점에서 해석한 연구가 전무하다는 사실은 책의 출간을 서두르게 만들었다. 이 책은 필자의 박사학위 논문을 목적에 맞추어 대폭 수정하고 내용을 보충한 것이다. 국내외적으로 처음으로 시도하는 실험적 성격의 책이기에 부족한 면이 많이 있을 것이나 예수 그리스도의 말과 행적을 평생교육학의 관점에서 새롭게 이해하는 데 조금이나마 도움이 되기를 바랄 뿐이다.

책을 내면서, '만남이 교육에 선행한다.'는 실존주의 철학을 곰곰이 되새기게 된다. 책의 출간을 격려해 주시고 지도해 주신 연세대학교 학부 대학 이관춘 교수님께 진심으로 감사를 드린다. 교수님으로부터 교육과 철학, 신학을 '평생'의 관점에서 수렴하고 접근하는 소중한 배움을 얻을 수 있었다. 국제 저명 학술지 논문심사 위원이신 교수님의 명쾌하고 예리한 지도는 학문의 길을 걷는 사람에게는 그 자체로 축복이었다.

산다는 것은 서로가 가르치고 배우는 여행임을 새삼 일깨워 주신 아주대학교 교수이자 유네스코 국제평생교육기구(UIL) 부의장 최운실 교수님께도 감사를 드린다. 평생교육의 의미와 가치를 삶의 현장에서 실현시키기 위해 국내외에서 바쁘게 활동하시는 교수님의 열정과 학문적인 지도는 이 책이 나올 수 있게 하는 바탕이 되었다.

함께 계셔 주시는 것만으로도 힘이 되는 어머니, 가족, 형제에게 고맙다는 마음을 전한다. 말보다 깊은 무언의 지지를 해 주는 남편에게, 그리고 지금까지 받은 모든 감사함을 올해 태어나 삶의 걸음마를 힘차게 내딛는 손자 현이에게 이 책과 함께 선물하고자 한다. 책의 출간을 기꺼이 허락해 주신 학지사 김진환 사장님께

감사를 드린다. 또한 원고를 꼼꼼하게 그리고 열정적으로 편집해 주신 이세희 님
께도 감사의 마음을 전한다. 여러모로 작은 책이지만 기독교 평생교육사상의 의
미와 소중함을 많은 사람들과 함께 나눌 수 있기를 기대한다.

2021년 2월

김향균

〈일러두기〉
이 책에서 인용한 성경 내용은 대한성서공회에서 출간한(2020년 11월 10일 기준 4판) 개역
개정판이다.

프롤로그

"기독교 평생교육사상, 그 안의 보물"

21세기의 문턱을 넘기 몇 해 전, 유네스코는 전 세계인들에게 평생교육의 중요성을 강조하는 유명한 문헌, '들로르 보고서'를 발표했다. 그 보고서의 제목이 「학습, 그 안의 보물(Learning: the treasure within)」이다. 평생교육을 통한 평생의 학습이 다가오는 세기에 개인의 삶과 사회발전에 '보물'이 될 것이라는 예견(豫見)이다. 이제는 평생에 걸쳐 지속적인 학습이 요구된다는 뜻이다.

유네스코 보고서는 기독교인의 삶에 평생학습이 어떤 의미를 갖는지를 새삼 돌아보게 한다. 기독교는 2천 년 전부터 교회 안에 이미 그 '보물'을 가지고 있다. 바로 기쁜 소식이라는 의미의 복음(福音)이다. 사도 바울의 말은 이를 뒷받침해 준다.

> "모든 성경은 하나님의 감동으로 된 것으로 교훈과 책망과 바르게 함
> 과 의로 교육하기에 유익하니."(딤후 3:16)

다시 말해 성경은 모두 하나님의 계시로 이루어진 책으로서 진리를 가르치고 올바르게 사는 방법을 알려 주는 복음이라는 것이다. 평생교육의 이념이 '모든 이를 위한 교육(Education for all)'이듯, 기독교인과 교육의 사명은 평생에 걸쳐 이 보물을 전 인류에게 나누어 주는 것이다. 기독교는 출발부터 복음에 기초한 평생교육을 삶의 궁극적 목적이자 사명으로 선포해 오고 있다.

그러나 성공적인 평생교육의 수행을 위해서는 흔히 간과하기 쉬운 교육조건이

있는데, 그것은 먼저 평생교육 철학이 준비되어야 한다는 것이다. 미국의 대표적인 성인교육학자 말콤 놀스(Malcom Shepherd Knowles)의 말은 그 중요성을 잘 보여 준다.

> "성인교육 분야에 50여 년을 종사하면서, 나는 성인교육의 철학적 바탕이 결여되어 있다는 비판을 수없이 들어 왔다. 철학의 부재로 인해 성인교육은 미국 사회에 별다른 영향을 주지 못했다는 비판을 받고 있다. 나는 이에 대해 죄책감을 느낀다."[1]

기독교적인 평생교육을 아무리 강조해도 기독교 평생교육 철학 혹은 사상이 결여되어 있다면 기독교의 보물인 복음의 전파가 사회에 별다른 영향을 주지 못할 수 있다. 기독교 평생교육사상이 구축되어 있어야 평생교육 운동의 일관된 목적이나 목표 및 신념 체계를 갖추게 되기 때문이다. 달리 말하면 저명한 신학자인 뮌헨대학교의 판넨베르크(Wolfhart Pannenberg) 교수가 강조한 대로 기독교 철학을 모르고는 결코 기독교 교리를 이해할 수 없다.[2] 기독교 평생교육사상의 중요성과 당위성이 여기에 있다.

'좋은 삶'을 위한 평생교육

평생(lifelong) 이어지는 인간의 삶(life)은 교육(education)과 불가분의 관계에 있다. "산다는 것은 곧 아는 것"[3]이라는 말대로 인간의 한 평생은 곧 교육이자 배움이다. 교육을 통해 인간은 개인적, 사회적, 그리고 전문적인 삶에서 자신의 가능성을 최대한 실현시키게 된다. 유네스코의 평생교육학자 라벵드라 다브(Ravindra H. Dave)가 강조한 대로 "평생교육은 단지 삶을 위한 준비가 아닌 필수적인(integral) 삶 그 자체이며, 학습과 삶은 긴밀히 얽혀 있어 서로가 서로를 풍요롭게 한다."[4] 성인들의 학습은 특정한 삶의 형식에 참여하고 헌신하게 만들며,[5] 반대로 특정한 삶의 형식은 그 자체로 경험학습이 된다. 진리의 추구 혹은 가치판단과 직결되는 종교적 학습일 경우에는 더욱 그렇다.

평생교육은 교육에 대한 철학을 전제로 한다. 평생교육의 목표와 내용 및 방식은 철학 혹은 사상의 구현이자 구체화이기 때문이다. 평생 동안 행해지는 교육은 필연적으로 '나는 누구이고, 무엇을 하면서, 어떻게 살아야 하는가?', '내 인생을 가장 알차고 행복하게 만드는 요인은 무엇인가?'와 같은 근본적인 철학적 질문과 얽혀 있다.[6] 한마디로 '좋은 삶(the good life)이란 과연 무엇인가?'에 대한 철학적 논의다.

평생교육이란 결국 '좋은 삶'에 대한 철학을 바탕으로 학습자들이 평생에 걸쳐 좋은 삶을 살기 위한 학습을 할 수 있도록 도와주고 촉진시키는 일이다.[7] '좋은 삶'이란 상대적인 개념이며, 근본적인 가치판단 문제를 내포한다. 무엇보다 가치판단에 결정적 영향을 미치는 것이 종교다. 물론 "좋은 삶에 대한 견해가 반드시 종교적일 필요는 없다."[8] 그러나 종교적 신념을 견지할 때 진리 추구와 같은 그 자체로 바람직하거나 내재적으로 가치 있다고 여겨지는 것과 관련된 평생교육의 목적은 명확해진다.

② 문제 제기

전 세계 종교 중 가장 많은 신도를 가진 종교는 기독교다. 가톨릭과 개신교를 포함한 기독교 신도는 24억 7천여 명으로 전 세계 인구의 33%를 차지한다.[9] 주목해야 할 점은 유교문화권인 한국도 이 비율이 기독교 문화권인 유럽에 못지않다는 사실이다. 한국의 기독교 인구는 1,356만 명으로 전체 인구의 27,6%를 차지하고 있다.[10] 전 세계 인구의 3분의 1이, 그리고 한국 인구의 4분의 1을 훨씬 상회하는 사람들이 기독교적인 '좋은 삶'의 형식과 그와 관련된 평생교육에 참여하고 있다고 볼 수 있다.

이들의 개별적이고 전문적인 분야에서의 평생교육은 다양할 것이다. 그러나 궁극적으로 무엇이 잘 사는 것이고 좋은 삶이냐에 대한 철학적 물음의 해답은 한곳, 즉 예수 그리스도의 가르침으로 수렴된다. 하지만 예수의 가르침을 신학적 차원에서, 그리고 기독교의 교육을 종교교육 차원에서 다루기는 하지만 평생교육사상의 관점에서 접근하려는 학문적 시도에는 관심이 부족한 실정이다.

이 책은 예수 그리스도 및 기독교 사상을 단지 신학이나 종교교육으로 제한하는 편견에 의문을 제기하는 데서 시작하였다. 이 문제의식을 책의 목적과 필요성에 논거를 제공하기 위해 다시 세 가지 질문으로 구체화하였다.

첫째, 전 세계 인구 중 3분의 1이 배우고, 믿고, 실천하는 예수의 가르침을 평생교육으로 조망하는 것이 가능한가?

둘째, 기독교 평생교육사상의 철학적 바탕은 무엇이며, 서양 평생교육 철학사에서 차지하는 학문적 위상과 중요성은 무엇인가?

셋째, 왜 기독교 평생교육 '사상'이며, 이에 어떻게 평생교육학적으로 접근할 것인가?

예수의 가르침은 평생교육인가

먼저, '예수의 가르침은 평생교육인가?' 하는 질문은 교육과 학습의 개념 정의를 준거로 해답이 도출될 수 있다고 본다. 교육과 학습이라는 용어는 명확하게 정의하기 어려운 개념이며 해석은 학자에 따라 다양하다. 그러나 일반적으로 교육이란 용어는 '학습을 자극하고 강화하며 변화를 유도하는 활동'[11]에 초점을 맞춘다. 반면에 '학습은 경험의 결과로 생긴 행동의 변화'[12] 혹은 '변화가 일어나거나 변화가 일어날 것이라고 기대되는 학습자'를 강조한다.[13]

성서에 나타난 예수의 가르침은 보이드(R. O. Boyd)와 앱스(J. W. Apps)가 정의한 교육 행위의 전형(典型)이다. 예수는 지속적이며 반복적으로 사람들의 변화를 유도[교육]하며, 실제로 예수를 믿는 사람들의 행위는 교육의 결과로 삶의 '변화가 일어났거나 변화가 일어날 것'[학습]임을 반증하는 것이다. 다시 말하면 평생에 걸쳐 이루어지는 기독교인들의 신앙 행위[행동의 변화]는 예수와의 만남[경험]의 결과로 생긴 학습이다. 예수의 교육을 통해 평생학습자로서의 신도의 행동과 태도가 변화되며, 심지어는 인생관과 '성격까지도 변화'[14]되기 때문이다. 심리학자이자 기독교 교육학자인 찰스 이베이(Charles Benton Eavey)는 다음과 같이 단언한다.

"가르치는 것은 예수의 주된 업무였다. 그는 항상 교사였다."[15]

이 책에서는 '학습은 변화를 수반한다.'라는 전제하에, 기독교 교육을 통한 신앙 행위는 곧 평생학습이며, 예수는 행동 변화의 방향과 근거를 제시한 평생교육자라는 입장을 견지한다. 평생교육에 관한 체계적인 언설을 명시적으로 담고 있느냐의 여부를 떠나 예수의 가르침은 그 자체로 평생교육과 관련을 맺을 수 있다는 것이 필자의 주장이다.

그럼에도 필자는 혹자가 제기할 수도 있는 두 번째 질문에 답을 해야 한다. 즉, 기독교 평생교육사상은 종교적인 믿음과 신앙에 기초한 예수의 가르침일 뿐, 과연 철학적 혹은 사상적 바탕이 존재하는가?

④ 기독교 평생교육에 철학이 있는가

인간의 사고(思考)는 역사적으로 형성된 사유 틀(frame)에 의존한다. 태어나면서부터 사유를 위한 사유 틀과 범주들을 생득(生得)하는 것이 아니라 역사적으로 형성된 사유 틀을 가지고 구체적인 개인적·사회적 현실을 바탕으로 사고를 전개해 나가는 것이다.[16] 마찬가지로 모든 신학적 사유도 각각 역사에 깊이 뿌리를 두고 병행되는 철학과 철학적 원천을 갖고 있다.[17]

다시 말해 기독교 사상에 대한 개인의 이해 및 사고 역시 역사적으로 형성된 기독교적 사유 틀에 필연적으로 의존한다는 것이다. 독일 뮌헨대학교 조직신학 교수였던 볼프하르트 판넨베르크(Wolfhart Pannenberg)는 "기독교 신학은 처음부터 철학과 관계해 왔다."고 단언한다.[18] 독일 뷔르츠부르크대학 빈프리트 뵘(Winfried Böhm) 교수도 이를 뒷받침한다. 평생학습자로서의 기독교인들이 믿는 "기독교 사상이나 사유방식은 완전히 새롭고 독창적인 것이 아니기에"[19] 그 기독교적 사유 틀을 형성한 철학적 바탕에 대한 이해를 선제적으로 요구한다고 주장한다.

필자가 주목하는 점은 바로 기독교적 사유의 철학적 바탕이다. 기독교 평생교 육사상은 예수의 말씀을 기록한 성서와 그 성서 해석에 기초한 교부(敎父)들의 신학 및 그에 바탕을 둔 기독교 문헌에 근거한다. 그런데 교부신학 및 기독교 문헌들 속에 나타난 기독교 사상에 대한 그 사유는 철학의 산물이다. 철학사에 의하면 기독교 문헌의 바탕인 교부철학(敎父哲學) 및 스콜라철학은 평생교육 철학의 바탕인 고대 및 중세철학과 불가분의 관계에 있다. 다시 말해 중세철학은 물론 신플라톤주의와 스토아철학, 플라톤(Plato) 및 아리스토텔레스(Aristoteles)의 사유 틀이 기독교 사상의 기본 골격인 것이다.[20]

예수의 신성과 인성, 신의 영원성과 완전성, 육신과 영혼, 현세와 내세, 진리와 지식의 정초(定礎) 등의 개념은 플라톤의 사유 틀에서 비롯된 보편자, 영혼, 현상과 이데아, 동일성, 로고스 등의 개념 및 원리에서 기원한다는 것이 철학사의 보편적 인식이다. 초기 교부신학자인 아우구스티누스(Augustinus)는 저서 『참된 종교(De vera religione)』에서 다음과 같이 서술하고 있다.

> "만일 신플라톤주의자들이 이승의 삶을 우리와 함께 다시 산다고 하면…… 자기네 학설에서 몇 개의 말마디나 혹은 문장만 바꾸면 자기네가 그대로 그리스도교도가 됨을 알게 될 것이다."[21]

독일 뮌헨대학교 조직신학 교수였던 판넨베르크 교수는 저서 『신학과 철학(Theologie und Philsophie)』을 다음과 같이 시작한다.

> "철학에 대한 철저한 이해 없이 기독교 교리를 이해할 수 없다. 기독교 교리가 어떻게 역사적으로 형성되었는지도 이해할 수 없으며, 현재 기

독교 교리가 주장하는 진리에 관해 고유하고 정당한 판단도 가질 수 없
다."[22]

　기독교 사상이 단지 신학만이 아닌 철학의 영역이며 이 책에서 기독교의 가르침
을 평생교육사상으로 규정하는 논거가 여기에 있다.

⑤ 기독교 교육사상과 평생교육

　그렇다면 '기독교 교육사상이 서양 평생교육 철학사에서 차지하는 학문적 위상
은 무엇인가?'라는 질문으로 나아가야 한다. 기독교의 가르침을 평생교육 사상적
관점에서 고찰할 만한 학문적 가치가 있는지에 관한 논거가 필요하기 때문이다.
　전술한 바대로 평생교육의 궁극적 지향점이 '좋은 삶'이라는 주장에 이의를 제
기하는 학자는 없다. 평생교육사상은 '좋은 삶'을 영위하기 위해 교육해야 할 목적
으로서의 인간상과 그 철학적 논거를 제시한다. 유네스코 문헌들, 대표적으로 랑
그랑(Lengrand) 보고서, 포르(Faure) 보고서, 다브(Dave) 보고서 및 들로르(Delors)
보고서[23]는 평생교육의 목적을 명확히 하고 있다. 특히, 에드가 포르(Edgar Faure)
의 「Learning to Be」 보고서는 평생교육의 핵심 목표를 '온전한 인간(complete man)'
으로 규정한다.[24] 평생교육은 신체적, 지적, 감성적 및 윤리적 측면을 통합적으로
계발한 온전한 인간 양성을 지향해야 한다는 것이다.
　들로르 보고서는 포르 보고서 출간 후 24년이 지나 발표되었지만 평생교육이 지
향하는 인간상에는 차이가 없다. 들로르 보고서는 "교육의 목적은 누구의 예외도
없이 우리 각자가 자신의 모든 능력을 최대한 계발하고 개인의 창의적인 가능성
을 실현시켜 자신의 삶과 개인적 목적을 성취하는 데 책임감을 갖도록 도와주는
데 있다"[25]는 점을 명확히 한다. 이를 위해 보고서는 '존재를 위한 학습(Learning to
Be)'을 중심으로 한 평생교육의 네 가지 학습 원리(pillars)를 제시하고 있다.
　그렇다면 기독교 평생교육사상은 유네스코 문헌들의 바탕이 되는 평생교육 철

학과 어떤 관련이 있는 것인가? 이 질문은 앞의 질문에 대한 논의와 맥락을 같이 한다. 즉, 기독교 신학과 서양철학 전통과의 긴밀한 역동적 관계 속에서 접근해야 한다는 것이다. 유네스코 보고서들이 평생교육의 목적으로 제시하는 '온전한 인간'이라는 개념은 실용주의와 아울러 인본주의 철학[26] 혹은 '신인본주의(new humanism)' 사상에 기초하고 있음을 알 수 있다. 외견상 인본주의는 기독교 평생교육사상의 바탕인 신본주의(神本主義)와는 대척점에 있는 것으로 보인다.

그러나 이 책은 두 평생교육사상의 근저(根底)에는 차이점과 공통점이 공존한다는 점에 주목한다. 즉, 유네스코 문헌의 철학과 기독교 사상은 평생교육 철학의 관점에서 상이하면서도 불가분의 관계를 지닌다는 주장이다. 나아가 평생교육의 기초가 되는 다양한 철학들과 기독교 평생교육사상은 서로 분리되어 생각할 수가 없다. 필자의 이러한 주장은 서양교육의 바탕인 서양 문화 및 사상이 '그리스적인 것'(헬레니즘, Hellenism)과 '히브리적인 것'(헤브라이즘, Hebraism)으로 이루어진 역사적 복합 산물[27]이라는 점에 근거한다.

⑥ 헬레니즘과 헤브라이즘

토를라이프 보만(Thorleif Boman)에 따르면 서양에서의 교육 혹은 평생교육사상은 고대 그리스 철학에서 출발한 헬레니즘 전통과 중동지역에서 출발한 유대 기독교 전통의 역사적 복합 산물이다.[28] 다시 말해 "순수한 히브리 사상의 전달자인 구약성서의 사상과 순수한 그리스 철학, 또한 양자의 복합체인 헬레니즘과 후기 유대교 사상이 복합적으로 얽혀 형성"[29]된 것이다. 복합 산물이라는 말은 이 두 전통이 서로 대립하거나 대응 관계에 있다는 것이 아니라 각기 특수성을 가지고 있으면서도 공통점이 있음을 의미한다.

그리스인들은 철학과 과학의 영역에서, 이스라엘인들은 종교와 윤리의 영역에서 유럽은 물론 세계 문화 전반에 지대한 공헌을 했다. "기독교는 그리스의 아고라(광장)에서 많은 것을 받아들였지만, 중동의 사막에서도 최소한 그만큼이나 많

은 것을 받아들였다."[30]는 돈 마리에타(Don E. Marietta) 미국 애틀랜틱대학 교수의
말이나, "신이 예수 그리스도의 인격 안에 있었고, 그를 통해 자신의 본질을 계시
했다는 것은 그리스적인 생각(Hellenism)이며, 신이 자신의 아들을 보내서 그를 통
해 자신의 뜻을 실현시켰다는 것은 이스라엘적인 생각(Hebraism)"[31]이라는 신학자
보만의 주장이 이를 뒷받침한다.

철학사적으로 볼 때 '플라톤 철학은 기독교를 철학적으로 표현하기 위한 형식'[32]
이었다. 베르너 예거(Werner Jaeger) 교수는 "신에 관한 물음은 서양철학의 근본
적인 물음"이었음을 지적하면서 '플라톤 철학의 최고점은 신학'[33]으로 귀결된다
고 강조한다. 따라서 기독교 교육사상의 계보를 역으로 추적해 들어가면 기독교
사상은 중세시대의 아우구스티누스 및 토마스 아퀴나스(Thomas Aquinas)와 같은
교부(敎父)들에게서 연유된 것이며, 또한 중세의 기독교 교육사상은 플로티노스
(Plotinus)와 같은 신플라톤주의와 스토아철학, 그리고 궁극적으로 플라톤을 중심
으로 한 고대 그리스 철학에 바탕을 둔 것임을 확인할 수 있다.

마찬가지로 유네스코 문헌들이 제시한 평생교육 철학 역시 플라톤 철학에 근원
을 두고 역사적·사회적 현실을 바탕으로 변증법적인 과정을 거쳐 형성된 것으로
보아야 한다. 서양 철학사의 주요 문제들, 기본적인 사유 범주, 다양한 개념 등 기
본 골격은 모두 플라톤에 의해 창출되어 서양 교육철학사의 위대한 유산으로 전
승된 것[34]이기 때문이다. 유네스코 평생교육 문헌의 '온전한 인간' 이해를 위한 인
간 본성에 관한 이론만 해도 그렇다. 평생교육과 관련된 많은 이론들이 데카르트
(René Descartes)의 이성 중심의 합리주의를 수용 혹은 비판적으로 수용하고 있다.

그러나 필자는 데카르트의 '나'는 곧 '영혼' 자체이며, 그의 이론은 플라톤으로부
터 시작해 기독교 사상의 토대인 아우구스티누스를 거쳐 안셀무스(Anselmus)로
이어지는 영혼불멸론의 계보 속에 위치한다는 점에 주목한다. 따라서 "서양의 철
학 전통은 플라톤 철학에 대한 일련의 주석(footnotes to Plato)에 불과하다"[35]고 화
이트헤드(Alfred North Whitehead)가 평한 것처럼, 유네스코의 평생교육 철학과 예
수의 평생교육사상에 대한 논의의 골격은 헬레니즘 전통의 중심인 플라톤 철학에
서 찾을 수밖에 없다.

기독교 평생교육사상의 특징

유네스코의 포르 및 들로르 보고서의 철학적 토대인 인본주의와 실용주의는 실존주의 및 인본주의 심리학과 관계가 깊다.[36] 또한 놀스(Malcom Shepherd Knowles)[37] 및 토프(Allen Tough)[38] 같은 성인교육학자들의 이론에 철학적 바탕을 제공하고 있다. 평생교육 철학적 관점에서 볼 때 인본주의는 다른 평생교육 철학과 같이 플라톤이 제시한 '이성적 사유능력을 갖춘 인식주체로서의 인간'관에서 출발한다. 인본주의는 기독교 사상인 신본주의와 마찬가지로 가치 지향적이며 목적 지향적(goal-oriented)이다.

유네스코 문헌의 '온전한 인간' 양성으로서의 평생교육의 목적, 또는 에이브러햄 매슬로(Abraham Harold Maslow)나 칼 로저스(Carl Rogers)를 중심으로 한 인본주의 심리학자들 및 그에 영향을 받은 놀스 등이 제시하는 '자아실현(self-actualization)'[39] 이란 평생학습의 목적은 재능과 능력, 잠재력 등을 최대한 발휘하는 것을 목표로 한다. 예수의 말씀과 삶에 기반을 둔 기독교 평생교육사상 역시 철저히 목적 지향적이라는 점에서 공통적이다.

그러나 무엇을 목적으로 하느냐 하는 목적의 가치 지향에 있어 상호 대립되는 사유가 노정된다. 유네스코 문헌과는 대조적으로 기독교 사상에 함의되어 있는 평생교육의 목적은 명확하다. 인간의 초월적인 실재(實在)로서의 본질에 대한 명확한 정의를 바탕으로 하기 때문이다. 생성 변화하는 현실과 대립하는 것으로서의 실재, 영원불변의 동일자(同一者)를 상정하기에 평생학습자의 인생관 및 세계관이 명확히 설정된다. 이런 점에서 예수의 사상에 기초한 기독교 평생교육사상은 플라톤 철학에 기반을 둔 인문주의 성인교육 전통[40]에서 중요한 위치를 차지한다. 기독교 평생교육사상 연구가 성인 혹은 평생 교육철학 연구에서 필수적인 이유가 여기에 있다.

한 걸음 더 나아가 기독교 평생교육사상은 현대의 포스트모던 교육철학을 상호 비판적 관점에서 논의할 수 있는 준거를 제공한다는 점에서 또 다른 중요성이 있다. 포스트모던 교육철학에 대한 논의는 다양하다. 그러나 니체 철학을 기반으로 하여 평생교육의 핵심 주제인 인간 본성에 대한 플라톤적 및 그리스도교적 인식론에 도전한다는 점에서 공통적이다. 플라톤주의 전통에 대한 근본적인 도전으로 반정초주의(反定礎主義)를 주장하며, 다양성과 다원성을 추구한다는 점에서 공통점이 있다. 따라서 어떤 통일성이나 질서, 일자(一者) 혹은 영원불변의 고정된 동일성(同一性)의 세계가 아닌 생성 변화하는 현실 세계 자체를 긍정한다. 평생교육에서 추구해야 할 것은 지식의 객관성이나 불변성이 아닌 지식의 주관성, 가변성, 불확정성(不確定性)이라는 입장을 견지한다.

이러한 포스트모던 철학은 현재 구성주의 교수-학습이론에서 보듯 학교 교육과정에서는 물론 기업교육을 포함한 다양한 평생교육 현장에서 수용 및 적용되고 있다. 이렇게 볼 때 기독교 사상이 평생교육학적 관점에서 지니는 의의와 가치를 규명하는 것은 포스트모던 시대의 평생교육의 문제의식과 철학 체계를 올바로 이해하는 데 있어서도 필수적이다. 나아가 평생교육에서의 포스트모더니즘, 반플라토니즘 등 서양철학 및 기독교 사상에 대한 반성적 비판은 역설적으로 평생교육 철학에서 플라톤 철학과 기독교 사상이 지배적인 위치를 차지하고 있음을 입증하는 것이다.

8 기독교 평생교육사상의 중요성

마지막으로 '왜 기독교 평생교육사상이며, 또 어떻게 평생교육학적으로 접근할 것인가?' 하는 질문이다. 필자는 기독교 사상이 들로르 보고서의 네 가지 학습 원리 중 '더불어 살기 위한 학습'과 '존재를 위한 학습'의 내용 및 목표설정의 준거와 이유를 명확히 제공한다는 점에서 그 중요성을 찾고자 한다. 자아실현에 대한 가치평가 문제와는 관계없이, 존재를 위한 학습'을 통한 자아실현에 대한 논의에서 기독교의 자아실현 개념 안에는 이미 자아실현의 본질과 목표가 함축되어 있기 때문이다.

들로르 보고서에서 지적한 대로 이 두 가지 학습 원리는 평생교육의 핵심 목적이지만 전통적으로 학교 교육의 관심에서 벗어나 소홀히 취급되어 왔다.[41] 반면 기독교 교육사상의 핵심은 이 두 가지 학습에 있으며, 학습의 근본적인 목표 및 내용 설정의 준거를 명확히 제시한다. 왜 더불어 살기 위한 학습이며 존재를 위한 학습인지에 대한 이유와 방법을 제시한다는 점에서 기독교 사상은 평생교육의 실천적 및 학문적 논의의 지평을 확대할 수 있다고 판단한다.

지금까지 국내외적으로 평생교육이나 평생학습을 철학적으로 조망하는 학문적 관심은 다른 평생교육 분야에 비해 상대적으로 활발하지가 않다. 특히, 평생교육 철학에 대한 연구[42]는 많지 않으며, 평생학습을 철학과 연계시키거나[43], 철학의 한 유형을 평생교육과 연계시킨 연구[44]에 대한 관심도 크지 않은 편이다. 반면 예수의 사상에 기반한 기독교 교육[45]이나 성인 종교 교육[46], 그리고 성인 기독교 교육[47] 등에 관한 연구는 지속적으로 이루어지고 있다. 그러나 기독교의 가르침을 평생교육 사상의 관점에서 탐구한 연구는 국내를 포함해 전 세계적으로 찾아보기 어렵다.

이 책에서 기독교 성인교육 철학이 아닌 기독교 평생교육사상에 관심을 두는 데는 이유가 있다. 예수의 말과 가르침은 "지속적으로 학습을 자극하고 강화하며 변화를 유도하는 '교육'"이며, 그 교육은 단지 성인기의 학습자만이 아닌 '요람에서 무덤까지'가 학교[48] 그 자체인 모든 학습자를 대상으로 하기 때문이다. 특히, 구원 신학으로서의 기독교 교육목적은 수직적 접합(vertical articulation)과 수평적 통합(horizon-tal integration)[49]을 함의하는 삶의 전체성을 통해 실현되는 '평생'의 과업이라는 점을 고찰해야 하기 때문이다.

아울러 기독교 평생교육 철학이 아닌 평생교육사상에 연구에 초점을 맞춘 이유는 예수의 가르침이 철학보다는 사상에 가깝다는 개념 구분 때문이다.[50] 예수의 교육 특징은 특정한 철학 이론을 제시하기보다는 신앙에 기초한 실천을 더 강조했다는 데 있다. 예수의 한평생은 신앙이라는 내재적 가치실현을 위해 지속적으로 학습을 자극하고 강화하며 변화를 유도하는 활동이었다. 예수의 교육은 곧 '그의 삶 자체'였다는 점에서 이 책에서는 기독교의 가르침을 평생교육사상의 관점에서 고찰한다.

9　평생교육사상의 탐색 방법

　마지막으로 제기되는 문제는 '기독교 평생교육사상을 탐색하는 이론적 틀을 무엇으로 설정할 것이냐?' 하는 논의다. 이론적 틀에 따라 논의의 내용과 방향이 전혀 달라질 수 있기 때문이다. 예수의 교육사상의 특징은 신 중심의 인간관 및 세계관을 교육하는 데 있다. 신과 인간, 세계와의 역동적 관계 속에서 교육을 고찰하는 특징이다. 따라서 기독교 평생교육사상은 세 가지 개념, 즉 인간 존재론[삶], 전 생애를 통한 교육목적의 실현[평생], 그리고 교육목적과 방법[교육]에 대한 사상을 상호 연계시켜 통합적으로 고찰할 필요성이 대두된다.

　이러한 목적에 적절한 접근이론을 제공하고 있는 학자가 유네스코 교육위원회(UIE) 위원장을 지낸 라벵드라 다브(Ravindra H. Dave)다. 다브는 평생교육의 의미를 이해하기 위해서는 세 가지의 근본적인 개념에 대한 이해와 가치판단이 선행되어야 한다고 주장하였다. 즉, 삶, 평생, 교육이다.[51] 평생교육에 내포된 이 세 가지 개념을 어떻게 해석하느냐에 따라 평생교육의 범주와 의미 또는 평생교육자의 사상을 고찰하는 준거가 결정된다는 것이다.

　지금까지 다브의 이론에 따라 평생교육사상이나 철학을 고찰한 연구는 국내외적으로 찾아보기 어려웠다. 이 책의 또 다른 학문적 의미가 여기에 있다고 본다. 이 책에서는 다브의 이론적 틀에 기초하여 삶, 평생, 교육 개념에 대한 예수 그리스도의 가르침을 중심으로 기독교 평생교육사상을 고찰하기로 한다.

10. 기독교 사상의 해석학적 접근

　이 책의 기독교 평생교육사상 이해는 기본적으로 해석학적 접근방식이다. 해석학적 접근은 다음의 두 가지 관점에 기초한다. 첫째, 해석학(Hermeneutics)은 본래 성서 해석학에서 비롯되었다[52]는 점에서 기독교 성서 해석에 기초한 이 책의 방법에 적합하다는 판단이다. 둘째, '교육 및 교육 현상은 항상 해석학적'[53]이라는 점에서 볼 때 기독교 사상에서 평생교육학적 함의를 고찰하기 위해서는 기본적으로 해석학적 접근을 택해야 한다고 본다.

해석학은 텍스트 속에 감추어진 의미를 끄집어내어 읽어 주는 데 중점을 둔다. 필자 역시 기독교 사상의 토대인 성경 속에 숨겨진, 또한 성경에 기초한 기독교 사상가들의 다양한 텍스트 속에 숨겨진 평생교육학적 함의를 해석하는 데 주안점을 둔다. 해석학에서는 하나의 텍스트는 문자 그대로의 의미뿐만 아니라 그 이상의 다른 숨겨진 의미를 담고 있다고 본다.[54] 성서 해석에서 해석학이 출발한 것에서 볼 수 있듯이 필자는 성서 및 기독교 사상의 텍스트 안에는 단지 사건들의 사실성이나 실제성이 아닌 그 사건들이 내포하고 있는 평생교육학적 의미가 숨겨져 있다고 생각한다.

물론 그 숨겨진 의미를 평생교육의 관점에서 텍스트의 의도에 충실하게 읽어 내는지는 해석의 관점으로 들어오게 된다. 해석하는 것은 이해하는 것이지 설명하는 것이 아니다. 설명은 자연과학에서와 같이 인과관계를 추적·밝히는 것인 반면, 이해는 텍스트에 숨겨진 의미와 의미가 함축하는 체험을 이해하는 것이다.[55]

이 책에서는 기독교 사상의 텍스트에 함의된 평생교육의 의미를 설명이 아닌 이해를 하고 그 이해를 기술하는 데 초점을 맞춘다. 여기서 텍스트의 해석은 부분을 이해하기 위해 전체를 파악해야 하며, 반대로 전체는 부분적인 문장들을 다 읽고 나서 파악할 수 있게 되기에 필연적으로 순환의 구조, 즉 슐라이어마허(Friedrich Ernst Daniel Schleiermacher)가 지적한 해석학적 순환(hermeneutic circulation)이 된다.

이때 제기되는 문제는 해석의 자의성이다. 하나의 현상에 대한 다양한 관점 및 다양한 해석이 가능하기 때문이다. 한스게오르크 가다머(Hans-Georg Gadamer)는 "이해한다는 것은 항상 다르게 이해하는 것이며 우리는 텍스트를 저자와는 다르게 해석할 수 있다"[56]고 말한다. 해석의 대상이 되는 사물 자체가 말하는 것은 우리의 지평이나 우리가 던지는 질문이 바뀜에 따라 달라진다.[57] 우리의 지평은 부분과 전체의 지평이며 대상에 대한 해석은 대상에 대한 일반명사와 그 대상의 개별성이 동시에 우리 시야에 들어올 때에만 대상이 의미를 띠게 되는 것이다.[58]

필자와 같은 교육학자의 해석학적 인식은 필연적으로 주관적 한계를 지니게 된다. 그렇지만 그 주관적인 이해는 평생교육이라는 선이해(先理解)의 지평을 기반으로 하기 때문에, 평생교육의 관점에서는 개인적 상대주의를 넘어 해석들 사이에 어느 정도의 동일성이 확보될 수 있을 것으로 본다.

주석

1 Elias, J. L., & Merriam, S. B. (1995). *Philosophical Foundations of Adult Education*. 기영화 외 역(2002). 성인교육의 철학적 기초. 서울: 학지사, p. 11.

2 Pannenberg, W. (1996). *Theologie und Philosophie*. 오성현 역(2019). 신학과 철학 I: 고대에서 근대(17C)까지. 서울: 종문화사, p. 13.

3 Maturana, H., & Varela, F. (1987). *Autopoiesis and Cognition*. Holland: D. Riedel, p. 174.

4 Dave, R. H. (1975). *Reflections on lifelong education and the school. UIE monographs 3*. Hamburg: UNESCO Institute for Education, p. 42.

5 White, J. (1990). *Education and the Good Life*. London: Kogan Page, Ltd. 이지헌, 김희봉 역(2009). 교육목적론. 서울: 학지사.

6 Wringe, C. (1988). *Understanding Educational Aims*. 김정래 역(2013). 교육목적론. 서울: 학지사.

7 Peters, R. S. (1967). *Ethics and Education*. London: Allen and Unwin.

8 White, J. (1990), p. 39.

9 2017년 기준 전 세계 인구는 75억 1,528만 4천 명이다. 이 중 그리스도교 신도는 24억 7,956만 3천 명으로 32.99%를 차지하고 있다. 그리스도교 중 가장 많은 종교는 가톨릭으로 12억 3,105만 명으로 과반수 이상(50%)을 차지하고 있으며 성공회를 포함한 개신교는 5억 5,925만 8천 명이었고, 이어 독립교회와 동방정교, 기타 기독교 등의 순이었다(출처: Johnson, T. M. et al., 2017).

10 한국통계청 발표에 따르면 2015년 기준 우리나라의 종교 인구는 43.9%(2005년 52.9% 대비 9.0% 감소)이며, 이 중 개신교 인구가 967만 6천 명(19.7%)으로 가장 많고, 불교 761만

9천 명(15.5%), 가톨릭 389만 명(7.9%) 순이다(출처: 통계청, 2016, 2015년 인구주택총조사 표본 집계 결과).

11 정범모(1997). 인간의 자아실현. 서울: 나남출판.

12 Haggard, E. A. (1963). Learning a process of change. In Crow, A. (Eds.), *Readings in Heman Learning*. New York: McKay, p. 71.

13 Boyd, R. D., Apps, J. W., Associates (1980). *Redefining the Discipline of Adult Education*. San Francisco: Jossey-Bass, p. 100.

14 Rogers, C. R. (1980). *A Way of Being*. Boston: Houghton Mifflin.

15 Eavey, C. B. (1940). *Principles of Teaching for Christian Teachers*. 박영호 역(1984). 기독교교육원리. 서울: 기독교문서선교회, p. 78. 예수를 따르던 사람들은 물론이고 예수를 반대했던 바리사이파, 사두가이파, 율법학자들까지 예수를 선생님 혹은 랍비라고 불렀다. 신약성서(마태 9: 5; 14: 45 요한 1: 49; 3: 2; 4: 31; 6: 25; 9: 2 등)에는 선생님을 지칭하는 랍비라는 용어가 무수히 반복된다.

16 남경희(2014). 플라톤: 서양철학의 기원과 토대. 서울: 아카넷.

17 Cooper, M. (2003). *Existential Therapies*. 신성만 외 역(2014). 실존치료. 서울: 학지사, p. 29.

18 Pannenberg, W. (1996), p. 14.

19 Böhm, W. (2010). *Geschichte Der Padagogik*. 김영래 외 역(2017). 서양 교육 이념의 역사: 플라톤에서 현대까지. 서울: 교육과학사, p. 43.

20 철학과 신학의 이런 역동적인 관계가 기독교 신학의 독특한 특징이다. 또한 불교, 이슬람교, 힌두교 등 다른 여타 종교와 차별화되는 점이라고 본다.

21 Augustinus, A. (2011). *De Vera Religione*. 성염 역(2011). 참된 종교-교부문헌총서 3. 경북: 분도출판사, p. 39.

22 Pannenberg, W. (1996), p. 13.

23 Lengrand, P. (1970). *An Introduction to Lifelong Education*. Paris: UNESCO.; Faure, E. et al. (1972). *Learning to Be: The World of Education, Today and Tomorrow*. Paris: UNESCO.; Dave, R. H. (1973). *Lifelong Education and School Curriculum*. Hamburg: UNESCO Institute for Education; Delors, J., Mufti, I. A., Amagi, I., Carneiro, R., Chung, E., Geremek, B., ... Nanzhao, Z. (1996). *Learning: The treasure within*. Report to

UNESCO of the International Commission on Education for the Twenty-first Century. Paris: UNESCO.

24 Faure, E. et al. (1972), p. 153.

25 Delors, J., Mufti, I. A., Amagi, I., Carneiro, R., Chung, E., Geremek, B., ... Nanzhao, Z. (1996), p. 17.

26 Merriam, S. B., Caffarella, R. S., & Baumgartner, L. M. (2007). *Learning in Adulthood: A Comprehensive Guide*. 기영화 외 역(2009). 성인학습론. 서울: 아카데미프레스, p. 129.

27 Boman, T. (1960). *Das hebraische Denken im Vergleich mit dem griechischen*. 허혁 역 (1993). 히브리적 思惟와 그리스적 思惟의 比較. 경북: 분도출판사.

28 같은 책.

29 같은 책, p. 8.

30 Marietta, D. E .(1998). *Introduction to Ancient Philosophy*. 유원기 역(2015). 쉽게 쓴 서양 고대철학사: 탈레스에서 아우구스티누스까지. 경기: 서광사, p. 145.

31 Boman, T. (1960), p. 225.

32 Louth, A. (2007). *The Origins of the Christian Mystical Tradition: From Plato to Denys*. Oxford University Press on Demand. 배성옥 역(2011). 서양 신비사상의 기원. 경북: 분도출판사, p. 13.

33 Jaeger, W. (1961). *Early Christianity and GreekPaideia*. Harvard University Press, p. 13.

34 남경희(2014). 같은 책.

35 Whitehead, A. N. (1929). *Process and Reality*(Gifford Lectures Delivered in the University of Edinburgh during the Session 1927−28). New York: Free Press, p. 39.

36 Elias, J. L., & Merriam, S. B. (1995), p. 35.

37 Knowles, M. S. (1980). *The Modern Practice of Adult Education: From Pedagogy to Andragogy*. Englewood Cliffs, NJ: Cambridge.

38 Tough, A. (1982). *Intentional Changes: A Fresh Approach to Helping People Change*. Chicago: Follett.

39 인본주의 심리학은 학습을 통한 개인의 성장 및 성숙한 자아를 강조한다. 놀스(Knowles, 1980)의 안드라고지 모델은 명확하게 인본주의적 관점을 택하면서 성인학습을 "자기계발을 위해 성인들에 의해 사용되는 프로세스"라고 정의한다(참고: Merriam et al., 2007,

p. 129).

40 Elias, J. L., & Merriam, S. B. (1995). 같은 책.

41 Delors, et al. (1996), p. 108.

42 예를 들면, Wain, K. A .(1985). Lifelong education and philosophy of education. *International Journal of Lifelong Education, 4*(2), 107−117.

43 예를 들면, Aspin, D. N. (Ed.) (2007). *Philosophical Perspectives on Lifelong Learning. Lifelong Learning Book Series, Vol. 11.* The Netherlands: Springer.; Aspin, D. N., Chapman, J. D. (2012). *Towards a philosophy of lifelong learning.* In D. N. Aspin, J. Chapman, K. Evans & R. Bagnall (Eds.), *Second International Handbook of Lifelong Learning.* The Netherlands: Springer.

44 예를 들면, Sun, Qi. (2008). Confucian educational philosophy and its implication for lifelong learning and lifelong education. *International Journal of Lifelong Education, 27*(5), 559−578.

45 Knight, G. R. (1989). *Philosophy and Education: An Introduction in Christian Perspective.* Berrien Springs: Andrew University Press.; Graendorf, W. C. (Ed.) (1981). *Introduction to Biblical Christian Education.* Chicago: Moody Press.; Wyckoff, D. C. (1961). *Theory and Design of Christian Education Curriculum.* Philadelphia: The Westminster Press.; 오인탁, 강상희, 고경화, 고래억, 고용한, 김진숙, 김창환, 박보영, 문성모, 오춘희, 윤재홍, 이상오, 정혜영, 최재성, 황금중(2006). 교육학 연구의 논리. 서울: 학지사. 등.

46 이석철(1990). 성인 기독교 교육의 본질. 복음과 실천, 13(1), 150−189.; Elias, J. L. (1982). *The Foundations and Practice of Adult Religious Education.* Malbar, Florida: Robert Krieger Publishing Company.; Foltz, N. T. (1986). *Handbook of Adult Religious Education.* Birmingham. Alabama: Religious Education Press.; Groome, T. H. (1980). *Christian Religious Education: Sharing Our Story and Vision.* San Francisco: Harper & Row, Publishers.; McKenzie, L. (1986). *The purpose and scope of adult religious education.* In Nancy, T. F. (Ed.), *Handbook of Adult Religious Education.* Birmingham: Religious Education Press.; Moran, G. (1979). *Education toward Adulthood: Religion and Lifelong.* New York: Paulist Press. 등.

47 Stubblefield, J. M. (Ed.) (1986). *A Church Ministering to Adults: Resources for Effective Adult Christian Education*. Nashville: Broadman Press.; Withnall, A. (1986). *The Christian Churches and Adult Education*. Leicester: National Institute of Adult Continuing Education. 등.

48 Comenius, J. A. (1966). Pampaedia. In: *De rerum humanarum emendatione consultatio catholica*. Pragae: Academia scientiarum Bohemoslovaca.

49 Dave, R. H. (1973), p. 3.

50 이 책의 관심은 평생교육에 관한 어떤 이론적 체계를 갖춘 기독교 철학이 아니라, 평생교육과 관련된 기독교의 어떤 생각 혹은 사상(thought)을 탐색하는 데 있다. 철학과 사상 개념 사이의 엄밀한 구분에는 논의의 소지가 있다. 그러나 무엇보다 예수의 철학은 단순한 이론이 아닌 실천을 강조했다는 점에서 '사상' 개념이 더 적합하다고 판단한다. 또 다른 이유는 믿음과 신앙을 중심으로 하는 예수의 가르침을 과연 철학이라 할 수 있느냐에 대한 논쟁이 가능하기 때문이다. 한 예로, 그리스도교 신앙을 바탕으로 하는 그리스도교 철학이 과연 진정한 철학이라 할 수 있는가의 물음(참고: 박병준, 2002, 그리스도교 철학과 그 과제, 신학전망, 138(가을), pp. 86-107)과 같은 맥락에서다.

51 Dave, R. H. (1973), p. 14.

52 곽영순(2011). 질적 연구: 철학과 예술 그리고 교육. 경기: 교육과학사.

53 Gallagher, S. (1992). *Hermeneutics and Education*. SUNY series in contemporary continental philosophy, SUNY press, p. 39.

54 곽영순(2011), p. 119.

55 이정우(2008). 개념 뿌리들 1(개정판). 서울: 산해.

56 반성택(2007). 아고라에서 광화문까지. 서울: 아름나무에서 재인용.

57 곽영순(2011), p. 121.

58 이정우(2004). 개념 뿌리들 2. 서울: 철학아카데미.

제1부 평생교육, 오래된 생각의 새로운 의미

> 만약 "사람은 언제 완전한 성인(fully adult)이 될 수 있을까? 그 사람의 교육은 언제 완성되는 것일까?"라고 질문한다면 유일한 정답은 "그가 살아 있는 동안은 결코 완성될 수 없다."이다.

1929년 영국의 개신교 교육학자인 베이즐 익슬리(Basil Alfred Yeaxlee)가 저서 『평생교육(Lifelong Education)』에서 한 말이다.[1] 그는 이 말에 "평생교육의 특별한 사상 혹은 철학이 모두 스며들어 있다."[2]고 단언한다. 유네스코 평생교육 문헌보다 반세기나 앞서 교육은 평생 동안 지속되어야 할 과업임을 강조한 것이다. 그는 특히 평생교육을 기독교적인 맥락에서 접근해야 함을 강조하였다. 삶의 진정한 의미와 목적에 대한 질문은 기독교 교육을 통해서 찾아야 하며, 교육은 학교 교육을 넘어 평생에 걸쳐 이루어져야 한다는 점을 강조하였다.[3]

익슬리의 말은 삶이 교육이고, 교육이 곧 삶임을 강조한다. 교육이 학습을 통한 변화를 유도하는 것에 있다면, 삶은 그 자체로 학습인 것이다. 실제로 평생교육 혹은 평생학습이라는 개념이 등장하기 훨씬 전부터 평생을 통해 가르치고 배우는 것이 인생이며 인간 실존이라는 것은 동서고금을 통해 전해오는 선현의 가르침이었다. 따라서 평생교육이란 개념은 유네스코의 평생교육학자 라벵드라 다브(Ravindra H. Dave)의 표현대로 "오래된 생각(an old idea)의 새로운 의미(a new significance)"[4]인 것이다.

평생교육이 새로운 의미로 부각되기 시작한 것은 1960년대 중반,[5] 특히 1965년과 1970년 랑그랑 보고서가 유네스코에 제출되면서부터였다. 이후 1972년 포르 보고서를 기점으로 각종 보고서 및 회의를 통해 유네스코 차원의 평생교육의 이념적 바탕과 방향이 설정되었다. 특히, 21세기를 목전에 둔 1996년 유네스코는 들로르 보고서를 통해 새로운 세기에 평생교육이 지향해야 할 목표를 제시하였다.

인간의 삶이 평생교육이라면 기독교인의 삶은 기독교 평생교육이라 할 수 있다. 또한 기독교 평생교육을 위해서는 그 바탕이 되는 기독교 평생교육사상에 대한 이해가 선행되어야 하는 것이다.

제1부에서는 기독교 평생교육사상을 고찰하기 전에, 먼저 교육과 평생교육이 무엇인지를 개괄적으로 논의하기로 한다. 제1장에서는 교육에 대한 전통적인 견해와 평생교육의 등장배경을 고찰하고, 제2장에서는 평생교육의 개념과 목적을 논의한다. 제3장에서는 평생교육의 선구자적 역할을 한 학자들의 사상을, 그리고 제4장에서는 평생교육의 바탕이 되는 주된 철학사상을 간략히 고찰하기로 한다.

제1장

교육적 인간과 평생교육의 등장

평생교육에 대해 논의하기 전에 먼저 교육이 무엇이며 왜 필요한지, 그리고 평
생교육이 등장하게 된 배경은 무엇인지를 살펴보기로 한다.

1 교육은 무엇이고 왜 필요한가

1) 결핍모형과 교육적 인간

> "인간은 교육을 필요로 하는 유일한 존재(only being)이다. 교육이란 보
> 호(양육), 훈련(훈육), 그리고 교수(도야를 포함하는)를 의미한다. 그에 따
> 라 인간은 유아, 학동과 학생이다."

(1) 결핍이 교육을 요구

18세기 계몽주의 철학자인 이마뉴엘 칸트(Immanuel Kant, 1724~1804)는 저서
『교육학강의(Über Pädagogik)』(1803)[6] 첫 장의 시작을 교육의 당위성에 대한 강조
로 시작한다. 인간은 교육을 필요로 하는 존재, 즉 교육적 인간(Homo Educandus)
이라는 말이다. 장 자크 루소(Jean-Jacques Rousseau, 1712~1778) 역시 같은 말을
한다. 그는 저서 『에밀(Émile)』에서 "우리들은 연약하게 태어난다. 우리들에게는
힘이 필요하다. 우리들은 커 가면서 필요한 모든 것을 교육을 통해 얻는다."고 말

하며 교육의 필요성을 역설한다. 주목할 점은 칸트와 루소 둘 다 교육의 필요성을 주로 미성년자인 아동에 초점을 맞추었다는 점이다.

칸트는 새끼 제비와 인간을 비교하면서 인간만이 교육이 필요하다는 점을 강조한다.[7] 새끼 제비는 알에서 부화되자마자 눈도 채 뜨지 못한 상태에서도 둥지를 더럽히지 않기 위해 자신의 배설물을 둥지 밖으로 버릴 줄 안다는 것이다. 이렇게 동물들은 자신에게 주어진 힘을 자신에게 해롭지 않은 방식으로 본능적인 계획(regular plan)에 따라 사용할 줄 안다. 따라서 동물들은 양육(nurture)이 필요하지 않으며 기껏해야 먹이와 보온, 어느 정도의 보호만을 필요로 한다.

그러나 칸트가 보기에 인간은 동물과 같은 선천적인 자립능력이 결핍(缺乏)된 존재이다. 홀로 자립해서 살 수 있게 될 때까지 다른 어느 동물보다 오랜 기간이 소요된다. 그래서 칸트는 인간은 동물과 같은 본능을 가지고 있지 않으며, 이성을 통해 자기 자신의 행동 계획을 스스로 세워야 한다는 점을 강조한다. 인간은 미성숙한 상태로 태어나기 때문에 [세상에 태어나자마자] 곧바로 자신의 행동 계획을 세울 능력이 없으며, 그러므로 타인이 대신하여 행동 계획을 세워 주어야 한다. 결국 인간은 오직 교육(Erziehung)을 통해서만 인간이 된다는 것이다. 칸트는 인간이라는 존재는 단순히 교육이 만들어 낸 것에 불과하다고 단언한다.

칸트와 같은 '결핍모형(deficit model)'에 기초한 교육관은 동서양을 막론하고 전통적인 교육관이었다고 할 수 있다. 즉, 인간은 지적이며 정신적 · 사회적으로 결핍된 존재로서, 출발하는 데 교육이 필요한 입장이다. 인간을 결핍 존재로서 보는 인식은 그에 맞는 교육의 목표와 내용, 방법을 결정하게 된다. 결핍은 보충과 채움을 필요로 하듯 결핍된 인간에게는 생존과 사회화를 위한 지식을 채워 주는 게 필요하게 된다.

(2) 객관주의 지식관

그 지식은 인간 혹은 학습자의 경험과는 독립해 존재하는 객관적이고 보편적인 것이다. 이른바 지식에 대한 '객관주의(objectivism)' 입장이다. 객관주의는 인간의 외부에 실세계 혹은 실재(實在)가 존재하며 인간이 추구하는 지식은 이러한 실재와 속성, 원리를 습득하는 것으로 생각한다. 이와 대비된 입장이 구성주의 (constructivism)이다. 구성주의는 외부적인 지식의 실재를 강조하는 객관주의와 달리 지식은 경험에 의한 해석이라고 생각한다. 그래서 지식을 개인적 혹은 사회적으로 구성되는 것이라고 본다.

객관주의에 의하면 지식은 이미 보편적으로 존재하는 것을 발견하는 것이지 창조하는 것이 아니다. 이렇게 지식에 대한 객관주의는 교육의 목표와 내용, 지식을 가르치고 배우는 교수-학습 방법을 결정하게 된다. 교육의 목표는 그러한 객관적이라 생각하는 지식을 발견하고 습득하는 것이다. 이를 위한 교육내용이나 교육과정의 결정은 교육전문가나 학자들의 몫이다. 교사, 학부모, 학교는 교육과정에 대하여 거의 직접적인 영향이나 통제를 할 수 없다. 전형적인 교육과정의 하향식 통제이다. 이러한 하향식 통제는 플라톤 시절부터 이어져 오는 전통이며, 21세기의 많은 보수주의 교육 체계에서도 발견할 수 있다.[8]

하향식 통제는 가르치고 배우는 방법에서도 나타난다. 전통 학교들이 다양한 교수-학습 방법을 사용하지만, 이 모든 방법은 교사 중심이라는 특징을 보인다.[9] 가장 오래되었으면서도 가장 널리 사용되고 있는 방법은 강의법이다. 교육목적과 교육내용을 효과적이고 효율적으로 달성하기 위해서 자연스럽게 요구되는 방법이라 할 수 있다. 교사는 핵심적인 사실을 제시해 주고 교과 내용의 이해를 독려하며 학생들은 동일한 내용을 암기 등을 통해 효율적으로 습득하는 방식이다.

여기서 학생들은 그것이 왜 지식이며, 무엇이 배울 만한 가치가 있는 것인지에 대한 고민과 질문이 불필요하다. 권위와 지적 성숙을 갖춘 교사가 이미 선정해 주었기 때문에 학생들이 할 일은 오직 교육내용을 효과적, 효율적으로 통달하는 일뿐이다. 따라서 학생들의 학습활동은 수동적인 반면, 교사의 활동은 상대적으로 활발하고 적극적으로 될 수밖에 없다.

물론 전통적인 교육이라고 모두가 이러한 보수주의적인 방식을 지지하고 선택한 것은 아니다. 다음에서 다루는 교육의 어원 및 교육에 대한 전통적 견해에서 보듯 학습자 중심의 자유주의적 방식을 주창하고 시행해 온 전통 또한 부분적으로 존재한다. 그러나 동서양을 막론하고 주류를 이루어 온 전통적인 교육에 대한 견해는 지식에 관한 객관주의에 입각한 교육 활동이었다고 할 수 있다.

2) 교육의 가능성과 자아실현

'인간은 교육을 필요로 하는 유일한 동물'이라는 칸트의 말은 인간은 교육을 통해 변화할 수 있다는 신념을 전제로 한다. 인간에게는 교육이 가능하다는 신념이다. 정범모의 정의대로 '교육이 인간의 행동 특성을 계획적으로 변화'[10]시키는 일이라면 교육은 인간이 변화될 수 있다는 신념을 전제로 성립될 수 있다. 교육을 통해 변화될 수 있는 가능성이 인간과 동물의 근본적인 차이가 되는 것이다.

다시 말해 인간과 동물의 근본적인 차이는 동물이 커다란 현실성(現實性)과 극히 작은 가능성(可能性)을 가지고 태어나는 데 반하여, 인간은 극히 커다란 가능성과 작은 현실성을 가지고 태어나는 데 있다.[11] 학자에 따라서는 인간은 탄생 시 현실성을 10%, 가능성을 90%를 지니고 태어난다고 말한다.[12] 인간에게는 동물에게 부족한 풍부한 가능성이 선천적으로 부여된 것이다.

교육학에서는 인간이 교육을 통해 변화할 수 있는 가능성을 말 그대로 '교육가능성(educability)' 혹은 '가소성(可塑性, plasticity)'이라 한다. 인간의 이런 가능성들이 특정한 방향으로 현실성을 나타나게 되는 과정을 자아실현(自我實現)이라고 한다. 예를 들어, 언어 잠재능력이 유창한 영어 실력으로 구현되고, 수리 잠재능력이 능란한 미적분 구사능력으로 현실화되고, 잠재적 경영능력이 내가 탁월한 기업가가 되는 결실을 맺는 과정이 자아실현이다.[13]

주목할 점은 자아실현의 과정이나 결과가 모두 같지는 않다는 것이다. 각자의 가능성이 서로 다른 만큼 자아실현도 다를 수밖에 없다. 인본주의 심리학자 에이브러햄 매슬로(Abraham H. Maslow)가 강조하듯, 중요한 것은 사람은 모두 최선의 '자기'를 실현시키는 일이다. 철수가 링컨(Abraham Lincoln)이나 세종대왕 같은 위대한 영웅이 되려고 노력할 필요가 없다. 철수는 세상에서 가장 훌륭한 철수가 되는 것이다. 그것이 그의 가능성이 닿는 일이고, 오로지 그것만이 필요하고 가능한 일이다. 자기실현은 경쟁의 문제가 아니다.[14]

3) 교육의 어원과 교육의 의미

교육에 대한 전통적인 관점은 교육의 어원에서도 명확히 드러난다. 교육을 뜻하는 영어(education)는 양육(breeding)을 뜻하는 라틴어 '에두카시오(educatio)'에서 유래되었다. 그런데 라틴어 educatio는 두 가지 동사의 명사형이다. 하나는 '에두카레(educare)'로서 '훈련시키다(to train)'라는 동사이다. 다른 하나는 '에두케레(educere)'로서 '밖으로 인도하다(lead out)' 혹은 '~을 낳게 하다(bring forth)'의 뜻을 지닌 동사이다.

독일어권에서 교육을 의미하는 '에르치홍(Erziehung)'은 '밖으로' 혹은 '위로(aus or auf)라는 뜻의 접두어 'er'와 '이끌어 내다(ziehen)'라는 동사의 결합으로 명사화된 말이다. 그러나 독일어권에도 아동(paida)을 인도하다(agogos)를 뜻하는 '파이다고직(pädagogik)'이라는 또 하나의 그리스어 '파이다고고스(paidagogos)'가 있다. 이렇게 볼 때 교육이라는 말은 서구권에서는 두 가지 의미를 갖는 개념이다.[15]

하나는 'Educare(에두카레)'로서 훈련을 시키거나(to train), 혹은 원하는 대로 무엇을 빚어내는 것(to mold)이다. 즉, 교육을 성인이 아동에게 지식을 전수하거나 부모나 교사가 원하는 대로 아동을 조형하는 것으로 보는 교육관이다. 이는 기술공학적 교육관으로서 교사가 지식을 전달하고 학생은 충실히 수용하고 암기하는 것이 중요시된다.

다른 하나는 'Educere(에두케레)'로서 아동을 밖으로 인도하는 것, 즉 학습자가 가진 능력과 소질을 발휘하도록 교사가 인도하는 것을 의미한다. 미래 변화에 부응하도록 아동을 준비시키거나 미지의 문제를 해결할 능력을 계발시키는 것이 중시되는 것이다. 이 경우 단순한 암기 위주보다는 질문과 비판적인 사고능력을 키우는 교육이 강조될 것이다.

교육의 어원이 지니고 있는 두 가지 의미는 교육의 본질에 대한 두 가지의 전통적 관점과도 맥을 같이한다. 하나는 수공업적 교육관이며, 다른 하나는 유기체적 교육관이다.[16] 교육의 역사를 보면 교육을 보는 시각은 대체로 이 두 가지의 근본적인 견해에 포함된다.

② 전통적인 교육관과 성인교육의 등장

1) 수공업적 교육과 기술공학적 교육

전통적으로 교육에 대한 가장 일반적인 생각은 교육을 수공업적인 행위에 비유하는 것이다. 즉, 교육을 만들고 빚어 내는 것으로 보는 시각이다. 작업장에서 장인이 물건을 만들어 내는 것처럼, 학생이란 재료를 의도한 목표에 따라 교사의 기술을 동원하여 만들어 내는 것이다. 전형적인 기술공학적 교육관이다. 교사는 수공업자이며 학생은 수공업자 손에 맡겨진 재료가 되는 것이다. 교사는 교육계획에 맞는 적절한 방법이나 도구를 적용하고 재료에 대한 충분한 지식을 바탕으로 원하는 결과를 얻을 수 있다고 보는 것이다.

따라서 수공업적 교육관에서는 교육은 '만드는 것'이다. 여기에서 만든다는 것은 그 행위의 결과가 오직 인간의 의지에 따라서 결정되는 목표 지향적인 행위를 말한다.[17] 교육에 대한 수공업적 이해는 철학에서는 칸트를 비롯한 계몽주의의 산물이라 할 수 있다.[18] 특히, 영국의 철학자 존 로크(John Locke)를 비롯한 경험론자들이 주장하는 '타불라 라사(Tabula Rasa)', 즉 백지설이 수공업적 교육관의 바탕이 된다. 또한 심리학에서는 왓슨(John B. Watson)과 스키너(Burrhus Frederic Skinner)를 비롯한 행동주의 심리학이 이런 관점을 강하게 뒷받침하고 있다. 스키너의 조작적 조건화 이론에서 보듯이, 자극과 반응 혹은 보상과 처벌을 통한 행동의 변화가 가능하기 때문에 정상적인 학습자라면 어떤 역할도 훈련시킬 수 있다고 믿는 것이다.

교육에 대한 또 다른 관점은 유기체적 교육관이다. 즉, 교육은 자라나게 하는 것으로 보는 관점이다. 농부가 작물을 재배하듯이 학생 안에 내재된 소질이나 고유한 가능성이 잘 발현될 수 있도록 교사가 보호하고 도와주는 것을 교육으로 보는 것이다. 농부가 도토리에게 참나무로 성장할 좋은 환경을 조성해 주는 것처럼, 교사는 정원사와 마찬가지로 학생들이 성장하는 데 방해되는 것들을 제거하고 좋은 환경을 조성해 주는 역할을 해야 된다고 본다.

바로크 시대의 대표적 교육사상가인 코메니우스(John Amos Comenius, 1592~1670)의 말은 유기체적 교육관을 잘 드러내 준다. 그는 저서 『대교수학』에서 교육에 대해 다음과 같이 말한다.

> "이 세상에 들어온 사람의 마음을 식물의 씨, 또는 과일의 심에 비교하면 적당할 것이다. 그 형상을 실제로 볼 수는 없으나 씨나 심 안에는 식물 또는 나무가 현실적으로 내재하고 있는 것이다. …… 따라서 무엇이나 밖으로부터 인간에게 가져다줄 필요가 없는 것이며, 다만 그의 속에 뚤뚤 말리어서 그가 가지고 있는 것이 펼쳐지고 드러남으로써 하나하나의 요인들이 보이게 되는 것이다."

이러한 관점은 루소나 페스탈로치(J. H. Pestalozzi), 프뢰벨(F. W. A. Fröbel), 몬테소리(M. Montessori), 닐(A. S. Neill) 등의 교육학자들에게서 공통적으로 발견된다. 이들은 천부적인 인간의 성장 가능성을 교사나 사회가 인위적으로 조작하는 것을 비판한다. 그리고 학습자는 자신 안에 내재하는 고유한 법칙에 따라 내부로부터 발달한다는 교육적 신념을 견지한다. 그러므로 교육을 '만드는 것'으로 보는 관점과 달리 교육의 목적이 학습자의 성장이나 개인적 잠재력을 발달시키는 데 있다고 본다. 이를 위해서는 학습자의 발달 단계를 고려해야 하고 단계별로 필요한 경험을 통해 배워야 할 것들을 배울 준비가 될 때까지 기다려 주는 것이 필요하다고 본다.

유기체적 교육관의 철학적 바탕은 데카르트(R. Descartes)의 본유관념(innate idea)설에서 찾을 수 있다. 인간은 태어날 때부터 참된 지식이나 진리를 알 수 있는 관념을 갖고 태어난다는 주장이다. 여기서 교육은 학습자의 이러한 본유관념이 조화롭게 발휘될 수 있도록 좋은 환경을 만들어 주고, 이를 방해하는 요소들을 제거해 주는 일이다.

2) 성인교육, 안드라고지의 등장

어느 시대 어느 사회나 교육은 사회의 거울이다. 따라서 시대가 변하고 사회가 변하면 교육에 대한 관점 역시 변하기 마련이다. 아동 중심이면서 학교 교육 중심의 전통적인 교육관은 산업화의 심화 같은 시대 변화에 따라 그 한계가 노정되면서 다양한 도전에 직면하게 되었다. 특히, 교육이 아동·청소년을 대상으로 하는 형식적인 학교 교육을 넘어서 성인들에게로 확장되어야 한다는 생각이 고개를 들게 된다. 다시 말해 아동 중심의 페다고지(pedagogy)만이 아니라 성인들을 위한 안드라고지(andragogy)가 필요하다는 생각이다.

(1) 아동·청소년 교육관

전통적으로 '교육'이라 하면 대상은 주로 아동·청소년이고 형식은 학교 교육 중심이었다. 교수-학습 방식에 대한 관점에는 학자들에 따라 차이[19]가 있었지만 교육의 대상을 아동과 청소년에 한정시켰다는 점에서는 공통적이었다. 예를 들어, 18세기 서양 교육사의 대표적 학자인 루소는 교육을 인간의 네 가지 발달 단계에 따른 훈련이라는 것을 명확히 하였다. 저서 『에밀』[20]에서 루소는 제1단계인 유년기(출생~2세), 2단계인 자연기(2~12세), 3단계인 소년기(12~15세), 4단계인 청년기 혹은 사춘기(15~20세)로 구분하고 교육은 각각의 발달 단계에 맞는 훈련을 시키는 것임을 강조하였다.

루소에게 큰 영향을 받은 칸트는 교육의 단계를 출생에서 16세까지 이르는 기간에 이루어지는 것이라고 생각했다. 왜냐하면 자연적 존재로서 인간이 도덕적 존재로 계발되는 데 필요한 기간을 16세까지로 보았기 때문이다. 그는 이 기간에 필요한 교육을 저서 『교육학강의(Über Pädagogik)』에서 명시했듯이, 양육(보호, 부양)과 단련(훈육), 교수(도야)라고 주장하였다.[21] 특히, 교육방법으로서 칸트는 훈육을 중시하고 16세까지 모든 사람은 훈육을 중심으로 하는 교육을 받아야 한다고 강조하였다.

(2) 안드라고지의 등장과 비판

성인교육에 대한 관심이 본격적으로 시작된 것은 19세기에 들어서였다. 그러나 성인교육을 의미하는 안드라고지(Andragogy)의 필요성과 실천은 오랜 역사를 지니고 있다. 헨쉬케(John A. Henschke)[22]와 사비체비치(Dejan Savicevic)[23] 교수는 안드라고지 성격의 교육기관들은 아동을 위한 학교가 설립되기 수백 년 전에 이미 존재했다는 점을 강조한다. 또한 안드라고지적인 교육적 사고는 헬레니즘 시대와 고대 유대인 문화 속에서도 존재했다고 말한다.

안드라고지(Andragogy)는 '인간(man)'을 의미하는 그리스어 '아네르(aner)'(소유격, andros)와 '이끌다(to lead)'는 의미의 동사 '아게인(agein)'의 합성어이다. 따라서 안드라고지의 어원은 '성인들을 이끌다, 인도하다'라는 의미를 지닌다.[24] 이에 안드라고지는 성인학 혹은 성인교육학과 동일한 뜻으로 번역되어 사용되고 있다. 물론 어원을 떠나 안드라고지가 내포하는 교육학적 의미에 대한 논의는 다양할 수 있다. 그러나 안드라고지가 성인을 대상으로 한 교육적 실천행위와 학습의 실천 행위를 강조한다는 점은 분명하다.

스베인 롱(S. Loeng) 교수에 따르면 안드라고지라는 개념을 처음으로 사용한 사람은 독일 김나지움의 교사였던 알렉산더 카프(Alexandar Kapp, 1800~1869)였다.[25] 그는 1833년 저서『플라톤의 개인과 국가 교육(pedagogy) 혹은 그 실천철학으로서의 교육이론』[26]에서 고대 아테네에서의 성인학습을 의미하는 안드라고지 개념을 처음으로 제시하였다. 주목할 점은 플라톤은 이 단어를 사용하지 않았지만 카프가 플라톤의 교육이론을 설명하면서 이 단어를 사용한 것이다.[27] 카프가 주목한 것은, 아테네에서는 아동·청소년 교육과 성인교육을 구분하여 청소년을 위한 교육뿐만 아니라 성인들을 위한 교육도 중요시되었다는 점이다. 즉, 페다고지는 아동·청소년을 대상으로 한 교육이었으며, 성인들을 위한 교육은 안드라고지로 불렸다.

이에 카프는 자신의 책의 한 부분을 안드라고지에 할애하면서, 이제 독일에서도 성인들의 자기 계발과 성숙을 위한 성인교육, 즉 안드라고지가 필요하다고 역설했다. 그러나 플라톤의 교육이론을 아동·청소년과 성인교육으로 이원화하는 카프의 주장은 당시 교육학자들에게 환영을 받지 못했다. 특히, 그 당시 교육계에 큰 영향력을 행사하던 헤르바르트(Johann Friedrich Herbart, 1776~1841)를 중심으로 하는 교육학자들에게 호된 비판을 당하였다. 헤르바르트는 카프가 플라톤의 교육 이론을 두 가지로 구분하는 것, 즉 아동 교육을 페다고지로, 성인교육을 안드라고지로 구분하는 것을 비판하였다. 특히, 그는 성인교육이라는 의미의 안드라고지 개념을 도입하려는 시도를 혹독하게 비판하였다.

헤르바르트는 아동이 어린 시절에 제대로 된 교육을 받으면 그는 후에 제대로 된 인격의 소유자인 동시에 자율적인 성인이 되는 것이기에 새삼스러운 성인교육은 불필요한 것이라고 한마디로 잘라 말했다. 그에게는 교육이란 아동에게 필요한 교육만이 유일했다. 교육을 받고 어른이 되면 자동적으로 자기 계발과 자기 교육을 행하는 평생학습자가 될 것이기에 페다고지를 잘하는 일에 더 전념해야 한다는 사고가 그를 지배하고 있었다.[28] 카프의 안드라고지 개념은 당시 주류 교육 이론의 거센 비판에 부딪혀 빛을 보지 못하고 100여 년간 파묻혔다.

(3) 안드라고지의 부활

그 후 1920년대 독일의 사회학자이자 사회철학자인 에우겐 로센스토크-후시(Eugen Rosenstock-Huessy)에 의해 안드라고지 개념이 다시 채택되면서 부활하게 되었다.[29] 당시 로센스토크-후시는 프랑크푸르트에 있는 노동교육원(Academy of Labour)의 책임자[30]로서 노동자들의 직업훈련과 연계해 성인학습의 중요성을 절감하고 성인학습이 나아갈 방향에 대해 관심을 갖고 있었다. 로센스토크-후시는 안드라고지를 성인들을 위한 모든 종류의 학교 같은 교육을 포함하는 것이라고 생각했다. 또한 안드라고지가 사회문제를 해결하고 보다 나은 미래를 향해 나가가게 하는 새로운 종류의 교수법이라고 주장했다.[31]

비슷한 시기 성인교육의 선구자적 역할을 한 미국의 에두아르드 린드만(Eduard C. Lindeman)은 성인교육으로서의 안드라고지 개념을 분명히 하였다. 그는 「경험을 통한 교육」이라는 글을 통해 다음과 같이 안드라고지의 의미를 페다고지와 데마고지와 구분하였다. "학교는 아동을 위한 것이다. 삶 그 자체는 성인들의 학교이다. 페다고지는 아동을 가르치는 방법이며, 데마고지(Demagogy)는 성인을 지적으로 기만해 들어가는 지름길이다. 안드라고지야말로 진정으로 성인들이 학습하는 방법이다."[32] 린드만은 안드라고지의 철학을 바탕으로 1926년 성인교육의 기념비적인 저서『성인교육의 의미』[33]를 발간한다.

안드라고지의 개념과 이념에 관한 논의는 1950년대 들어 더욱 활발해진다. 1951년에는 스위스의 한셀만(H. Hanselmann) 교수가『안드라고지: 성인교육의 본질과 가능성, 그리고 한계』라는 저서를 통해 안드라고지는 성인의 자기 계발을 위한 유일하면서도 전천후적인 학습지원 체계라고 못 박았다.[34] 성인교육을 지칭하는 의미로서 안드라고지가 제 몫을 담당하는 현실이 성인교육학계에 확산되자 독일의 개혁 교육학자인 페글러(F. Pöggler) 교수는 1957년『안드라고지학 개론: 성인교육의 기본 과제』라는 저서를 발간함으로써 안드라고지의 위상을 일단은 하나의 학문적 영역으로 드러냈다.[35]

그러나 안드라고지 개념이 성인교육학에서 본격적으로 사용되기 시작한 것은 1968년 말콤 놀스(Malcolm Shepherd Knowles)가 이 개념을 사용하면서 부터이다. 놀스는 1967년 유고슬라비아의 성인교육학자인 데야 사비체비치(Dejan Savicevic)가 미국에 소개한 안드라고지 개념을 전해 받았다. 그는 1968년『성인리더십(Adult leadership)』이라는 책에서「페다고지가 아니라 안드라고지(Androgogy, Not pedagogy)」라는 논문을 썼다.[36] 개념이 얼마나 생소했으면 당시 놀스는 안드라고지를 Androgogy로 철자까지 틀렸다. 놀스 이후 안드라고지는 메지로(J. Mezirow) 등의 성인교육학자들에 의해 수정 및 보완되면서 성인교육의 실천 혹은 학문으로 자리 잡게 되었다.

③ 평생교육의 등장과 교육 패러다임의 변화

평생교육의 등장은 교육에 대한 패러다임을 전환시키는 하나의 역사적 사건이라 할 수 있다. 물론 평생교육의 이념이 하루아침에 탄생한 것은 아니다. 앞에서 살펴보았듯이 평생교육이라는 개념은 없었지만 평생의 학습이 필요하다는 사상은 이미 플라톤 철학에서도 발견되고 있다. 동양에서는 공자를 포함한 많은 사상가들 역시 배움은 일생 동안 이루어지는 과업이라는 생각을 가지고 있었다.

20세기 중반 유네스코에 의해 평생교육 개념이 전 세계적으로 도입되기까지, 특히 기독교적 관점에서 평생교육사상의 선구자적 역할을 한 학자들은 코메니우스(John Amos Comenius)와 익슬리(Basil Alfred Yeaxlee)이다. 17세기 근대교육의 아버지라 불리면서 기독교적인 이념에 입각한 평생교육을 주창한 체코의 코메니우스는 1669년 저서 『범교육학(Pampaedia)』을 통해 그 당시 지배적이었던 아동 중심의 교육관을 벗어나 '태아기 학교'에서부터 '노년학교 및 죽음의 학교'에 이르기까지 삶의 전 과정에서, 그리고 모든 연령층을 위한 평생교육론을 주창하였다.

코메니우스는 이 세상은 하나의 학교이기에 인간은 전 생애를 통해 지혜와 성숙을 위해 지속적으로 학습을 해야 한다고 생각했다. 특히, 그는 기독교적 관점에서의 평생교육의 중요성을 강조하면서 평생교육의 궁극적 목표는 '신의 형상(imago Dei)'인 인간성 회복에 두어야 한다는 점을 역설하였다. 또한 20세기 초 영국의 신학자이자 목회자인 베이즐 익슬리는 1929년 제목마저 『평생교육』이라는 저서를 통해 인간다운 삶을 만들기 위한 평생교육의 필요성을 적극적으로 설파하였다.

1) 유네스코 랑그랑 보고서

평생교육이라는 말이 전면적으로 등장하기 시작한 것은 20세기 중반 유네스코에 의해서이다. 1945년 유네스코 창립 준비 회의에서 당시 사무총장 대리를 맡았던 앨프리드 지먼(Alfred Eckhard Zimmern)은 "교육 분야에서 유네스코가 설정해야 할 방향은 많은 사람들이 빈곤과 무지 속에 살고 있는 나라들을 도와주는 일로서 구체적으로는 세계 여러 나라의 성인 비문해자를 교육하는 일이다."라고 말하였다.[37] 이 말은 유네스코의 평생교육이 성인들의 삶의 질을 향상시키기 위한 문해운동을 포함한 성인 기초 교육에서 출발했음을 보여 주고 있다.

1960년대 들어 유네스코는 평생교육의 이념을 보다 체계적으로 구상하고 전파하기 시작한다. 그 선봉에 선 성인교육학자가 유네스코의 교육연구부장을 맡았던 프랑스의 폴 랑그랑(Paul Lengrand, 1910~2003)이다. 그는 1965년 유네스코 '성인교육발전위원회'에 「평생교육에 관하여(L'education permanenté)」라는 보고서를 제출하였다. 보고서에서 그는 평생교육의 중요성을 다음과 같이 역설하였다.

> "인간은 태어나 죽을 때까지 평생을 통해 교육 받을 권리가 보장되어야 한다. 그리고 이것을 위해 새로운 교육제도들이 만들어져야 한다. 이제 파편화되고 분절되어 있는 교육제도들은 인간의 종합적 발달이라는 축을 중심으로 해체되고 재구성되어야 하며, 이것은 가히 교육의 혁명을 의미하는 것이다.
>
> 교육현상을 통합적으로 편성할 수 있는 완전히 새로운 교육의 개념이 필요하며, 그러한 개념에 의해서만이 교육의 체계를 본질적으로 변화시킬 수 있을 것이다. 그리고 오늘날 청소년을 위한 교육과 성인을 위한 교육이 분절되어 있어 상호 의존의 관계가 성립되어 있지 않으므로 이들의 역할 분담을 분명히 하여 교육의 구조를 변화시킬 원리를 구축해낼 필요가 있다."[38]

그의 말대로 '교육의 혁명'과 같은 랑그랑 보고서는 유네스코에 의해 받아들여졌고, 유네스코는 다음 해인 1970년 '세계교육의 해(International Year of Education)'의 기본 이념으로 평생교육을 제창하게 되었다. 랑그랑 보고서는 이후 유네스코 교육사업의 기본 틀이다.[39]

2) 유네스코 다브의 평생교육

랑그랑 이후 유네스코 차원에서의 평생교육에 대한 연구와 논의는 더욱 체계화되었고 활발해졌다. 평생교육을 영아기에서 아동·청소년기를 거쳐 노년기에 이르는 생의 전 교육을 포괄하는 통합 개념으로 정립하게 된다. 또한 19세기부터 강조되기 시작한 성인교육을 평생교육 체제 속의 중요한 교육으로 자리매김시킨다. 또한 랑그랑의 평생교육 이론을 보완하는 연구들과 유네스코 차원의 보고서들이 시대 변화에 맞추어 등장하게 된다.

특히, 이 책의 평생교육 접근 이론을 제공한 다브는 랑그랑의 이론을 보완한 평생교육의 개념적 특성을 제시하였다. 그는 평생교육이 개발도상국이나 선진국을 포함한 모든 국가의 교육정책을 위한 '마스터키(master key)'라는 점을 역설한다. 또한 평생교육 개념의 의미는 세 가지 용어, 즉 '삶(life)', '평생(lifelong)', '교육(education)'에 좌우된다고 말한다. 이 세 개념의 의미를 어떻게 규정하고 접근하느냐에 따라 평생교육의 의미와 범주가 달라진다는 것이다. 다브가 평생교육의 개념적 특성으로 제시하고 있는 핵심 내용은 다음과 같다.[40]

① 교육은 형식적인 학교 교육으로 종결되는 것이 아니라 평생을 통한 계속적인 교육과 학습이다.
② 가정은 평생교육 과정에서 우선적이고 결정적인 역할을 하지만 평생교육은 교육의 모든 단계를 포함하고 수직적 · 수평적으로 통합한 것이다.
③ 평생교육은 급변하는 사회에서의 적응과 삶의 질적 향상을 추구하는 교육이다.
④ 평생교육은 교육과정과 교수-학습 방법, 학습자료 등에 있어서 융통성과 다양성을 지니며 역동적인 접근방법을 취한다.

3) 포르 보고서와 들로르 보고서

유네스코는 1972년 20세기 평생교육의 지침이 될 만한 중요한 보고서를 발표한다. 이른바 포르 보고서(Faure Report)이다. 프랑스의 교육부장관과 수상을 지낸 에드가 포르(Edgar Faure)를 중심으로 하는 위원회가 평생교육의 이념과 목적 및 방향에 대한 오랜 연구 끝에 산출한 의미 있는 문건이었다. 이 보고서의 제목은 「존재를 위한 학습(Learning to Be)」이었다. 이후 '존재를 위한 학습'은 평생교육의 궁극적 목적과 방향을 제시하는 일종의 나침판 같은 역할을 하게 된다.

포르 보고서는 1968년 5월 드골 정권에 반대하면서 시작된 일종의 문화혁명인 68운동의 물결이 채 가시기도 전에 나온 보고서이다. 따라서 보고서에는 68운동의 이슈가 되었던 교육제도의 문제, 즉 교육이 민주화나 사회평등을 가져 오기보다는 오히려 비민주화 및 계급 재생산의 기제로서 작동하고 있는 현실을 포함한 다양한 사회 구조적인 문제들에 대한 교육적 해결을 위한 노력들이 포함되어 있다.

포르 보고서는 평생교육이 추구하는 평생학습의 본질을 생명을 위한 학습, 지속적인 배움을 위한 학습, 자유롭고 비판적인 사고를 위한 학습, 세계와 인간을 사랑하기 위한 학습, 창조적 노동을 개발하기 위한 학습 등으로 제시함으로써 인간의 학습이 곧 삶의 생성과 유지, 그리고 비판적 재창조를 위한 필수 기제임을 강조하고 있다.[41]

포르 보고서가 나온 지 24년이 지난 1996년 유네스코는 사회 변화에 맞추어 또하나의 새로운 평생교육 보고서를 선보였다. 자크 들로르(Jacques Delors)를 위원장으로 하는 유네스코 '21세기 세계교육위원회'의 보고서로서 제목은 「학습, 그 안의 보물(Learning, The Treasure Within)」이다. 제목 그대로 평생학습은 그 안에 보물이 담겨 있으며, 인류가 가지고 있는 최대의 자산임을 강조하는 보고서다.

들로르 보고서는 향후 21세기 평생교육을 위한 네 가지 학습의 원리(pillars)를 제시한다. 즉, 알기 위한 학습(Learning to know), 행함을 위한 학습(Learning to do), 더불어 살기 위한 학습(Learning to live together), 그리고 존재를 위한 학습(Learning to Be)이다. 들로르 보고서는 전통적으로 교육은 주로 지식을 배우고 실천하는 학습에만 치중하고 나머지 두 가지 학습은 우연에 맡기거나 앞 두 가지 학습의 부산물로 간주해 왔음을 비판한다. 따라서 21세기 평생교육에서는 네 가지의 학습이 모두 균형 있게 이루어져야 함을 강조한다. 포르 보고서와 들로르 보고서에 대한 내용은 다음 장에서 보다 구체적으로 논의하기로 한다.

주석

1 Yeaxlee, B. A. (1929). *Lifelong Education*. Cassell: London, p. 164 이 책에서 인용한 익슬리의 평생교육사상은 필자의 박사 논문 지도를 맡았던 연세대학교 이관춘 교수와 함께 읽

고 토론하면서 산출한 학문적 결실임을 밝힌다.

2 같은 책, p. 164.

3 Cross-Durant, A. (1984). Basil Yeaxlee and lifelong education: Caught in time. *International Journal of Lifelong Education, 3*(4), pp. 279-291.

4 Dave, R. H. (Ed.) (1976). *Foundations of Lifelong Education*. Paris: UNESCO Institute for Education.

5 Wain, K. A .(1985). Lifelong education and philosophy of education. *International Journal of Lifelong Education, 4*(2), 107-117, p. 35.

6 Kant, I. (1803). *Über Pädagogik*. trans. by Annette Churton. *Kant on Education*. Boston: D.C. Heath & Co., Publishers, 1900. 이 책에서 칸트가 사용하는 Bildung이라는 용어는 칸트 시대 후반에 본격적으로 발달하기 시작한 신인문주의의 도야 개념—주로 개별적 인격의 형성을 의미하는—과 차이가 있다는 점에 유의해야 한다. Bildung은 단어 자체가 가지고 있는 일반적인 개념에 보다 가깝게 쓰이고 있다. 즉, '인간의 자연적 소질들을 계발, 발달시키는 것'을 의미하므로 '도야'보다는 '형성', '양성', '육성' 등으로 번역되는 것이 적절할 것이다. '교육학 강의'에서 Bildung과 유사한 의미로 쓰이는 용어가 Kultur다. Kultur는 과정적 의미와 결과적 의미를 함께 지니고 있는데, 과정적 의미로는 인간의 자연 소질들을 발달시키기 위한 행위, 조치, 작용 등을 의미하기에 '양성', '육성' 등으로 번역될 수 있다. 그리고 이러한 인간의 자연 소질들을 양성/육성한 결과가 칸트에게 있어서 '문화'이다. 실제로 이 강의록에서 Bildung과 Kultur는 많은 경우 교환 개념으로 사용되고 있다(참고: 김영래, 2005, 칸트의 교육이론, 서울: 학지사, p. 199).

7 칸트의 교육사상은 이관춘(2021). 평생교육-HRD 철학. 서울: 학지사에서 인용하였다.

8 Dupuis, A. M., & Gordon, R. L. (1966). *Philosophy of Education in Historical Perspective*. 조현철 역(2012). 서양 교육철학사. 서울: 학지사, p. 48.

9 같은 책, p. 50.

10 정범모(1968). 교육과 교육학. 서울: 배영사.

11 이형행(2008). 교육학개론. 경기: 양서원, p. 21.

12 정범모(1997). 인간의 자아실현. 서울: 나남출판, p. 60.

13 같은 곳.

14 Maslow, A. (1998). *Maslow on Management*. 왕수민 역(2011). 인간 욕구를 경영하라. 서

울: 리더스북, pp. 16-17.

15 임태평(2008). 루소와 칸트 교육에 관하여. 경기: 교육과학사, p. 181.

16 교육에 대한 두 가지 전통적인 관점은 실존주의 교육철학자인 볼노(Bollnow)의 주장을 중심으로 논의하기로 한다(참고: Bollnow, O. F. 1959, *Existenzphilosophie und Padagogik*, 윤재홍 역, 2008, 실존철학과 교육학: 비연속적 교육형식의 모색, 서울: 학지사).

17 Bollnow, O. F. (1959). 같은 책, p. 24.

18 같은 책, p. 25.

19 예를 들면, 장 자크 루소는 교육은 성인생활을 위한 준비가 아님을 강조하고, 교육은 아동의 자발적 관심과 활동에 의하여 결정되어야 하므로 아동의 발달에 의하여 인도되어야 한다는, 당시로서는 혁명적인 관점을 표방하였다.

20 루소의 저서『에밀』은 서양 교육사에 결정적으로 중요한 영향을 미친 명저이다. Hillesheim (1971)은 루소와 저서 에밀에 대하여 다음과 같이 기술한다. "현대교육사상사는 루소에 대한 일련의 각주일 뿐이다. 플라톤의『국가』만이 루소의 에밀에 필적할 수 있다." 루소에게 직접적인 영향을 받은 칸트는 하루 일과의 시간을 엄수하기로 소문이 자자했지만 루소의 에밀 때문에 시간 습관을 지키지 못했다고 한다(참고: 임태평, 2008, 루소와 칸트 교육에 관하여, 서울: 교육과학사).

21 임태평(2008), p. 164.

22 Henschke, J. A., & Cooper, M. K. (2006). Paper presented to Commision on International Adult Education [CIAE] Pre-Conference American Association for Adult and Continuing Education [AAACE] Conference Milwaukee, Wisconsin, November 5- 7, 2006. Loeng, S. (2018). Various ways of understanding the concept of andragogy. *Cogent Education, Vol. 5*, Issue 1, pp. 1-15에서 재인용.

23 Savicevic, D. M. (2008). Convergence or divergence of ideas on andragogy in different countries. *International Journal of Lifelong Education, 27*(4), 361-378.

24 Loeng, S. (2018). Various ways of understanding the concept of andragogy. *Cogent Education, Vol. 5*, Issue 1, pp. 1-15.

25 Loeng, S. (2017). Alexander Kapp-the first known user of the andragogy concept. *International Journal of Lifelong Education, Vol. 36*, Issue 6, pp. 629-643. 이하 Kapp의 안드라고지 개념에 관한 내용은 Loeng의 논문을 참조하였다.

26 카프의 영어로 번역된 제목은 'Plato's educational theory as a pedagogy for the individual and as state pedagogy, or its practical philosophy'이다.

27 Knowles, M. S., Holton, E. F., & Swanson, R. A. (2005). *The Adult Learner*. 최은수 역 (2010). 성인학습자. 서울: 아카데미프레스, p. 65.

28 헤르바르트의 주장에 대해서는 한준상(1999). 호모 에루디티오. 서울: 학지사, p. 362에서 인용하였다.

29 Loeng, S. (2018). 같은 논문.

30 한준상(1999). 호모 에루디티오. 서울: 학지사, p. 363.

31 Rosenstock-Huessy, E. (1925). Andragogy−1925. Retrieved October 26, 2005, from http://www.argobooks.org/feringer-notes/t24.html

32 Anderson, M. L., & Lindeman, E. C. (1927). *Education through experience*. New York, NY: Workers Education Bureau.

33 Lindeman, E. C. (1926). *The meaning of adult education*. New York, NY: New Republic Inc.

34 한준상(1999), p. 364.

35 같은 곳.

36 Knowles, M. S., Holton, E .F., & Swanson, R. A. (2005), p. 64.

37 한숭희(2007). 평생교육론: 평생학습사회의 교육학. 서울: 학지사, p. 47에서 재인용.

38 같은 책, p. 51에서 재인용.

39 같은 곳.

40 Dave, R. H. (1973). *Lifelong Education and School Curriculum*. Hamburg: UNESCO Institute for Education.

41 한숭희(2007), p. 54.

제2장

평생교육의 정의와 목적

21세기 4차 산업혁명 시대로 진입하면서 사회는 급변하고 있다. 정치, 사회, 문화의 변화는 물론 정보통신 기술(ICT)과 인공지능(AI)을 바탕으로 한 산업구조는 과거에 상상할 수 없을 정도의 변화를 가져 오고 있다. 사람과 사물을 포함한 모든 것이 언제 어디서나 유기적으로 연결되는 초연결사회(hyperconnected society)가 되고 있다.[1]

4차 산업혁명 시대는 과거의 산업혁명과 달리 소프트웨어 혁명에서 시작된 것이다. 소프트웨어는 하드웨어와는 달리 추가 비용을 들이지 않고도 무한 복제가 가능하다. AI가 할 수 있는 직업군에는 인간이 설 자리가 없을 것이라는 전망이 지배적이다. 자율주행자동차 시대로 진입하면서 수많은 관련 산업과 직업이 점차 위협받게 될 것이다. 이에 따라 4차 산업혁명 시대에 인간이 할 수 있는 분야를 개척하기 위해 끊임없는 평생교육과 학습이 요구되고 있다.

평생교육은 직업만이 아니라 직업능력의 함양을 위해서도 요구된다. 많은 학자들은 인공지능에 기반한 초연결사회에서 필요한 능력은 인공지능이 하지 못하는 타인과의 관계적인 인성, 특히 공감능력이 중요한 직업역량이 될 것이라고 전망한다. 사람과 사물, 사람과 사람이 연결되는 사회에서는 서로 다른 사람, 다른 전문 분야와의 협업이 필수적이기 때문에 타인과 공감하는 능력이 전 분야에서 크게 요구된다는 것이다.

이러한 사회 변화는 타인과의 관계의 질에 가치와 의미를 부여하는 기독교 평생교육에 중요한 시사점을 제공하고 있다. 기독교적인 인성을 함양하는 다양한 평생교육 활동은 인간다운 삶을 위한 교육이자 변화하는 사회가 요구하는 개인적 역량으로 작동하는 것이다. 변화하는 사회에 적극적으로 부응하기 위해서, 그리고 자신으로서 삶을 살기 위한 학습으로서 평생교육은 필수적으로 요구되는 것이다.

 평생교육의 정의와 특징

1) 평생교육의 개념적 논의

인간의 삶에서 교육과 학습이 아닌 것은 없다. 산다는 것은 가르치고 배우는 일 그 자체라고 할 수 있다. 삶이 곧 교육이자 학습이라는 사실을 이해하기 위해서는 '교육은 학교'라는 전통적인 등식을 벗어나야 한다. 교육과 학습은 특정한 시간과 공간, 형식에 제한되는 것이 아니라는 인식을 할 때 평생교육과 학습의 참된 의미는 살아나게 된다. 유네스코를 중심으로 하여 세계 각국에서 정의하는 평생교육의 개념은 바로 이런 인식에 바탕을 두고 있다.

그러나 전통적인 교육 개념과 달리 평생교육의 개념 정의에 대한 학문적 논의는 여전히 진행형이다. 한국의 경우만 해도 평생교육은 과거에 사회교육으로 불렸고, 1990년대에 이르러서야 평생교육의 세계사적 흐름을 반영하여 평생교육이라는 명칭으로 대체되었다.[2]

평생교육은 본질적으로 교육과 동의어이다. 자의적(字意的)으로 볼 때 평생교육은 '교육' 앞에 붙어 있는 '평생' 개념의 의미론적 해석에 좌우된다. '평생'은 '교육' 앞에 붙은 일종의 수식어로서 수식하는 말의 특성을 제한하기 위해 사용되거나, 혹은 수식하는 말의 특성을 분명히 하기 위해 사용될 수 있다.[3] 이 경우는 후자에 속한다. 교육은 곧 학교 교육으로 환치되던 전통적 인식에서 벗어나 교육의 본래의 특성을 강조하기 위해 만들어진 말이다.

평생이라는 말은 문자 그대로 요람에서 무덤까지의 생의 전 기간을 의미한다.

삶의 특정 단계에 한정되는 것이 아닌 평생 동안 이루어지는 시간적 확장성을 의미한다. 인간의 변화와 성장을 촉진하는 것이 교육이기에 교육은 평생에 걸쳐 일어나는 삶의 한 영역인 것이다. 또한 인간의 성장은 학교는 물론이고, 인간이 살고 있는 삶의 모든 영역에서 이루어진다. 인간의 변화와 성장은 전 생애에 걸쳐, 삶의 모든 영역에서, 다양한 경험을 통해 이루어지는 평생의 교육인 것이다. 정지웅과 김지자는 평생교육을 다음과 같이 말한다.

> "평생교육이란 한마디로 모태부터, 또는 태어나면서부터 죽을 때까지 평생을 두고 행하여지는 교육으로서 사실은 '교육'이라는 용어와 다를 것이 없다. 그러나 이 평생교육이라는 말이 나오게 된 동기는 그동안의 교육이 학교 교육에만 치중하여 왔고, 일부 청소년만을 대상으로 하는 학교 교육이 교육에 대한 이미지마저 약화시킬 만큼 사회 정의 실현에 역행한다는 점에서 기존의 교육체제를 타파하고 누구나 평생을 두고 교육을 받으면서 개인 발전을 최대한 도모할 수 있도록 보장하여 주자는 평생교육 체제를 주장하게 된 것이다."[4]

평생교육이란 한 개인의 삶을 인격적으로, 또는 사회적·직업적으로 최대한 발전시키기 위해, 전 생애에 걸쳐 연장 실시되는 모든 형태의 형식적 및 비형식적 학습활동 전부를 포함한, 극히 포괄적인 관념인 것이다.

역사적으로 보면 교육을 철학적으로 접근한 어떤 선견(先見)들도 교육을 인위적으로 학교 교육에만 한정하여 말한 경우는 없다.[5] 소크라테스(Socrates)나 플라톤(Plato), 아리스토텔레스(Aristoteles), 공자 같은 철학자나 예수와 석가 등의 종교사상가들은 모두 교육을 평생의 관점에서 접근하였다. 플라톤의 『국가』에는 평생교육이라는 용어만 사용하지 않았을 뿐 교육은 삶의 전 과정을 통해 이루어져야 한다는 플라톤의 신념이 함축되어 있다. 그러나 이들의 철학 속에 내재된 평생교육에 대한 입장은 아테네의 시민 개념에서 볼 수 있듯 대체로 소수의 선택된 계층에 대한 교육을 강조한 것[6]이었으며 그것이 '모든 이를 위한 학습'으로서의 이념이 구축되고 제도로서 정착되도록 주장한 경우는 찾아보기 어렵다.[7] 이 점이 현재 강조되고 있는 평생교육과의 핵심적인 차이다.

2) 평생교육의 정의

우리나라 「평생교육법」 제4조 제1항은 "모든 국민은 평생교육의 기회를 균등하게 보장받는다."라고 규정하고 있다. 이 규정에는 학습은 인간의 기본적 권리라는 정신이 바탕이 되고 있다. 기본권으로서의 학습을 보장하기 위해 평생교육이 필요하다는 것임을 알 수 있다. 그런데 평생교육을 자의적(字意的)으로 해석하여 '평생 동안 하는 교육'으로만 생각하면 그 의미가 전달되지 않는다. 교육과 학습의 의미에 대한 선이해가 필요하다.

교육이란 '학습을 자극하고 변화를 유도하는 활동'이다.[8] 한편, 학습은 경험의 결과로 생긴 행동의 변화[9]이다. 다시 말해 교육은 학습을 하게 만들어 변화를 가져오게 하는 활동이다. 아무리 교육을 해도 학습자가 학습을 하지 않으면 의미가 없는 것이다. 이렇게 본다면 평생교육은 사람들이 평생 동안 학습을 통해 변화할 수 있도록 하자는 원리이자 사회 구조적인 지원 시스템의 의미가 강하다. 따라서 평생교육학자인 크내퍼(C. K. Knapper)와 크로플리(A. J. Cropley)는 평생교육을 다음과 같이 정의한다.

> "평생교육은 다양한 교육을 실천해 나가는 데 제시될 수 있는 일종의 조직적이고 과정적인 안내지침이라고 할 수 있다. 평생교육의 목적은 평생학습, 즉 삶을 총체적으로 가로지르는 학습을 가능하게 하는 것이다."[10]

평생교육의 목적은 평생학습을 하게끔 만드는 데 있다는 것이다. 다음의 평생교육의 정의도 같은 맥락에서 나온 것이라 볼 수 있다.

"평생교육은 언제, 어디서나, 누구든지, 자신이 원하는 교육과 학습의
기회를 누릴 수 있도록 사회의 전반적 시스템을 재구조화하는 원리이자
그것을 지탱하는 이념이다."[11]

보다 구체적으로 평생교육을 좁은 의미와 넓은 의미로 정의하면 다음과 같다.
좁은 의미에서의 평생교육은 '학교의 정규교육과정을 제외한 모든 형태의 조직적
인 교육 활동'으로 정의할 수 있다. 이 점은 우리나라 「평생교육법」(제2조 제1항)에
다음과 같이 명시되어 있다. "평생교육이란 학교의 정규교육과정을 제외한 학력
보완교육, 성인 문자해득교육, 직업능력 향상교육, 인문교양교육, 문화예술교육,
시민참여교육 등을 포함하는 모든 형태의 조직적인 교육 활동을 말한다."
　반면에 넓은 의미에서 평생교육의 정의는 유네스코의 평생교육의 이념에 기초한
것이다. 광의의 의미에서 평생교육이란 "학교 교육을 포함하여 개인의 전 생애,
전 삶의 공간에서 형식의 구애 없이 참여하는 교육 및 학습을 총칭하는 용어"[12]이
다. 다시 말해 평생교육은 인간의 전 생애 발달 단계와 사회 모든 장소에서의 교
육과 학습활동이라 할 수 있다.

3) 수직적, 수평적, 실존적 교육

평생교육은 기존 학교 중심의 교육과는 달리 교육과 학습에서의 시간적[수직적],
공간적[수평적], 형식적 제약이 없어지는 것이다. 유네스코의 이념대로 '모든 사람
을 위한 교육(education for all)'이 시간과 장소에 구애됨이 없이 평생에 걸쳐 역동
적으로 이루어지는 것이 평생교육이다. 유네스코는 이러한 평생교육의 특징을 세
가지 개념으로 제시한다. 즉, Life-long, Life-wide, 그리고 Life-deep[13]이다. 평생교
육은 전 생애적, 전 사회적, 그리고 전 실존적이라는 특징을 가지고 있다.

(1) 전 생애적 교육

평생교육은 전 생애적(Life-long)이다. 교육 시기의 확장을 의미한다. 교육 시기

가 아동·청소년기와 같은 특정한 시기에 국한되는 것이 아니라 전 생애로 확장된다는 의미이다. '요람에서 무덤까지'라는 말이 의미하듯 전 생애를 걸친 학습의 시간적 확장을 강조하는 것이다. 전통적으로 교육을 아동·청소년기로 초점을 맞추는 것은 교육을 삶을 준비하는 하나의 단계로서 보았기 때문이다. 그러나 평생교육의 관점에서 교육은 삶 자체이다. 그러므로 평생교육은 전 생애적이기에 그동안 독립적으로 취급해 왔던 유아교육, 초·중등교육, 고등교육, 직업교육, 성인교육 등을 모두 포괄하여 하나의 교육체제로 통합하는 성격을 갖게 된다.

(2) 전 사회적 교육

평생교육은 전 사회적(Life-wide)이다. 교육의 공간적인 확장을 의미한다. 삶의 횡적 영역으로 학습을 확대하는 것으로서 사회의 전 영역을 교육과 학습의 장면으로 확대하는 것이다.[14] 학교 교육에서 보듯이 교육이라고 하면 특정한 교실이나 학교 같은 형식적 교육기관의 공간을 연상하게 된다. 그러나 평생에 걸친 교육 활동은 대부분 학교 외의 다양한 공간에서 이루어지게 된다. 실제로 살아가면서 필요한 지식과 정보, 기술 등의 경험학습은 학교 외의 장소에서 이루어지는 것이 대부분이다. 인근의 주민자치센터에서부터 도서관, 백화점 문화센터, 각종 학원, 직장에서의 기업교육 등 다양한 공간에서의 교육과 학습이 우리의 삶을 지탱하는 것이 현실이다. 특히, 요즘에는 오프라인 외에 온라인 공간이 매우 효과적이고 효율적인 교육과 학습의 장소가 되고 있음을 경험하고 있다.

(3) 전 실존적 교육

평생교육은 전 실존적(Life-deep)이다. 최근 들어 유네스코를 중심으로 한 연구에서는 평생교육을 통해 실현해야 할 학습으로 'Life-Deep' 학습을 강조하고 있다. 이관춘 교수는 이 개념을 사회문화의 차이에 관계없이 '공평성(equity)'을 강조한다는 의미에서 '전 실존적' 혹은 '범문화적'이라 해석한다. 이 개념은 2016년(영문판) 유네스코 평생학습국(UIL)에서 공식 발간한 폴 벨란거(Paul Bélanger)의 저서 『Self-construction and Social Transformation: Lifelong, Life-wide and Life-deep

Learning』을 통해 다시 강조되고 있다.

전 실존적 학습은 사람들의 신념, 가치관, 이념(ideologies) 및 삶의 방향에 관한 학습을 의미한다. 다시 말해 평생교육이 실현해야 할 '새로운' 학습으로서 "사람들이 무엇을 믿고, 어떻게 행동하며, 어떻게 자신과 타인을 판단하는지를 가늠하는 (guide) 도덕적 · 윤리적 · 종교적 · 사회적 가치들"에 대한 학습을 제시하는 것이다. Life-Deep 학습이 강조하는 점은 평생교육이나 학습은 결코 문화적 배제를 전제로 성립될 수 없다는 것이다. 지구촌의 모든 사람들은 자신의 의지와는 상관없이 각기 다른 문화권에서 실존적 삶을 영위해 나간다.

문화권에 따라 영향을 달리하는 각자의 신념, 가치관, 삶의 방향에는 '다름'이 있을지언정 '틀림'은 존재하지 않는다. 인간은 단순히 존재하는 존재자가 아니라 각자의 문화권 내에서 평생학습을 통해 부단히 자신의 본질을 만들어 가는 실존의 상태에 있는 존재자이다. 세계화 현상이 점차 심화되면서 다발적으로 발생하는 각 지역의 특정한 문제들을 보다 더 잘 이해 및 인식하기 위해서는 각자가 처한 환경을 넘어 전 세계적 차원에서 혹은 범문화적 차원에서 접근하는 평생학습이 절실히 요청된다.

4) 형식, 무형식, 비형식 학습

평생교육의 특징은 전 생애적이고 전 사회적, 즉 교육의 시기 및 공간의 확장이다. 그렇다면 자연스럽게 교육의 형식 또한 확장되는 것을 의미한다. 인간의 삶을 구성하는 총체적인 시간과 장소를 포괄하는 것이 평생교육이라면 교육과 학습을 하는 형식도 제한이 없어야 하기 때문이다. 흔히 교육이라고 말하면 학교 교실이 연상되듯이 특정한 시기와 공간, 형식이 있어야 하는 것으로 오해하게 된다. 전통 교육으로부터 학습된 이러한 잘못된 인식에서 벗어나는 것이 무엇보다 시급하다.

교육의 형식은 다양하다. 쿰스(W. W. Coombs)와 아메드(M. Ahmed)는 교육이 학교 교육을 중심으로 하는 정규교육에만 국한되지 않고 다양한 방면으로 이루어지고 있다는 점에 주목하여 교육의 형식을 세 가지로 구분하였다.[15] 즉, 형식 교육, 비형식 교육, 무형식 교육이다. 이들을 포함한 평생교육학자들은 전통적으로 내려오는 학교라는 제도적이며 체계화된 교육형식뿐만 아니라 학교 밖에서 행해지는 다양한 교육적 활동이 중요하다는 것을 강조하기 위해 형식 교육 외에 비형식 교육과 무형식 교육이라는 개념을 사용하는 것이다.

형식 교육(formal education)은 우리가 이미 경험했거나 하고 있는 초·중·고등학교나 대학교와 같은 학교 교육을 의미한다. 체계적이고 계획적인 교수설계에 의거해 행해지는 교육으로서 일반적으로 학교 울타리 안에서의 교육을 말한다. 형식 교육은 초·중등학교에서 대학교로 이어지는 순차적이면서 위계적인 형태이며, 우리 사회와 같이 서열화 혹은 등급화의 성격을 띠는 경우가 많다. 이 경우 자연스럽게 상급학교가 하급학교의 교육과정을 통제하고 지배하는 역기능을 보이기도 한다.

비형식 교육(non-formal education)은 학교와 같은 형식 교육 밖에서 이루어지는 체계적이고 조직화된 교육 활동을 의미한다. 지역의 도서관이나 주민자치센터, 종교단체, 백화점 문화센터, 기업 등에서 운영하는 다양한 교육 프로그램이나 활동이 이에 속한다. 형식 교육과 다른 가장 큰 특징은 비형식 교육 활동의 결과가 국가가 인정하는 학위나 졸업장, 학점 등으로 전환되는 과정이 배제되어 있다는 점이다. 다시 말해, 학원에서 배우는 과정은 학교와 다를 바 없으나 국가가 수여하는 졸업장이 주어지지 않는다는 점에서 비형식 교육의 한 가지 예로 볼 수 있다.[16] 똑같은 영어 공부를 하더라도 점수와 학점 때문에 하느냐, 아니면 어학학습의 즐거움 때문에 하느냐의 차이는 학습의 동기 측면에서 중요한 의미가 있게 된다.

무형식 교육(informal education)이란 말 그대로 교육의 형식이 갖추어지지 않은 상태에서의 교육과 학습을 말한다. 우리는 생활 속에서 다양한 경험을 통해 우연히 배우게 되는 경우가 많다. 가르치는 사람이 없고 배운다는 생각도 없었는데 학습을 하게 되는 것이다. 예를 들어, 학위논문을 작성하면서 다른 사람의 잘된 논문을 보거나 말을 듣고 이를 참고하여 더 나은 논문을 써 가면서 암묵적으로 발생하는 학습이 한 예라 할 것이다. 컴퓨터를 잘하는 사람의 어깨너머로 배운다든가,

자동차 수리 전문가의 행동을 유심히 보고 정비기술을 습득하는 것 등의 우연적
학습(incidental learning)도 이에 포함된다.

2 평생교육의 목적과 온전한 인간

1) 목적 지향적인 교육

교육은 학습을 통한 변화를 목표로 한다. 변화는 목표와 방향의 의미를 내포하
고 있다. 따라서 어떤 형태의 교육이든 교육은 반드시 변화시키려는 목적을 갖는
다. 학교 교육은 물론이고 종교적인 다양한 교육 활동들도 마찬가지다. 대학생들
의 농촌 봉사활동이나 교회 내 신도 교육과 교리교육에도 목적이 따른다. 그렇다
면 과연 교육을 통해 어떤 목적을 성취해야 하는가? 이 질문은 교육을 직접 담당
하는 사람이나 교육정책을 입안하는 사람들 모두에게 매우 중요하면서 가장 근본
적인 교육적 문제이다.

교육에 따라 당연히 목적은 달라진다. 학교 교육의 경우 교육과정의 운용을 통
해 학생들이 앞으로 사회에서 직면하게 될 사회적 및 직업적 역할을 성공적으로
수행하는 데 목적을 둘 수 있다. 기업교육을 포함한 다양한 분야에서의 교육은 해
당 직업이나 직무에서 요구되는 지식과 기술, 역량을 제고시키는 데 목적이 있을
것이다. 그러나 교육의 목적이 학교에서처럼 학습자의 사회화에만 있거나 기업을
포함한 평생교육 분야와 같이 수단이나 도구적인 목적만 있는 것은 아니다.

교육학자인 콜린 린지(Colin Wringe)는 교육의 궁극적인 목적에는 '나는 무엇을
하면서 살아야 하는가?', '내 인생을 가장 알차고 행복하게 만드는 요인은 무엇인
가?'와 같은 근본적인 철학적 질문이 필연적으로 얽혀 있다[17]는 점을 강조한다. 같
은 맥락에서 영국 런던대학 존 화이트(John White) 교수는 저서 『교육과 좋은 삶
(Education and the Good life)』을 통해 무엇보다도 교육목적을 인간의 '삶'과 연관시
킨다. 교육은 모든 학습자들이 잘 살 수 있도록 도와주는 일이라는 것이다. 그렇

다면 인간이 잘 산다는 것은 무엇을 의미하는가? 인간에게 좋은 삶이란 어떤 것인가? 하는 문제가 뒤를 잇게 된다.

화이트 교수는 좋은 삶(good life) 혹은 잘 삶(well-being)을 자율성이나 이타심이란 이념과 연관시킨다. 개인의 삶은 자아와 타인이 어울려 사는 세계에서 이루어진다고 볼 때 좋은 삶이란 자율성과 이타심을 포함하지 않을 수 없다는 것을 강조한다.[18] 물론 사람에 따라 교육의 목적으로서의 좋은 삶이란 다를 수 있다. 어떤 사람들은 작고 소소한 행복이라는 '소확행'이 좋은 삶이라 생각할 수 있다. 기독교인들 중에는 신의 사랑과 섭리에 대한 복종이, 아니면 성서의 정신에 충실한 믿음의 삶을 좋은 삶이라 말하는 경우도 있을 것이다.

주목할 점은 화이트 교수의 말대로, 사회 속에서 타인과 함께 살아갈 수밖에 없는 현대인들에게 좋은 삶이란 자율적이며, 이타적인 삶의 요소가 포함된 것이어야 한다는 점이다. 화이트 교수가 제시하는 교육의 목적은 기독교적인 평생교육의 목적과도 맥락을 같이한다고 볼 수 있다. 또 유네스코에서 제시하는 평생교육의 궁극적인 목적과도 일치함을 발견하게 된다.

2) 온전한 인간

평생교육의 목적을 논의하기 위해서는 교육의 주체이자 대상인 인간 존재에 대한 이해가 전제되어야 한다. 라벵드라 다브(Ravindra H. Dave)가 지적한 바와 같이 평생교육의 의미와 목적은 인간의 삶과 교육을 어떻게 해석하느냐에 따라 결정되기 때문이다. 그러나 '삶', '교육'이란 말은 그 자체로 매우 복합적이며 다면적이기에 어떤 통일된 개념 정의가 용이하지 않다. 시대와 사회에 따라 삶과 평생교육의 조작적 의미는 다양하고 다르기 때문이다.[19] 또한 '평생(lifelong)'이라는 개념이 포함하는 수직적·수평적 통합(integration)은 기독교 사상에서와 같이 단순한 시간적·공간적 확장을 넘어서는 교육사상을 함의할 수 있기 때문이다.

유네스코 문헌에서는 평생교육을 "개인적 및 집단적인 삶의 질을 향상시키기 위하여 개인 삶의 전 기간을 통하여(throughout the life-span) 개인적·사회적·

전문적 발달을 도모하는 과정"[20]이라고 정의한다. 요람에서 무덤까지 삶의 서로 다른 발달 단계와 영역에서 가능한 최대한의 발달을 성취할 수 있도록 계몽 (enlightment)을 증진시키는 형식적·비형식적·무형식적 학습을 포괄하는 종합적이고 총합적인 이념[21]이라는 것이다.

다브와 같은 맥락에서 폴 랑그랑(Paul Lengrand)은 급변하는 사회구조에 부응하기 위한 도구적이며 기능적인 평생교육의 필요성을 강조한다. "어제의 해석 (interpretation)은 더 이상 오늘의 사회적 요구에 부응하지 못하게 된다."[22]라는 것이다. 따라서 평생에 걸친 지속적인 학습을 통해 세상의 변화를 좇아가지 못한다면 현실과 삶의 균형이 깨지게 되고 결국 자신이 속한 세계로부터 소외당함을 강조하였다. 평생학습이 변화하는 시대에 개인의 실존(existence)과 소외 극복을 위한 전제조건이라는 것이다.

다른 한편으로 유네스코 문헌에서는 평생교육을 단지 사회 변화에 부응하기 위한 수단적·도구적 관점에서 접근하는 것에 대한 비판적 논의도 제기되었다. 평생교육이 효율성을 목적으로 한 자본 회수율에 대한 공리주의적 관점에 기초한 생산 활동에 인간을 시녀로서 활동하도록 교묘하게 조건화[23]시키는 데 관심만 갖는다면 개인적으로나 사회적으로 불행이라는 비판이다. 스키너(B. F. Skinner)를 비롯한 행동주의 심리학에 기반한 평생교육의 한계를 지적하는 것이다. 나아가 평생교육이 기업의 성과달성이나 경제적 성장을 증대시키는 목적을 위한 직업 교육에만 초점을 맞춘다면 개인의 행복 추구는 요원하며 사회는 앙리 베르그송 (Henri-Louis Bergson)이 말한 '곤충사회'[24]가 될 것이란 비판이다.

평생교육은 직업 재교육만이 아니다. 평생교육에 관한 모든 문제는 인간 생명과 삶의 질적인 측면과 직결되기에 결과적으로 철학적인 질문을 제기해야 된다. 왜냐하면 인간이란 무엇이고 또한 무엇이 가장 본질적인 교육의 가치로 간주되어야 하느냐 하는 문제는 결국 철학적 질문이기 때문이다. 같은 맥락에서 랑그랑은 평생교육의 본질 자체가 새로운 방식으로 이해되어야만 한다는 점을 강조한다.

"교육은 외부로부터 삶에 부과되는 부가물(addendum)이 아니다. 교육은 얻어야 할 항목이라기보다는 문화 그 자체이다. 철학적인 용어를 사용하면 그것은 '소유(having)'의 영역이 아닌 '존재(being)'의 영역에 있다고 하겠다. …… 모든 다양한 삶의 단계, 다양한 환경 속에서 형성되는 (becoming) 상태에 있는 존재가 교육의 참된 대상(subject-matter)이다."[25]

랑그랑은 말년에 이르러 평생교육의 궁극적 관심을 인간 존재에 두어야 한다는 점을 다시 강조한다. 인간은 자기실현의 수단으로서 사물을 창조할 능력을 가지고 있기 때문에 평생교육은 단순한 '지식전달(transmission)에서 자기창조(self-creation) 교육으로의 패러다임 전환을 해야 한다'는 것이다.[26]

유네스코 평생교육 이념에 대한 이러한 논의는 교육의 근본적인 개념에 대한 비판적인 평가에 관심을 갖게 만들었다. 교육을 단지 미래를 위한 준비과정이 아니라 인본주의적 가치(humanistic value)와 밀접히 연관시켜 인간 삶의 발전과정으로 해석하는 현대적 교육 개념 형성에 결정적인 요소가 되었다. 랑그랑을 비롯한 유네스코 평생교육학자들의 인본주의적 평생교육사상은 1972년 에드가 포르 보고서, 『존재를 위한 학습(Learning to Be)』으로 구체화되었다. 「포르 보고서」는 랑그랑이 1970년 보고서를 제출한 후 각국의 7인 평생교육 전문가들로 구성된 국제교육개발위원회(ICDE)가 구성되고, 프랑스 총리와 교육부 장관을 지낸 에드가 포르(Edgar Faure)가 위원장을 맡아 산출한 평생교육 보고서이다.

포르 보고서는 유네스코가 '전 세계적으로 직면하고 있는 교육적 위기'에 적극적으로 대응하기 위해 제시한 일종의 교육전략[27]으로 평가받는다. 전체 3부 9장으로 구성되어 있는 포르 보고서는 세계 교육의 현황과 문제점에서부터 교육의 진보와 한계, 미래 교육이 직면하고 있는 도전적 과제, 새로운 교육이 지향해야 할 목표, 향후 사회가 지향해야 할 목표로서의 학습사회 등을 구체적으로 제시하고 있다. 또한 평생학습은 학습사회 실현을 위한 초석이며 교육정책의 '마스터키(master key)'임을 강조하고 학습사회를 실현하기 위한 전략으로서 21개 항의 원리를 제시하고 있다.

특히, 포르 보고서는 "새로운 세계에는 새로운 인간(A new man for a new world)"[28]

이라는 명제하에 평생교육이 지향해야 할 궁극적 목표로서 '온전한 인간(complete man)'[29]을 제시한다. 평생교육은 존재를 위한 학습이 되어야 하며, '존재를 위한 학습'이 지향하는 인간상은 온전한 인간이다. "온전한 인간이란 육체적·지적·정서적·윤리적 특성이 통합적으로 성숙된 사람(integration of the individual)이며, 온전한 인간이 바로 궁극적(fundamental) 교육의 목표이다."[30] 온전한 인간 실현이 사회에 대한 평생교육의 의무임을 강조하는 것이다. 온전한 인간을 위한 교육은 요람에서 무덤까지의 삶 전반에 걸쳐 지속적으로 이루어지는 과정이며, 특히 사회 속에서의 타자와의 의미 있는 관계 형성을 통해 이루어지는 통합적 인격 양성을 의미한다.

포르 보고서 탄생의 시대정신인 프랑스 68혁명이 비인간적인 구시대 가치의 타파에 있었다는 점을 고려해 보면, 평생교육은 그 시대정신을 구현하기 위한 '마스터키'의 역할을 강조했을 것으로 보인다. 포르 보고서가 평생학습보다는 평생교육에 개념적 비중을 두었다[31]는 사실이 이를 입증한다. 다시 말해 온전한 개인의 실현, 나아가 궁극적으로 '새로운 사회'[32] 건설을 위해서는 교육을 통한 참여, 민주화, 시민사회 교육을 위한 평생교육의 역할이 요구되었기 때문이다. 이는 포르 보고서 이후 사회가 급변함에 따라 글로벌 경제, 경제적 경쟁, 기술과 개인 학습을 강조하는 평생학습에 초점을 맞추는 방향으로 교육의 비중이 변화해 갔다는 점과 비교된다.[33] 평생학습으로의 비중의 변화는 1990년대 탄생한 들로르 보고서에 잘 나타나 있다.

3) 존재를 위한 평생학습

포르 보고서가 출간된 지 24년 후인 1996년 유네스코는 시대의 변화에 따른 새로운 평생교육 보고서를 제시한다. 자크 들로르(Jacques Delors)를 위원장으로 한 들로르 보고서다. 포르 보고서 이후 전개된 정치적·경제적·이념적 변화는 평생교육이 지향해야 할 목표에 대한 새로운 관심을 불러일으켰다. 1970년대 중반의 오일쇼크, 동서냉전의 종말, 대처리즘과 레이거노믹스로 대표되는 신자유주의의 부상은 평생교육에도 경제적 논리가 지배한다는 비판을 받게 하였다. 직업교육 및 재교육 위주의 평생교육이 강조되면서, 다른 한편으로는 평생교육의 목적과 방향에 대한 유네스코 차원의 연구가 시작되었다. 그 결과 탄생한 것이 들로르 보고서, 『학습, 그 안의 보물(Learning: The Treasure Within)』이다.

들로르 보고서는 포르 보고서와 마찬가지로 초 · 중등학교를 포함한 평생교육이 개인 및 공동체 발전의 심장과 같은 역할을 한다는 점을 다시 강조한다.

> "교육의 목적은 누구의 예외도 없이 우리 각자가 자신의 모든 능력
> (talents)을 최대한 계발하고 개인의 창의적인 가능성을 실현시켜 자신의
> 삶과 개인적 목적을 성취하는 데 책임감을 갖도록 도와주는 데 있다."[34]

따라서 학습을 인간 내면에 숨겨진 하나의 보물로 규정하고, 그 보물을 4가지 원리로 제시한다. 즉, 알기 위한(to know) 학습, 행하기 위한(to do) 학습, 더불어 살기 위한(to live together) 학습, 존재를 위한(to Be) 학습이다. 알기 위한 학습을 통해 학습자는 이해의 도구를 획득하게 되며, 행하기 위한 학습을 통해 개인이 마주치게 되는 환경에 창조적으로 대응할 수 있게 된다. 더불어 살기 위한 학습을 통해 학습자는 모든 활동에 있어서 다른 사람들과 함께 참여하고 협력할 수 있게 되고, 존재하기 위한 학습은 앞의 세 가지를 바탕으로 하는 궁극적 목표가 된다.

존재를 위한 학습의 목적과 중요성은 포르 보고서에서 이미 밝힌 바와 같다. 즉, 기술 발전의 결과로 초래된 비인간화에 대한 두려움을 상기시키며, 교육의 목적은 '각각의 개인이 자기 스스로 문제를 해결하고 스스로 결정하며 그 결정에 대한 책임을 질 수 있도록' 하는 데 있다는 것이다.[35] 포르 보고서 이후 급변한 사회 상황을 반영하여 들로르 보고서는 존재를 위한 학습의 원리를 보다 구체화하였다. 인격의 완성이라는 교육의 목표는 동일하나 개인, 가족, 공동체, 시민, 전문가 등으로서의 다양한 임무와 책임을 구체적으로 제시하고 있다.

들로르 보고서에서 주목할 점은 평생교육의 궁극적 목적이 "자신을 온전한 사람(the complete man)으로 개발하는 과정, 곧 존재를 위한 학습(learning to be)으로 간

주되어야 한다"[36]는 점을 강조한다는 것이다. 들로르 보고서는 네 가지 학습 원리들은 똑같은 비중을 가져야만 한다는 신념을 견지한다. 동시에 이들 학습을 통한 개인의 창조적 잠재력 발견, 계발 및 확장은 결국 자신을 온전한 사람으로 개발하는 과정으로서의 존재를 위한 학습이라는 것이다. 들로르 보고서가 제시하는 평생교육의 목표는 포르 보고서와 근본적인 차이가 없음이 나타난다. 단지 시대의 변화에 따른 도전에 대응하기 위해 온전한 인간 개발을 위해 존재를 위한 학습의 선행 조건을 더욱 구체화시켰을 뿐이다.

들로르 보고서는 존재를 위한 학습으로서 타인과 더불어 사는 학습이 선행되어야 함을 강조한다. 특히, 세계화 시대에 요구되는 다원주의에 입각해 타인과 조화로운 삶에 대한 학습이 더욱 중요시되기 때문이다. 그러나 들로르 보고서는 첫 두 가지 원리는 교육에서 전통적으로 강조되어 왔으나 나머지 두 학습 기둥은 우연에 맡기거나 혹은 앞의 두 가지 학습의 자연적 부산물로 간주해 왔다는 점을 지적한다.[37] 더불어 사는 학습, 존재를 위한 학습이 평생교육이 지향해야 할 목표라는 것이다. 들로르 보고서는 포르 보고서가 교육의 목적으로서 제시한 '온전한 인간 (complete man)' 양성을 위한 지침을 들로르 보고서는 시대적 요구에 맞추어 '존재를 위한 학습'으로 새롭게 제시한 것이다.

포르 보고서와 들로르 보고서는 1970년대와 1990년대라는 시대적 차이가 있음에도 평생교육이 지향해야 할 궁극적 목표로서 '존재를 위한 학습'을 제시하고 있다. 물론 그 학습의 내용에 대한 강조점은 시대적 변화에 부응하기 위해 달라졌지만 학습의 궁극적 목표로서의 '존재', 보다 구체적으로 '온전한 인간'은 변함이 없다. 이러한 평생교육의 목표는 들로르 보고서 이전의 랑그랑 보고서나 다브 보고서에서도 차이가 없다. 나아가 이들 보고서의 평생교육 철학들이 '존재를 위한 학습'의 토대를 마련했다고 볼 수 있다.

주석

1 이관춘(2019). 거리의 파토스: 인문학, 성인인성교육을 논하다. 서울: 학지사, p. 21.

2 양홍권(2017). 학습세기의 교육론: 평생교육론. 서울: 신정, p. 3.

3 한숭희(2007). 평생학습과 학습생태계. 서울: 학지사, p. 20.

4 정지웅, 김지자(1986). 사회교육학개론. 서울: 서울대학교 출판부, p. 9.

5 한숭희(2007), p. 21.

6 권두승(1995). 평생교육론. 서울: 교육과학사, p. 15.

7 한숭희(2007), p. 43.

8 정범모(1997). 인간의 자아실현. 서울: 나남출판.

9 Haggard, E. A. (1963). Learning a process of change. In Crow, A. (Eds.), *Readings in Human Learning*. New York: McKay, p. 20/Cronbach, L. J. (1963). *Educational Psychology* (2nd ed.). New York: Harcourt, Brace and World, p. 71.

10 Knapper, C., & Cropley, A. (2000). *Lifelong learning in higher education*. London: Kogan Page의 내용을 한숭희(2007). 평생교육론. 서울: 학지사, p. 27에서 재인용하였다.

11 김한별(2019). 평생교육론(3판). 서울: 학지사, p. 22.

12 같은 책, p. 23.

13 이 내용은 이관춘 교수가 『평생학습타임즈』 2019년 9월 11일자에 기고한 내용을 인용한 것임을 밝힌다. 그는 2016년(영문판) 유네스코 평생학습국(UIL)에서 공식적으로 발간한 Paul Bélanger의 저서, 『Self-construction and Social Transformation: Lifelong, Life-wide and Life-deep Learning』의 내용을 바탕으로 life-long, life-wide, life-deep의 개념을 설명하고, 특히 life-deep을 전 실존적이라고 번역하고 있다.

14 같은 곳.

15 Coombs, P., & Ahmed, M. (1974). *Attacking rural poverty. How non-formal education can help*. Baltimore, John Hopkins Press.

16 한숭희(2007), p. 33.

17 Wringe, C. (1988). *Understanding Educational Aims*. London: Unwin Hyman. 이지헌, 김희봉 역(2009). 교육목적론. 서울: 학지사, p. 4.

18 White, J. (1990). *Education and the Good Life*. 이지헌, 김희봉 역(2009). 교육목적론. 서울: 학지사, pp. 3-4. 이 내용은 역자들이 화이트 교수의 책에 대해 서문에서 언급한 것이다.

19 Dave, R. H. (1973). *Lifelong Education and School Curriculum*. Hamburg: UNESCO Institute for Education, p. 14.

20 Dave, R. H. (Ed.) (1976). *Foundations of Lifelong Education*. Paris: UNESCO Institute for Education, p. 34.

21 같은 곳.

22 Lengrand, P. (1970). *An Introduction to Lifelong Education*. Paris: UNESCO, p. 44.

23 Janne, H. (1976). Theoretical foundations of lifelong education: A sociological perspective. In Dave, R. H. (Ed.), *Foundations of Lifelong Education*. Oxford: UNESCO Institute of Education, p. 164.

24 같은 책, p. 165에서 재인용.

25 Lengrand, P. (1970), p. 64.

26 같은 책.

27 Elfert, M. (2015). UNESCO, the Faure Report, the Delors Report, and the political utopia of lifelong learning. *European Journal of Education, 50*(1), 88−100, p. 89.

28 Faure, E. et al. (1972), p. 153.

29 이관춘 교수에 따르면, 포르 보고서의 'complete man'을 흔히 '완전한 인간'으로 번역하나, '완전한 인간'이라는 개념은 철학적으로 논리적 모순임은 물론 구체적이고 살아 있는 실존적 인간이 아니다. 따라서 가치 상대적인 '온전한 인간'으로 번역해야 한다.

30 Faure, E. et al. (1972). *Learning to Be: The World of Education, Today and Tomorrow*. Paris: UNESCO, p. 156.

31 최수연(2016). 니체사상에 함축된 존재를 위한 평생학습의 의미에 관한 연구. 아주대학교 대학원 박사학위논문, p. 107.

32 Elfert, M. (2015), p. 96.

33 최수연(2016). 같은 논문.

34 Delors, J. et al. (1996). Learning: The treasure within. Report to UNESCO of the Internationa Commission on Education for the Twenty-first Century. Paris: UNESCO, p. 17.

35 Faure, E. et al. (1972), p. xxiv.

36 Delors, J. et al. (1996), p. 109.

37 같은 책, p. 86.

평생교육학자와 평생교육사상

평생교육의 당위성에 대한 철학적 견해는 시대에 따라 그리고 학자에 따라 부분적으로 제시되어 왔다. 평생이라는 개념을 사용하지 않았더라도 교육이 평생 지속되어야 한다는 생각에 대해 명시적으로 비판하는 사람은 많지 않았다. 하지만 평생교육 개념이 본격적으로 등장한 것은 20세기 들어서라 할 수 있다. 이때 평생교육의 선구자적 역할을 한 사람이 영국의 베이즐 익슬리(Basil Yeaxlee), 그리고 미국의 에두아르드 린드만(Eduard C. Lindeman)이다.

익슬리는 당시 익숙하지 않았던 평생교육이라는 개념을 책 제목으로 하여 평생교육의 중요성을 설파하였다. 특히, 기독교적인 관점에서 인간과 삶을 조망하고 평생의 교육을 통해 인간적인 성숙과 삶의 질을 고양시킬 수 있음을 강조하였다. 비슷한 시기 미국에서는 린드만이 성인들을 위한 평생교육의 초석을 다지고 있었다. 미국의 성인교육 문헌에 안드라고지의 개념을 소개한 사람도 린드만이었다.

미국 대학의 성인교육 전공 교수들을 대상으로, 성인 평생교육에 가장 큰 영향을 미친 학자가 누구인지를 델파이 연구방법으로 조사하였다.[1] 그 결과 린드만과 말콤 놀스(Malcom Shepherd Knowles)가 선정되었다. 학자들은 린드만의 『성인교육의 의미』[2]와 놀스의 『성인교육의 현대적 실천』[3]을 당대의 성인 평생교육에 있어 선견지명 있는 선언문이며, 현대에도 학자들이 가장 많이 참고하는 문헌으로 평가하였다.

익슬리와 린드만, 그리고 놀스의 사상은 성인교육 혹은 평생교육이 무엇이고 왜 필요한지를 이해하는 데 필수적이라 할 수 있다.

익슬리의 평생교육사상

　전술한 바대로 평생교육이 새롭게 부각된 것은 1960년대 중반 이후 유네스코의 다양한 문헌과 보고서 및 각종 회의를 통해서였다. 그러나 유네스코보다 약 반세기 앞서 영국의 베이즐 익슬리(Basil Yeaxlee, 1883~1967)는 1929년 『Lifelong Education』이라는 저서를 통해 평생교육의 필요성과 중요성을 역설하였다. 20세기에 들어 평생교육의 이념이 익슬리에 의해 최초로 도입된 것이다. 익슬리를 통해 영국에서는 교육에 대한 기존의 개념을 넘어 교육을 시간과 공간을 포괄하는 평생의 관점에서 바라보게 된다. 익슬리는 1914년부터 4년간 지속된 제1차 세계대전을 겪으면서 개인과 국가와의 관계, 개인의 사회적 책임감 등에 대한 성인교육의 필요성을 절감한 것으로 보인다. 그는 개인이 전체성의 한 부분이기에 불가분의 관계에 있음을 다음과 같이 강조한다.

> 　"평생교육과 관련된 지식, 경험, 지혜, 화합, 맡은 일에 대한 자기헌신 등은 평범한 사람들의 실생활(practical affairs)에서 기인하고 또한 무한대로 뻗어 나가는 것이다. 그러나 이런 것들이 개개인 인성의 성장이나 그와 관련된 활동들과 동떨어져 있다면 무의미한 것이다. 또한 그러한 인성이 전체성(the whole)과 지속적으로 살아 있는 관계를 맺지 못한다면, 즉 진리의 전체성과 삶의 전체성 및 직면한 현실과 궁극적인 것과 관계를 맺지 못한다면 (지식이나 지혜, 화합, 헌신 등은) 불가능한 것이다."[4]

　익슬리는 인간은 본질적으로 이러한 전체성의 한 부분이기에 각자 사회적 책임이 있으며, 평생교육은 보다 나은 세상을 만들기 위해 헌신할 수 있는 가치를 고양시키는 데 기여해야 한다고 주장하였다.

1) 기독교 사상이 교육의 원천

여기서 주목할 점은 익슬리는 사회발전에 헌신할 수 있는 가치의 원천을 기독교 사상에서 찾았다는 점이다. 평생교육의 사상적 바탕을 기독교 사상에 두고 기독교적 가치를 회복하기 위한 교육적 개혁을 주창한 것이다. 삶의 의미와 목적, 교육과의 관계, 평생교육에 대한 형이상학적 질문은 그의 평생교육 철학의 근간을 이루는 것이었다. 따라서 기독교 사상은 그의 원동력이자 삶에 대한 그의 해석의 원천이며, 평생교육의 목표와 의미에 대한 그의 관점을 형성하는 데 사용한 도구였다.[5]

따라서 익슬리는 성인교육은 물론 기독교에 기초한 종교교육에 깊게 관여하였는데 그가 생전에 활동했던 단체의 직위는 이를 명확하게 반영한다. 특히, 전국기독교청년협회(the National Council of Young Men's Christian Association) 편집장(Editorial Secretary), 영국의 중요한 1919 보고서를 발간했던 국가재건부 성인교육위원회(the Ministry of Reconstruct-ion Adult Education Committee) 위원(Member), 교육복지협회(Educational Settlements Association) 사무총장(Secretary), 셀리 오크(Selly Oak)의 웨스트힐 훈련원(Westhill Training College), 셀리 오크의 학장, 『교육에서의 종교(Religion in Education)』 편집장, 영국 해병대 성인교육 중앙자문위원회(Central Advisory Council for Adult Education in HM Forces) 위원장, 영국 교회협의회 교육위원회(Education Committee, British Council of Churches) 위원장 등이다.[6]

익슬리의 저서 또한 그의 평생교육의 사상적 근원이 기독교 사상에 있음을 보여 준다. 예를 들면, 『성인교육에서의 영적 가치(Spiritual Values in Adult Education)』(1925), 『완전히 성숙된 인간을 향해(Towards a Full Grown Man)』(1926), 『종교와 마음의 성장(Religion and growing mind)』(1939) 등의 저서에는 인간과 삶에 대한 해석의 원천 및 교육의 의미와 목적에 대한 기독교적 사상이 전체 내용을 관통하고 있다.

이 중에서도 『평생교육(Lifelong Education)』은 인간의 한평생을 교육의 관점에서 고찰한 20세기 최초의 저서[7]로 평가받고 있다. 이 책에서 익슬리는 삶의 모든 자원과 경험은 개인의 교육에 의미 있는 역할을 하며 교육은 삶의 길이만큼 지속된다는 점을 강조한다. 교육과정은 학교 교육에서 시작될 뿐이며, 성인의 모든 조건 및 직업적 활동을 통해 교육의 과정이 지속된다는 것이다. 따라서 익슬리는 초·중등 및 대학으로 구분하는 교육의 각각의 영역(realms)들은 동등한 교육적 중요성을 지니기에 이들을 통합하는 평생교육 체제를 구축할 것을 주장하였다.

익슬리는 학교 교육을 중심으로 하는 교육에 대한 전통적인 이해를 벗어나 교육을 개인의 한평생과 통합하는 관점에서 접근해야 함을 강조하였다. 우선 인간이 지식을 얻기 위해 배우는 것인지 아니면 특정한 분야에서 자신의 능력을 개발하기 위해 배우는 것인지를 구분하는 것 자체가 잘못된 것임을 지적한다.[8] 교육은 두 가지를 서로 분리할 수가 없다는 것이다. 지식에 대한 추구와 배움 그 자체를 위한 배움 모두 나름대로 중요하며 분리할 수 없는 인간의 자연적 특성이기 때문이다.

2) 성인을 자유롭게 하는 교육

익슬리는 성인을 위한 평생교육은 기본적으로 학습자의 경험과 흥미에 초점을 두어야 한다고 주장하면서 동시에 성인을 교육시킬 수 있는 지적인 권위도 요구된다고 주장했다. 성인을 위한 교육은 궁극적으로 그를 자유롭게 하는 데 있으며, 이를 위해 성인교육은 학습자로 하여금 지속적으로 성찰하고 이성적인 사고를 할 수 있도록 도와주는 역할을 수행해야 한다는 것이다.

> "아무리 덕망 있고 존경받는(venerable) 사람이라 해도 지적 권위에 속박되어 있는 한 어느 누구도 자유로울 수 없다. 또한 아무리 자신이 맡은 분야에서 실천적 서비스(practical service)의 전문가라 할지라도 지적인 무신경(crassness)과 무지에 갇혀 있는 한 그는 자유로울 수가 없다. 삶과 학습은 자유를 획득하는 데 서로 분리될 수 없는 것(go together)이기 때문이다."[9]

익슬리는 모든 사람에게 평생교육의 기회가 제공되어야 하며, 또한 모든 사람들이 평생학습을 할 수 있도록 교육이 혁신되어야 한다고 주장하였다. 이를 통해 인간이 참된 지적 자유를 통해 정신적 자유를 얻게 되고 자신과 세계, 현실 세계와 초자연적 세계에 대한 깊은 인식에 이르게 된다고 믿었다.

그는 "교육이란 인간이 스스로 인간의 이미지를 명확히 하는 것이며, 그 이미지는 단순히 그들이 처한 조건의 수동적인 희생양이 아니라 모든 사람들이 인간성과 기독교 정신으로 형성된 하나의 '전체' 안에 합체될 수 있을 때까지 사랑과 화합의 끊임없는 성장, 자기 충족감을 충만시킬 수 있도록 하는 올바른 태도와 미래의 조건을 형성할 수 있는 보다 생생하며 적극적으로 대응하는 주체이다."[10] 공동체의 선을 도모하기 위해서는 평생교육을 통해 개인으로 하여금 자유를 찾고 책임을 다하는 완전한 발달에 이르게 해야 한다는 것이다.

익슬리의 『평생교육』은 교육을 통한 개인의 변화와 성장이 개인에게는 자유와 책임의 가치를, 국가 차원에서는 성장을 가져 온다는 신념이 바탕을 이루고 있다. 그는 성인교육 운동을 이 세상의 화합과 보다 민주적인 생활양식을 이루기 위한 수단으로 간주하였기에 어린이와 성인 초기 단계의 사람들을 위한 교육을 개선하고 연장하는 것이 이해력을 촉진하고 행동할 수 있도록 하는 여력을 마련하는 데 있어 필요하다[11]고 주장하였다.

익슬리는 "인간은 모두 본래적으로(by nature) 학생"[12]임을 인정해야 한다고 강조한다. 개인적인 성격이나 욕망, 기호 등이 어떠하든 인간은 모두 학습을 해야 하는 존재라는 것이다. 그런 이유 때문에 성인교육은 앞으로 어떤 이유로든 중단 없이 건강하고 진보적인 인간 삶의 필수적인 부분이 될 것이며, 단지 덜 지적인 사람이나 사회적·경제적으로 열등한 사람들을 위한 교육이 아니라는 점을 인식해야 한다고 주장한다.[13]

익슬리는 "모든 사람은 형식 교육 밖에서나 형식 교육을 떠난 후에도 지적으로 성장할 수 있는 능력을 지니고 있다. 따라서 성인교육이 어린 시절의 결핍을 보충하는 것이나 기술교육의 라이벌 또는 고등교육의 가난한 여동생 등으로 간주되어서는 안 된다"[14]는 점을 강조한다. 성인교육을 특정한 분야로 정형화하는 것에 대해서도 익슬리는 비판했다.

> "성인교육을 정형화하는 것(to stereotype)은 성인교육을 소멸시키는 것
> 이 아니라면 억압하는 것(to arrest)이다. 우리가 진지하게 다루어야 할 이
> 슈는 책이나 연극, 음악, 영화, 라디오, 언론, 여행, 정치적 및 종교적 활
> 동 등 여러 인습에 얽매이지 않고 우리가 생각하지 못했던 수천 가지 교
> 육방법들이 지니는 교육적 가치를 우리가 진지하게 인식하려고 했었는
> 가 하는 점이다. 만일 우리가 이러한 교육방법들에 의한 자기교육(self-
> education)의 잠재적 가능성을 인정하고 있다면 이를 활용한 교육이 질
> 높은 수준을 얻도록 노력하고 있는가?"[15]

앞서 언급한 대로 익슬리의 교육사상은 개인의 학습을 통한 인성의 발달 및 인
간 개개인의 발달이 자신이 속한 공동체의 발전으로 이어지며, 궁극적으로 기독
교의 신과 하나라고 하는 총체성(wholeness)을 확립시키는 것을 지향하고 있다.
익슬리는 "예수의 가르침과 다른 종교적 지혜 사이의 근본적인 차이점은, 예수는
선량함(goodness)을 가르치지 않고 자신의 내부에서 그리고 바깥으로의 세상에
있어서 총체성(wholeness)을 가르쳤다는 데 있다"[16]고 강조한다. "인간 자체 내에
서의 총체성이란 영혼이 인간의 한 부분이 아니란 점을 의미한다. 다시 말해, 영
혼은 마음과 정신과 반대이거나 구별되는 어떤 것이 아니라 마음과 정신을 포함
하는 하나의 창조(creation)"[17]라는 것이다.

② 린드만의 평생교육사상

20세기 초 영국의 평생교육을 대표하는 사상가가 베이즐 익슬리라면 같은 시기
미국의 성인 평생교육에 지대한 영향을 미친 사상가는 에두아르드 린드만(Eduard
C. Lindeman, 1885~1953)이다. 익슬리와 더불어 린드만은 20세기 평생학습의 이

념을 명확하게 제시하였으며, 교육을 일상의 삶의 연속적인 측면으로서 통합적으로 이해하기 위한 지적인 기초를 제공한 것으로 평가받고 있다.

1) 듀이의 진보주의 영향

평생교육의 역사에서 린드만의 학문적 기여는 지대하다. 앞서 언급한 대로 1980년대 미국과 유럽의 대학 교수들은 성인교육에 가장 중요한 기여를 한 두 권의 책들을 선정했는데, 1926년에 출간된 린드만의 『성인교육의 의미(The Meaning of Adult Education)』와 1970년 놀스의 『성인교육의 현대적 실천(The Modern Practice of Adult Education)』이었다. 『성인교육의 의미』는 성인교육에 관한 린드만의 유일한 저서이다. 그런데 놀스의 저서가 서구 대부분의 성인교육자들에게 지침서(standard fare)의 역할을 하고 있는 반면, 린드만의 저서는 상대적으로 덜 알려져 있다.

친구이자 학문적 동료인 존 듀이(John Dewey)의 진보주의의 영향을 크게 받은 린드만은 교육은 평생을 통해 지속되어야 한다는 점을 강조한다. 듀이의 진보주의 철학을 평생교육 차원에서의 성인교육과 연계시키고 있는 것이다. 듀이의 영향을 받은 린드만의 성인교육 사상은 놀스의 성인교육의 철학적 바탕을 제공하게 된다. 매켄지(L. McKenzie)는 "존 듀이는 린드만을 낳고 린드만은 놀스를 낳았다."[18]고 비유적으로 평가한다. 대븐포트와 대븐포트(J. Davenport & J. A. Davenport)는 두 사람을 미국 안드라고지의 아버지로 평가하면서 "린드만은 안드라고지의 영적인 아버지라면 놀스는 성인교육을 양육한 아버지"로 비유한다.[19] 그러나 린드만과 놀스는 성인의 평생교육에 대한 관점에서는 차이를 보이고 있다.

린드만의 성인교육 사상은 치열했던 자신의 삶과 배움의 개인적 경험에서 비롯되었다는 것이 정설이다. 그는 가난한 이민자의 아들로 태어나 아홉 살 때부터 마구간 청소부, 묘목원이나 공동묘지 일꾼, 식료품 배달부, 조선소와 공장 노동자 등 생존을 위한 노동을 한 끝에 스물한 살이 되어서야 형식적 교육을 받기 시작했다. 이러한 개인적 경험을 바탕으로 린드만은 '교육은 삶(Education is life)'[20] 그 자체라고 단정한다. 교육이 인생을 준비하기 위한 것으로서 인식할 때 학습과정은 악순환의 고리에 빠지게 된다는 것이다.

전통적인 교육에서 보듯 젊은 학습자들은 기성세대의 사고방식에 기초한 교육체제하에서 교육을 받고, 그 교육이 끝나는 순간 학습도 끝나는 것으로 생각하게 된다. 이 경우 진짜 인생이 시작되는 시기에 학습은 끝나게 되는 것이다. 주목할 점은 린드만은 성인교육과 청소년교육을 이분적으로 구분하는 것이 아니라 성인교육과 인습적(conventional) 교육을 구분하고 있다는 점이다. 이에 따라 아동·청소년들도 자신들의 요구와 흥미, 삶의 상황, 경험 및 개인적 차이가 고려될 경우 더 잘 배울 수 있다는 점을 강조한다.

2) 삶 자체가 학습

린드만은 교육에 대한 인습적인 생각을 비판한다. 교육은 학교 교육이라는 생각과 학교 교육은 사회에 나가기 전 학생들을 준비시키는 과정이라는 전통적인 생각에 근본적인 혁신이 필요하다는 점을 다음과 같이 역설한다.

> "교육은 단지 알 수 없는 미래의 삶을 위한 준비가 아니다……. 삶 전체가 곧 학습이기에 교육에는 끝이 있을 수 없다. 이러한 새로운 도전 (venture)을 성인교육이라 부른다. 왜냐하면 성인교육을 규정하는 것은 성인이라는 대상이 아니라 성인기, 즉 성인으로서의 성숙함(maturity)이 그 한계를 규정하는 것이기 때문이다."[21]

교육을 어린 시절의 학교 교육으로 생각하는 교육관은 이제 설 자리가 없다는 말이다. 삶 전체가 곧 학습이기에, 익슬리가 강조하듯 교육에는 끝이 없음을 강조한다. 교육이 삶이라는 사상은 교육이 직업교육에 한정되는 것이 아님을 보여 준다. "교육을 삶과 밀접한 하나의 과정으로 이해하는 것은 교육이 비직업적인 목표 (ideal)를 가진다는 인식으로 돌아가는 것이다……. 엄밀한 의미에서 성인교육은 직업교육이 끝난 시점에서 시작한다. 여기서 교육의 목적은 삶 전체에 의미를 부여하는 것이다."[22]

린드만의 관점에서 보면 노동자들에게 좋은 삶이란 즐겁고 의미 있는 삶이지 기계에 의해 얻어지는 삶이 아니었다. 자비스(P. Jarvis)의 말대로, 린드만은 노동자들에게 진정으로 행복한 삶은 기계에 의해 얻은 감흥보다 총체적 인격을 더 많이 표현할 수 있는 기회를 경험해야 한다고 보았다. 노동자가 공장으로부터 분리된 삶의 영역에서 의미와 창조적인 충족감을 찾을 수 있도록, 그리고 고도로 분화된 노동의 필연적 산물로서 나타나는 파편적인 인성의 발달에 대응할 수 있도록 돕는 것이 성인교육의 과업이라는 것이다.[23]

또한 린드만은 성인교육은 교과목(subjects)이 아니라 상황(situation)에서 시작해야 한다고 주장한다. 그런데 "우리의 학문 시스템은 그 반대의 순서로 발전해 왔다."라고도 비판한다. 다시 말해 "교과와 교사들이 출발점이고 학생들은 두 번째였다. 전통적 교육에서는 학생은 미리 정해진 교육과정에 자신을 맞추기를 강요받았다. 그러나 성인교육에서는 교육과정이 학생의 요구와 흥미를 중심으로 짜여진다."고 강조한다.[24] 이는 듀이를 포함한 진보주의 교육가들이 주장하는 "우리는 주제가 아니라 학생을 가르친다."[25]는 명제와 맥락을 같이한다. 린드만은 성인교육은 성인이 자기 자신을 새로운 상황에 적응시켜야 할 때 시작되고, 일터에서나 가정, 나아가 사회에서 변화된 현실을 이해하고 받아들이고자 애쓰는 성인에게 내재하는 교육적 잠재력을 강조하였다.[26]

3) 학습자의 경험이 최우선

듀이의 진보주의 철학대로 린드만은 성인들의 평생교육에 학습자의 경험을 최우선으로 중요시한다. 성인들은 학습을 만족시킬 필요와 흥미를 경험할 때 비로소 학습이 동기화된다는 것이다. 린드만은 다음과 같이 강조한다.

"우리는 학습자의 경험을 이용해야만 한다. 성인교육에서 가장 중요한 가치의 원천은 '학습자의 경험(learner's experience)'이기 때문이다. 교육이 삶 그 자체라면 삶 역시 교육이며 학습의 상당 부분은 타인의 경험과 지식을 자기 것으로 대체시키는 데 있다. 그러나 심리학이 가르치는 바에 따르면 인간은 행하는 것을 배운다. 따라서 모든 진정한 교육은 계속해서 행동하고 생각하는 데 있다. 인생은 우리가 행하는 일과 삶에서 발생하는 일을 지적으로 대처하는 것을 배울 때 비로소 합리적이고 의미 있게 된다."[27]

린드만은 모든 참된 교육은 언제나 함께 행동하고 느끼고 생각하는 것이기에 성인이 학습 이전에 쌓은 경험은 살아 있는 교과서 그 자체라는 것임을 강조하였다.[28] 자비스는 린드만이 강조한 성인의 경험 속에서 기초교육의 과정과 방법의 중요성은 오늘날 성인교육에서 너무나도 자명하며, 안드라고지의 개념과 성인 발달에 대한 콜브(D. Kolb)의 경험학습이론에서와 마찬가지로 소중히 간직되어 있다는 점을 강조한다.[29]

린드만은 삶이 곧 교육이기에 성인교육의 궁극적 목적은 삶의 의미(life's meaning)를 찾는 것이라고 말한다. 문제는 인간의 본성은 획일적이거나 동일한 것, 혹은 고정된 것이 아님에도 불구하고 인습적인 교육에서는 대규모 학생들에게 표준적인 교육과정하에 동일한 내용과 교수 방법을 사용하고 있음을 지적한다. 이는 마치 한 학생에게 수학이 의미하는 바가 다른 모든 학생에게도 같다는 가정을 하는 것과 같은 것이다. 이러한 가정하에서 교수 방법은 독선적일 수밖에 없고 또 그 방법이 정당화된다.

반대로 인간의 본성이 개별적이며 다양하고 항상 변화하는 것이라는 전제를 받아들인다면 삶의 의미는 학습자 개인마다 다른 방식으로 조건화한다는 것을 인식하게 된다. 이 경우 우리는 학습자의 개성(personality)을 새로운 관점에서 존중하게 된다고 강조한다. 교사의 최선의 덕목은 강압이 아닌 겸손이 된다. 교육현장에서 학습자의 경험은 교사의 지식만큼 중요한 것으로 인정받게 되며, 교사와 학생 모두 학습자가 된다.

린드만은 성인 평생교육의 목적에 대한 일반화의 위험성을 지적한다. 삶의 의미는 학습자 스스로가 세운 목적, 요구(wants)와 필요, 욕망과 바람 속에 내포되어 있기 때문에 일반화시킬 수 없다는 것이다. 그러나 린드만은 그리스인들이 추구했던 이상, 즉 '좋은 삶(good life)'[30]의 추구를 성인교육의 보편적인 목적으로 제시한다. 좋은 삶을 추구하는 사람들은 무언가를 의미 있는 것으로 만들고자 한다. 자신의 경험을 생생하고 의미 있는 것으로, 자신의 재능을 유용하게 활용하기로, 그리고 아름다움과 즐거움을 알기를 원하며 동료애에 기반한 공동체 안에서 자신의 개성(personality)을 다른 사람들과 공유하게 되기를 원한다. 간단히 말해 자신을 향상시키고자 하는 것이 현실적이면서 가장 중요한 목적이 되는 것이다. 아울러 좋은 삶을 추구하는 사람들은 사회질서(social order)의 변화도 함께 추구한다. 이를 통해 자신들의 소망이 발현되는 새로운 환경을 창조하기 원하기 때문이다.

성인교육에 대한 린드만의 사상의 핵심을 이루는 것은 방법이다. 그의 저서를 관통하는 것은 항상 '내용이 아니라 방법'[31]에 있었으며, 그 방법의 중심에는 토론법이 있었다. 자비스는 린드만의 토론 위주의 교육방법은 프레이리(Paulo Freire)의 '은행저축식' 교육[32]보다 약 40년 앞서 제도권에서 이루어지는 교육에 대하여 비평한 것이라고 평가한다.[33] 프레이리의 대화형 교육(dialogic education)과 유사하며 또한 성인학습과 교육에 대한 메지로(Jack Mezirow)의 비판이론과도 철학적 일치성을 발견할 수 있다.

③ 놀스, 성인교육의 아이콘

말콤 놀스(Malcom Shepherd Knowles, 1913~1997)는 안드라고지 혹은 성인교육의 실질적인 창시자로 학계에 알려져 있다. 실제로 놀스는 성인의 평생교육에 대한 중요한 이론과 실천적인 업적을 많이 남겼다. 미국 성인계속교육연합회(AAACE)가 성인교육학 분야에 지대한 공헌을 한 놀스를 기념하여 평생교육 분야에서 모범적인 기여를 한 성인교육자에게 말콤 놀스상을 수여하고 있다. 그만큼

놀스는 미국을 포함한 전 세계 성인교육학계에 지대한 영향을 미친 인물이다.³⁴

1) 린드만 사상과의 차이

전술한 바대로 듀이의 영향을 받은 린드만의 진보주의에 입각한 성인 평생교육 사상은 놀스의 성인교육 사상에 큰 영향을 미치게 된다. 놀스는 성인교육인 안드라고지를 대표하는 학자로서 안드라고지의 이론과 실제를 정립하고 학문으로 체계화하는 데 독보적인 공헌을 했다는 평가를 받는다.

놀스는 린드만의 영향을 받았지만 성인교육의 본질 혹은 지향점에 있어서 린드만과 차이를 보인다. 린드만은 성인교육의 궁극적 지향은 삶의 의미를 찾는 것이라고 생각했다. 삶의 의미를 찾기 위한 성인교육으로서 린드만의 민주시민으로서의 개인적 지성을 육성하고, 그를 통해 사회 변화에 기여하는 것을 주장하였다. 그에 따르면 지성적인 인간이란 "자신이 무엇을 하기를 원하는지, 또 그것을 왜 하기를 원하는지를 아는 사람"³⁵이다. 그러나 놀스는 린드만이 성인교육의 핵심 목표로 강조한 사회 변화의 역할에 대해서는 견해를 달리한다. 성인교육은 무엇보다 급변하는 정보 기술에 적응하도록 준비시키는 데 두어야 한다고 주장한 점에서 놀스는 린드만에 비해 개인 지향적이다.

놀스는 인간 본성에 대한 견해에 있어서도 린드만과 차이를 보인다.³⁶ 린드만은 존 듀이와 마찬가지로 인간 본성은 선하지도 악하지도 않고, 자유롭게 결정되는 자아도 아니며, 환경에 의해 결정되는 존재도 아니지만 제한된 자유에 대한 잠재력을 지니고 있기에 사회화 및 교육에 의해 다듬어질 수 있는 자아이다.³⁷ 그러나 놀스는 인본주의 심리학의 견해를 수용하여 인간 본성은 본질적으로 선하고 개인의 잠재 욕구들은 사회의 부정적인 영향을 극복하기 위해서만 사용될 필요가 있다는 관점을 취한다.³⁸

브룩필드(Stephen Brookfield)는 린드만과 놀스의 성인교육 사상의 차이를 책에 대한 분석을 통해 제시한다. 두 사람의 책의 성격을 중심으로 린드만의 저서를 '현장의 미래 선언서(visionary charter)'로, 놀스의 저서를 '학습과정 개발안내서'라고 구분하였다.[39] 린드만은 성인교육의 철학적·사회적 이상을 강조한 반면, 놀스는 성인교육 문제에 대해 효율적이면서 실천적인 해법을 제시[40]하고 있다는 것이다.

브룩필드가 '학습과정 개발안내서'라고 말한 놀스의 책은 1970년에 출판된 『성인교육의 현대적 실천: 안드라고지 대 페다고지(The Modern Practice of Adult Education: Andragogy versus Pedagogy)』이다. 이 책은 성인교육자를 위한 구체적이며 실용적인 지침을 제공하고 있으며, 성인교육 분야에 중요한 이정표를 제시한 것으로 평가받고 있다. 이 책에서 놀스는 안드라고지는 "성인들의 학습을 도와주는 기예[art]이자 과학이며, 페다고지는 아동을 가르치는 기예와 과학"[41]이라고 비교·정의하고 있다.

2) 페다고지와 안드라고지 구분

안드라고지와 페다고지에 대한 정의에서 보듯 놀스는 아동과 성인은 학습에 있어서 본질적인 특징에 차이가 있다는 것을 전제로 하였다. 이 같은 사상은 아동과 성인 사이에는 실존적인 차이가 있기에 안드라고지와 페다고지는 필연적으로 달라야 한다는 매켄지(L. McKenzie)의 주장과 맥락을 같이한 것이다. 놀스는 성인학습자의 특성에 대한 여섯 가지 가정[42]에 기초하여 페다고지와 안드라고지를 구분하는 논의를 전개한다.

첫째, 학습의 필요성(the need to know)이다. 성인들은 무엇인가를 배우기 이전에 왜 그것을 배워야 하는지를 알고자 한다. 스스로 무엇인가를 배울 때 학습으로부터 얻게 되는 혜택과 배우지 않았을 때의 부정적인 결과가 무엇인지를 먼저 생각한다는 것이다. 이에 따라 놀스는 학습촉진자(facilitator)의 주된 임무는 학습자가 '학습 필요성'을 인식하도록 돕는 것임을 강조한다.[43]

둘째, 학습자의 개념이다. 페다고지에서 학습자의 역할은 의존적이다. 학습자가 학습해야 할 내용, 시기, 방법 등을 교사가 전적으로 책임지고 결정할 것을 기대한다. 반면 안드라고지에서는 학습자의 자기주도적인 자아개념(self-concept)을 강조한다. 인간은 성장하고 성숙하면서 점차 자기주도적으로 변하기 때문에 성인이 되면서 자아개념이 의존적인 것에서 탈피하여 자신의 삶과 결정에 대해 책임을 져야 한다는 자아개념을 갖게 된다고 말한다.[44] 자기주도성이 강하기에 타인으로부터의 인정의 욕구 또한 강하다. 또한 교육자의 역할은 이런 자기주도성으로의 변화를 자극시키고 지도하는 것이다. 아울러 학습자의 변화 속도와 시기는 다르다는 점을 고려하여 지도해야 한다.

셋째, 학습자 경험의 역할이다. 페다고지는 학습자의 경험은 거의 이용가치가 없다고 본다. 학습자 경험 원천은 교사, 교재의 저자, 시청각자료 제작자 및 여타 전문가들이다. 따라서 교육방법은 강의, 읽기 과제 부과, 미리 준비된 시청각 자료의 제시와 같은 전달식 방법에 의존한다. 안드라고지의 관점에서는 성인에게 경험은 곧 그 사람 자체이다. 성인이 되면서 경험 축적의 양은 많아지고 그 경험은 학습자원이 되면서 또 다른 학습을 위한 토대가 되는 것이다.

그러나 많은 경험이 오히려 부정적인 효과를 가져 올 수도 있는데, 그 이유는 경험을 축적하면 할수록 새로운 생각과 신선한 지각, 자신과 다른 사고방식에 마음을 닫게 하는 정신적 습관이나 편견이 생기기 때문이다.[45] 안드라고지에서 인간은 성장함에 따라 자신뿐만 아니라 타인을 위한 학습자원으로 활용될 수 있는 경험을 축적시켜 나간다고 믿는다. 특히, 스스로 경험을 통해 얻는 지식, 기술에 더 큰 의미를 부여하는 존재다. 따라서 주된 교육기법으로 실험, 토의, 문제해결, 시뮬레이션 연습, 현장경험 등에 의한 방법이 활용된다.

넷째, 학습 준비도의 차이다. 페다고지는 학습자는 학습해야 한다고 요구하는 어떤 것이든 강요를 받으면 학습하게 되어 있다고 본다. 행동주의 심리학의 입장과 같은 맥락이다. 같은 연령이면 같은 내용을 학습할 수 있기에 교육과정이 표준화되어야 한다. 반면, 안드라고지는 인간의 성장은 여러 발달 단계를 거치면서 이루어진다고 본다. 각 발달 단계에서는 개인이 알아야 하는 것들을 학습하는 과정을 거치는데, 각각의 발달과업은 가장 잘 학습할 수 있는 순간을 의미하는 학습 준비도를 탄생시켰다는 것이다.[46]

성인은 그들의 실제 삶의 상황에 더 효과적으로 대응하기 위해 그들이 할 수 있는, 그리고 알아야 할 필요가 있는 것들을 학습할 준비가 되어 있다는 관점이다.[47]

다시 말해 실제 생활과 관련된 문제에 잘 대처해 나가기 위해 학습의 필요성을 느낄 때 기꺼이 학습한다고 본다. 따라서 교육자들은 '알기 위한 요구'를 발견하도록 여건을 조성해 주며, 학습자를 지원하기 위한 도구와 절차를 제공할 책임이 있다. 학습 프로그램은 실제 생활에의 적용을 중심으로 조직되어야 하고 학습자의 준비도에 따라 계열화되어야 한다는 입장이다.

다섯째, 학습 지향성에 대한 관점의 차이다. 페다고지는 학습자가 습득한 지식의 대부분은 장래의 생활을 대비한 것으로 본다. 따라서 교육과정은 과목의 논리를 따르는 교과 내용 단위 속에 조직화되어야 한다. 사람들은 학습에 대해 과목 중심의 지향성을 가진다. 반면 안드라고지의 입장은 아동·청소년들과는 달리 성인들의 학습은 즉시적인 생활의 활용을 중시하며 과업 및 수행에 대한 경향성이 강하다고 본다. 학습자가 자신의 잠재력을 완전히 발휘하기 위해 역량을 개발하는 과정을 교육으로 보는 것이다. 학습자는 오늘 학습한 지식 및 기술을 바로 내일의 생활에 보다 효과적으로 적용하기를 원하기에 학습경험은 문제중심적(problem-centered)이나 혹은 성과중심적(performance-centered) 교육으로 조직되어야 한다고 본다.

마지막으로, 학습동기(motivation)이다. 아동의 학습은 일반적으로 외적 자극에 의해 동기가 유발되는 경우가 많다. 그러나 아동·청소년과 대조적으로 성인들은 학습의 내용을 삶 속에 즉시 적용하기를 원하며 또한 현실적인 문제들과 관련이 있을 때 학습 동기가 유발된다. 따라서 성인들의 학습에서는 내적인 동기가 상대적으로 크게 작동한다. 안드라고지는 내적 과정으로 내발적 동기가 중요하다[48]는 점을 강조하는 것이다.

3) 페다고지와 안드라고지 논쟁

페다고지와 안드라고지를 엄격히 구분했던 놀스의 사상은 이후 점차 변화를 보이며 구분이 가능하지 않다는 입장으로 돌아서게 된다. 놀스는 페다고지는 아동·청소년 대상, 안드라고지는 성인 대상으로 구분하면서 두 개념의 차이를 주장했는데 안드라고지와 페다고지는 나이에 의한 엄밀한 이분법적 구분이 가능하지 않다는 입장으로 선회하게 된 것이다.[49]

실제로 어떤 페다고지의 가정들은 학습의 주제와 상황에 따라 성인에게 적절하고 현실적이기도 한 반면 다른 안드라고지의 가정들은 아동들에게 오히려 적절할 수도 있다. 다시 말해 아동·청소년을 위한 학교 교육에서도 안드라고지 방법이 적용될 수 있으며, 교사의 일방적인 강의를 통해 새로운 지식을 효율적으로 얻을 수 있는 것처럼 성인들에게도 페다고지 방법이 효과적으로 적용될 수 있다고 보았기 때문이다. 내용과 상황에 따라 페다고지와 안드라고지는 교차로 사용할 수 있는 것이다.

그래서 페다고지와 안드라고지를 엄격히 구분하는 놀스의 이론은 많은 비판에 직면하게 되었다. 반면에 아동과 성인 사이에는 삶의 경험을 포함한 실존적인 차이가 엄존하므로 안드라고지와 페다고지는 필연적으로 달라야 한다고 주장하는 학자[50]들도 있었다. 이에 대해 남성과 여성은 실존적으로 다르지만 여성을 가르치는 기예와 과학이 남성을 가르치는 기예와 과학과는 다르다고 주장할 사람은 아무도 없지 않겠는가? 따라서 이러한 구분은 중요하지 않다고 대응하는 학자[51]들도 있었다.

놀스는 1979년 안드라고지와 페다고지에 대한 학자들의 논쟁에 대해, 이 두 개념은 나이에 의한 이분법적 과정이 아니라는 입장을 채택했다.[52] 그는 학자들의 논쟁의 공간이었던 학술지 『성인교육(Adult Education)』에 논문을 기고하고 안드라고지와 페다고지는 이분법적 대상이 될 수 없다고 자신의 견해를 다음과 같이 수정하였다. "어떤 페다고지의 가정들은 성인들에게 현실적이기도 하고, 또 어떤 안드라고지의 가정들은 아동들에게 적합하기도 하다."라는 것이다.

이어 1980년 그의 저서 『성인교육의 실제(The Modern Practice of Adult Education)』 개정판에서는 책의 부제를 '페다고지에서 안드라고지로(From Pedagogy to Andragogy)'라고 달았다. 아동·청소년 교육이든 성인교육이든 안드라고지의 방법으로 전환해야 한다는 것이다.

주석

1 Ilslely, P. J. (1982). *The relevance of the future in adult education*의 내용을 Jarvis, P. (1987). *Twentieth Century Thinkers in Adult & Continuing Education*. 강선보 역(2011). 20세기 성인교육철학. 서울: 동문사, p. 142에서 재인용하였다.

2 Lindeman, E. C. (1926). *The Mearning of Adult Education*. New York: New Republic, INC.

3 Knowles, M. S. (1980). *The Modern Practice of Adult Education: From Pedagogy to Andragogy*. Englewood Cliffs, NJ: Cambridge.

4 Wain, K. A. (1985). Lifelong education and philosophy of education. *International Journal of Lifelong Education, 4*(2), 107−117, p. 165.

5 Cross-Durant, A. (1984). Basil Yeaxlee and lifelong education: Caught in time. *International Journal of Lifelong Education, 3*(4), 279−291.

6 Cross-Durant, A. (1984), p. 279.

7 같은 곳.

8 Yeaxlee, B. A. (1929). *Lifelong Education*. Cassell: London, p. 146.

9 Wain, K. A. (1985), p. 50.

10 Cross-Durant, A. (1984).

11 같은 책.

12 Yeaxlee, B. A. (1929), p. 28.

13 같은 곳.

14 Cross-Durant, A. (1984), p. 56.

15 Yeaxlee, B. A. (1929). p. 121.

16 Yeaxlee, B. A. (1929), p. 165.

17 같은 곳.

18 McKenzie, L. (1979). *A response to Elias. Adult Education, 29*, p. 258.

19 Davenport, J., & Davenport, J. A. (1985). A chronology and analysis of the andragogy debate. *Adult Education Quarterly, 35*, 152−159.

20 Lindeman, E. C. (1926). *The Meaning of Adult Education*. 강대중 외 역(2013). 성인교육

의 의미. 서울: 학이시습, p. 4.

21 같은 책, pp. 4-5.

22 같은 곳.

23 Jarvis, P. (1987). *Twentieth Century Thinkers in Adult & Continuing Education*. 강선보 역(2011). 20세기 성인교육철학. 서울: 동문사, p. 129.

24 Lindeman, E. C. (1926), p. 6.

25 Jarvis, P. (1987), p. 130.

26 같은 곳.

27 Lindeman, E. C. (1926), p. 6.

28 같은 책, p. 7.

29 Jarvis, P. (1987), p. 130.

30 Lindeman, E. C. (1926), p. 9.

31 같은 책, p. 114.

32 Freire, P. (1972). *The Educational Role of the Church in Latin America*. Washington, D.C.: LADOC.

33 Jarvis, P. (1987), p. 131.

34 Jarvis, P. (1987). 같은 책, p. 183의 '역자 주'에서 인용.

35 Lindeman, E. C. (1926), p. 17.

36 Fisher, J. C., & Podeschi, R. L. (1989). From Lindeman to Knowles: A change in vision. *International Journal of Lifelong Education, 8*(4), 345-353.

37 최수연(2016). 니체사상에 함축된 존재를 위한 평생학습의 의미에 관한 연구. 아주대학교 대학원 박사학위논문, p. 97.

38 같은 곳.

39 Brookfield, S. D. (1992). Developing Criteria for Formal Theory Building in Adult Education. *Adult education quarterly, 42*(2), 79-93.

40 최수연(2016), p. 96.

41 Knowles, M. S. (1980). *The Modern Practice of Adult Education: From Pedagogy to Andragogy*. Englewood Cliffs, NJ: Cambridge, p. 43.

42 Knowles, M. S., Holton, E. F., & Swanson, R. A. (2005). *The Adult Learner*. 최은수 역

(2010). 성인학습자. 서울: 아카데미프레스.

43 같은 책, p. 71.

44 Knowles, M. S. (1980). 같은 책.

45 Knowles, M. S., Holton, E. F., & Swanson, R. A. (2005), pp. 72–73.

46 권두승, 조아미(2001). 성인학습 및 상담. 서울: 교육과학사.

47 Knowles, M. S., Holton, E. F., & Swanson, R. A. (2005), p. 73.

48 Knowles, M. S. (1980).

49 같은 곳.

50 예를 들면, McKenzie, L. (1977). *The issue of Andragogy. Adult Education, 27*(4), 225–229.

51 예를 들면, Elias, J. L. (1979). *Andragogy Revisited. Adult Education, 29*(4), 252–256.

52 Jarvis, P. (1987), p. 191.

평생교육의 철학적 토대

평생교육은 주체이자 대상인 인간 존재에 대한 철학적 이념을 바탕으로 한다. 그렇기에 평생교육은 인간이 무엇이고 삶의 본질적인 가치가 무엇인가에 대한 철학적 질문이 될 수밖에 없다. 즉, 교육은 교육이 나아가야 할 방향(direction)을 제시해 주는 철학을 바탕으로 한다. 마찬가지로 평생교육은 평생교육이 나아가야 할 방향을 제시해 주는 철학 혹은 사상을 바탕으로 한다.

따라서 평생교육이나 학습을 실천하는 현장에 철학적 바탕이 없다면 목적과 방향을 상실한 교육이나 학습이 될 수밖에 없다. 성인교육학자인 샤란 메리엄(Sharan B. Merriam)은 저서 『성인교육의 철학적 기초』에서 다음과 같이 철학의 중요성을 말한다.

> "실천이 없는 이론은 공허한 관념론으로 나아갈 뿐이며, 반대로 철학
> 이 없는 행동은 무의미한 행동주의를 초래할 뿐이다."[1]

그렇다면 평생교육의 철학적 바탕은 무엇일까? 평생교육의 철학에 대한 물음에 답하는 데는 한계가 존재한다. 사람을 대상으로 하는 아동교육, 청소년교육, 성인교육 등에서는 철학적 탐구의 대상이 아동, 청소년, 성인으로 비교적 명확하다. 그러나 평생교육에서의 철학적 탐구 대상이 무엇인지는 명확하지가 않다. 교육의 수식어가 '평생'이기 때문이다.

그러나 평생교육의 대상이 특정한 발달 단계에 제한되지 않는 학습자로서의 인

간이라는 사실에 초점을 맞추면 철학적 바탕에 대한 논의는 가능해진다. 인간이란 무엇이고 교육은 인간을 어떤 방향으로 변화시킬 것인가의 철학적 논의가 가능하기 때문이다. 물론 이 경우 메리엄의 접근방식대로 인문주의와 진보주의, 행동주의, 인본주의 등 철학의 주된 관점이 모두 동원될 수 있을 것이다.

이 장에서는 평생교육에 대한 논의를 주로 유네스코의 문헌을 중심으로 한다. 따라서 평생교육의 표준 역할을 하는 유네스코 보고서, 특히 포르 보고서와 들로르 보고서 등의 바탕이 되고 있는 철학을 중심으로 개괄적으로 논의하기로 한다.

 # 평생교육 철학에 대한 논의

일반적으로 평생교육의 개념은 유엔 국제교육의 해(International Education Year, 1970)에 제기되어 등장한 것으로 알려져 있으나, 전술한 바대로 평생교육이라는 개념은 그보다 훨씬 앞선 영국의 베이즐 익슬리(Basil Alfred Yeaxlee)의 철학적인 산물이라 할 수 있다.[2] 또한 비슷한 시기 미국에서는 에두아르드 린드만(Eduard C. Lindeman)의 성인교육 철학이 성인들의 평생교육의 철학적 바탕을 마련하였다.

1972년 유네스코에서는 평생교육 개념을 채택하여 불확실성이 가득한 급변하는 시대에 전통적인 교육원리를 대체하는 개념으로 제시하였다. 특히, 폴 랑그랑(Paul Lengrand)은 평생교육이라는 용어를 유네스코에서 공식화한 장본인[3]으로서 기존 교육의 문제점을 분석하면서 평생교육의 중요성을 강조하였다. 랑그랑 이후 포르(Faure) 보고서와 다브(Dave) 보고서, 들로르(Delors) 보고서 등을 거쳐 평생교육의 철학을 바탕으로 한 개념과 이론은 점차적으로 구체화 및 체계화되었다. 이들 유네스코 문헌에서 제시하는 평생교육의 이념과 목표들은 당시의 시대정신에 입각한 철학에 기초한다.

유네스코 문헌들의 철학적 토대를 특정한 철학 혹은 사상들로 제한하는 데는 분명히 한계가 있다. 평생교육에 기초가 되는 철학은 거의 대부분의 철학과 관련이 있기 때문이다. 고대 그리스 철학에서 시작된 인문주의나 20세기 존 듀이(John

Dewey)의 진보주의 관점에서 접근할 수도 있으며, 프레이리(Paulo Freire)의 해방학습이나 메지로(Jack Mezirow)의 전환학습도 중요한 철학적 바탕을 제공한다. 그러나 많은 학자들[4]은 이들 유네스코 문헌들의 가장 보편적인 기초로서 제시되는 철학들로서 인본주의와 실존주의를 제시하고 있다.

말콤 놀스(Malcom Shepherd Knowles)는 인본주의 철학의 바탕 위에서 자신의 안드라고지 이론을 전개한다. 그는 특히 칼 로저스(Carl Rogers, 1902~1987)의 인본주의 심리학에 영향을 크게 받았음을 밝히고 있다.[5] 메지로의 전환학습 이론 역시 인본주의 철학에 기초한다. 그가 주장한 관점전환은 인지심리학, 심리치료, 하버마스(Jürgen Habermas)의 사회비판 이론에 영향을 받았지만 근저에 자리하고 있는 것은 인본주의 및 인본주의 심리학이라 할 수 있다. 철학이 인간 존재의 근원적 특성을 포괄적으로 제시하고 있다면 심리학은 그 특성을 보다 세분화해 심화시키고 있다.

2 평생교육에서의 인본주의

1) 시대적 배경

포르 보고서가 평생교육의 목적으로서 제시한 '온전한 인간' 개념을 이해하기 위해서는 보고서가 탄생한 시대적 배경에 대해 주목할 필요가 있다. 특히, 포르 보고서가 나오기 직전에 발생한 프랑스 68혁명은 샤를 드골 정부의 실정과 사회의 구조적 모순에 대한 저항운동으로 출발했지만 '구시대'의 가치와 질서에 대한 비판운동으로 발전하였다. 68혁명의 성공 여부에 대한 논의와는 상관없이 이후 프랑스와 유럽에서는 인간 평등의 가치와 성 해방, 인권, 공동체, 생태주의 등의 진보적 가치들이 전면에 등장하게 되었다. 이들 진보적 가치의 주된 철학적 바탕을 제공하는 것이 실존주의와 인본주의[6] 및 에리히 프롬(Erich Pinchas Fromm)의 철학적 심리학[7]이다.

특히, 에드가 포르(Edgar Faure)가 보고서 책임을 맡기 직전, 68혁명 후 대학개혁을 책임지는 프랑스 교육부(National Education)(1968~1969) 장관이었다는 사실을 생각해 보면 왜 포르 보고서의 기반이 되는 교육철학이 인본주의 및 실존주의인지를 가늠할 수 있다. 실제로 포르는 보고서의 서문에서 1968년 5월 프랑스 사태에 대해 언급하고 있다.[8] 즉, 68혁명 이후의 교육적 상황을 비판적으로 평가하면서 심각한 불평등과 사유화로 인한 고통, 인종 간 및 계층 간의 양극화(veritable dichotomy) 및 그로 인한 개인 및 사회에 미칠 비인간화(de-humanization)의 위험을 제시한다.

따라서 국제 공동체 존재의 중요성 인식, 민주주의의 대한 확고한 신념을 기초로 인간의 온전한 자아실현이 교육의 목적임을 밝히고 있다. 포르 보고서가 강조하는 점은 이러한 온전한 인간은 오직 전반적인 평생교육(only an over-all lifelong education)을 통해서만 성취될 수 있다[9]는 데 있다. 이러한 시대정신을 반영할 평생교육의 철학으로 포르 보고서는 실존주의를 포함한 광의의 인본주의를 채택하고 있다.[10]

들로르 보고서의 시대적 배경은 24년의 시간적 차이만큼 변했으나 평생교육의 문제인식에서는 포르 보고서와 근본적인 차이를 보이지 않는다. 지식과 기술을 기반으로 한 사회경제적 상황은 크게 진보했으나 전 세계적인 폭력과 갈등은 더욱 극대화되고 있다. 사회적 갈등과 불평등은 심화되고 있으나 평생 학습자로서의 시민들은 무기력하거나 심지어 볼모가 되고 있다. 반면에 교육은 그와 같은 사회경제적 문제들을 완화시키는 일과 관련해서는 속수무책으로 방관하고 있는 상태였다.[11]

들로르 보고서는 이러한 문제들을 해결하고 인간의 정신적 가치들을 존중하게 함으로써 상호 간의 갈등을 피하고, 또 해결할 수 있는 평생교육의 중요성과 필요성을 역설하고 있다. 이를 위한 평생교육의 목적과 방향을 제시할 철학으로 들로르 보고서는 인본주의에 뿌리를 둔 심리학적 인본주의 및 실존주의에 초점을 맞추고 있다. 칼렌(D. Kallen)은 들로르 보고서의 철학적 바탕을 인간으로서의 권리에 기초한(rights-based) 전인(全人)교육을 강조하는 신인본주의(new humanism)라고 명명한다.**12** 포르 및 들로르 보고서는 랑그랑이나 다브 보고서와 마찬가지로 평생교육의 기본적인 철학적 바탕으로 인본주의를 채택하고 있는 것이다.

2) 평생교육은 인본주의

로손(Kenneth Harold Lawson)은 랑그랑(Paul Lengrand)의 말을 인용하면서 다음과 같이 단언한다.

> "평생교육의 철학적 뿌리(philosophical roots)는 인본주의(Humanism)이다."**13**

인본주의는 문자 그대로 인간을 중심(Man is at the centre)에 놓는다.**14** 인본주의는 개인의 자아 계발 과정에서의 내적 발달 혹은 심리적 영역들의 통합 및 경험의 원천들을 중요시한다. 개인의 지적·인간적 성장에 있어서 가족과 직장동료들을 포함한 주위 사람들의 역할 및 그들과의 의미 있는 관계 형성을 중요시한다.**15** 인본주의라는 말 그대로 인간에 의한, 인간을 위한 평생교육을 주창한다. 평생교육은 세계가 인간에 의해, 그리고 인간을 위해 창조되어야 한다는 신념을 견지한다. 따라서 인간의 삶은 그 자체로서 가치를 가지고 있으며, 인간은 인간으로서 합당한 존재가 되려는 욕구를 충족시킴으로써 진정한 행복을 찾게 된다는 신념이 평생교육의 핵심 이념으로 자리 잡게 된다.

라벵드라 다브(Ravindra H. Dave)는 인본주의 교육전통의 중요성을 "인간은 생존해야 할 뿐만 아니라 자신의 배를 조정해야 한다."라는 고대 로마인의 격언을 예로 들어 설명한다. 고대부터 중시되어 온 인본주의 문화는 앞으로도 인간 삶의 필수적인 실체가 될 것이며, 따라서 평생교육은 공리주의에 기초하여 변화하는 삶의 조건에 단순히 적응하는 데 그쳐서는 안 된다고 말한다. 학습자의 해방, 용기, 좋은 삶, 참된 인생을 위한 교육에 중요한 기여를 해야 한다는 것이다.**16** 이를 위해 개인의 가치관, 윤리, 자기 이해, 개성, 타자와의 유의미한 관계, 자아실현 등이 평생교육의 목적이 되어야 한다고 말한다.

이와 같은 인본주의적 평생교육은 인간 이성에 대한 신뢰를 바탕으로 한다. 인간 이성은 모든 사물의 본질에 대한 통찰력을 지니고 있으며, 사물을 창조할 능력 또한 갖추고 있다. 그러므로 평생교육의 본질은 창조(creation)다. 창조는 모든 활동의 원천이고 자기실현의 수단이 된다. 인본주의적 평생교육의 목적은 삶의 전 과정을 통한 새로운 창조와 그를 통한 자기실현, 그리고 나아가 인간의 참된 행복을 창조하는 데 있다. 이에 따라 랑그랑은 평생교육의 주요한 교육적 과제는 평생을 통한 인간적 발달 혹은 자기실현을 촉진시키는 일이라고 단언한다.[17]

물론 평생교육의 철학적 바탕이 인본주의만은 아니다. 매트슨과 매트슨(D. Matheson & C. Matheson)은 인본주의와 함께 실존주의, 이상주의, 실용주의가 평생교육의 철학적 기초가 되어야 한다고 주장한다.[18] 엘리아스와 메리엄(Elias & Merriam)은 인본주의와 함께 인문주의, 진보주의 행동주의, 급진주의 등을 제시한다.[19] 실제로 유네스코 평생교육 문헌에는 이들 철학 모두가 복합적으로 바탕을 이루고 있음을 알 수 있다. 그러나 포르 및 들로르 보고서에서 보듯 인본주의는 공통적으로 평생교육의 철학적 기초로 제시되고 있다.

주목할 점은 인간의 존엄성과 자율성을 주장하는 인본주의는 너무도 '광범위한 철학적 견해'[20]라는 것이다. 철학사에서는 인본주의의 출발을 '인간은 만물의 척도'라고 주장한 프로타고라스(Protagoras)에서 찾기도 한다. 인본주의의 '광범위함' 때문인지는 분명하지 않으나 포르 및 들로르 보고서는 인본주의에 속하는 인본주의 심리학(humanistic psychology)과 실존주의(existentialism)의 견해에 초점을 맞추고 있다. 인본주의 심리학과 실존주의는 인본주의적 인간 이해라는 공통점을 지닌다. 실존주의는 넓은 의미에서 인본주의의 한 사조[21]이며, 인본주의 심리학은 실존주의와 인간에 관한 견해를 공유하기 때문이다.[22]

3) 인본주의와 실존주의

엘리아스와 메리엄은 『성인교육의 철학적 기초』에 대해 논의하면서 인본주의는 실존주의에 바탕을 두었다는 점을 명시하고 제3의 심리학으로 불리는 인본주의 심리학에 초점을 맞추어 논의하고 있다.[23] 웨인(K. A. Wain)도 같은 맥락에서 평생교육은 기본적으로 인본주의에 바탕을 두어야 한다고 주장하면서 실존주의와 인본주의는 기본적으로 차이가 없다는 점을 강조한다.[24] 매트슨과 매트슨은 실존주의는 평생교육의 철학적 기반으로서 자유주의자들 사이에서 이론적 발판이 된다고 주장한다.[25]

실존주의자인 장 폴 사르트르(Jean-Paul Sartre) 역시 저서 『실존주의는 휴머니즘이다(Existentialism is a Humanism)』를 통해 실존주의와 휴머니즘의 불가분의 관계를 천명하고 있다.[26] 그렇다고 실존주의와 인본주의가 동일한 사상 체계를 갖고 있다고 보기는 어렵다. 인본주의에서는 인간이 중심이고 목적이다. 그러나 인간을 목적으로 대한다는 의미가 무엇이냐에 따라 실존주의적 관점과 대비될 수 있다. 실존주의 관점에서 인간에 대한 가치판단은 다른 존재자가 아닌 인간 스스로가 할 수밖에 없다. 그 가치판단이란 인간이 자신을 창조해 가는 실존의 모습이 기준이 된다. 인간은 언제나 만들어져야 하는 존재이기 때문이다. 따라서 실존주의자는 결코 인간을 목적으로 취하지 않는다.

평생교육 혹은 성인교육의 철학적 바탕으로서 실존주의가 실제적이며 중요한 의미를 지니고 있지만 실존주의를 고찰하는 연구는 많지 않다. 엘리아스와 메리엄도 마찬가지다. 논리적으로 보면 실존주의를 성인교육의 철학적 기초로 고찰했어야만 하지만 이들은 그 이유를 설명하지 않는다. 그 중요한 이유 중 하나는 이들이 실존주의 철학과 평생교육을 접목시키는 데 논리적 한계를 느꼈기 때문이 아닌가 하는 생각이 든다. 논리적 한계란 교육의 핵심 개념과 실존 개념과의 불일치를 의미한다.

헤르바르트(Johann Friedrich Herbart)를 포함한 서양 전통교육학에서의 교육의 근본 개념은 학습자의 가소성(plausibility)이다. 즉, 인간은 교육을 통해서 형성해 갈 수 있다는 신념이다. 가소성이 없는 한 교육이란 성립될 수 없다. 교육은 가소성을 전제로 점진적으로 인간의 변화를 성취해 갈 수 있어야 교육인 것이다. 그런데 실존철학은 가소성을 거부한다. 물론 실존철학에 의하면 비본질적인 현존

(Dasein)과 관련해서는 형성이나 도야가 가능할 수 있다.[27] 그러나 실존주의는 최소한 인간의 실존적 핵심, 즉 인간 본질은 이러한 형성(becoming)이나 도야의 대상으로 보지 않는다. 웨인을 포함한 여러 학자들이 실존주의와 교육 및 평생교육을 접목시킬 수 없다고 말하는 근본적인 이유가 여기에 있다고 본다.

그러나 필자는 볼노(Otto Friedrich Bollnow)의 논리[28]와 같은 맥락에서, 형식적 학교 교육에서의 자명한 전제인 '연속성'에 기초한 '가소성'을 평생교육에서도 반드시 자명한 전제로 받아들여야 하는 것인지에 대해 질문을 제기한다. 평생교육의 핵심 개념인 삶의 과정과 교육의 과정에 있어서 연속성이 필연적인 전제인지를 논의할 필요가 있다는 것이다. 기독교적 신앙과 같은 인간의 내면적인 핵심에 관해서는 어떠한 연속적인 형성도 불가능하다는 실존주의적 입장이 평생교육의 관점에서 수용할 수 없는 것인지, 아니면 오히려 예수 그리스도에 대한 평생에 걸친 믿음 행위의 본질이 불연속적인 것이기에 실존주의가 예수의 평생교육 연구에 의미 있는 접근 이론이 될 수 있는지에 대한 논의다. 필자는 후자의 입장에 선다.

이 책에서는 유네스코 평생교육의 철학적 바탕을 이해하고 아울러 예수 그리스도의 평생교육사상을 고찰하기 위한 전 이해로서 실존주의[29]에 대해 논의하고자 한다. 그 이유는 다음의 두 가지에서다.

첫째, 실존주의가 유네스코 평생교육 문헌의 바탕인 인본주의 심리학[30]의 토대이기 때문이다. 실존주의는 넓은 의미에서 인본주의의 한 사조[31]이며 인본주의 심리학은 시기적으로나 인간 본성에 대한 관점에서나 실존주의를 바탕[32]으로 하기 때문이다. 논의의 여지는 있으나 실존주의적 인본주의는 기본적으로 신본주의와 대척점에 있다. 그러나 학습자의 '전환'을 지향한다는 점에서 공통점이 있다. 따라서 역설적으로 예수 그리스도의 사상을 명확히 하기 위한 선이해로서 실존주의에 대한 고찰이 요청된다고 본다.

둘째, 유네스코 평생교육의 핵심 목표는 '온전한 인간'에 있으며, 이를 위한 학습 원리로서 '존재를 위한 학습'이 강조된다. 이는 예수 그리스도의 평생교육이 지향하는 목표와 동일하다. 포르 보고서도 밝혔듯이, 온전한 인간은 역사적으로 볼 때 모든 국가들이, 그리고 모든 철학 사상가들이 지향하는 교육의 목표였다.[33] 문제는 그 '온전한' 혹은 '존재'의 개념 정의만이 달랐을 뿐이다. 결국 모든 평생교육의 목표에 대한 철학적 논의는 '존재'에서 출발해야 한다. 예수의 평생교육사상의 핵심도 인간 존재이며 실존주의의 출발도 존재에 대한 물음에서다.

　문제는 그 '존재'에 대한 사유방식이 평생교육의 목표를 결정한다는 점이다. 존재에 대한 사유방식에 따라 실존주의도 유신론적 실존주의와 무신론적 실존주의로 구분되기 때문이다. 실존주의를 개인의 기독교적 신앙으로 이끄는 데 사용한 키르케고르가 한 예다. 예수의 평생교육사상의 특징을 명료화시키기 위해 실존주의에 대한 논의가 필요한 이유다.

③ 평생교육에서의 실존주의

1) 실존주의의 자아실현

　인간의 '본질' 규정의 문제는 철학의 기본적인 물음들과는 물론이고 평생교육의 목적과 방법과 깊이 연계되어 있다. "인간을 목적 없이 존재하는 유전자의 다발로 보려는 견해와 신의 지배를 받는 특별한 피조물로 보려는 견해"[34]에 따라 자아, 세계, 실재, 진리, 역사 등과 같은 철학의 기본 물음들은 달라진다. 같은 맥락에서 평생교육에서의 개별자의 이해, 평생교육의 이념과 목적 및 방법에 현격한 차이가 발생하게 된다. 인간의 본질 규정은 평생교육 철학의 전개를 위한 출발점이다. 전통철학에서는 본질(essentia)과 실존(existentia)의 복합체로 존재자를 정의한다. 반면 실존주의에서는 존재자는 현존재(Dasein)로서 자신의 존재를 문제 삼는 실존적 존재이자, 자신의 존재에 있어서 이해하는 식으로 자신의 존재에 관계하는 존재다.[35]

　실존주의에 대한 일반적 인식과는 별도로, '실존' 개념은 20세기 훨씬 이전부터 철학의 역사와 맥락을 같이해 왔다. 제2차 세계 대전 이후 비인간화에 대한 인류의 참담한 경험이 실존주의를 인간 존재에 대한 새로운 사유방식으로 등장하게 만들었지만, 그 뿌리는 키르케고르(Søren Kierkegaard), 도스토옙스키(Fyodor Mikhailovich Dostoevsky), 니체(Friedrich Wilhelm Nietzsche) 등의 사상에서 비롯되기 때문이다. 더 나아가 인간 실존에 대한 고민은 철학이 발달하기 이전부터 이미 자기 이해를 위한 시도들과 함께 존재해 왔었기 때문이다. 철학사를 보면 실존적 관념과 질문 및 철학적 사유방식은 소크라테스, 예수, 석가모니의 가르침[36]이나 고대 스토아철학의 사유방식과도 유사하다[37]는 것을 알게 된다.

인간 실존에 대한 고민은 평생교육의 다양한 목표로 연계될 수 있다. 개념 정의에는 현격한 차이가 있지만 평생교육의 목표가 자아실현(self-actualization)에 있다는 데에는 대부분 일치한다. 차이가 있다면 자아실현의 의미와 목적에 있어서 예수 그리스도의 사상과 현대적 실존주의 및 인본주의 간의 차이가 있을 뿐이다. 매슬로(Abraham H. Maslow)[38]를 포함한 인본주의 심리학자들은 교육이나 학습의 목적을 자아실현, 즉 재능과 능력, 잠재력 등을 최대한 발휘하는 것으로 본다. 포르 보고서는 교육의 목적으로서의 인간 존재를 실존의 개념으로 명확히 한다. "교육은 삶의 기간만큼 긴 실존적인 연속(existential continuum)으로 인식해야만 한다."[39]는 것이다.

따라서 포르 보고서는 자아실현을 위한 교육의 목적은 "인간을 자신으로 존재(to be himself)하고, 자신이 되게(to become himself) 하는 것"[40]이라고 단언한다. 인간에 관한 실존주의 사상이 드러나는 문장이다. 인본주의에서 강조하는 '인간(man)' 개념이 추상적(Man' is an abstraction)이기에 평생교육에서는 '개별적 인간(individual man)으로 구체화시켜야 한다는 주장[41]과도 맥을 같이한다. 포르 보고서가 강조하는 '자신이 되게 하는' 교육의 목표는 실존주의의 인간 개념과 맥을 같이한다.

실존주의는 학자의 관점에 따라 다양하지만 공통점은 인간 존재의 '실존'을 출발점으로 삼는다는 점이다. 다시 말해 실존철학의 인간학적인 근본 원리는 "인간에게는 궁극적이고 가장 내면적인 실존이라는 독특한 개념으로 표현된 핵심이 주어져 있다"[42]는 점에서 출발한다. 실존이란 포르 보고서에서 정의하는 개별적 인간과 같은 맥락이다. 개별적 인간으로서의 "모든 학습자는 구체적 존재(concrete being)라는 점에 주목해야 한다. 개별적 인간은 타자와 혼동될 수 없는 자기 자신만의 역사를 가지고 있는 존재로서 그 인성은 나이가 듦에 따라 그리고 타인과 구별되는 생물학적 · 생리학적 · 지리학적 · 사회학적 · 경제학적 · 문화적 · 전문적 배경에 의해 점진적으로 결정되어 가는 존재"[43]로 인식하기 때문이다.

2) 실존은 본질에 선행

실존을 이해하기 위해서는 전 이해로 요구되는 존재의 개념, 그리고 실존과 대응 관계에 있는 본질 개념과의 비교가 요구된다. 실존은 본질에 대한 대립개념인 것이다.

실존과 본질의 관계는 장 폴 사르트르(Jean-Paul Sartre)가 1945년 10월 파리에서 행한 대중 강연의 주제이자 책의 제목인 『실존주의는 휴머니즘이다』에서 명확하게 제시되고 있다. 사르트르는 이 책에서 인간의 실존과 본질과의 관계를 놓고 다음과 같은 명제를 천명한다.

> "실존은 본질에 선행한다(Existence comes before essence)."[44]

실존주의에 대한 관점은 다양하나 공통점은 바로 이 명제다. 키르케고르나 야스퍼스(Karl Jaspers), 가브리엘 마르셀(Gabriel Marcel) 같은 유신론적 실존주의자들이나 사르트르나 하이데거(Martin Heidegger) 같은 무신론적 실존주의자들 모두 실존이 본질에 앞선다는 평가에 동의한다.

사르트르는 이 명제를 '실존주의의 제1원칙이자 '주체성(subjectivity)'[45]이라 주장한다. 달리 말하면 주체성이 출발점이 되어야 한다는 것이다. 사르트르에 따르면[46] 인간의 실존이 본질에 앞서는 이유는 인간 존재가 대자(對自)존재(being for itself), 즉 인간은 '자신에 대해서 존재'하기 때문이다. 반면에 사물은 즉자(即自)존재(being in itself), 즉 자기 내적인 존재이다. 따라서 사물의 경우, 본질이 실존에 선행하게 된다. 실존주의의 '제1원칙'이자 '주체성'인 실존주의적 인간관은 다음에서 고찰하게 될 예수 그리스도의 인간관과 대척점에 있음을 알 수 있다.

'실존이 본질에 선행한다.'라는 말은 인간 존재의 본질에 관한 선이해를 요구
한다. 실존주의에서 인간의 본질은 애초부터 존재하지 않는다(no pre-established
purpose or nature). 인간의 '본질'이란 '인간이 무엇(what)인가'를 묻는 것이다. 즉,
다른 어떤 것이 아닌 인간을 인간이게 만드는 일반적 · 관념적 · 불변적 특성을 의
미하는 것이다. 예를 들어, 집에 있는 냉장고의 본질은 '냉장(冷藏)'하는 것이다.
자기 안에 본질이 있는 즉자존재(卽自存在)이다. 다시 말해 냉장고의 본질은 ① 냉
장고를 만든 기술자의 마음속에 있는 하나의 개념(concept) 혹은 청사진(靑寫眞)
이며, ② 냉장을 할 수 있는 능력이고, ③ 인과적으로 냉장을 시키는 냉장고의 생
산을 결정하며, ④ 좋은 냉장고란 어떠해야 하는지에 대한 규범이 된다.

냉장고의 본질과 대비되는 것이 개별 냉장고라는 존재이다.[47] 냉장고의 본질과
는 달리 이 냉장고의 개체적 존재의 모습은 당신 눈앞에 있고, 기능이 시원치 않아
때로는 잘 작동하지 않으며, 사용한 지 오래되어 외관에 얼룩이 많은 바로 그 냉장
고가 된다. 이와 같이 모든 사물의 존재는 본질적 특성의 조합을 넘어 당신 눈앞에
존재하는 개체의 현실이며, 특정 개체가 세상과 마주하는 그것만의 독특한 방식을
의미한다.[48] 우리는 냉장고가 무엇을 위해 쓰일지 알지도 못하고 냉장고를 생산하
는 사람을 가정할 수 없다. 따라서 (냉장고의) 본질이 존재[실존]를 앞서고 지배한다.

3) 삶은 자기 창조의 과정

그렇다면 인간은 어떠한가? 실존주의, 특히 무신론적 실존주의는 예수 그리스
도의 인간관과 정면으로 배치되는 인간관을 펼친다. 기독교의 인간관은 창조신과
직결되기 때문이다. 창조신에 대한 믿음은 신은 창조를 할 때 자신이 창조하는 것
에 대해 정확하게 인식하고 있다는 믿음이다. 그러나 무신론적 실존주의는 이를
부인한다. 그래서 실존주의에서 인간은 본질이 없기 때문에 인간은 실존이 본질
에 선행한다. 냉장고의 본질 사례와 같이 인간의 본질이란 하나의 청사진과 같은
것이다. 즉, 인간은 어떤 것이어야 하며, 어떻게 살아야 하고, 좋은 인간 혹은 좋은

삶이란 어떤 것인지 말해 주는 규범이 청사진인데, 인간은 이런 청사진이 애초부터 없이 세상에 내던져진 존재라는 것이다.

개별적인 인간은 먼저 세계 속에 실존하는 것이고, 인간이 정의되는 것은 그다음의 일로서 스스로가 만들어 가는 존재이다. 키르케고르의 말대로 "개인의 존재(being)는 그 형성(becoming)이다."[49] 유네스코 포르 보고서는 에리히 프롬(Erich P. Fromm)의 말을 빌려 "개인의 전 생애는 자신을 탄생시키는 하나의 과정 외에는 아무것도 아니며(nothing but a process of giving birth to himself), 인간은 죽음에 이르러서야 비로소 완전히 탄생하게 된다."[50]고 단언한다. 인간은 끊임없이 자신을 탄생시키고 형성해 나가는 과정의 연속이라는 의미다.

인간은 다차원적인 경험과 의미로서 스스로 형성해 가는 총체적 존재로서의 개인인 것이다. 따라서 즉자존재인 사물과 달리 인간은 자기 자신을 향한 존재, 즉 대자존재(對自存在)이다. 인간은 스스로가 구상하는 무엇(something)일 뿐 인간 본질을 구상하기 위한 신이 없기 때문이다.[51] 인간은 스스로가 무엇인가를 구상한다는 것은 무엇일까? 인간은 본능적 욕구가 충족된 상태에서도 만족하지 않고 '어떻게 살 것이냐' 하는 물음을 던지며 자신의 삶을 가치 있게 형성하기 위해 몸부림치는 유일무이의 개체라는 뜻이다.

이는 오로지 자기 자신의 삶이며 가장 소중한 것은 자기 자신이기 때문이다. 인간이 자신의 삶에 대해 어떤 죄책감이나 불쾌감 같은 부정적인 기분이 든다면 그것은 인간이 본래적인 존재에 걸맞게 제대로 살고 있지 못하다는 것을 드러내는 개시(開示)적인 의미를 갖는 일이다.[52] 유신론적 실존주의자인 키르케고르는 자신의 삶을 고귀한 것으로 만들기 위해서는 그리스도인이 되어야 한다고 주장한다. 인간은 오늘에 만족하지 않고 주체적으로 자신의 삶을 의미 있게 살아가기를 원하기에 미래를 향해 스스로를 던지는 존재, 즉 기투(企投, projet)하는 존재다. 인간은 미래 속에 스스로 기투하는 일을 의식하는 존재다.[53]

인간에게 가장 소중한 것이 자신과 자신의 삶이며, 그 삶을 가치 있게 살기 위해 미래 속에 자신을 기투한다는 것은, 인간은 자신의 본질을 구성하는 삶의 주인으로서 자유로운 존재임을 의미한다. 본질의 결여가 인간의 자유를 구성하는 것이다. 사르트르는 인간은 "자유롭도록 운명 지워졌다(condemned to be free)"고 말한다.[54] 운명 지워졌다고 하는 것은 인간이 요청해서 실존으로 나오게 된 것이 아니기 때문이다.

인간은 자신이 스스로 창조한 것이 아니기 때문이다. 자유롭다는 것은 인간의 행위를 정당화시켜 줄 가치나 질서가 없다는 것이며, 인간 자신이 삶의 매 순간 스스로를 발명하도록 선고받았다는 것을 의미한다. 개인을 도와줄 본질이나 청사진이 없기에, 개인은 자기 자신들을 만들어 나가야 하며(must invent), 자기 자신들을 창조해 나가야 한다. 인간 스스로가 미래를 만들어 가야 하는 것이다.

포르 보고서에는 이러한 실존주의적 견해가 교육철학으로 바탕을 이루고 있다. 포르는 『존재를 위한 학습』에서 인간은 자신의 운명을 결정해 나갈 능력이 있는 (the potential master of his fate) 존재[55]임을 명확히 한다. 스스로 자유롭게 사고하고 판단하면서 자신의 운명을 스스로 결정해 나갈 수 있는 실존이라는 것이다. 포르는 평생교육에서 전제로 해야 할 인간 본성을 다음과 같이 정리한다. "인간은 자신의 운명을 개척할 능력이 있는 주인이다(man is the potential master of his fate)."[56]

4) 자유와 실천, 그리고 책임

인간은 자유이기에 곧 자신의 행위에 책임이 따른다. 신이 없다면 모든 것이 허용될 것이며 동시에 인간은 핑곗거리를 찾지 못하게 된다. 자유롭다고 하는 것은 일단 세상 속에 던져지게 되면 우리는 우리가 하는 것, 우리 행위에 대해 책임이 있다는 의미다. 책임을 진다는 것은 자신에게만이 아닌 모든 인간에 대한 책임이다.

다시 말해 인간은 자신 삶의 주인이기에 자신의 행동에 대한 선택의 자유가 있다. 선택은 악한 것이 아닌 선하고 가치 있는 것을 향할 것이며, 이는 필연적으로 타인과 인류 전체에 보편적으로 선한 것이 된다. 사르트르는 결혼을 예로 든다. 결혼이 자신의 열정 혹은 욕구에 의한 것이더라도 그 결혼을 통해 개인은 자신에게 앙가제(engagée)할 뿐만 아니라 일부일처제의 길 위에서 인류 전체에게도 앙가제하게 된다[57]는 것이다. 이와 같이 인간은 자신에 대해서, 또 모든 이에 대해서 책임이 있게 된다.

인간에게 본질의 부재(nothingness)에 대한 각성(awareness)은 불안을 초래한다. 자유와 책임이 있다는 것은 불안을 수반한다. 인간이 자유롭게 선택하는 입법이 라는 의미는 인간은 결코 자신의 전적이고 깊은 책임감으로부터 벗어날 수 없다 는 뜻이기에 불안은 필연적이다. 불안하다는 것은 다수의 가능성을 갖고 있다는 사실을 전제하기에 불안은 인간의 선택적인 행동 자체의 일부분을 이루게 된다. 불안과 고뇌야말로 인간의 자유에 대한 정직한 반응이다.

사르트르의 실존주의는 기독교적 삶에 중요한 시사점을 제공할 수 있는 사상을 제공한다. 그것은 삶에서 진정으로 가치 있는 것은 실천 혹은 행위를 통해 이루어 진다는 점이다. 인간의 삶에서 다양한 가치 중 하나를 선택할 때에 결국 인간은 본능에 의존하는 수밖에 없게 된다. 어느 한 방향으로 자신을 진정으로 떠미는 것 을 선택해야 하기에, 결국 중요한 것은 감정이라는 것이다.

예를 들면, 부모를 사랑한다는 말은 자신이 부모를 사랑하는 일을 했을 경우에 만 할 수 있는 말이라는 것이다. 사르트르는 말한다. "내가 애정을 확인하고 정의 하는 행위를 실제로 했을 경우, 오로지 이 경우에만 나는 그 애정의 가치를 결정할 수가 있다."[58] 그러나 사르트르는 "감정은 그 자체가 곧 사람이 하는 행위에 의해 생기는 것"이라는 점을 강조한다. 따라서 감정에 기대어 자신의 행위를 인도해 갈 수가 없기에 행동이 중요하다는 것이다.

결국 인간은 자신의 행위가 곧 자신의 삶이며 자기 스스로 실현하는 것이 된다. 실존주의는 인간을 행동을 통해 정의하는 것이다. 사르트르는 자기실현의 조건으 로서 행동의 중요성을 다음과 같이 설명한다. "실존주의자에게 있어서 이루어지 는 사랑 말고 다른 사랑이란 있을 수 없으며, 사랑 속에서 드러나는 사랑의 가능성 말고 다른 사랑의 가능성이란 있을 수 없다."[59]

주석

1 Merriam, S. B., Caffarella, R. S., & Baumgartner, L. M. (2007). *Learning in Adulthood: A Comprehensive Guide*. 기영화 외 역(2009). 성인학습론. 서울: 아카데미프레스, p. 26.

2 Cross-Durant, A. (1984). Basil Yeaxlee and lifelong education: Caught in time. *International Journal of Lifelong Education, 3*(4), 279−291.

3 윤여각(2015). 평생교육 개념의 재검토: 유네스코 랑그랑, 포르, 다브, 들로르 보고서를 중심으로. 평생교육학연구, 21(4), 31−53, p. 34.

4 예를 들면, Wain, K. A. (1985). Lifelong education and philosophy of education. *International Journal of Lifelong Education, 4*(2), 107−117.; Matheson, D., & Matheson, C. (1996). Lifelong Learning and Lifelong Education: acritique. *Research in Post-Compulsory Education, 1*(2), 219−236.

5 Elias, J. L., & Merriam, S. B. (1995). *Philosophical Foundations of Adult Education.* 기영화 외 역(2002). 성인교육의 철학적 기초. 서울: 학지사, p. 300.

6 Wain, K. A. (1985). Lifelong education and philosophy of education. *International Journal of Lifelong Education, 4*(2), 107−117.

7 Boshier, R. (2004). *Meanings and manifestations of the Anarchist-Utopian ethos in adult education.* University of Victoria, p. 90.

8 Faure, E. et al. (1972). *Learning to Be: The World of Education, Today and Tomorrow.* Paris: UNESCO, p. xx.

9 같은 책, p. vi.

10 Matheson, D., & Matheson, C. (1996). Lifelong Learning and Lifelong Education: acritique. *Research in Post-Compulsory Education, 1*(2), 219−236.

11 Delors, J., Mufti, I. A., Amagi, I., Carneiro, R., Chung, E., Geremek, B., … Nanzhao, Z. (1996). *Learning: The treasure within.* Report to UNESCO of the International Commission on Education for the Twenty-first Century. Paris: UNESCO.

12 Kallen, D. (1996). Lifelong-learning in retrospect. *Vocational Training European Journal*, May-December No, 8−9, 16−22, p. 19.

13 Lawson, K. H. (1982). *Analysis and Ideology: conceptual essays on the education of adults.* Nottingham: University of Nottingham, p. 46.

14 같은 곳.

15 Cropley, A. J. (1976). Some psychological reflections on lifelong education. In Dave, R. H. (Ed.), *Foundations of Lifelong Education.* Oxford: UNESCO Institute of Education.

16 Dave, R. H. (1975). *Reflections on lifelong education and the school. UIE monographs 3*. Hamburg: UNESCO Institute for Education, p. 92.

17 Lengrand, P. (1970). *An Introduction to Lifelong Education*. Paris: UNESCO.

18 Matheson, D., & Matheson, C. (1996), p. 229.

19 Elias, J. L., & Merriam, S. B. (1995).

20 같은 책, p. 163.

21 Matheson, D., & Matheson, C. (1996), p. 227.

22 시기적으로도 인본주의 심리학은 실존주의에 큰 영향을 받았음을 알 수 있다. 인본주의 심리학협회(Association of Humanistic Psychology)가 1963년에 창립되었으며, 1940년대 와 1950년대의 지배적인 철학활동은 실존주의였다.

23 Elias, J. L., & Merriam, S. B. (1995).

24 Wain, K. A. (1985). Lifelong education and philosophy of education. *International Journal of Lifelong Education, 4*(2), 107−117.

25 Matheson, D., & Matheson, C. (1996), p. 229.

26 Sartre, J. P. (2007). *Existentialism is a Humanism*. New Haven: Yale University Press.

27 Bollnow, O. F. (1959). *Existenzphilosophie und Padagogik*. 윤재홍 역(2008). 실존철학 과 교육학: 비연속적 교육형식의 모색. 서울: 학지사, p. 23.

28 같은 곳.

29 실존철학은 다양성을 추구하기 때문에 관점에 따라 달라질 수 있어서 일반화시키기가 어렵다. 어떤 실존철학자들은 매우 종교적이고(키르케고르, 부버, 마르셀 등), 다른 부류는 무신론자들이다(사르트르, 니체, 카뮈 등). 누군가는 개인성을 강조하는가 하면(키르케고르, 니체), 또 누군가는 관계를 강조하기도 한다(부버, 마르셀, 야스퍼스). 궁극적인 존재의 무의미를 설파하는 철학자(사르트르, 카뮈)가 있는가 하면 마르셀은 희망의 중요성을 강력히 주장하기도 한다. 그러나 철학하는 방식에서, 외형이나 형식적 측면에서 이들 모두는 '가족 유사성'을 보여 준다(참고: Cooper, 2014, p. 31).

30 Elias, J. L., & Merriam, S. B. (1995).

31 Matheson, D., & Matheson, C. (1996), p. 227.

32 Wain, K. A. (1985).

33 Faure, E. et al. (1972), p. 156.

34 Trigg, R. (1988). *Ideas of Human Nature*. 최용철 역(2003). 인간본성에 대한 철학적 논쟁. 서울: 간디서원, p. 22.

35 Heidegger, M. (1979). *Sein und Zeit*. 이기상 역(2013). 마르틴 하이데거, 존재와 시간. 서울: 까치.

36 Macquarie, J. (1972). *Existentialism*. Harmondsworth: Penguin.

37 Cooper, M. (2003). *Existential Therapies*. 신성만 외 역(2014). 실존치료. 서울: 학지사, p. 30.

38 Maslow, A. H. (1970). *Motivation and Personality*. New York: Harper and Row.

39 Faure, E. et al. (1972), p. 46.

40 Faure, E. et al. (1972), p. xxxi.

41 Lawson, K. H. (1982). *Analysis and Ideology: conceptual essays on the education of adults*. Nottingham: University of Nottingham, p. 46.

42 Bollnow, O. F. (1959), p. 21.

43 Faure, E. et al. (1972), p. 157.

44 Sartre, J. P. (1996). *Existentialism is a Humanism*. 박정태 역(2012). 실존주의는 휴머니즘 이다. 서울: 이학사, p. 29.

45 같은 책, p. 33.

46 같은 책.

47 주목할 점은 인간에게는 본질과 대비되는 것이 실존이지만, 키르케고르는 실존이라는 말을 인간에게만 써야 한다고 주장한다. 인간만이 보편적인 근본성질을 구현하는 개체다운 개체이며 다른 사물이나 동물은 자연이 부여한 보편적인 본능에 따라 살 뿐 '나'라는 개체의식이 없기 때문이다(박찬국, 2007, p. 51).

48 Cooper, M. (2003), p. 34.

49 Manheimer, R. J. (2003). *Kierkegaard as Educator*. 이홍우, 임병덕 역(2003). 키에르케고르의 교육이론. 서울: 교육과학사, p. 2.

50 Faure, E. et al. (1972), p. 158.

51 Sartre, J. P. (1996), p. 33.

52 박찬국(2007), p. 53.

53 Sartre, J. P. (1996), p. 34.

54 Sartre, J. P. (1996), p. 44.

55 Faure, E. et al. (1972), p. 154.

56 같은 곳.

57 Sartre, J. P. (1996), p. 37.

58 같은 책, p. 50.

59 같은 책, p. 59.

제2부 기독교 평생교육의
철학적 토대

기독교 평생교육사상을 논의하기에 앞서 기독교 평생교육의 철학적 토대를 먼저 고찰하는 것이 필요할 것이다. 특히, 기독교 평생교육사상의 핵심인 기독교적 신의 표상(表象)이 철학사적으로 형성된 과정을 살펴보는 것이 중요하다. 역사적 인간[人性]이면서 동시에 하나님[神性]이라는 예수의 본질에 관한 기독교적 표상이 기독교 평생교육의 이념과 목적 및 방법을 결정하기 때문이다. 즉, 신과 인간과의 관계에서 인간이란 무엇이며, 평생에 걸쳐 추구해야 할 '좋은 삶'이란 무엇인가에 관한 가치판단이 신적(神的) 예수에 대한 인식에서 결정되기 때문이다.

교육철학과 신학을 구분하는 것은 학계의 일반적인 인식이다. 그러나 철학사적으로 볼 때 신에 대한 질문은 고대에서부터 현대에 이르기까지 철학의 전 역사를 관통하며 사유의 최고 대상을 형성해 왔다는 것 또한 일반적인 인식이다. 따라서 철학자 빌헬름 바이셰델(Wilhelm Weischedel)은 철학에서의 신에 대한 질문은 우연이 아니라 철학의 본질로부터 나온 것이라고 주장한다.[1] 철학의 본질은 존재자 전체를 겨냥하기에 필연적으로 신에 대한 물음을 비켜 갈 수 없다는 의미이다. 따라서 바이셰델 교수는 철학의 다른 이름은 '철학적 신학'이라고 단정한다.[2]

철학자 한스 요하임 슈퇴리히(Hans Joachim Störig)에 따르면 기독교의 신의 본질에 관한 표상은 고대 그리스 철학과 성서적 전통의 융합이다.[3] 또한 그 융합의 과정은 내용(內容) 측면보다는 형식(形式) 측면에서 출발하고 전개된 것이며 중세의 교부철학과 스콜라철학에 와서 내용 측면에서의 신적 예수라는 기독교적 신의 표상이 확립된 것이다. 따라서 신적 예수에 대한 기독교적 표상을 이해하기 위해서는 먼저 형식 측면에서의 신 관념이 플라톤 철학에서부터 헬레니즘 · 로마 시대의 신플라톤주의에 이르기까지 어떻게 형성되었으며, 이들의 신 관념이 중세의 교부철학과 스콜라철학에 와서 어떻게 내용 측면의 신적 예수로 확립되었는지를 고찰하는 일이 필요하다.

이를 위해 제5장에서는 고대 그리스 플라톤 철학에서의 신과 영혼 관념의 형식 측면을 고찰하고, 기독교 교육사상에 시사하는 바를 도출한다. 제6장에서는 중기 플라톤주의자인 알렉산드리아 필론(Philo)의 초월신과 신플라톤주의자 플로티노스(Plotinus)의 일자로서의 신 관념을 고찰하고, 기독교 교육사상에 함의하는 바를 고찰한다. 제7장에서는 교부철학자 아우구스티누스의 신학사상을, 그리고 제8장에서는 중세 후반 스콜라철학자 토마스 아퀴나스의 신학사상에서 기독교 사상이 확립된 과정을 기독교 평생교육사상과 연계하여 고찰하기로 한다.

제5장

플라톤 철학과 기독교 신학의 토대

기독교 전통 가운데서 표준이 되어 온 주류 입장의 신론(神論)은 고전적 유신론(classical theism)의 하나님이다.[4] 고전적 유신론은 아우렐리우스 아우구스티누스(Augustinus, 354~430)를 비롯한 교부(敎父)들에 의해 서구 교회 안에서 수백 년에 걸쳐 형성되었으며, 종교개혁 이후에도 로마 가톨릭과 개신교 및 동방 기독교(약간 변형된 해석을 수용) 신학자들에 의해 전해 내려온 전통적 신론이다. 고전적 유신론에 기초한 현대 기독교 신론은 하나님은 순일(純一), 초월적, 자충족(自充足)적이며 전지전능하고 영원불변한 존재임을 전제로 한다.

그러나 이 책에서 주목하는 점은 철학사적으로 볼 때 고전적 유신론은 플라톤과 신플라톤주의의 철학적·신학적 관념들을 차용했다는 점이다.[5] 물론 기독교의 신과 달리 플라톤의 신은 인격, 즉 페르소나(Persona)가 아닌 존재지만 다른 모든 존재에 대해 형상과 의미를 부여하는 궁극적인 존재이다. 현대 기독교의 정통 신론에 대한 '형식' 측면의 이해를 플라톤 철학에서 출발해야 하는 당위가 여기에 있다.

1 플라톤의 이원론과 신론

플라톤(Plato, 424~348 BC)은 현대의 기독교인들이 생각하는 신에 관한 질문들에 관심을 가진 것은 아니었다. 기독교에서 중시되는 범주에 관한 사유도 하지 않았다. 그러나 그는 종교적이며 신학적이었다. 이를 간파한 니체(F. W. Nietzsche)

는『선악의 저편』에서 플라톤을 "그리스도교의 선조", "십자가로 향하는 다리에 발을 들여놓게 했던 존재"라고 평하면서 '기독교의 플라토니즘'을 비판했다. 실제로 플라톤의 대화록인『국가』2권에는 신에 대해, 그리고 인간 영혼과 영혼의 불멸성 및 신에 대한 의무가 자주 언급되었다. 플라톤의 신이 현대 기독교의 신과 내용 측면에서 동일한 것은 아닐지라도 초월적 존재로서의 신에 대한 관념, 인간의 영적인 본성, 이에 따른 인간이 신과 동족(同族)이라는 믿음이 플라톤 철학의 핵심을 이루고 있다.

1) 파르메니데스와 플라톤의 실재

(1) 플라톤 철학은 신학

이러한 맥락에서 돈 마리에타(Don E. Marietta)[6] 애틀랜틱대학 교수나 빌헬름 바이셰델(Wilhelm Weischedel)[7] 독일 튀빙겐 대학 교수는 플라톤 철학을 '플라톤의 신학'이라고 고쳐 부른다. 물론 플라톤 철학이 현대의 기독교 신학을 구성하는 믿음이나 질문, 관심사를 그대로 반영하는 것은 아니나 기독교의 신의 속성과 연계시킬 수 있는 신학을 적극적으로 제시하기 때문이다. 이들과 같은 맥락에서 그리스 정교회 신학자인 앤드루 라우스(Andrew Louth)[8]는 "기독교 신학사상에 있어서 처음 천 년 동안을 전체적으로 특징지었던 현상은…… 플라토니즘의 사용이었다. 플라톤 철학은 그리스도교를 철학적으로 표현하기 위한 형식으로서, 또한 계시된 진리가 이 같은 철학적 표현을 통하여 선포되는 세계상의 골격으로서 이용되었다."라고 평가한다.

'플라톤 신학'이라는 개념의 타당성은 플라톤이 신학이라는 단어를 최초로 사용했다는 사실에서도 입증된다. 베르너 예거(Werner Jaeger)는 철학적 신학의 근원은 필연적으로 그리스 철학으로 소급된다고 하면서 신학과 관련된 그리스어인 테올로고스, 테올로기아(theologia), 테올레게인, 테올로기코스 등의 용어들은 플라톤과 아리스토텔레스의 철학적 언어들의 산물들이라고 주장한다.[9]

특히, 신학을 의미하는 테올로기라는 단어를 최초로 사용한 철학자가 플라톤이며, 신학 개념의 창시자가 플라톤인 것은 분명하다고 단정한다. 예거의 주장을 뒷받침하듯 플라톤은 『국가』에서 "'신들과 관련된 이야기(theologia)'에 대한 규범들은 어떤 것들이겠습니까?"[10] 하고 물으면서 신학(theologia)의 개념을 처음으로 제시하고 있다. 실제로 플라톤주의는 알렉산드리아의 필론과 클레멘스, 오리게네스 등의 신학을 거쳐 기독교 신학에 결정적인 영향을 미쳤다. 무엇보다 아우구스티누스의 신학사상과 그에 기초한 중세 기독교에 지대한 영향을 미쳤다.

플라톤의 신학이 기독교 형이상학에 지대한 영향을 끼쳤지만 인간이 신과 동족(同族)이라는 플라톤의 생각은 인간을 신의 피조물로 보는 기독교 사상과는 배치된다. 인간은 무(無)로부터 하나님의 형상으로 창조되었기에 하나님과 동족일 수없으며, 하나님과 피조물 사이에는 존재론적인 깊은 틈이 있어 그 존재 양상이 전혀 다르다. 신성(神性)과 인성(人性)이 결합된 예수 그리스도 안에서만 '아버지'와 같은 본질을 갖춘 '오직 한 분'을 찾아볼 수 있을 따름이다.[11] 플라톤 철학과 기독교 사상에는 조화될 수 없는 부분이 있다. 그러나 신의 존재와 인간 영혼의 존재, 신을 향한 영혼의 추구, 신에게로의 귀환 등의 철학은 기독교 사상의 기본 골격과 상당한 조화를 이룬다는 것은 의심의 여지가 없다.

플라톤의 신에 대한 철학을 이해하기 위해서는 먼저 신의 개념을 서양 전통 형이상학의 핵심적 관심인 실재(reality), 실재성 개념과의 관계에서 고찰해야만 한다. 플라톤을 비롯한 고대 서양철학에서 실재라는 개념은 생성소멸하는 가상(Schein)과 대립하는 것으로서 현상을 초월해 존재하는 진정한 세계, 영원불변의 동일자(同一者)를 의미한다. 플라톤의 이데아 사상은 플라톤에 직접적 영향을 미친 파르메니데스의 일자(一者) 사상이나, 파르메니데스에 영향을 미친 피타고라스의 영혼불멸설 및 영혼윤회설 같은 형이상학적 사유와의 연장선상에 있다. 특히, 엘레아학파의 중심인 파르메니데스(Parmenides)는 스승인 크세노파네스(Xenophanes)가 제시한 어떤 불변의 존재에 관한 사상을 계승하고 이를 체계화시켰다.

(2) 헤라클레이토스의 생성존재론

파르메니데스(Parmenides, 515~? BC) 이전 고대 그리스 철학의 지배적인 사유방식은 헤라클레이토스(Heraclitus, 540~480 BC)의 생성존재론이었다. "만물은 흐른다."라는 명제로 잘 알려진 헤라클레이토스는 세계의 가장 기본적 성격으로서의 생성(生成)을 내세웠다. 그는 『단편』 69에서 후대에 영원히 회자될 생성(becoming)의 사유를 다음의 문장으로 제시한다.

> "같은 강에 발을 담근 사람들에게 다른 강물이, 그리고 또 다른 강물이
> 계속해서 흘러간다."[12]

'우리는 같은 강물에 두 번 들어갈 수 없다.'라는 바로 그 말이다. 두 번째 들어갈 땐 이미 새로운 물이 흐르고 우리 자신도 그 사이에 미세하나마 변했기 때문이다. 생성이란 다자와 운동을 전제로 하는 개념으로 어떤 차이들이 끊임없이 생겨나는 것을 의미한다. '같은 강'이란 표현은 동일성을 함축한다. 그러나 강물은 계속 흐르며 생성하기에 매 순간 그 동일성이 무너진다는 뜻이다. 강의 외현(外現)이나 사람의 겉모습이 동일성을 유지하는 것 같지만 강물은 같은 물이 아니고, 오늘의 나는 어제의 나와 미세하게라도 동일성을 상실하게 된다.

　헤라클레이토스 생성의 사유는 파르메니데스를 중심으로 한 엘레아학파에 의해 도전에 직면하게 된다. 파르메니데스는 당시의 지배적인 믿음이었던 헤라클레이토스의 생성존재론을 부정하고 참된 실재는 영원부동의 일자(一者)라는 극단적인 주장을 내세웠다. 그의 사상은 이후 플라톤을 중심으로 하는 서양 철학사의 신 관념 형성에 토대를 제공하며 절대적인 영향을 미치게 된다. 사실상 현재의 기독교 유일신의 표상과는 내용은 다르나 형식 측면에서의 유일신 사상의 이론적 출발인 셈이다.

(3) 파르메니데스의 참된 실재

　파르메니데스가 플라톤에 미친 영향은 플라톤의 글에서 명확히 드러난다. 플라톤은 파르메니데스가 감각적인 것들과 지성으로 알 수 있는[可知的] 것들을 구분했음을 강조한다. 합리적이며 가지적인 것만을 존중하고 감각적인 것은 실재가 아

닌 환상이라는 것이다. 플라톤은『소피스트』237a, 258d에서 파르메니데스의 존재 사유에 대해 다음과 같이 말한다.

> "있지 않은 것들이 있다는 것이 결코 강제되지 않도록 하라. 오히려 그
> 대는 탐구의 이 길로부터 사유를 차단하라."[13]

파르메니데스는 존재(das Sein)는 '있는 것'이며 '있지 않은 것들', 즉 비존재와 명확히 구별한다. 있지 않은 것들은 생성하는 것들이기에 있는 것으로 착각하지 말라고 경고한다. 비존재는 눈에 보이는 감각적이며 생성소멸하는 삼라만상의 시간적 세계를 의미한다. 반대로 '있음', 즉 존재는 시간과 공간을 초월해 있는 부동(不動)의 존재만을 의미한다. 심플리키오스의 단편은 파르메니데스의 존재 사유를 다음과 같이 보여 준다.

> "있는 것은 생성되지 않고 소멸되지 않으며, 온전한 한 종류의 것
> (oulonmounogenes)이고 흔들림 없으며 완결된 것"[14]

앞의 단편들에서 보듯 파르메니데스의 존재 사유는 인간의 감각기관을 통해 얻은 구체적인 것들, 시간에 따라 지속적인 생성소멸을 반복하는 삼라만상은 참된 존재, 즉 실재가 아니며 '있지 않은 것들', 비(非)존재일 뿐이다. 사람들은 감각을 믿기 때문에 없는 것을 있다고 말한다는 것이다. 참된 존재는 변화하고 운동하는 현상을 초월해 있는 일자(一者)일 뿐이다.

파르메니데스에 따르면 인간의 삶, 교육에서 관심을 기울여야 할 것은 감각으로 인식하는 비존재가 아닌 존재에 대한 교육이다. 존재가 진리이자 지식이며 비존재는 허상이자 단순한 속견(俗見)이기 때문이다. 교육에서 추구해야 할 참다운 지식이란 "순수한 이성적 인식에 의해서만 도달할 수 있는 존재만이다."[15] 생성소멸하는 이 세상의 모든 것들은 교육의 대상이 아니며 오히려 참 존재, 지식을 학습하는 데 방해만 될 뿐이다. 인간의 감관은 끊임없이 지속되는 생성과 소멸 그리고

지속적인 운동의 세계를 매개해 주지만 이는 모든 오류의 근원이 된다는 것이다. 이러한 파르메니데스의 선형적 시간관과 목적론적 세계관은 플라톤의 사유방식에 결정적인 영향을 미치게 된다.

플라톤은 파르메니데스의 일자 사상을 수용했지만 변증법적 지양을 통해 비판적으로 계승한다. 파르메니데스처럼 생성소멸하고 변화하는 세계의 존재를 비존재로 부정하지는 않았기 때문이다. 파르메니데스에서 플라톤으로 발전한 형이상학에서의 실재는 현상을 초월해 존재하는 고정불변의 자기동일적 존재를 의미한다. 이런 사유방식은 이데아와 현상, 참된 세계(wahre Welt)와 참된 세계의 모방인 가상세계(scheinbare Welt)를 구분하는 이원론을 바탕으로 한다.[16]

2) 플라톤의 이원론과 신론

(1) 현상계와 이데아계

플라톤의 이원론적 체계에서는 실재(實在, reality)를 두 개의 궁극적이며 상이한 형이상학적 차원으로 상정한다. 하나는 생성 변화하고 소멸하며 우연적이고 불완전하며 눈에 보이는 것들로 이루어진 혼돈 가능성이 있는 현상계(現象界)다. 현상계는 '항상 생성하며 결코 존재하지 않는 것'이다. 다른 하나는 '항상 존재하며 생성하지 않는 것', 즉 이성적인 질서가 잡혀 있는 이데아의 세계다. 이데아는 완전하고 영원불변하며 필연적인 형상들(Forms, 形相)의 체계로서 물질세계에 있는 것들의 원형적 형태들(archetypal patterns)이다. 이 원형적 형태가 현상계에 있는 모든 것의 본성, 특성을 규정해 주는 이데아들이다.

일례로 세상에 둥근 것은 많으나 완벽한 원은 없다. 그러나 우리의 정신은 완벽한 원에 대한 이데아를 확인할 수 있으며, 그 원의 이데아는 단 하나이고 보편적이며 불변하고 세상에 독립해서 존재한다는 것이다. 이데아는 "모든 것의 근원이자 원리"[17]인 것이다. 이데아론은 플라톤이 평생에 걸쳐 갈고 다듬은 최초의 존재론적 가설(hypothesis)[18]로서 신과 인간, 영혼에 관한 기독교적 존재론을 극명하게 제시하고 있다. 실제로『파이돈』을 비롯해 이후 전개되는『국가』와『향연』의 이데아

론은 신플라톤주의를 거쳐 교부철학의 토대를 이루며 현대 기독교 신학의 초석을 이루게 된다.[19]

플라톤은 생성 변화하고 운동을 계속하는 세계를 이데아에 대한 닮음, 유비, 모방의 관계 혹은 이데아에 대한 영원한 그리움, 동경, 욕망, 에로스의 관계로 상정하였다.[20] 인간의 다양한 삶의 양상이나 인간 역사 전체를 실재하는 것으로 보는 대신 초월적인 이데아에 대한 불완전한 제물에 불과한 것으로 간주한다. 플라톤은 네 가지 종류의 이데아 혹은 형상이 있다고 주장한다. 먼저 수(數)나 원(圓)과 같은 수학적 형상들이 있다. 두 번째로 진리, 아름다움, 정의 같은 도덕적 형상의 존재가 있다.[21] 세 번째 형상의 범주는 살아 있는 존재[22]와 같은 자연에 속하는 것들, 나무, 말(馬)의 이데아와 같은 개별 종류들의 형상이 있다. 마지막으로 책상, 집과 같은 인간 조형물의 이데아들이 있다.

플라톤에 따르면 이데아들은 일관성이 있으며, 통일되어 있는 하나의 체계 가운데서 상호 연결되어 있다. 다시 말해 형상의 세계는 전체적인 하나로 이해할 수 있는 것이지 무질서한 집합체를 모아 놓은 것이 아니다. 왜냐하면 모든 이데아들은 모든 형상들의 형상인 선(善, the good)으로부터 도출되기 때문이다. 마치 태양으로부터 빛이 유출되고 그 태양은 '선(좋음)의 이데아'의 소산[23]인 것과 같다. 이러한 생각은 자연히 이데아 중의 이데아에 대한 관념으로 연계될 수밖에 없다.

(2) 세계를 창조한 데미우르고스

플라톤은 이데아 세계 가운데 있는 전적으로 초월적인 최고선을 신의 개념과 연계시킨다. 물론 선의 개념이 신만을 의미하는 것은 아니다. 플라톤의 『국가』에서 나타나는 선은 세 가지 의미가 있다.[24] 첫째, 삶의 목적, 즉 모든 욕구와 선망의 최상 목표이다. 둘째, 선은 지식의 조건이다. 세계를 가지적(可知的)인 것으로 만들어 주고 인간의 마음에 지성을 부여해 주는 것이 선이다. 셋째, 선은 세계를 창조하고 유지해 주는 원인(cause)이다. 플라톤에게 선이란 세계 속의 모든 사물의 존재의 기원이자 사물을 존재하도록 하는 원천으로 표현된다.

만물의 존재 원인으로서의 선의 개념은 플라톤의 다른 대화 편에서도 나타난다. 이들 대화 편에서의 선은 인격적 형식, 신화적 형식에서 모두 『국가』에 나타난 선의 개념과 거의 동일한 속성을 구현하고 있다. 『파이돈』에서 선은 만물을 창조하고 만물을 하나로 묶어 주는 세계의 궁극적 원인(窮極因, the final cause)으로 묘사된다. 나아가 후기 작품인 『티마이오스』에서는 신적인 장인(匠人) 데미우르고스 (demiourgos)가 세계를 창조한 조물주이며, 세계는 신의 영혼을 지닌다는 창조신화를 주장하게 된다. 조물주는 세계를 가능한 한 선한 것으로 창조한다.

따라서 신학자 예거(W. Jaeger)[25]와 같이 플라톤 철학에서 신학적 성격을 강조하는 사람들은 플라톤 탐구의 궁극적 목표는 세계 질서의 신적 근원을 찾고 그 완전성을 추구하는 것이었다고 주장한다. 『티마이오스』에서 극중 화자(話者)는 "생성하는 모든 것은 필연적으로 어떤 원인에 의해 생긴다."[26]고 전제한 후, 데미우르고스를 우주 생성의 '원인(aition)' 또는 '최상의 원인'[27]으로 도입한다. 그리고 어떤 계획을 갖고 나무로 집을 만드는 건축자처럼 데미우르고스적 원인을 "이 세계의 제작자(poietes)이며 아버지"[28]라고 칭한다.

물론 플라톤의 신은 기독교의 유일신 사상과는 다르다. 신적인 장인 데미우르고스가 무엇인지, 그리고 그 작용을 어떻게 이해해야 하는지도 명확하지 않다. 플라톤의 신은 기독교의 전지전능한 창조자가 아니라 진흙으로 어떤 모형을 본뜨는 조각가처럼 주어진 재료의 한계 내에서, 주어진 물질을 가지고서 최상의 결과를 도출해 내는 기술자다. 이 세계를 제작하는 데에도 하나의 이상적 모형을 본떴는데, 이 세계는 이상적 세계를 바라보는 '정신(nous)에 의해 제작된'[29] 산물이다.[30] 즉, "조화와 아름다움 그리고 좋음을 최대한 표현하도록 지적으로 설계된 산물이다."[31]

(3) 플라톤의 목적론적 세계관

여기서 주목해야 할 점은 플라톤 철학이 철저히 목적론적 세계관을 지향하고 있다는 점이다. 또한 플라톤의 신 관념은 기독교 하나님의 표상과 형식의 측면에서 유사하다. 데미우르고스는 기독교의 창조주와 '최상의 원인'이라는 점에서는 맥락을 같이하나 신의 속성에서는 엄격한 차이가 존재한다. 기독교의 조물주와 달리 플라톤의 신은 주어진 물질을 가지고서 최상의 결과를 도출해 내는 기술자다. 그러나 창조주로서의 신의 존재를 상정했다는 것 자체만으로도 기독교의 하나님 관념 형성에 하나의 토대를 구축했다고 볼 수 있다.

　영혼에 대한 플라톤의 생각도 기독교적 영혼 관념과 비교할 만하다. 플라톤에 따르면 우주 전체를 만들면서 데미우르고스가 사용하는 특별한 형상은 '살아 있는 존재(Living Being)'라는 형상이다.[32] 우주는 많은 살아 있는 것들을 내포하고 있는 단일한 생명체로서 우주의 가장 중요한 부분은 그 영혼(soul)이다. 데미우르고스는 신체보다 영혼을 먼저 만들고 영혼이 주인이며 지배자가 되도록 했던 것이다.

> "그 한가운데에[데미우르고스]는 영혼을 자리하게 해 놓고 그 영혼이 전체로 뻗어 나가도록 했으며, 바깥으로는 그 몸으로 영혼을 감싸도록 하여…… 그 몸의 안주인이자 통치자가 되게 했다."[33]

　따라서 물질세계는 영혼이 그 몸인 세계 안에 거하는 것이 아니라, 실질적으로 영혼 안에 존재한다. 영혼은 힘(power)으로서 그 힘에 의해 영원한 이데아들이 세계 안에 실현되며 세계를 지배한다.[34] 플라톤은 세계의 장인(匠人)인 신이 세계 가운데서 '살아 있는 존재'의 이데아를 실현하기 위해 영혼을 수단으로 사용한다고 말한다. "자, 그 살아 있는 존재의 본성은 영원했다. 그러나 그[데미우르고스]가, 말하자면 영원에 대한 움직이는 모사품(a moving likeness of eternity)을 만들 생각을 했고……"[35]

　『티마이오스』에서 나타나듯 플라톤은 신을 데미우르고스이며 세계의 조물주로 규정하고 '아버지'라 칭하기까지 한다. 데미우르고스는 장인이 본을 떠서 물건을 만들 듯 이데아에 따라 세계를 만든다. 『국가』에서도 똑같은 신의 개념이 등장한다.[36] 신은 침상의 본질을 만드는 장인과 같다는 것이다. 또한 신은 형상들의 원천이며 원천으로서의 역할은 선(the good)에 속한 것이다. 따라서 창조주로서의 신과 선은 동일함을 함축하고 있다.[37]

　플라톤의 신론 및 영혼관은 『법률』에서 두드러진다. 『법률』 10권에서는 신의 세

계 지배, 영혼의 환생, 사후심판, 저승으로의 먼 이동, 지하 세계 혹은 지복한 곳
에서의 죽은 자들의 삶, 이승의 삶에 대한 보상과 처벌 등 기독교적 교의가 물씬
풍기는 내용들을 구체적으로 제시한다. 필드(Field)는 이들 내용을 통해 플라톤이
우리에게 "신들이 존재함은 물론 그들은 인간과 인간사에 대해 깊은 관심을 가지
고 있다"는 믿음으로 인도한다고 말한다. 그런 신들에게 인간은 장난감과 같은 존
재다.

> "본질적으로 신은 모든 지복함과 진지한 노력의 가치가 있는 존재이
> 다. 반면 인간은…… 신의 장난감으로서 만들어진 존재이며, 바로 이것
> 이 그에게는 최상의 것이다."[38]

그러므로 플라톤에게는 인간이 아니라 신이 만물의 척도[39]로서 진리의 원천이
다. 신은 "스스로 운동하는 것이자 모든 운동의 근원"[40]이며, "모든 존재자의 시초
와 종말과 중간을 유지하게 하는"[41] 구심점이다.

② 영혼불멸론과 상기설

1) 영혼불멸설과 상선벌악

(1) 플라톤의 영혼불멸론

플라톤은 『파이돈』에서 기독교 평생교육 철학의 근간이 되는 영혼불멸론과 비
교될 수 있는 사상을 펼친다. 몸은 필멸이지만 영혼은 불멸이라는 주장이다. 그러
나 플라톤의 영혼이 기독교에서의 영혼 관념과 내용이 동일한 것은 물론 아니다.
주목할 점은 플라톤이 영혼 존재에 대한 기독교 영혼관의 '형식'을 제공했다는 점
이다. 플라톤의 영혼관은 단상적(斷想的)이라는 특성을 보인다. 그는 "같은 혼들이
언제나 있을 것(이며)…… 그 수는 적어지지도 않을 뿐만 아니라, 많아지지도 않을

게 분명하기 때문"[42]이라고 말하며 현존하는 영혼의 수가 일정하다는 이론을 갑자기 제시한 후 곧이어 한 문장으로 기각한다.

플라톤은 영혼불멸을 암시하는 생각을 『파이돈』의 말을 빌려 말한다. 『파이돈』은 소크라테스의 죽음을 크게 슬퍼하지 않은 이유를 사후에 저승에서의 삶에 대한 확신[43] 때문이라고 말한다. 또한 소크라테스가 "사후에 신들 곁으로 가게 될 것이라고 장담"하거나 "사후에는 어떤 미래가…… 악인들보다는 선인들에게 더 좋은 미래가 사람들을 기다리고 있다"[44]는 내용은 기독교의 사후세계에 대한 믿음과 맥락을 같이한다.

> "그분(소크라테스)께서는 고상하게 생을 마감하셨소. 그래서 나는 그분
> 께서…… 저승에 도착해서도 …… 잘 지내실 것이라는 느낌을 떨쳐버릴
> 수 없었소."[45]

영혼불멸에 대한 플라톤의 확고한 믿음은 『국가』에서도 드러난다. 글라우콘(Glaucon)이 사후의 삶에 대한 소크라테스의 확신에 찬 언급에 깜짝 놀라지만, 소크라테스는 "자네는 우리의 혼이 죽지 않으며 결코 파멸하지 않는다는 걸 몰랐는가?"[46] 하고 반문한다. 글라우콘이 "맹세코 저는 몰랐습니다. 하지만 선생님께서는 이를 주장하실 수 있습니까?" 하고 묻자 소크라테스는 영혼(psyche)의 불멸성을 입증하는 일은 "전혀 어려운 일이 아니다."라고 확신한다.

플라톤은 영혼은 그 본질에 있어서 신체의 죽음과 함께 죽는 것이 아니라는 점을 강조한다. 죽음은 단지 신체에만 영향을 미치는 악의 형식이다. 플라톤이 강조하는 점은 영혼의 불멸성은 오직 영혼의 참된 본성에만 속하는 것이며, 이 참된 본성은 우리가 현세에서는 볼 수 없다는 것이다. 왜냐하면 영혼은 신체와 결합된 상태로 존재하기에 절대적으로 복합적인 것(a composite thing)을 가리킨다. 인간의 영혼은 출생과 함께 '마치 어망에 달린 납덩이들'[47]처럼 육체의 욕망에 의해 뒤집어씌워지고 만다. 따라서 현세에서 영혼은 신체 속으로 들어오면서 온갖 종류의 내적 혼란과 비일관성에 빠질 위험에 처한다. 영혼의 본성은 전적으로 흐려진 상

태에 처해 있기 때문에 현세의 인간적 삶의 조건에서는 획득할 수 없다는 것이다.

(2) 사후에 심판받는 영혼

플라톤의 영혼의 불멸성은 죽음 이후에 영혼이 맞이하는 전망과 연계된다. 중세적 형태이지만 현재 기독교인들의 믿음인 천국, 연옥, 지옥의 관념 역시 『국가』의 최종 편에서 구체적으로 서술하고 있다. 플라톤은 사후에 닥칠 운명을 신화적으로 설명한다.[48] 핵심은 현세에서 영혼에 일어났던 모든 일들은 사후 영혼에 직접적인 영향을 미친다는 것이다. 플라톤은 '에르'라는 한 용감한 남자의 이야기[49]를 통해 모든 영혼은 사후에 즉시 심판을 받는 자리로 이동한다고 주장한다.

사후에는 많은 영혼들이 어느 신비스러운 곳으로 가는데, 여기에는 '땅 쪽으로 두 개의 넓은 구멍'과 '하늘 쪽으로 다른 두 개의 넓은 구멍'[50]이 있고 이 구멍들 사이에 앉아 있는 심판자들에게 심판을 받는다. 죄의 경중에 따라 정의로운 영혼들은 하늘 쪽 출구를 통해 천 년의 행복한 삶으로 상승하며, 반대로 불의한 영혼들은 땅 쪽의 출구를 통해 천 년간의 처벌을 받는 삶으로 하강한다는 것이다.

영혼의 불멸이 가능한 이유는 윤회(palingenesia)를 통해서, 삶에서 죽음으로 넘어갔던 영혼이 다시 죽음을 떠나 삶으로 오기 때문이다. 플라톤은 소크라테스의 말을 빌려 윤회를 말한다. "죽은 사람들의 혼은 이승을 떠나 저승에 가 있다가 이승으로 돌아와 다시 태어난다.", "그리고 그처럼 산 사람이 죽은 사람에게서 다시 태어난 것이 사실이라면, 우리의 혼은 당연히 저승에 가 있어야 할 것 아닌가? 혼이 존재하지 않는다면 다시 태어날 수 없을 테니까."[51] 플라톤은 훌륭한 업을 쌓은 영혼들은 신들과 함께 보내게 되지만, 그렇지 못하고 현세에 묶여 있던 영혼들은 다시 그런 유형의 사람으로 환생한다고 말한다.

> "이들 혼들은 훌륭한 사람들이 아니라 열등한 사람들의 혼들로 전생의 나쁜 행실에 대해 죗값을 치르느라 그런 곳을 배회하지 않을 수 없는 걸세. 그리고 이들 혼들은 자기들을 따라다니는 육체적인 것을 향한 욕망 때문에 또다시 몸에 갇힐 때까지 계속 방황한다네. 또한 그런 혼들은

십중팔구 생전에 계발했던 그런 유형에 성격에 갇히게 될 걸세."[52]

더 나아가 플라톤의 윤회설은 불교의 윤회설과 유사한 성격을 보인다. "이를테면 폭식이나 폭행이나 폭음을 피하기는커녕 오히려 계발한 자들의 혼은 아마도 당나귀같이 고집 센 동물의 몸속으로 들어갈 것이라는 말일세…… 그리고 불의와 참주 정치와 강도질을 선호하던 자들의 혼은 늑대나 매나 솔개의 몸속으로 들어가겠지."[53]

(3) 저승에서의 상선벌악

윤회와 같은 맥락에서 플라톤은 기독교 평생교육의 전제인 상선벌악(賞善罰惡)과 연계시킬 수 있는 이론을 제시한다. "내가 어째서 평생 진심으로 철학에 전념한 사람은 죽음을 맞아 자신감을 품게 되고, 죽은 뒤 저승에 가서 가장 큰 상을 받을 것으로 낙관한다고 생각하는지 그 까닭을 말해 보게."[54] 소크라테스에게는 철학은 성찰이고 성찰하지 않는 인생은 살 가치가 없는 인생이다. 따라서 철학에 전념한 사람은 인생을 가치 있게 산 사람이기에 사후에 상을 받는다는 논리다.

상선벌악 이론은 기독교 신앙의 동기이자 기독교적 평생교육의 중핵을 이룬다. 하나님은 무한히 완전하기에 선을 사랑하고 악을 미워하며, 공정하기 때문에 선인과 악인을 똑같이 대우하지 않고 상선벌악을 한다는 믿음이다. 성서에는 이 같은 내용들이 틈틈이 강조되고 있다.

"내가 줄 상이 내게 있어 각 사람에게 그가 행한 대로 갚아주리라."(계 22:12) "그들은 영벌에, 의인들은 영생에 들어가리라."(마 25:46)

기독교의 상선벌악은 플라톤이 암시하듯 현세가 아닌 내세에서 실현된다. 현세보다 내세의 삶에 비중을 두게 만드는 이유가 된다. 현세의 짧은 세속적인 부와 권력보다는 영원한 삶이 지속되는 내세에서의 상이 비할 데 없이 크기 때문이다. 마태복음(13:30)에 의하면 예수 그리스도는 밀과 가라지에 대해 "둘 다 추수 때까지 함께 자라게 두라. 추수 때에 내가 추수꾼들에게 말하기를 가라지는 먼저 거두어 불사르게 단으로 묶고 곡식은 모아 내 곳간에 넣으라 하리라.”라고 말하며 상선벌악은 세상 종말에 저승에서 이루어진다는 뜻을 명확히 한다.

2) 상기설과 동굴의 비유

(1) 진리를 이미 알고 있는 영혼

더 나아가 플라톤은 현대 기독교의 관점에서 평생교육의 본질을 제시하는 의미 있는 이론을 제시한다. 이른바 상기설(想起設)이다. 플라톤은 『메논(Menon)』에서 우리의 모든 인식이란 영혼이 과거의 상태나 이전에 구현되었던 자신의 모습을 상기하는 것임을 강조한다.

> “그런데 영혼이란 죽지 않는 것이라네. 영혼은 이미 여러 차례 되살아나서 이곳과 하계의 모든 것을 보았지. 영혼이 경험하지 않은 것이란 전혀 없다는 말일세. 따라서 영혼이 덕이나 그 밖의 모든 것, 즉 예전에 이미 알았던 모든 것을 기억해 낼 수 있다는 것은 전혀 놀라운 일이 될 수 없을 거야. 자연 안의 모든 것은 서로 가깝고 또 영혼은 이미 모든 것을 터득하고 있으므로, 만일 용기와 끈기를 잃지 않고 탐구한다면 어떤 한 가지를 회상함으로써—이것을 사람들은 ‘배운다’라고 표현하지만—다른 모든 것은 저절로 발견하게 되는 일이 얼마든지 일어날 수 있네. 즉, 탐구한다거나 배운다는 것은 실은 회상하는 것에 지나지 않네.”[55]

플라톤은 『파이돈』에서도 동일한 말을 반복한다. “배움이라는 것은 곧 상기(anamnesis, 아남네시스) 이외의 다른 것이 아니다.”[56] 학습이라는 것은 타고난 지식에 대한 의식의 되살림이라는 것이다. 플라톤은 소크라테스가 여러 가지 덕에 관해 토론하는 장면을 관찰하면서, 소크라테스의 방법은 상대에게 무언가를 가르쳐 주는 것이 아니라 상대방이 덕에 관해 이미 알고 있는 것을 이끌어 내도록 하는 것이라는 점을 터득하게 된다.

특히, 플라톤은 『메논』에서 소크라테스의 논증술에 의해 어떤 노예 소년이 정답을 찾아가는 과정을 예로 든다.[57] 노예 소년은 기하 문제를 풀어 보라는 제안에 자신만만한 답변을 낸다. 그러나 소크라테스의 계속되는 질문에 혼란에 빠지게 되고 자신의 무지를 깨닫는다. 몇 가지 질문을 통해 마침내 그 소년은 정답을 찾아낸다. 소크라테스의 선도적인 질문을 따라 소년은 각 단계에 대한 합리적인 이해에 도달하는 것이다. 그 소년은 본래 그가 갖고 있던 지식을 다시 획득하였다.

여기서 소크라테스는 영혼의 불멸을 다시 주장한다. "만물에 대한 진리가 영혼 속에 존재한다면 영혼은 영원불멸하다."[58] 플라톤에 따르면 인간의 영혼은 원래 영원한 진리 혹은 실재(reality) 또는 이데아(Idea)를 관상하고 있었으나 세상에 태어나 육신과 결합하는 괴로운 과정을 겪음으로써 망각의 세계에 빠져 버리고 말았다.[59]

상기설은 우리가 교육을 통해 무언가를 인식한다는 것은 이미 알고 있는 것을 상기하는 것임을 강조한다. 상기설은 우리의 혼이 인간의 형상으로 태어나기 전에 이미 영혼은 어딘가에 존속하고 있었으며 진리를 알고 있었음을 전제로 한다. 영혼은 세상에 태어나면서 변화와 환상의 세계에서 육신과 결합하는 괴로운 과정을 겪음으로써 망각을 겪는다. 참된 진리란 이러한 망각 상태에서 벗어나는 것일 뿐이다.

무엇인가를 상기하는 행위는 플라톤이 『파이돈』에서 예를 들어 설명하듯이 어떤 '유사성(homoiotes)'을 전제로 한다.[60] 그러나 유사성을 통해 상기할 때 그 근저에서는 동일성이 작동하고 있다. A를 보고 그것과 유사한 B를 상기할 때, 우리는 A와 B 사이의 차이를 떠나 그것들을 이어 주는 동일성(同一性)을 파악하고 있는 것이다. 그 동일성에 차이를 덧붙임으로써 유사성이 성립한다. 따라서 실마리는 유사성이지만 원리는 동일성이다.[61]

(2) 평생교육과 상기설
상기설에 따르면 교육 혹은 평생교육자의 역할은 참됨[眞]이나 아름다움[美], 실재(實在)를 가르치는 것이 아니라 학습자의 영혼이 옛날에 알고 있던 것을 회복하고 회상하도록 도와주는 일이다. 마치 구리판에 붙은 종이를 조금씩 벗겨내 새겨진 모양을 차츰 드러내게 하는 구리판 벗기기의 과정과 유사한 것이다. 구리판에 새겨진 모양은 처음에는 분간하기 어렵지만 점차 구체적인 모양으로 확연하게 나타나는 것[62]처럼, 이미 가지고 있지만 인식하지 못하는 잠재적 지식을 새롭게 인식하게 하는 행위가 교육이라는 것이다. 교육자의 역할은 그 과정을 촉진시켜 주는 일에 초점을 맞추어야 한다.

더 나아가 플라톤의 상기설은 교육에 대한 기독교적 사유방식과 연계될 수 있다. 기독교 신학에 따르면 인간은 신의 형상(이마고 데이, Imago Dei)으로 창조되었으며 지복직관(至福直觀), 즉 참 진리인 하나님의 본성을 직접 맞대고 볼 수 있는 상태였으나 원죄로 인해 타락하게 되면서 인간은 진리로부터 멀어지게 되었다. 다시 말해 인간은 타락했지만 영혼은 이데아가 무엇인지, 진리가 무엇인지를 이미 알고 있기에 평생교육자의 중요한 역할은 학습자가 그 진리를 상기하도록 도와주는 일이다.

이렇게 본다면 『메논』의 상기 신화는 구성 방식부터가 창세기 2장의 에덴동산 이야기와 매우 흡사하다. 이데아 세계-에덴동산, 레테의 강-선악과(善惡果) 나무, 강물 마심-열매 따먹음, 현상계-지상 세계, 그리고 상기-속죄 등은 이항적 대응 관계를 형성한다. 기독교에서 사후 영생을 위해 천상계에 들어가는 방법이 원죄를 씻고 하나님의 말씀대로 사는 일이라면, 상기는 영혼불멸의 세계로 되돌아가는 본래적인 자각의 선천적인 회복 수단이다.

그렇다면 무엇을 상기해야 할 것인가? 플라톤에 따르면 교육에서의 상기는 참으로 존재하는 것, 영원한 것, 변함없는 것에 대한 지식이다. 플라톤에게 참된 지식(episteme)이란 특정 사물에 대해 아는 것과 같은 단순한 지적 인식을 넘어서는 것이다. 그것은 추구하는 대상과 하나가 되고 대상의 세계에 참가하는 것이다. 그 대상이란 이데아 곧 형상의 세계다. 형상의 세계는 신의 세계로서 영원성과 불멸성을 지닌다. 플라톤은 『파이드로스』에서 형상의 세계를 '하늘 위의 세계(topos hyperouranios)', 즉 신들이 살고 있는 세계로 설명한다.[63] 마치 기독교의 천국을 연상시킨다. 인간의 영혼은 기독교 신앙에서와 마찬가지로 형상(Forma)을 인식하는 능력을 갖추었기에 형상계에 거주하며 하늘 위에 속하는 신적 존재가 된다.

따라서 영혼이 이데아에 관한 지식을 상기하고 추구한다는 것은 기독교 사유방식으로 말하면 영혼의 본래 고향인 신에게로 돌아가는 것이다. 영혼은 본래가 신적인 속성을 지녔기에 신의 세계로 돌아가려 한다. 플라톤에 따르면 영혼이 이데아를 상기하고 신의 세계로 돌아가려는 행위는 진, 선, 미에 대한 추구 혹은 관상에서 드러난다. 기독교적 평생교육에 대입하면 평생학습의 행위의 근저에는 만물의 근원인 신에게 돌아가려는 영혼의 요구가 자리하고 있으며 이를 위해 진, 선, 미에 관한 학습을 하게 된다는 것이다.

그렇다면 영혼이 본래의 진리의 세계로 돌아간다는 것은 무엇일까? 영혼은 어떻게 이데아의 관상(觀想)으로 돌아갈 수 있는가? 이에 대한 해답을 가장 잘 제공하는 것이 동굴의 비유이다. 동굴의 비유는 철학사상 가장 풍요한 함축을 담고 있는 비유인데 플라톤의 인식론적 · 존재론적 · 윤리학적 견해를 명확하게 제시하고 있다. 『국가』 7권 514a–517c에 나오는 동굴의 비유(allegory)를 요약하면 다음과 같다.[64]

(3) 동굴의 비유가 의미하는 것

커다란 동굴이 하나 있고 그 안쪽에 한 무리의 사람들이 살고 있다. 이들은 태어날 때부터 다리와 목이 사슬에 묶여 있어 항상 같은 곳에 머물러야 하며, 동굴 안쪽 벽만을 바라볼 수 있도록 구속되어 있다. 동굴 안벽과 입구 중간에 나지막한 담이 있고 이 담 벽 바로 뒤에 횃불이 켜져 있는데, 담과 횃불 사이를 일군의 사람들이 인형들을 들고 오가면서 인형극 놀이를 하듯 움직이고 있다. 조금 더 나아가면 동굴 입구가 있고 동굴 밖은 햇빛이 비치는 빛의 세계이다.

이 동굴 안의 사람들은 말하자면 동굴의 수인(囚人)들이라 말할 수 있다. 이들 수인은 평생 동굴 속 벽에 비친 그림자만 보아 왔다. 따라서 이들은 그림자들이 실재 존재자라고 생각하며, 그림자들의 움직임을 예리하게 관찰하여 그 움직임을 예견하는 자를 지혜로운 자라 생각할 것이다. 또한 동굴 속에서의 생활을 척도로 하여 선과 악, 시와 비를 가리려 할 것이다.

이런 어두움 속에서 생활하던 중 이들 수인 중 누군가가 갑자기 사슬에서 풀려나 고개를 돌려 동굴 입구 쪽으로 시선을 향한다고 가정해 보자. 그러면 그는 햇빛에 눈이 부시어 고통을 겪어야 할 것이고, 누군가가 '지금껏 수인들이 보아 오던 그림자가 실물이 아니라고 주장하면 크게 당황할 것이다. 나아가 사슬에서 풀린 사람들을 동굴 밖으로 끌고 나가 진짜 실물들을 보게 하려 한다면, 이 해방된 수인들은 햇빛에 고통스러워하며 발버둥 치면서, 이전의 그림자 세계로 도망치려 할 것이다. 이들에게는 햇빛에 대한 두려움이 있지만, 다른 한편으로 그들 마음에 강한 호기심을 불러일으킨다. 그래서 일부는 햇빛이 주는 고통에도 불구하고 호기심에 이끌려 동굴 밖으로 조금씩 나아간다. 물론 동굴 입구 쪽으로 다가갈수록 햇빛이 주는 고통은 더욱 심해질 것이나, 그와 함께 호기심의 자력도 상대적으로 강력해질 것이다.

두려움과 호기심 사이를 오가는 이런 과정을 거쳐 해방된 수인들 중 일부가 동굴의 입구 쪽으로 나아감에 따라 그들은 햇빛에 익숙해지면서 동굴 중간에 사람들이 들고 있는 인형들과 횃불을 보고 자신들이 보아 왔던 것들이 그림자라는 것을 깨닫게 된다. 이런 깨달음에 의해 추동된 일부의 수인들이 드디어 동굴 밖으로 나오게 된다. 허나 동굴 밖의 빛은 너무 강렬해 일정한 적응 단계를 거치고서야 시야가 개명될 것이다. 처음에는 그림자, 실물들의 영상들, 실물들, 태양의 순서로 보게 될 것이다. 태양을 봄으로써 태양이 가시계의 모든 것을 주재하며 동굴 속에 있는 것들의 원인까지도 된다는 것을 깨닫게 된다…….

동굴의 비유는 플라톤의 말대로 인간의 본성이 어느 정도까지 계몽될 수 있는지를 설명하고 있다. 동굴의 비유는 서양 철학사에서 가장 주축적인 이원론, 즉 현상의 세계와 실재의 세계를 명확히 구분한다. 동굴이란 인간의 감각을 통해 우리 앞에 드러나는 세계로서 인간들이 살아가는 상식적인 세계이다. 이런 세계는 실재(實在)가 아닌 현상(現象)의 세계, 즉 비실재(unreality)로 특징지어진 세계이다. 인식론적으로나 존재론적으로, 그리고 가치론적으로 그림자의 세계에 불과한 것이다.

그런데도 습관적으로 익숙해진 세계이기 때문에 이를 실재로 착각하고 있다. 영혼은 본래 이데아, 즉 형상(形相, eidos)이라는 거룩한 세계에 속한 것이지만 감각을 통해 드러나는 비실재의 세계에 자리 잡은 것이다. 따라서 플라톤의 관심은 참된 실재, 이데아를 찾아 헤매는 영혼의 탐구에 있다.

동굴의 비유에서는 이러한 영혼의 탐구에 관련된 핵심 문제를 제시해 준다. 그중 첫째는 자신의 인식에 무엇인가 문제가 있음을 깨닫는 것, 눈을 뜨는 것이다. 영혼의 본향(本鄕)인 이데아 혹은 형상의 세계로부터 멀리 떨어져 살고 있다는 사실을 깨닫는 일이다. 우리는 실재인 것처럼 보이는 거짓 세계에 빠져 있으며 우리의 지식이란 개인의 주관적 의견(doxa)에 지나지 않는다는 사실을 깨닫는 것이다.

이를 깨달은 후에는 영혼은 더 이상 거짓된 세계에 매달리는 일을 중단하고 참된 실재와 가까이하도록 방향을 전환해야 한다. 플라톤은 이러한 인식의 전환 과정이 급격히 이루어지는 것이 아니라 점진적인 단계를 거쳐야 함을 보여 준다. 오랜 세월 동안 점진적 과정을 거쳐 거짓된 비실재의 세계로부터 탈피하여 참된 실재 속으로 귀환하는 것이 플라톤이 말하는 영혼의 상승이다.

③ 플라톤과 기독교 교육사상

플라톤 철학은 플라톤 신학이라 불릴 수 있을 만큼 현대 기독교 사상 형성에 결정적 역할을 했다. 따라서 동굴의 비유를 비롯한 플라톤 철학은 현대의 기독교 교육사상에 의미 있는 시사점을 제공한다고 볼 수 있다. 무엇보다 플라톤 철학은 평생교육에 관한 유네스코 문헌들의 철학적 배경이 되는 실존주의(특히, 무신론적 실존주의)나 인본주의 교육철학의 세계관과 존재론적 측면에서 이항적 대응 관계에 놓여 있다고 할 수 있다.

1) 기독교 교육은 방향전환

플라톤이 현상과 실재의 세계를 엄격히 구분하듯 기독교 사상은 현상으로서의 현세(現世)와 참된 실재로서의 내세(來世), 즉 차안(此岸)과 피안(彼岸)을 구분한다. 참 실재인 피안을 위해 '현재와 여기'를 희생하는 삶의 방식을 가치 있는 신앙의 자세로 여긴다.

같은 맥락에서 인식론적 관점에서도 플라톤 철학은 기독교 사상을 뒷받침한다. 플라톤에게 인간 영혼의 궁극적 목적은 이데아 혹은 신에게로 돌아가는 것이듯, 기독교 사상의 궁극적 지향도 인간을 창조한 하나님을 지향한다. 철저히 목적 지향의 교육철학을 견지한다는 공통점이 있다.

플라톤은 동굴의 비유에서 평생 학습자로서의 인간을 사슬에 묶여 벽만 바라보고 '그림자 경험'만 하는 수인의 실존으로 규정한다. 기독교적 관점에서의 인간은 원죄에 물들어 태어난 존재로서 하나님으로부터 멀어져 감각적인 현상세계를 참된 실재로 여기는 동일한 그림자 경험 속에 놓여 있는 존재다.

기독교 교육의 관점에서 핵심이 되는 것은 플라톤이 가장 강조하는 교육(paideia)의 단계다. 즉, 거짓된 실재로부터 벗어나서 머리를 돌려 참된 실재로 나아가는 과정이다. 이 교육 문제는 『국가』의 나머지 부분은 물론 그 외 다른 몇 편의 「대화집」에서도 영혼을 훈련하는 이 특별한 교육방식을 심도 있게 다루고 있다. 그가 공통적으로 일관성 있게 강조하는 점은 교육자 및 교육방식에 중요한 시사점을 제공한다.

그것은 '교육은 지식이 없는 학습자에게 지식을 넣어 주는 것이 아니다.'라는 점이다. 플라톤은 "영혼은 진리를 배워 익힐 능력과 진리를 볼 수 있는 기관을 지니고 있다."[65]고 단언한다. 인간은 결핍된 존재가 아니라 배움력 혹은 학습력을 유전적으로 갖고 태어난다는 의미다. 따라서 '마치 소경의 눈에 시력을 넣어 줄 수 있다는 당치도 않은' 생각을 하지 말 것을 주문한다.

특히, 주목해야 할 플라톤의 말은 단지 지식을 넣어 주는 것이 아니라 '눈과 더불어 온몸의 방향을' 돌리게끔 해야 한다는 생각이다. 그리고 이런 방향전환

(periagoge)에는 특별한 교수법 혹은 기술(techne)이 있다는 점을 강조한다. 따라서 교육에서 교수법은 '학습자가 어둠(無知) 속에 있음을 깨닫게 한 후 온몸의 방향을 돌려 실재, 진리를 바라보도록' 인도하는 것이다. 교육자의 역할은 그 영혼의 방향전환을 촉진시키는 일이다. 이러한 인간의 배움력, 교수−학습 방식, 그리고 교육의 목적으로서의 방향 전환은 플라톤 교육의 핵심이자 회개, 회두를 중시하는 기독교 교육철학의 바탕이 된다고 할 수 있다.

2) 기독교 신학과의 차이점

플라톤의 신과 영혼 및 사후세계에 관한 철학은 기독교의 신학과는 내용 측면에서 근본적인 차이가 있음은 물론이다. 플라톤 사상에는 신에 관한 명확한 개념이 없다. 영혼이 탐구하는 목표의 절정으로서 선(善)의 이데아는 궁극적 존재이며, 다른 모든 존재에 형상과 의미를 부여한다. 그러나 이데아를 신이라 명명할 수 있는지는 논의의 대상이다. 신이라 한다면 이데아가 인격을 초월한 존재라 해도 일종의 인격적 존재임을 암시하는 것인데 플라톤의 선이 인격적 존재인지는 분명하지 않기 때문이다.[66]

그러나 주목할 점은 플라톤의 사상은 그의 의도와는 관계없이 형식 측면에서 이후 기독교 신학의 기초를 제공하고 있다는 것이다. 신학은 교육을 전제로 한다. 교육을 목표로 하지 않은 신학은 존재하지 않는다. 따라서 플라톤 신학이 기독교 신학에 형식적 기초를 제공했다는 사실은 기독교적 교육에 시사하는 바가 크다는 것을 의미한다. 기독교 교육의 중심은 하나님 혹은 신 관념이기 때문이다.

플라톤의 이원론 및 그에 따른 가치평가는 기독교 교육의 궁극적 목적 및 가치평가와 연계된다. 플라톤에 따르면 지상에서의 인간의 삶, 현실 세계는 참된 존재인 이데아의 복제물이다. 복제물인 현실 세계는 참된 존재인 이데아에 대한 영원한 동경, 욕망을 품고 지향한다. 따라서 생성소멸하는 현실 세계는 참된 존재가 없기에 타당한 지식의 대상이 될 수 없게 된다.

또한 영원불변하는 형상[이데아]의 세계에 비해 현재의 일상 세계는 무가치하다.

이러한 이원론은 자연스럽게 현세의 궁극적 가치를 두지 않는 기독교적 세계관으로 연결된다. 다른 한편으로 프리드리히 니체(F. W. Nietzsche)로부터 플라톤과 기독교는 기본적으로 니힐리즘이며, "인간 스스로 발을 딛고 사는 대지와 생성하는 세계로부터 고유한 가치와 의미를 박탈"[67]했다고 비판받는 원인을 제공하게 되었다.

플라톤은 기독교의 신과 유사한 맥락에서 창조주 신을 상정한다. 그의 신관 역시 기독교의 신의 표상과는 차이가 있으나 형식 측면에서는 유사성이 적지 않다. 플라톤의 창조주인 '데미우르고스'는 유대교나 기독교, 이슬람교의 창조주 및 '최상의 원인'이란 점에서는 맥락을 같이한다.

그러나 플라톤의 창조주는 기독교의 신처럼 전지전능하고 무에서 유를 창조하는 조물주가 아니다. 무질서한 만물을 질서로 이끌어 내는 신이다. 진흙으로 어떤 모형을 본뜨는 조각가처럼 주어진 재료의 한계 내에서, 주어진 물질을 가지고서 최상의 결과를 도출해 내는 기술자다. 그러므로 플라톤의 창조란 다시 말해 제작, 형성, 구성 등의 의미와 가깝다. 또한 플라톤의 신은 세계를 가능한 한 선한 것으로 창조하는 신이다. 이는 야훼(여호와) 하나님이 태초에 세상을 창조하셨을 때 모든 것은 선하였으나 원죄로 인해 악이 들어왔다는 기독교 신학과 맥락을 같이한다.

3) 신과 영혼관의 차이

플라톤의 신과 영혼관은 신과 인간, 영혼에 관한 기독교적 존재론을 극명하게 제시하고 있다. 실제로 플라톤의 이데아론은 중기 플라톤주의 및 신플라톤주의를 거쳐 아우구스티누스 교부철학에 토대를 이루며 현대 기독교 신학의 초석을 이루게 된다. 특히, 플라톤의 『파이돈』에서 나오는 영혼관은 플라톤 철학의 진면목이면서도 외현적으로는 다분히 현재의 기독교적인 색채를 띠고 있다. 무엇보다 "사람이 죽은 뒤에도 혼은 여전히 존재"[68]한다는 말과 같이 영혼불멸성에 대한 플라톤의 믿음은 확고하다. 소크라테스의 말을 빌어 플라톤은 영혼(psyche)의 불멸성을 입증하는 일은 "전혀 어려운 일이 아니다."라고 확신하고 있다. 그는 영혼의 불멸을 논증하기 위해 『국가』10권의 608d에서 마지막 절(621d)까지를 할애하고 있다.

플라톤은 영혼의 불멸설은 주장하지만 영혼의 진정한 성격에 대해서는 말을 감춘다. 기독교적 영혼과는 다르며 비교할 수가 없다. 그러나 그의 영혼불멸은 형식 측면에서 현재의 기독교 사상 및 교육과 직접적인 연관성을 갖는다. 플라톤이 신화적이고 시적인 형식들을 취하면서 영혼의 과거와 미래에 관해 설명하는 이유는 신을 믿는 사람으로서의 삶과 교육이 어떠해야 하는지를 보여 주기를 원했기 때문이다.[69] 영혼의 불멸이란 영혼의 존재가 사후에도 지속된다는 의미이며 내세가 존재함을 의미한다. 또한 이는 인간의 삶의 도덕성의 중요성과 교육의 목적을 생각하게 만든다. 현대 기독교 신학과 교육의 본질과 형식 측면의 토대를 제공한다고 볼 수 있다.

플라톤의 영혼관은 자연스럽게 내세의 삶과 연계된다. 중세적 형태이지만 현재 기독교인들의 믿음인 천국, 연옥, 지옥의 관념 역시『국가』의 최종 편에서 구체적으로 서술하고 있다. "죽은 뒤 저승에 가서 가장 큰 상을 받을 것으로 낙관한다."[70]는 플라톤의 믿음은 기독교의 상선벌악을 연상시킨다.

플라톤에 의하면 인간의 영혼은 사후에 다른 많은 영혼들과 함께 즉시 심판을 받는 자리로 이동한다.[71] 불의한 영혼은 처벌을 받고 선한 영혼은 상을 받는다. 구제불능이냐 아니냐에 따라 죄인들은 지옥으로 떨어지거나 연옥(회개적 성격의 벌)으로 간다. 그러나 플라톤은 정의로운 영혼은 환생의 고리에서 벗어나 천국에 이른다는 주장은 밝히지 않고 있다.

플라톤의 상선벌악 이론은 기독교 신앙의 동기이자 기독교적 평생교육의 중핵을 이룬다. 하나님은 무한히 완전하기에 선을 사랑하고 악을 미워하며, 공정하기 때문에 선인과 악인을 똑같이 대우하지 않고 상선벌악을 한다는 믿음이다. 성서에는 상선벌악이 틈틈이 강조되고 있다.

> "내가 줄 상이 내게 있어 각 사람에게 그가 행한 대로 갚아주리라."(계 22:12) "그들은 영벌에, 의인들은 영생에 들어가리라."(마 25:46)

기독교적 관점에서 볼 때 플라톤의 신관 및 영혼불멸론은 삶의 의미와 목적 및 기독교 교육의 목적에 결정적인 영향을 미치게 된다. 영혼불멸이라는 플라톤적 명제는 기독교에 전파되어 육체의 부활이라는 신앙으로 확장된다. 삶의 종말에 모든 인간의 부활은 육체의 부활을 명시적으로 함께 포함한다. 이러한 종말에 대한 종교적 믿음은 인간의 삶에 대한 시각과 삶의 의미 자체를 변화시키게 된다. 인간 삶은 현세의 짧은 시간으로 한정되는 것이 아니라 영생이라는 초월적인 시간과 현실을 뛰어넘는 차원을 갖게 되는 것이다. 따라서 플라톤의 혼불멸론(魂不滅論)은 고대 그리스의 철학을 넘어 현대 기독교인들의 개인적 삶의 의미는 물론 평생교육 철학의 목표와 방향에 지대한 영향을 미치고 있는 것이다. 실제로 이에 관한 플라톤의 대화 편은 중세 기독교 철학의 맥락에서 특히 많이 수용되었다.[72]

주석

1 Weischedel, W. (1971). *Der Gott Der Philosophen*. 최상욱 역(2003). 철학자들의 신. 서울: 동문선.

2 파스칼은 자신의 『회상록』에서 "아브라함의 신, 이삭의 신, 야곱의 신은 철학자와 학자의 신이 아니다."라고 진술하고 있다(Weischedel, 2003, p. 19).

3 Störig, H. J. (1950). *Kleine Weltgeschite Der Philosophie*. 박민수 역(2018). 세계철학사. 서울: 자음과 모음.

4 Cooper, J. (2007). *Panentheism: the Other God of the Philosophers: From Plato to the Present*. 김재영 역(2011). 철학자들의 신과 성서의 하나님. 서울: 새물결플러스, p. 24.

5 고전적 유신론은 전통적 기독교뿐만 아니라 스피노자, 슐라이어마허, 그리고 유대교 및 이슬람 신학자들로부터 지지를 받았다. 그러나 범재신론자(panentheism)를 포함한 많은 현대 신학자들은 고전적 유신론이 그리스 철학을 사용해 하나님에 대한 성경의 계시가 왜곡되어 왔다고 믿으며 고전적 유신론에 '철학자들의 신'이라는 부정적인 이름표를 붙이기도 한다. 이들은 고전적 유신론이 성경적 신론도 아니며 철학적으로 일관성 있는 신론도 아니라고 주장한다. 또한 헤겔, 셸링, 베르그송, 화이트헤드, 부버 같은 철학자들은 '하나님이 영원불변하기에 피조물들과의 관계에 의해서도 영향을 받지 않는다'는 고전적 유신론을 반대하고, '관계 중심적 하나님(relational God)', 즉 시간 가운데 참여하고 피조물들과 상호작용하며 그것들에 의해 영향을 받는 하나님을 주장한다(참고: Cooper, 2016, pp. 23-28).

6 Marietta, D. E. (1998). *Introduction to Ancient Philosophy*. 유원기 역(2015). 쉽게 쓴 서양 고대철학사: 탈레스에서 아우구스티누스까지. 경기: 서광사, p. 144.

7 Weischedel, W. (1971).

8 Louth, A. (2007). *The Origins of the Christian Mystical Tradition: From Plato to Denys*. 배성옥 역(2011). 서양 신비사상의 기원. 경북: 분도출판사, p. 13.

9 Jaeger, W. (2003). *The Theology of the Early Greek Philosophers: the Gifford*. Wipf and Stock.

10 Plato (2016). 플라톤의 국가(박종현 역). 경기: 서광사, p. 379.

11 Louth, A. (2007), p. 15.

12 이정우(2018). 세계 철학사 1: 지중해 세계의 철학. 서울: 도서출판 길, p. 104에서 재인용.

13 김인곤, 강철웅 외 역(2005). 소크라테스 이전 철학자들의 단편 선집. 서울: 아카넷, p. 279.

14 『심플리키오스』, '아리스토텔레스의 〈자연학〉 주석', pp. 145-146. 김인곤 외(2005), p. 280에서 재인용.

15 Störig, H. J. (1950), p. 165.

16 손경민(2015). 니체 철학에서 실재의 문제. 서울대학교 대학원 박사학위논문, p. 31.

17 Plato (2016). 플라톤의 국가(박종현 역), 511b.

18 이정우(2018).

19 플라톤에게 가설이란 말 그대로 '밑에(hypo) 놓은 것(thesis)'으로서 논의의 발판[기초] 같은 것이다. 가설은 완전한 것이 아니라 탐구가 지속되면서 좀 더 근본적인 가설로 발전된다. 탐구의 마지막에 오면 '가설적이지 않은 것' 혹은 '무가정(無假定)의 것(to anypotheton)', 즉 근본 원리에 이르게 된다(플라톤, 국가, VI, 511b).

20 손경민(2015), p. 30.

21 Plato (2016). 플라톤의 국가(박종현 역), p. 478.

22 『티마이오스』, 30-31. Plato, J. (2016). 플라톤의 다섯 대화편: 테아이테토스, 크리티아스, 필레보스, 파르메니데스, 티마이오스(천병희 역). 경기: 숲.

23 Plato (2016). 플라톤의 국가(박종현 역), p. 508.

24 Nettleship, R. (1925). *Lectures on the Republic of Plato*. 김안중, 홍윤경 역(2013). 플라톤의 국가론 강의. 경기: 교육과학사, p. 220.

25 Jaeger, W. (2003).

26 『티마이오스』, 28a 4-5.

27 『티마이오스』, 29a 6.

28 『티마이오스』, 28c 3-4.

29 『티마이오스』, 31a 3-4.

30 'nous'는 '정신'과 더불어 '지성'이라는 역어가 통용되고 있다. 송유레(2011)에 따르면 고대 후기에 플라톤과 아리스토텔레스의 nous에 대한 이론이 주요 관심사 가운데 하나로 부상 하면서, 지적 작용과 능력 일반에 대한 논의가 활발히 이루어졌다. 그에 따라 관련 개념들 이 세분화되고 상응하는 전문 용어들이 자리 잡는데, 플로티노스는 지적 능력을 가리키는 용어로 'nous', 'logos', 'dianoia'를 자주 사용한다. 이들 역어의 혼동을 피하기 위해 logos를 '이성'으로, 'dianoia'를 지성으로, 그리고 이들과 구분하기 위해 'nous'를 정신으로 번역한다.

31 송유레(2009). 플로티노스 철학 입문. 철학사상, 33, 307-321.

32 Cooper, J. (2007), p. 59.

33 『티마이오스』, 34b-c.

34 Cooper, J. (2007), p. 60.

35 『티마이오스』, 37a, c-d.

36 Plato (2016). 플라톤의 국가(박종현 역), p. 597b.

37 Cooper, J. (2007), p. 61.

38 Platon (2016). 법률(천병희 역). 경기: 숲, p. 803c.

39 『법률』, 716c.

40 『법률』, 895a-b.

41 『법률』, 715c-716a.

42 Plato, J. (2012). *Platonis opera*. 천병희 역(2012). 소크라테스의 변론, 크리톤, 파이돈, 향연. 경기: 숲, 파이돈, 611a.

43 『파이돈』, 58c.

44 『파이돈』, 63c.

45 『파이돈』, 58e.

46 Plato (2016). 플라톤의 국가(박종현 역), p. 608d.

47 같은 책, 519b.

48 같은 책, p. 613e부터 끝까지.

49 같은 책, p. 613b.

50 같은 곳.

51 『파이돈』, 70c.

52 『파이돈』, 81d-e.

53 『파이돈』, 82a.

54 『파이돈』, 63e.

55 『메논(menon)』 Störig, H. J. (1950), p. 241에서 재인용.

56 『파이돈』, 72e.

57 『메논』, 82b 이하.

58 『메논』, 286b.

59 Louth, A. (2007).

60 『파이돈』 74a 이하.

61 이정우(2018), p. 259.

62 Trigg, R. (1988). *Ideas of Human Nature*. 최용철 역(2003). 인간본성에 대한 철학적 논쟁. 서울: 간디서원, pp. 41-42.

63 『파이드로스』, 247c.

64 플라톤은 『국가』 제7권의 시작을 동굴의 비유(514a 이하)로 시작한다. 그러나 대화체로 되어 있어 분량이 많은 관계로 이 책에서는 이를 요약한 남경희(2014, pp. 73-75)의 내용을 재구성하였다.

65 Plato (2016). 플라톤의 국가(박종현 역), p. 518b-d.

66 Louth, A. (2007).

67 박찬국(2007). 현대철학의 거장들: 마르크스, 니체, 키에르케고르, 하이데거, 하버마스, 푸코, 비트겐슈타인, 포퍼. 서울: 철학과 현실사, p. 97.

68 『파이돈』, 70b.

69 Nettleship, R. (1925), p. 347.

70 Plato (2016). 플라톤의 국가(박종현 역), p. 64a.

71 같은 책, p. 614b.

72 이정우(2018), p. 266.

제6장

신플라톤주의와 기독교 신학의 진화

　고대 그리스로부터 로마제국 시대로 넘어오면서 기독교가 발흥하고 이에 대한 투쟁도 전개되기 시작한다. 플라톤(Plato)을 이어받은 철학 체계에서는 신과 인간과의 관계에 대한 철학적 사유방식이 체계적으로 종합되기에 이르며 기독교 신학의 형식 측면은 물론이고 내용 측면에서까지 점차 가까워지게 된다. 중기 플라톤 철학을 대표하는 필론(Philo)은 플라톤의 초월신을 아브라함과 이삭의 하나님이라는 유대교 교의와 직접적으로 연계시킨다.

　필론의 영향을 받은 신플라톤주의자인 플로티노스(Plotinus)는 필론의 신에 대한 교의를 철학적·종교적으로 발전시킨다. 신은 절대적이고 불변의 선이며 변화를 초월해 존재하는 사물의 근원이다. 모든 존재자는 신적 존재에게서 단계적으로 유출된 것이기에 인간 영혼은 신적인 것에 근원을 두고 있다는 것이다. 따라서 인간의 목표와 행복은 자신의 영혼을 신과 다시 화합시키는 것이며, 이를 통한 몰아의 황홀경에 관한 신비주의 이론과 만나게 된다.

　플로티노스의 철학은 기독교와의 대립과 갈등에도 불구하고 중세 초기 아우구스티누스(Augustinus)에게 결정적인 영향을 미친다. 이는 신에 대한 이해, 구원의 과정, 영혼의 본질, 인간의 운명, 선과 악의 문제 등 아우구스티누스 교부철학의 틀을 형성하는 데 결정적인 기여를 하게 된다.

필론과 유일신 하나님

플라톤 이후 기독교 평생교육사상을 고찰하는 데 있어 철학적·신학적으로 중요한 토대를 마련한 학자는 알렉산드리아의 필론(Philo of Alexandria, 20/30~45/50 BC)이다.[1]

필론은 중기 플라톤주의의 대표적 철학자지만 스토아주의 및 피타고라스주의의 영향을 받은 것[2]으로 평가된다. 철학사는 물론 신학의 역사로 볼 때 플라톤과 플로티노스는 그들의 학문 자체만으로도 탁월하고 괄목할 만한 기여를 한 위대한 철학자들이다. 그러나 필론을 포함한 중기 플라톤 학파의 철학자들은 그 정도의 학문적 관심과 평가를 받을 정도는 아니었다. 그러나 기독교 평생교육사상을 탐색하는 데 있어 필론은 결코 간과할 수 없는 학문적 업적을 쌓은 철학자라 할 수 있다. 그 이유는 중세 철학은 그리스 철학과 성서의 계시를 조화시키려는 시도였는데, 그 시도의 출발이 바로 필론이었기 때문이다.[3] 필론의 학문적·종교적 배경을 보면 이해할 수 있다.

1) 헬레니즘과 헤브라이즘의 융합

필론은 그리스어를 사용하는 유대인이지만 헬레니즘 철학을 교육받은 철학자로서 신앙과 이성의 조화에 관심을 가졌다. 그 결과 유대 사상을 그리스적 용어로 체계화하고, 이를 이성적인 논증과 조화시키는 데 심혈을 기울였다.[4] 이 책에서 플로티노스를 고찰하기에 앞서 먼저 필론의 사상을 논의해야 하는 이유가 여기에 있다.

필론의 신론을 보면 필론 자신이 그리스 철학 전통[헬레니즘]과 히브리적 사유방식[헤브라이즘]의 융합임을 알 수 있다. 필론은 중기 플라톤 철학을 대표하는 철학자다. 철학사적으로 볼 때 성서 시대의 유대교와 초기 기독교를 이해하는 데 매우 중요한 존재가 알렉산드리아 유대인 공동체인데 그 중심에 있는 철학자가 필론이

다. 알렉산드리아 유대인 공동체는 그리스—로마 문화를 그들의 전승에 접목시키
면서 헬레니즘적 유대교(Hellenistic Judaism)를 형성하였다.

(1) 유일신 하나님 개념 제시

무엇보다 주목할 점은 이들의 사상이 초기 기독교 교부들에게 큰 영향을 주었다
는 점이다. 특히, 필론은 플라톤 이래로 전해 온 '신적인 것'의 개념을 구체화시켜
유일신으로서의 '하나님(God)'의 개념을 제시하였다. 그리고 필론이 품었던 하나
님 개념, 즉 말씀하시고 스스로를 드러내시는 하나님은 교부들에게 전해지고, 교
부들에 의해 나사렛 사람 예수의 삶과 죽음·부활을 통하여 말씀하시고 스스로를
드러내시는 하나님이 됨으로써 더 한층 구체적이고 직접적인 개념으로 변모[5]하였
던 것이다. 현재의 기독교인들의 평생교육의 중심인 신격(神格)을 지닌 예수의 개
념 형성의 토대를 구축한 철학자인 것이다.

필론의 생몰연대에 대해서는 이견이 있으나 기원전 1세기 말경에서 기원 후 1세
기 중엽의 철학자라는 데는 일치한다. 주목할 점은 시기적으로 볼 때 예수 그리스
도와 같은 시대를 살았던 인물이라는 점이다. 그러나 그가 생전에 예수를 만났다
거나 혹은 예수의 제자들과 교류했다는 기록은 어디에도 없다. 단지 신약성서를
기록한 성서 저자들이 대부분 필론 이후의 사람들이라는 점을 생각해 볼 때 성서
저자들 중에 필론의 영향을 받았을지도 모른다는 추측은 가능할 것으로 본다. 그
이유는 신약성서를 연구하는 많은 학자들이 요한복음서의 로고스(Logos) 사상이
나 바울(Paul) 사상의 철학적 배경 연구에 필론의 저서가 필수적이라고 보기[6] 때문
이다.

필론의 신론(神論)의 형성은 당시의 예수의 말씀과 행적과는 관계가 없다. 그럼
에도 불구하고 필론이 유일신으로서의 초월신 개념을 구체화할 수 있었던 이유로
는 알렉산드리아의 유대인 철학자로서 유대교 신앙의 전통적 관습을 철저히 준수
하고 있었던 배경을 생각해 볼 수 있다. 필론이 남긴 대부분의 글은 『70인역 성서
(Septuagint)』 중에서 '모세 5경'에 관한 부분적인 주석이다.[7] 철학사적으로 필론을
알렉산드리아 유대교의 성서 주석가이며 그리스 철학의 개념들을 도입하여 모세

5경을 해석한 철학자이자 성서 해석가로 보는 이유가 여기에 있다. 그리스 철학의 개념을 기초로 한 필론의 성서 해석을 통해 유대교와 헬레니즘이 조화를 이루게 되며 그 성서 해석이 유대교 전승으로 스며들게 된 것이다.

(2) 부정신학의 입장

그렇다면 헬레니즘과 헤브라이즘이 결합된 필론의 성서 해석에서의 초월신의 본질은 무엇인가? 우선 필론의 초월신 이해는 형이상학적이다. 필론의 신은 초월자(transcendent)이고 내재적(immanent)이며 모든 곳에 계시는 분(omnipresent)이다. 그러나 필론은 그런 하나님은 초월신이기에 본질적으로 인간이 인식할 수 없는 분이라는 부정신학(否定神學)의 입장을 고수한다. 하나님의 불가지성(不可知性)에 대한 필론의 가르침은 플라톤의 영향을 받은 것으로 볼 수 있다. 실제로 필론은 『티마이오스』에 나오는 플라톤의 유명한 말, 즉 "이 우주의 조물주인 동시에 아버지이신 분을 찾아낸다는 것은 지극히 어려운 일"[8]이란 말을 저서에서 즐겨 인용하고 있다.

주목해야 할 점은 하나님에 대한 필론의 부정신학은 하나님의 존재에 대한 회의주의와는 엄밀히 다르다는 것이다. 필론은 하나님의 존재는 쉽게 파악될 수 있지만 그 하나님의 신성(神性)에 대한 인식은 인간의 능력을 초월하는 것이라 주장했다. 필론의 『십계명론』에는 다음과 같은 말이 나온다.

> "나는 받을 사람에게 무엇이든 아낌없이 준다. 내가 쉽게 내주는 것이라 해서 사람이 그 모두를 다 받을 능력이 있는 것은 아니다. 그러므로 나의 은혜를 받을 자격이 있는 사람에게는 그가 받을 수 있는 모든 축복을 내린다. 그러나 나를 안다는 것은 사람의 본성으로는 물론, 온 하늘과 우주의 수용능력으로도 불가능한 일이다. 그런즉 너 자신을 알라. 네 능력으로 감당할 수 없는 충동과 욕망으로 인하여 길을 잃는 일이 없도록 할 것이며 이르지도 못할 높은 곳을 그리워하여 실수하지 않도록 하라. 받을 수 있는 것이라면 무엇 하나 거절하지 아니하리라."[9]

필론의 이러한 신론은 당시의 성서 해석에 대한 도전이라는 것이다. 윈스턴 (David Winston)에 따르면 필론의 초월신 개념과 부정신학은 중기 플라톤주의 및 신피타고라스학파의 영향을 받은 것으로 보이지만 필론의 종교적 배경인 성서나 랍비 전승과는 완전히 다른 것이다.[10] 구약성서에서는 하나님을 손과 발을 가진 인간으로서 힘들면 휴식이 필요한 인간처럼 묘사하고 있기 때문이다. 즉, 성서는 하나님을 인간처럼 묘사하는 신인동형론(神人同形論)적 언어로 표현한다.

(3) 성서의 알레고리적 해석

필론은 이러한 성서의 문자적 혹은 자의적(字意的) 해석을 완전히 거부하지는 않았지만 알레고리적 해석(Allegorical interpretation)을 통해 행간에 있는 상징적 의미를 이해하는 방식을 더 의미 있게 생각하였다. 알레고리적 해석이란 인간의 영적인 사유를 통해 성서의 숨겨져 있는 의미를 해석하는 방식이다. 이는 영적 삶을 추구하면서 지성적인 진리를 분별할 수 있는 이성적인 영혼의 소유자들에게만 가능한 것이다.

성서의 알레고리적 해석을 필론이 최초로 고안한 것은 아니다. 필론 이전 헬레니즘 문화에서는 스토아 철학자들에 의해 알레고리적 해석이 선호[11]되었으며, 알렉산드리아 유대교 전승에서는 70인역 성경을 번역할 때 알레고리적 해석이 적용되었다. 필론은 당시의 알레고리적 해석에 그리스 철학을 적용하여 이를 적극적으로 발전시켰다고 볼 수 있다. 성서 해석에 대한 필론의 철학이 신약성경이 등장하기 전이라는 점을 고려해 보면 그의 사상이 현대의 기독교 성서 해석에 중요한 기여를 했음을 알 수 있다.

필론이 성서의 알레고리적 해석을 추구하게 된 근본적인 이유는 성서의 문자적 해석에만 치중할 경우 많은 모순이 발생하기 때문이다. 예를 들어, 가인이 하나님의 얼굴을 피해 어디로 갈 것이며, 믿음의 조상 아브라함이 하갈을 취한 일을 문자 그대로 해석할 경우 성서의 권위와 교육적 가치는 어떻게 될 것인가의 문제가 대두된다. 더 나아가 성서는 유대인을 대상으로 한 내용이지만, 실제로 예수의 말씀은 역사기록으로 끝나는 것이 아닌 시대와 장소를 불문하고 모든 인류에게 적용될 수 있는 구원의 메시지라는 해석은 어디서 정당성을 확보할 수 있는지에 대한 논쟁이 야기될 수밖에 없는 것이다.

신인동형론도 마찬가지다. 성서는 "하나님은 사람이 아니시니 거짓말을 하지 않으시고 인생이 아니시니 후회가 없으시도다. 어찌 그 말씀하신 바를 행하지 않으시며 하신 말씀을 실행하지 않으시랴."(민수기 23:19)라고 말하면서, 정작 성서는 신인동형론적(anthropomorphic)으로 하나님을 묘사하고 있다. 또한 창세기 4장 16절에서는 가인이 아벨을 죽인 후 야훼에게 벌을 받고 쫓겨나는 모습을 다음과 같이 묘사한다.

"가인이 여호와 앞을 떠나서 에덴 동쪽 놋 땅에 거주하더니"

필론은 묻는다. 하나님은 인간처럼 얼굴과 같은 인체의 기관을 가진 분인가? 그렇다면 하나님은 인간과 똑같은 감정, 고통을 느낄 수 있어야 하지 않는가? 가인에게 "땅이 그 입을 벌려 네 손에서부터 네 아우의 피를 받았은즉 네가 땅에서 저주를 받으리니."(창세기 4:11)라고 했는데, 그럼 가인이 쫓겨 간 곳은 하나님을 떠난 다른 곳이며, 가인은 어디에나 계시는 하나님을 과연 떠날 수 있는 것인가? 등의 의문이다.

필론에 따르면 이러한 신인동형론적 표현은 문자 그대로의 사실이 아니다. 성서의 내용을 이해하기 위해서는 문자 뒤에 내포된 의미, 즉 알레고리적 의미를 찾아야 한다는 것이다. 성서가 신인동형론적 표현을 사용한 목적은 생생하고 극적으로 묘사하지 않으면 인간이 그 의미를 이해할 수 없기 때문이다.[12]

그렇다면 필론은 인간이 하나님을 인식할 수 있는 길이 없다고 주장하는 것인가? 여기서 필론은 예수의 교육사상에 중요한 시사점을 제공하는 이론을 제시한다. 즉, 하나님은 절대자이며 초월적인 존재이기에 본질적으로 알 수는 없으나 그분의 활동을 통하여 인간이 인식할 수 있다는 것이다. 다시 말해 하나님의 본질과 하나님의 활동(activities) 혹은 활력(energies)과의 구별[13]이다. 무한자인 하나님의 본질(ousia)은 유한자인 인간에게 접근 불가능한 것이지만 하나님이 인간과 관계를 맺은 한도 내에서 알 수 있다는 주장이다. 하나님이 은혜를 베풀어 당신 스스로를 드러내실 때 인간은 비로소 하나님을 알게 되는 것이다.

러시아 정교회 성직자인 라우스(Andrew Louth) 교수는 하나님에 관한 모든 지식이 하나님의 은총에서 비롯된다는 사유방식은 성서적 개념이라기보다는 헬레니즘 사상을 반영한다고 주장한다.[14] 하나님이 자신을 드러내 보이심으로써 인간은 하나님을 인식할 수 있다는 필론의 신론은 현대의 기독교 신학 및 교육에 중요한 토대를 이루게 된다.

2) 필론의 불가지성과 내재성

전술한 바대로 필론이 기독교 평생교육사상 연구에 중요한 이유는 플라톤의 '신적인 것(the divine)', 다른 말로 형상(Form)의 세계 개념을 기독교의 초월신의 개념으로 구체화시켰다는 데 있다. 필론에게 있어서는 신에 대한 교의가 핵심을 이룬다. 물론 필론 이전에도 신에 대한 인식이 '하나(一者, the one)' 또는 '궁극적 존재(the Ultimate)'라는 개념으로 존재했으나 필론의 신은 전혀 다른 의미를 지니고 있었다. 필론의 신은 철학적 원리일 뿐 아니라 아브라함과 이삭과 야곱의 하나님이시고 스스로를 나타내는 분, 스스로가 대단히 중요한 분이기에 그가 항상 생각하고 숙고하는 분[15]이었다.

(1) 스스로를 드러내는 초월신

필론의 신관(神觀)은 현대의 기독교 신앙, 즉 예수 그리스도의 속성에 대한 신학적 전제와 이를 바탕으로 한 기독교 평생교육사상 이해에 중요한 초석을 마련했다고 볼 수 있다. 무엇보다 먼저 필론은 유일신으로서의 초월신의 개념을 명확히 함으로써 초월자로서의 신을 강조한다. 동시에 '스스로를 나타내는 분'으로서의 신의 내재성(內在性)을 강조한다. 토를라이프 보만(Thorlief Boman)에 따르면 신의 초월성과 내재성의 개념들은 공간(空間)에서 그 방향이 설정된 것이기에 플라톤 이후 그리스 철학의 사유방식에 의해 형성된 것이다.[16]

그러나 동시에 이에 상응하는 히브리적 사유방식이 있다. 신의 영원성(永遠性)과 시간성(時間性)이다. 다시 말해 신은 모든 시간적인 속박들에서 벗어나 있으며, 모든 사건 모든 '시간'에 앞서 있고, 후에 있으며, 예속되지 않고, 동시에 모든 현상 중에서 작용한다. 시편(90:1-4)은 신의 영원성과 시간성을 다음과 같이 노래한다.

> "주여 주는 대대에 우리의 거처가 되셨나이다. 산이 생기기 전, 땅과
> 세계도 주께서 조성하시기 전 곧 영원부터 영원까지 주는 하나님이시니
> 이다. 주께서 사람을 티끌로 돌아가게 하시고 말씀하시기를 너희 인생
> 들은 돌아가라 하셨사오니 주의 목전에는 천 년이 지나간 어제 같으며
> 밤의 한순간 같을 뿐 임니이다."

필론의 신론은 신약 시대의 사도 바울에 의해 예수 그리스도론으로 승화된다. 세계 위에 계시면서 세계 안에 계시고 세계를 통해 존재하는 예수의 신성이다. "주도 한 분이시요. 믿음도 하나요, 세례도 하나요, 하나님도 한 분이시니 곧 만유의 아버지시라. 만유 위에 계시고 만유를 통일하시고 만유 가운데 계시도다."(에베소서 4:5-6) 기독교의 신에 대한 관념이 헬레니즘 전통과 헤브라이즘 전통의 산물이라는 점을 필론의 신관은 보여 준다.

(2) 세계를 통해서 존재하는 신

필론이 주장하는 신의 초월성과 내재성 혹은 활동성은 세계에 대한 신의 보편적인 관계[17]로서 플라톤 전후로 이미 논의되어 왔었기에 새로운 것은 아닐 수도 있다. 그러나 기독교 평생교육사상의 관점에서 볼 때 보다 중요한 필론의 주장은 신과 세계에 대한 제3의 차원, 즉 신은 '세계를 통해서' 존재한다는 내용이다. 다시 말해 필론의 신은 '세계 위에'[초월성], '세계 안에'[내재성] 있을 뿐 아니라 '세계를 통해서도'[啓示] 존재한다는 사상, 즉 계시론(啓示論)이다.

계시론 역시 그리스적 사유와 히브리적 사유의 복합이라는 관점에서 고찰해 볼 수 있다. 플라톤의 신론에서 살펴보았듯이 세계를 통한 신의 존재는 그리스적 사

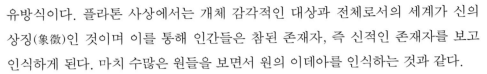

유방식이다. 플라톤 사상에서는 개체 감각적인 대상과 전체로서의 세계가 신의 상징(象徵)인 것이며 이를 통해 인간들은 참된 존재자, 즉 신적인 존재자를 보고 인식하게 된다. 마치 수많은 원들을 보면서 원의 이데아를 인식하는 것과 같다.

　히브리적 사유에서도 세계를 통한 신의 존재가 핵심적으로 강조된다. 그러나 그리스적 사유보다 더 적극적이다. 단지 세계를 통해 인식하는 것을 넘어 신은 세상의 사물들과 모든 사건들을 통해 자신의 의지를 계시한다. 이 경우 우리의 세상은 신의 행위의 매개(媒介)의 체계로 나타나게 된다. 필론의 사상적 배경인 이스라엘 종교에서의 세계란 신의 손에 쥐어진 도구(instrument)이고, 도구인 세계를 통해 신은 자신의 행위를 목적에 따라 수행한다. 이러한 히브리적 사유방식은 사도 바울이 로마인들에게 보낸 편지(로마서 1: 20)에서 드러난다. 세상 만물을 통해 자신을 적극적으로 계시하는 하나님을 명확히 묘사한다.

　　"창세로부터 그의 보이지 아니하는 것들 곧 그의 영원하신 능력과 신성이 그가 만드신 만물에 분명히 보여 알려졌나니 그러므로 그들이 핑계하지 못할지니라."

(3) 신을 탐구하는 세 단계

　그렇다면 계시를 통해 하나님을 인식하기 위해 인간은 무엇을 해야 하는가? 필론은 하나님을 향한 영혼의 신비적 탐구를 강조한다. 인간의 영혼이 오직 하나님만을 그리워하는 순수한 사랑에 대한 탐구다. 필론은 그 탐구의 방법으로 세 가지 단계를 제시한다. 즉, 순수한 종교에로의 개종, 자기 인식, 그리고 하나님에 대한 인식이다. 첫째 단계는 순수한 종교로의 개종이다. 필론은 『아브라함의 이주(De Migratione Abrahami)』에서 다음과 같이 말한다.

　　"이렇게 하여 정신은 점차로 위치를 옮겨가면서 자비스럽고 거룩하신 아버지에게 다다를 것이다. 첫째 단계는 점성술(占星術)을 버리는 일이다. 점성술은 정신을 속여 우주가 최초의 신이지 하나님의 창조물이 아

니며, 별자리의 근거와 운행이 인간의 행운과 불행의 원인이 된다고 가
르친다."[18]

　필론은 무엇보다 먼저 잘못된 믿음에서 벗어날 것을 촉구한다. 필론 시대에는
헬레니즘 세계의 교양을 갖춘 지식층에 범신론적 경신(敬神禮), 즉 천체가 곧 신으
로서 인간만사를 지배한다는 믿음이 지배적이었다. 필론은 우주가 존재하는 모든
것이라는 범신론적 우주종교에서 벗어나 창조된 것으로서 우주를 초월하여 창조
주를 믿는 신앙으로 개종할 것을 촉구한 것이다.
　둘째 단계는 영혼이 스스로를 깨닫게 되는 자기 인식이다. 여기에는 정신적 순
수성이 요구되는데 순수성이 있어야 영혼이 육신에 대한 지배권을 확보하기 때문
이다. 필론은 영혼과 육신의 관계를 플라톤 철학에서 빌려 온다. 그러나 플라톤과
달리 영혼은 관상하는 가운데 본래의 상태를 회복하고자 갈망하는 신적 세계에
속하는 신성한 존재는 아니다. 필론에게 영혼은 하나님에 의해 창조된 피조물에
불과하며, 따라서 영혼의 자기 인식과 하나님의 인식은 동일하지 않기 때문이다.
　플라톤의 영혼은 스스로를 인식함으로써 자기 안의 이데아 세계를 깨닫는 것이
지만, 필론의 영혼은 오히려 자기는 아무것도 아니라는 사실을 깨달아 '계시는 분'
이신 하나님에게로 되돌아오는 영혼이다.[19] 마지막으로 셋째 단계에 이르러 영혼
은 하나님이 드러나 보이시기를 소망하지만 자기 자신의 노력만으로 이에 다다를
수 있으리라는 암시는 없다. 필론은 하나님의 영감을 불어넣어 주신 말씀인 성서
에 대한 명상을 통해 하나님과 직접적인 소통을 할 수 있다고 주장한다.

② 플로티노스의 일자와 유출설

　"8백 년 동안 그리스인들의 사색으로부터 흘러내린 생각의 흐름은 거
　의 모두 플로티노스 안에 모여들었다. 그로부터 하나의 새로운 물줄기
　가 흘러나와 아우구스티누스와 보에티우스, 단테와 마이스터 에크하르

트, 코울리지, 베르그송, 엘리엇에 이르는 여러 다양한 인물에게 스며들
어 그들의 정신을 비옥하게 했던 것이다."[20]

플로티노스가 철학사에서, 그리고 신학의 역사에서 차지하는 비중을 명확하게
정리한 말이다. 같은 맥락에서 기독교 평생교육사상 연구에서의 플로티노스의 중
요성을 함축하는 평가이기도 하다.

플로티노스는 플라톤 이후의 신과 인간 세계와의 관계에 대한 이론들을 종합하
고 심오한 체계로 구축하였고, 결과적으로 교부철학으로 전달되었다. 그리고 기
독교 신앙과 직접적 관련이 없었던 플로티노스의 의도와는 달리 지금의 예수와
인간 세계와의 관계에 대한 신학적 틀을 마련했다고 볼 수 있다. 현대 기독교의 교
부(教父)인 아우구스티누스가 플로티노스의 영향으로 삶이 바뀌었고, 기독교로 개
종하게 되었다는 사실[21]이 이를 입증한다. 나아가 플로티노스가 서구의 철학은 물
론 르네상스 시대의 예술, 괴테의 문학 등 서구 지성사에 끼친 영향은 지대하다.

플로티노스(Plotinus, 204/205~270)는 서양 고대 후기의 대표적 철학사조인 신플
라톤주의의 실질적인 창설자로서 고대 세계의 마지막 비종교 철학자로 평가받는
다. 그는 철저한 플라톤주의자라고 자처했지만 플라톤을 비판적으로 수용하여 독
자적인 철학 체계를 세웠다. 앞서 고찰한 알렉산드리아의 필론의 영향을 받았지
만 필론보다 훨씬 더 기독교의 신적 본질에 가까운 신론을 구체화하였다.[22]

1) 존재의 위계질서와 일자

플라톤 철학이 곧 성서였던 플로티노스는 플라톤과 마찬가지로 존재(存在)의 문
제가 철학의 출발이자 핵심 명제였다. 그가 추구한 절대적 존재의 '체험', 나아가
절대적 존재와의 '합일'은 철학은 곧 '깨달음'이며 따라서 그의 철학은 철학과 종교
의 핵심이 다르지 않다는 것을 보여 주고 있다. 플로티노스의 존재에 대한 물음,
절대적 존재의 추구, 영혼에 관한 물음은 플라톤의 종교적·형이상학적 전통에
기초한다. 만물의 근원, 이 근원과의 합일 및 구원의 갈구, 타락할 수도 상승할 수

도 있는 영혼의 가능성 등에 대한 그의 종교적 열망은 필연적으로 가치의 우열을
내포한다.

(1) 육체는 참된 존재가 아니다

플로티노스가 얼마나 절대적 존재, 영혼의 존재에 가치를 두었는지는 육체에 대
한 그의 철학이 반증한다. 플로티노스의 제자인 포르피리오스(Porphyrios)가 쓴
『플로티노스의 생애』는 다음과 같이 시작한다.

> "우리의 동시대인이었던 철학자 플로티노스는 자신이 육체 안에 있는
> 것을 수치스러워하는 것 같았다. 그가 자신의 인종, 부모 그리고 출신지
> 에 대해 이야기하지 않은 것은 이 때문이다."[23]

플로티노스는 자신의 출생 배경을 포함해 육체와 관련된 모든 것들에 높은 가치
를 부여하지 않았다. 오히려 자신이 육체 안에 들어 있는 것을 수치스럽게 여겼을
정도로 영혼의 가치를 높이 여겼다. 플라톤 사상을 이어받은 플로티노스에게는
당연한 일이었다. 플라톤에게 육체는 지속적으로 생성소멸하며 안정적인 동일성
을 유지하지 못한다. 육체의 감각기관을 통해 지각하는 물질적인 사물들 역시 끝
없는 변화에서 벗어나지 못하며 일시적인 것들로서 참된 실재가 아니다. 반면에
비물질적 세계는 변하지 않는 정체성을 가진 형상(Forms) 혹은 이데아로 가득 차
있다. 물질적 세계는 이러한 형상들의 세계의 그림자 혹은 그 이미지가 투영된 것
이다. 그렇다면 비물질적 실재와 물질적 실재 간의 구분이 갖는 의미는 무엇인가?

(2) 영육이원론의 거부

여기서 먼저 언급해야 할 점은 플로티노스의 일원론이다. 플로티노스는 플라톤
은 물론 그 이전 지중해 세계 종교 사상들이 가졌던 영육이원론을 거부하고 철저
한 일원론의 체계를 제시했다는 점이다.[24] 그의 일원론은 만물의 근원인 일자(一
者)로부터 세계의 모든 것이 유출되며, 유출 단계에 따라 모든 것이 위계를 형성하

고, 특히 물질을 실재로 보지 않는 이론을 통해 제시된다. 이에 대해서는 다음 절에서 상술하기로 한다.

플로티노스 형이상학의 특징은 과연 영혼과 육체를 어떻게 관련지을 것인가 하는 문제에 있다. 영혼과 육체의 구분은 영혼이 속하는 정신적 세계와 물질이 포함되는 감각적 세계로의 구분과 맥락을 같이한다. 즉, 순수하게 사유의 대상인 정신적 영역과 감각적 지각의 대상인 물질적 영역이다. 플라톤의 영향을 받은 플로티노스는 정신적·감각적 세계의 연관관계를 플라톤의 이데아론으로 설명한다. 즉, 정신적·지적인 세계를 감각적 세계의 원형으로 보고 감각적인 경험적 세계는 정신적 세계의 형상으로 보았다.

> "감각적 세계에서 가장 완전히 아름다운 것이 있는 것과 같이 정신적 세계에서도 완전한 선의 계시가 있으며, 이들 모든 세계는, 즉 감각적 존재와 정신적 존재는 끝없이 진리를 추구하지만 정신적인 것은 스스로의 힘에 의해서 진리에 나아갈 수 있고, 감각적인 것이 진리에 나아가기 위해서는 정신적인 존재에 참여 내지는 모방을 함으로써만 가능하다." [25]

그러나 플라톤과 달리 플로티노스에게는 더 이상 이데아들이 형이상학적 탐구에서 모든 것을 지배하는 대상이 아니다. 오히려 한편으로는 이데아들의 궁극적인 원리와 근거에 대한 물음이 중심적 위치를 차지하며, 다른 한편으로는 형이상학적으로 근거 지어진 '영혼' 이론이 정신적 세계를 문제 삼는 분과들의 체계 안으로 통합됨으로써 중요성을 갖게 된다. [26]

(3) 일자와 존재의 위계질서

플로티노스의 정신적 세계는 존재에 대한 위계질서의 사슬구조로 인식된다. 그 위계질서는 히포스타시스(Hypostases), 즉 신들(gods)이라 표현되는 세 가지 원리로 구성되어 있다. [27] 가장 높은 곳에는 일자(一者, to hen), 즉 '선(善)'이 있고, 그 밑에 '누스(nous)', 즉 정신 혹은 지성이 있으며, 마지막으로 영혼(psyche)이 있다. [28]

모든 존재 영역은 신과 얼마나 근접된 위치에 있는가에 따라 나름대로의 위계질
서를 지니게 된다. 플로티노스는 이러한 형이상학의 세 가지 원리를 다음과 같이
간명하게 서술한다.

> "일자는 최상 위에 놓인다. 그다음에 정신이 놓이고, 그다음에 영혼이
> 놓인다. 이것이 실재에 상응하는 질서이다."[29]

플로티노스 형이상학의 제1 원리는 일자(一者, to hen)다. 만물의 근원으로서의
일자는 철학과 과학의 원리인 '선행 단순성의 원리(Principle of Prior Simplicity)'에
의존한다.[30] 모든 구성물들은 구성되지 않은 것, 단순한 것에 어떤 식으로든 의존
하고, 그것에서 파생된다는 관념이다. 플로티노스는 선행 단순성의 원리를 적용
하여 신적인 정신(nous), 혹은 지성을 넘어서 있는 절대적으로 단순한 하나의 궁
극적 원인을 상정한다. 그는 『엔네아데스』(V.4[7].1.5-15)에서 이렇게 정식화한다.

> "왜냐하면 단순한 모든 것들에 선행하는 어떤 것이 있어야 하고, 이것
> 은 그 이후에 오는 모든 것과 달라야 하기 때문이다. 즉, 홀로이면서 그
> 것으로부터 유래하는 것들과 섞이지 않고, 그러면서도 다른 방식으로
> 타자들 속에 현존할 수 있으며, 참으로 하나여서, 다른 어떤 하나인 것이
> 아니다. 왜냐하면 첫째가 아닌 것은 그보다 먼저인 것을 필요로 하고,
> 단순하지 않은 것은 그것이 유래할 수 있는 그 안의 단순한 구성 요소들
> 을 필요로 하기 때문이다."

일자(一者)는 플라톤의 대화편『파르메니데스』에 나오는 개념과 유사하다. 플라
톤은 형이상학적 의미에서 '선(좋음)'의 이데아가 다른 모든 이데아들의 존재 원인
임을 강조한다. 물론 좋음의 이데아가 존재론적으로 데미우르고스인지 아니면 절
대적 일자인지에 대해서는 논란의 여지가 있다. 그러나 선의 이데아는 여전히 이
데아라고 불렀다. 반면에 플로티노스는 완전한 선(좋음)을 다른 모든 이데아적 존

재보다 탁월하며 절대적 단일성인 '완전한 일자'로 규정한다는 점에 주목해야 한다. 플로티노스는 "단일성은 만물을 생성하면서도 전혀 만물에 속하지 않는다."[31] 라고 규정한다. 절대적 단일성인 일자는 모든 유한적인 존재자들의 '무제약적인 궁극의 원인'이 된다. 따라서 플로티노스의 일자는 보다 종교적이며 초월적인 유일신의 의미를 지니게 된다.

일자, 즉 하나(the One)는 완전히 단일한 것이다. 플라톤의 여러 형상들은 그 자체에 이미 다양성이 있는 것이지만 '일자'는 완전한 단일이다. 또한 형상들의 이중성과 달리 어떤 이중성도 초월해 존재하기에 어떤 말로도 규정할 수가 없다.

> "일자가 어떤 것이 아니라고 진술할 수 있다. 그러나 어떤 것이라고 진술할 수는 없다."[32]

일자에 대한 플로티노스의 규정은 앞서 논의한 필론의 부정신학(否定神學)과 맥을 같이한다. 일자는 신비한 것으로서 말로 표현할 수 없는 것, 인간 언어로 서술할 수 없는 것이기 때문이다. 일자가 하나라고 정의를 내리는 순간 일자는 이미 완전한 하나가 아닌 둘이 되기 때문이다. 이러한 부정신학은 논리적으로 타당할 수밖에 없다. 유한자인 인간이 무한자인 신적 존재[일자]를 정의하는 것 자체가 자가당착이기 때문이다. 따라서 인간이 일자를 규정할 수 있는 길은 플로티노스의 표현대로 "일자란 존재하는 것이며, 그 스스로 존재하는 것"[33]일 것이다.

2) 유출설, 일자로부터 유출

일자는 모든 존재자들의 궁극원인이기에 다른 두 가지 근원적 존재원리들은 일자로부터 나오게 된다. 즉, 유출(emanatio)하는 것이다. 플로티노스 형이상학의 두 번째 원리인 '정신(nous)'과 세 번째 원리인 '영혼(psyche)'은 '일자'로부터 흘러나옴(流出, prodos)과 되돌아감(歸還, epistrophe)의 과정을 통하여 상호 연결되어 있다. 다시 말해 '정신'은 '하나'로부터 흘러나오고, '영혼'은 다시 '정신'으로부터 흘러나

오는 것이다. 플로티노스의 유출설을 고찰하기 전에 먼저 두 가지의 근원적 존재
원리들에 대한 논의가 필요할 것이다.

(1) 일자에서 유출하는 정신

근원적인 일자로부터 최초로 유출되어 나온 것이 바로 정신(nous) 혹은 지성이
다. 주목할 점은 '최초로 유출'이란 말은 시간적 계열에서가 아니라 단지 위계상
의 의미이다. 왜냐하면 모든 것은 초시간적(超時間的) 과정일 뿐이기 때문이다. 신
적 정신 혹은 신적 지성은 필론에게서와 마찬가지로 신 자체 혹은 일자(一者)와는
다른 것이다. "왜냐하면 신 자체는 어디까지나 정신의 피안(彼岸)에 자리 잡고 있
는 반면, 정신은 플라톤적인 의미에서의 모든 이념을 총괄하는 개념이기 때문이
다."[34] 정신은 플라톤이 말하는 형상(Forms) 혹은 이데아의 세계다. 그러나 플라톤
에게 이데아는 궁극적인 실재였지만 플로티노스에게서는 그렇지가 않다. 플로티
노스에게는 이중성과 다양성을 보이는 이데아, 형상들의 영역을 초월한 곳에 '일
자'가 있기 때문이다.

누스(nous), 즉 정신은 참되고 본래적인 존재자, 곧 '완전하게 인식하는 신의 정
신'과 동일시되는 이데아들이다. 이 '신의 정신'은 참되게 인식될 수 있는 이데아
들을 인식함과 동시에 자기 자신도 인식하는 것이다.[35] 자기 자신을 인식 혹은 사
유한다는 것은 일자 가운데서 그리고 일자를 통하여 자기 자신을 사유하는 것이
다. 그러면서 정신은 전적으로 자기 자신을 통하여 자기 자신을 사유한다. 정신에
있어서는 사유 주체와 사유 대상이 동일한 것이다. 플로티노스는 다음과 같이 간
명하게 정의한다.

> "정신은 사유할 때, 사유하는 주체이자 사유 대상이다."[36]

다시 말해 정신은 존재자들(onta)을 보면서도 자기 자신을 보며, 보면서도 현실
성(energeia) 가운데 있다. 정신 자체가 바로 현실성인 것이다. 결국 "정신(nous)과
사유(noesis)는 하나이다. 그래서 정신은 전체를 통하여 전체를 사유하는 것이지,

한 부분에 있어서 다른 한 부분을 보지 않는다."[37]

(2) 정신에서 유출하는 영혼

플로티노스 형이상학의 제3 원리는 영혼(psyche)이다. 일자로부터 정신이 유출하듯이 정신으로부터 영혼이 유출하는 것이다. 영혼 역시 유출하는 데 영혼의 유출로부터 생겨나는 것들이 육신을 입은 다양한 생명의 형태(形態)들이 된다. 플로티노스는 영혼 혹은 '혼(魂)적인 것'은 이데아들과 감각적 사물들 '사이에(zwischen)' 있다. 그의 이론은 물론 플라톤에게서 영향을 받은 것으로 보인다. 플라톤 철학에서도 이데아 세계와 감각적으로 지각될 수 있는 사물들의 세계를 매개하는 중간자로서의 '혼적인 것'이 있다. 그러나 플로티노스는 플라톤보다 훨씬 더 분명하게 혼적인 것을 이성적인 것으로부터 개념적으로 엄격하게 구분한다. 비록 혼이라는 근본 원리가 사물의 세계에 영향을 미친다고 해도, 혼적인 것은 여전히 신적인 것, 불멸의 것, 영원한 것의 영역에 속한다는 점이 강조된다.

영혼은 정신(nous)과 구분된다. 정신에서는 이데아들과 수들의 다양한 구조가 완전한 조화의 통일성에 의해서 안정되고 불가분적으로 결속되며, 다양성에 비해서 통일성이, 차이성에 비해 동일성이, 운동에 비해서 정지가 우월성을 갖는 반면에, 영혼은 보다 더 가분적이요, 주로 다수성을 갖는 사물들의 세계에서 스스로를 내보인다.[38] 다시 말해 정신은 분리할 수도 나눌 수도 없지만 영혼은 그 본질상 불가분성뿐만 아니라 가분성도 포함된다. 영혼은 사물적인 것들 안에 분리되어 있지 않으면서 다른 한편으로 그 사물적인 것들 안에 현존하고 영향력을 미친다. 이는 마치 정신(nous)이 오로지 자기 자신 가운데 순수하게 머무는 정신(nous kathros)이면서 다른 한편으로 영혼 가운데 현존하는 것과 같은 이치이다. 이 경우 영혼 가운데 현존하는 정신이 영혼이 가진 능력들의 원천이 된다.

(3) 영혼의 특징은 '사이에'

영혼의 존재론적 특징은 '사이에(zwischen)'에 있다. 즉, 영혼은 이데아들과 감각적 사물들 사이에 있기 때문에 정신적 능력과 감각적 능력을 동시에 갖는 이중성을 보인다. 따라서 영혼은 정신적·내적 세계에 존재할 수도, 혹은 감각적인 세계에 존재할 수도 있다. 정신적 세계에서 영혼은 정신(nous)과 더불어 존재하며 일자에로의 귀환의 가능성을 가지고 있다. 반면 영혼은 감각적 세계에 존재할 수 있기 때문에 육체적 혹은 물질적인 타락의 가능성도 동시에 내포하고 있다. 기독교적인 평생교육의 필요성이 요구되는 이유가 바로 이러한 선택의 문제 때문이다.

여기서 플로티노스는 플라톤과 마찬가지로 세계영혼(psyche ton pantos)과 개체영혼(psyche tode ti)들 사이를 구분한다.[39] 세계영혼은 신의 정신(nous)으로부터 직접적으로 유출되는 반면에, 개체영혼들은 모두 세계영혼으로부터 산출된다. 세계영혼은 보다 고차원적으로 전적으로 참된 존재자를 향해 있는 반면에 개체영혼은 현상계이자 감각적 세계로 하강함과 동시에 감각적인 자연계와 결합되고 자연을 형성하는 영혼이다. 개체영혼이 세계를 지탱하는 생명력인 것이다. 플로티노스는 인간의 영혼이 육체와 결합되어 있듯이 세계의 사물과 결합되어 있는 이 근본적인 힘, 다시 말해 사물 세계에 내재하는 혼(魂)적인 근본 힘을 '자연'[40]이라고 부른다.[41]

플로티노스에게 사물 세계는 '영원성'이 아니라 '시간성'이며 생성소멸이다. 끊임없는 생성소멸의 반복은 사물 세계를 참된 실재의 왜곡된 상으로 만들어 버린다. 당연히 참된 존재가 아니라 믿을 수 없는 가상이며 인간의 삶과 교육에서 추구해야 할 대상이 될 수 없다. 플로티노스는 물질을 현상계의 가장 하위 단계의 그림자로, 그와 동시에 이 세상의 모든 악과 나쁜 것의 근원으로 규정한다.

다시 말해 물질은 감각적으로 지각되는 사물 세계의 가장 낮은 단계의 기체(substrat)인데, 물질이 모든 나쁨의 근원이 되는 이유는 순수 '결핍' 때문이다. 즉, 물질은 모든 형상(形相)성과 모든 좋음(선)의 절대적인 결핍이며 부존(不存)이다. 물질은 선의 절대적인 결여요, 순수 결핍이며 근본악[42]인 것이다. 이렇게 본다면 플로티노스의 철학은 중세 시대 토마스 아퀴나스의 '악'의 개념, 즉 '악은 선의 결핍'이라는 철학에 영향을 주었으리라는 추론이 가능하다.

3) 유출설과 기독교 신학

플로티노스의 존재에 대한 위계질서 및 세 가지의 근원적 존재 원리들은 중세의 기독교 신학 정립에 중요한 영향을 미치게 된다. 특히, 플로티노스의 히포스타시스(Hypostasis) 개념은 기독교에서 '위격(位格)'을 가리키는 용어로 쓰이게 되었고, 결과적으로 플로티노스의 형이상학적 원리론은 기독교의 삼위일체론에 영향을 미치게 되었다.[43] 그러나 이 책에서 주목하는 점은 플로티노스의 유출설(Emanation)이다. 유출설은 기독교 평생교육의 관점에서 볼 때 존재론적으로, 그리고 인식론적으로 학습자들이 사유하고 있는 토대를 제공하기 때문이다.

(1) 유출설의 존재론적 논의

먼저 유출설에 대한 존재론적 논의다. 모든 것을 일자의 유출로 보는 관점은 플로티노스의 일원론을 드러낸다. 일자(一者)는 모든 존재의 원천적인 근거다. '선행 단순성의 원리'에서처럼 모든 존재는 반드시 그 존재의 근원 혹은 출발점이 있을 것이다. 그 출발점이 일자다. 일자는 존재의 근거이기에 일자가 없다면 존재는 있을 수 없는 것이다. 일자는 존재의 근거지만 다른 존재들과는 명확히 구별되며 다른 존재들을 넘어서는 초월성을 지닌다.

> "일자의 본질은 모든 사물의 생산자이며, 그 생산된 사물 가운데 속하지 않는다."[44]

플로티노스는 일자를 신적 존재로서 다양하게 명명한다. 일자(一者), 원초적(原初的)인 것, 선(善)한 것, 영원(永遠)한 것, 더없이 선한 것 등이다. 그런데 이런 신적 본질이 물질과 직접적인 접촉을 갖는다고 한다면 이는 그 스스로 위엄에도 어울리지 않을 것임은 물론, 더 나아가서 이 신적 존재란 어디까지나 자기 스스로 내적 완성과 내면적인 안정을 이루고 있기 때문에 그 밖에 더욱 무엇인가를 갈구하거나 행한다고 하는 것은 생각해 볼 수도 없다[45]는 논리가 성립된다. 플로티노스

에 따르면 물질은 그 자체로서 실재하는 것이 아니라 일자로부터 극한으로 떨어
져 나가 일자성(一者性)이 결여(privatio)된 것일 뿐이다.

나아가 플로티노스의 물질 개념은 세계가 결코 신의 의지적(意志的) 활동에 의
해서 창조된 것일 수는 없다는 것을 뜻한다.[46] 그렇다면 이 세계는 어떻게 이루어
졌다는 말인가?

플로티노스에 따르면 일체의 존재물은 신적 본질인 일자로부터 위계적으로 유
출된 것이면서 동시에 인간 정신에 깃들어 있는 신적 근원에서 도출된 것이다. 일
자로부터 정신(nous)이, 정신으로부터 영혼(psyche)이, 그리고 영혼으로부터 육신
을 입은 생명의 여러 다양한 형태(形態)들이 유출된다. 그러나 생명의 다양한 형태
들은 너무 약해서 유출이 불가능하다. 일자의 유출에서 가장 멀리 떨어진 것이 물
질인 것이다. 결국 우주 만물은 일자로부터의 유출(流出, Emanation)이다.

만물의 근원인 일자는 "오직 넘쳐흐를 뿐이어서, 바로 여기서 넘쳐흐르는 힘이
다른 모든 것을 창조한다."[47]고 말할 수밖에 없다.

마치 태양이 아무리 많은 열을 발산하고서도 결코 스스로 실체가 줄어들지는 않
듯이, 지고(至高)의 존재도 만물을 유출시킨다는 것이다.[48] 창조과정은 일자의 '넘
쳐흐르는' 과정이다. 일자(the One)가 지닌 힘찬 단일성이 스스로 감소가 없이 정
신(nous)으로 넘쳐흐르고, 정신은 다시 영혼(psyche)으로 넘쳐흐르면서 만물이 창
조된다.[49]

(2) 유출설의 올바른 이해

유출이란 일자가 자신의 바깥에 다른 존재를 만드는 것이 아니다. 유출을 부모
가 자식을 낳듯이 어떤 새로운 존재를 만드는 것으로 이해해서는 안 된다. 일자의
충만함이 넘쳐서 흐를 뿐이다. 따라서 모든 존재들은 궁극적으로는 연속적이다.
수학에 유비해서 말한다면, 유출은 마치 최고의 공리로부터 점차 (차례로 인식론적
지위가 낮아지는) 정리들이 도출되어 나오는 것과 같다.[50]

유출에 대한 오트프리트 회페(Otfried Höffe)의 다음과 같은 비유는 적절해 보인
다. "'일자-좋음'은 최고의 광원(光源)이요, '정신'은 '일자'로부터 맨 처음 방사(放

射)되어 나오는 광선이며, '영혼'에서부터 시작해서 맨 아래의 어두운 토대인 '물질'로 내려감에 따라 계속적으로 그 빛이 희미해진다. 이 물질이 근본적인 어두움이다."[51] 그렇다고 이러한 유출을 시간적 계열에서 이해해서는 안 된다. 시간 속에서 이루어지는 과정이나 일종의 진화 과정이 아니라는 것이다. 모든 것은 초시간적인 과정일 뿐이기 때문이다. 유출은 시간적 순서가 아닌 위계상의 개념이다.

플로티노스는 어떻게 만물이 일자로부터 유출되는지를 비유로 설명한다. 예를 들어, 일자를 원(圓)의 중심으로 보는 것이다. 정신이 일자를 중심으로 하는 원이라면 영혼은 일자의 주위를 회전하는 원인 것이다. 도즈(Eric Robertson Dodds)는 이 비유를 다음과 같이 설명한다.

> "'유출'에 대하여 그가 즐겨 쓴 이미지는 퍼져 나가는 원의 모습이다. 원의 모든 반지름들은 퍼지지 않고 나누어지지 않는 하나의 점, 순수한 단일성에서 출발하여 밖으로 원 둘레를 향하여 그 힘찬 단일성의 궤적을 펼쳐 나가며, 원이 넓게 퍼짐에 따라 점차로 희미해지기는 하지만 결코 완전히 사라지지는 않는다. 잔잔한 물에 돌을 던졌을 때 나타나는 동그라미 물결이 끊임없이 넓게 퍼지면서 그 힘이 차차 약해지는 광경을 상상할 수도 있겠다. 그러나 여기엔 돌을 던지는 이도 없고 물도 없다. 실제로 존재하는 것은 '물결'일 뿐, 다른 아무것도 없다."[52]

플로티노스는 또한 일자로부터의 유출을 열(熱)이 불에서 유출하고 빛이 태양으로부터 흘러나오는 방식으로 설명하기도 한다.

> "일자는 스스로로부터 발산되는 빛으로 주변을 감싸는 것과 같으며, 이러한 일자의 빛의 발산은 변함이 없는 것으로서 스스로 변함없는 태양의 빛과 마찬가지이다."[53]

『엔네아데스』에서 말하는 '빛'이란 플라톤에 의해 중요한 의미를 지니게 된 개념으로서 신플라톤주의 철학의 중심 개념이다. 플로티노스의 빛으로서의 신이란 변화하지 않고 무한한 존재이자 진리(veritas)이며 또한 선(bonum)이다. 또한 '정신적인 빛'은 스스로의 말씀(logos)에 의해서 비치며, 삶과 통일(unitas)을 부여하며, 모든 것을 스스로에게로 이끄는 모든 존재자들의 근원이다.[54] 이러한 빛으로서의 일자의 개념은 현대 기독교 신학 및 예수 그리스도의 본질과 형이상학적인 맥락을 같이한다는 점에서 주목할 필요가 있다.

일자의 유출은 먼저 정신(nous)을 낳는다. 정신(nous)이 일자로부터 유출되었을 때에는 구체화되지 않는 가능성에 불과하며, 아무런 규정성도 지니지 않지만 일자에 대한 관조(觀照, theoria)가 더해지면서 정신으로서의 진정한 특성과 구체적인 형상을 지니게 된다.[55] 이러한 일자에 대한 관조(觀照, contemplation), 일자에로만 향하고자 하는 성향이 정신이 지니고 있는 고유한 특징이다.

> "정신은 높은 영역에 있는 것과 정신보다 뒤에 오면서 정신의 속박에서 벗어나고자 하는 것의 중간에 놓여 있다. 또한 정신은 훌륭한 아버지와 그보다 덜 훌륭한 아들 사이에 있다. 그의 아버지는 너무 훌륭하다. 정신은 아름다움일 수 있을 것이다. 그는 아름다운 것의 원천이며, 그것을 가지고 있다. 분명히 영혼도 역시 아름답다. 그러나 그는 영혼보다 더 아름답다. 왜냐하면 영혼은 단지 그의 메아리에 불과하기 때문이다. 영혼은 정신의 본질인 아름다움을 바라봄에 의해서 보다 더 아름다워질 수 있다."[56]

일자는 자기충족적인 완전성이나, 정신은 완전한 실체가 아니기에 스스로에 대해 사유를 하게 된다. 일자로부터 유출된 정신이 스스로를 사유하는 것은 결국 일자를 관조하는(theorein) 것 혹은 바라보는 것이다. 나아가 일자에 대한 사유는 순수한 가능성으로서 머물러 있는 일자의 창조성을 실행에 옮기는 것, 즉 일자의 단일성이 정신에서 다원성으로 되는 것을 의미하기도 한다.[57]

정신(nous)에서 유출되는 것이 영혼이다. 영혼들은 생명 이외의 것이 아니다.[58]

플로티노스는 개별 생명체들의 영혼, 즉 개체영혼(psyche tode ti)뿐만이 아니라 세계영혼(psyche ton pantos)도 설정한다. 세계영혼은 정신에 가장 근접해 있으면서 감각계를 형상화하면서 창조한다.

> "영혼은 모든 생명체를 창조하고, 그들에게 생명을 불어넣어 주고, 그들을 땅과 바다, 그리고 하늘에서 살 수 있도록 했다. 영혼은 태양과 거대한 우주를 창조하고 그들에게 형식을 부여하고, 그 질서에 맞게 움직이도록 하였다."[59]

반면 개별영혼은 물질, 즉 아리스토텔레스가 말하는 질료(質料, Materia)에 가장 가까이 위치하면서 감각계 내에서의 각각의 고유한 특성을 지니며 육체, 물질과 결합되어 있다. 개별적 영혼은 전 우주(宇宙)를 자체 내에 담고 있는 것[60]이 된다.

세계영혼은 참된 존재자를 향해 있는 반면 개체영혼은 감각적 세계로 하강하여 자연을 형성하는 영혼이 된다. 인간은 육체를 갖고 있기에 물질성에 떨어져 있고, 물질적인 것으로 타락할 가능성이 있다. 반면에 정신을 인식할 수 있는 영혼을 갖고 있기에 일자를 향해 상승할 수 있는 능력을 또한 지니고 있다. 플로티노스의 영혼관은 물질세계에 떨어져 사는 인간이지만 물질적인 현실로부터 일자로 눈을 돌려 회두(回頭)할 때 구원의 빛을 보게 됨을 강조한다는 점에서 현대의 기독교 평생교육의 목적과 본질적으로 맥을 같이한다고 볼 수 있다.

(3) 유출설의 인식론적 논의

유출설은 평생교육의 인식론적 측면에서도 중요한 함의를 내포한다. 플로티노스의 유출설의 정점은 귀환, 즉 되돌아감(epistrophe)에 있다. 즉, 유출은 귀환과 만나게 되어 있다는 점이다. 유출은 일자가 단일성을 펼치는 것이고 귀환은 일자가 만물을 끌어당기는 것이다. 달리 표현하면 모든 것은 존재의 본성상 일자 혹은 '선'을 추구하고 그 일자 혹은 '선'으로 되돌아가기(歸還)를 갈망한다. 따라서 귀환은 히포스타시스, 즉 세 개의 근원적 원리를 거슬러 올라가는 운동이다. 육신을 입은 영혼은 육신을 벗어난 '영혼'으로, '영혼'은 '정신(nous)'으로, 그리고 '정신'은 '일자'를 향하여 거슬러 올라가는 것이다. 귀환의 과정은 관상으로 키워지고 관상 안에서 표현되는 열망의 움직임[61]이다.

이 책에서 관심을 갖는 플로티노스의 인식론적 논의는 영혼의 원천인 일자에로 의 귀환에 대한 인식에 초점을 맞춘다. 플로티노스 형이상학의 존재론적 논의가 일종의 망각과정이라면 인식론적 논의는 망각한 자신을 바라보며, 자신의 내부로 깊이 들어가서 잃어버린 자신의 내면을 되찾아가는, 즉 기억해 가는 과정이라고 할 수 있다.[62] 모든 개별적인 존재는 어떤 유일의 궁극적 근원인 일자로부터 단계 적으로 유출돼 나온 것이기에, 모든 개별적 존재는 언젠가는 반드시 그 일자로 되 돌아가야 할 존재라는 점이다. 『엔네아데스』 제5권 서문에서 이 점을 극명하게 묘 사한다.

> "영혼으로 하여금 바로 그 스스로의 성부(聖父)이신 신을 망각하도록 만든 것은 과연 무엇이며 또한 영혼이 스스로 관여되어 있으며 동시에 스스로를 전적으로 의탁하고 있는 바로 그 신에 대해서뿐만 아니라, 심 지어 자기 자신에 대한 인식까지도 불가능하게끔 된 것은 무슨 까닭인 가?―결국 영혼이 겪게 된 불행의 시초는 불손함과 과도한 욕망, 그리고 단초적인 분열과 또한 아집에 사로잡힌 의지에서 비롯된 것이다.
>
> 그런데 바로 이와 같이 자기 아집에 말려들어서 한층 더 이기적인 충 동에만 탐닉하게 된 영혼은 오히려 반대 방향으로 줄달음치는 가운데, 오직 스스로의 조락(凋落)만을 재촉하면서, 심지어는 자기가 원래 태어 난 곳조차도 잊어버리고 만다. 마치 이것은 어려서 아버지를 잃고 오랜 세월을 아버지가 없이 자라난 아이가 더 이상 자기 자신과 아버지를 알 아볼 수도 없이 되는 경우와도 같은 것이다."[63]

인간의 기원과 삶, 그리고 인간의 궁극적 목적에 대한 현대의 기독교 신학과 형 식면에서 별 차이가 없어 보이는 플로티노스의 철학이다. 물론 플로티노스의 유출설은 내용 면에서 그리스도교 신비신학과의 근본적인 차이[64]가 있음을 전제해야 한다.

　평생교육적 관점에서 볼 때 플로티노스가 말하는 교육의 목적은 무엇보다 먼저, 잊고 있었던 자신의 근원, 즉 '자기가 원래 태어난 곳'을 상기(想起)하는 것이다. 일자를 발견하는 것은 곧 자기를 발견하는 것이다. 자기 인식과 일자에 대한 인식은 필연적으로 연결되어 있다는 것이다. 상기하는 것이 자아실현의 첫걸음이 되는 것이다. 플로티노스는 이를 구체적으로 표현한다.[65]

　　"'자, 이제는 그리운 본향(本鄕)으로 달아나자.' 이는 더할 나위 없이 훌륭한 권고의 말이다. 그러나 달아난다는 것은 무엇일까? 어떻게 하면 넓은 바다로 나가게 될 것인가?…… '본향'은 옛날에 우리가 떠났던 '그곳', '아버지'가 계신 '그곳'이다."

　"본향(Fatherland)으로 달아나자"는 플로티노스의 말은 인식론적 논의의 출발점을 보여 준다. 즉, 현세의 인간의 상태가 감각계와 직접적으로 연계된 타락한 영혼의 상태임을 암시한다. 타락한 영혼은 본향인 일자로부터 멀리 떨어져 망각 상태에 있다. 본향을 잊어버린 것이다. 타락을 했다는 것은 영혼이 거짓된 자기 중심의 상태에 있다는 것이다. 그러기에 참다운 것을 소유하기보다는 물욕에만 사로잡혀 있다. 따라서 먼저 해야 할 일은 자신의 본연의 모습을 상기하는 것, 즉 본향으로 귀환해야 하는 것이다. 평생교육적 관점에서 볼 때 전환학습이 이루어져야 하는 것이다. 그렇다면 어떻게 본향으로 돌아갈 수 있는가? 플로티노스는 다음과 같이 묻는다.

　　"그렇다면…… 달아날 방법은 어떤 것일까?…… 두 눈을 감고서 마음속에 잠자고 있는 또 하나의 시력을 일깨워야 한다. 이 마음의 눈은 누구나 태어날 때부터 다 지니고 있지만 이를 제대로 활용하기에 이르는 사람은 얼마 안 된다."[66]

플로티노스는 본향을 기억하고 귀환하기 위해서는 "잠자고 있는 또 하나의 시력을 일깨워야 한다."라고 말한다. 플로티노스는 이를 정화(katharsis)라는 개념으로 설명한다. "영혼이 본래의 아름다움을 되찾는 의미에서, 또한 영혼의 순수성이 더럽혀진 부분을 잘라내 버리는 의미에서의 정화작업"[67]인 것이다. 정화작업을 통해 인간은 자신의 발생 근거인 신의 경지와 비로소 합일될 수 있게 된다. 행복이란 바로 신과의 합일이다. 결과적으로 플로티노스는 신과의 본질적인 통일을 중시함으로써 '신비주의(神秘主義)'로 흐르게 된다. 그리고 플로티노스의 신비론은 아우구스티누스를 비롯한 중세 기독교 사상에 지대한 영향을 미치게 된다.

③ 신플라톤주의와 기독교 교육사상

1) 필론과 플로티노스의 영향

알렉산드리아의 필론과 신플라톤주의자인 플로티노스의 사상은 기독교 신학을 확립한 중세 교부신학자들에게 결정적인 영향을 미쳤다. 이들의 철학은 현재의 기독교 교육사상과 비교할 때 형식 측면은 물론 내용 측면에서도 적지 않은 공통점을 발견할 수 있다. 그 이유는 무엇보다 필론은 유대인으로서 모세 5경을 연구한 철학자이며, 플로티노스는 기독교 신학의 기초를 확립한 교부철학자 아우구스티누스 사상에 큰 영향을 미쳤기 때문이다.

필론의 신에 대한 교의는 기본적으로 현대의 기독교 신학과 맥락을 같이한다. 필론은 유대교 철학자로서 당시의 신 개념이었던 초월신 혹은 일자를 아브라함과 이삭과 야곱의 하나님으로, 그리고 스스로를 인간에게 드러내 보이시는 분, 전지전능한 분이라는 기독교적 신 개념으로 재정립한 철학자이기 때문이다. 하나님은 본질적으로는 인간 이성으로는 알 수 없는 존재이지만 하나님이 당신 스스로 보여 줌으로써 인간이 하나님을 인식할 수 있게 된다는 것이다. 그렇다면 하나님에 관한 모든 지식은 은총에서 비롯된다는 점을 강조한다는 점에서 이후 아우구스티누스의 은총론은 물론 현대 기독교 신학 및 교육사상과 맥을 같이한다. 필론에게는 창조도 은총에서 비롯되는 것이며 영혼이 하나님을 인식하는 것도 은총에 의한 것이다.

2) 필론의 성서 해석

성서 해석에 대한 필론의 철학 또한 기독교 신학은 물론 성서를 기초로 하는 기독교 교육 연구에도 중요한 시사점을 제공한다. 예수의 교육사상은 성경에 기록된 예수의 말씀에 대한 해석학적 접근에 기초한다. 따라서 성경에 대한 문자적 해석과 알레고리적 해석에 따라 기독교 평생교육사상은 그 의미의 현격한 차이가 생길 수 있다. 필론의 판단대로 성경 내용에 대한 문자적 해석에만 치중할 경우 성경의 내용은 많은 면에서 상호 모순점이 노정된다.

필론은 성서 해석의 적절성과 균등성을 확보하기 위해 그리스 철학을 성서 해석에 도입한 최초의 유대 사상가이다. 필론은 하나님을 인간처럼 묘사하는 성서의 신인동형론적 언어 해석을 비판한다. 성서의 문자적 해석을 완전히 거부하지는 않았지만 알레고리적 해석, 즉 인간의 영적인 사유를 통해 성서의 숨겨져 있는 의미를 해석하는 방식을 주장하였다. 그 이유는 성서의 문자적 해석에만 치중할 경우 많은 모순들이 발생하기 때문이다.

같은 맥락에서 성서의 이야기들을 신화적 진술로 해석하는 것, 즉 이야기 속의 인물들을 추상적 개념을 표상하는 것으로 해석하였다. 예를 들어, 아담은 이성을, 이브는 감각을, 뱀은 욕망을 각각 표상하며 원죄를 욕망의 힘에 대한 이야기로 해석하였다.[68] 성서 해석에 대한 필론의 철학은 기독교 신학에서 논의의 여지를 남기고 있다. 그러나 성서 해석이 기독교인들의 삶과 교육의 방향을 결정한다는 관점에서 볼 때 필론의 성서 해석은 기독교 교육사상을 고찰하는 데 중요한 해석 틀을 제공한다.

3) 일자가 의미하는 것

플로티노스는 '일자(一者)'에 대해 신이라는 명칭을 사용하지는 않았지만 일자를 신으로 여길 수 있는 근거는 플라톤에 비해 훨씬 뚜렷하게 보인다. 그렇지만 일자는 인격적인 범주를 완전히 초월하는 존재로서 자신이나 자신 이외의 존재에 대해서는 인식이 없는 존재라는 점에서 기독교적 신의 표상과는 아직도 차이가 있다. 그럼에도 불구하고 플로티노스의 신의 표상은 형식 측면에서 기독교 교육이 궁극적으로 지향해야 할 방향이 무엇인지를 제시해 준다.

인간은 신으로부터 나왔기에 다시 그곳(本鄕, 본향)으로 돌아가기를 바라는 영혼의 열망이 있다는 것이다. 기독교 교육의 목적은 학습자들이 본향으로 돌아갈 수 있게끔 도와주는 것이다. 그러나 타락한 인간 영혼은 신성을 모두 잃어버렸고 신성(神性)과 동족(同族) 관계를 상실했다. 타락한 영혼들이 사는 현세에서 인간 영혼은 자기중심적이고 거짓된 자기[69]인 자의식(自意識)에 빠져 살아간다. 플로티노스는 이런 자의식이 영혼의 상승과정에 방해가 될 수 있다고 강조한다.

플로티노스의 영혼관은 물질세계에 떨어져 사는 인간이지만 물질적인 현실로부터 일자로 눈을 돌려 회두(回頭)할 때 구원의 빛을 보게 됨을 강조한다는 점에서 현대의 기독교 평생교육의 목적과 본질적으로 맥을 같이한다고 볼 수 있다.

유출설은 평생교육의 인식론적 측면에서도 중요한 함의를 내포한다. 플로티노스의 유출설의 정점은 귀환, 즉 되돌아감(epistrophe)에 있다. 유출은 귀환과 만나게 되어 있다는 점이다. 유출은 일자가 단일성을 펼치는 것이고 귀환은 일자가 만물을 끌어당기는 것이다. 달리 표현하면 모든 것은 존재의 본성상 일자 혹은 '선'을 추구하고 그 일자 혹은 '선'으로 되돌아가기(歸還)를 갈망한다. 따라서 귀환은 히포스타시스, 즉 세 계의 근원적 원리를 거슬러 올라가는 운동이다. 육신을 입은 영혼은 육신을 벗어난 '영혼'으로, '영혼'은 '정신(nous)'으로, 그리고 '정신'은 '일자'를 향하여 거슬러 올라가는 것이다. 귀환의 과정은 관상으로 키워지고 관상 안에서 표현되는 열망의 움직임[70]이다.

이 책에서 관심을 갖는 플로티노스의 인식론적 논의는 영혼의 원천인 일자에로의 귀환에 대한 인식에 초점을 맞춘다. 플로티노스 형이상학의 존재론적 논의가 일종의 망각과정이라면 인식론적 논의는 망각한 자신을 바라보며, 자신의 내부로 깊이 들어가서 잃어버린 자신의 내면을 되찾아가는, 즉 기억해 가는 과정이라고 할 수 있다.[71] 모든 개별적인 존재는 어떤 유일의 궁극적 근원인 일자로부터 단계적으로 유출돼 나온 것이기에, 모든 개별적 존재는 언젠가는 반드시 그 일자로 되돌아가야 할 존재라는 점이다.

주석

1 필론의 출생 연도에 대해서는 일치된 견해가 없다. BC 20/13~AD 45로 보는 학자가 있는 반면 BC 20/10~AD 45로 추정하기도 한다(참고: Sandmel, 1979).

2 Dillon, J. (1977). *The Middle Platonists: A Study of Platonism 80B.C. to A.D.220*. London: Duckworth.

3 Wolfson, H. A. (1948). *Philo-Vol. 2*. Cambridge: Harvard University Press.

4 Solomon, R., & Higgins, C. (1996). *A Short History of Philosophy*. 박창호 역(2015). 세상의 모든 철학. 서울: 이론과 실천, p. 208.

5 Louth, A. (2007). *The Origins of the Christian Mystical Tradition: From Plato to Denys*. Oxford University Press on Demand. 배성옥 역(2011). 서양 신비사상의 기원. 경북: 분도출판사, p. 92.

6 예를 들면, Runia, D. T. (1993). *Philo in Early Christian Literature*. Minneapolis: Fortress Press.

7 Louth, A. (2007).

8 『티마이오스』, 28c. Plato, J. (2016). 플라톤의 다섯 대화편: 테아이테토스, 크리티아스, 필레보스, 파르메니데스, 티마이오스(천병희 역). 경기: 숲.

9 『십계명론』 43이하. Louth, A. (2007), pp. 45-46에서 재인용.

10 Winston, D., & Dillon, J. (1981). *Philo of Alexandria: The Contemplative Life, the Gentiles, and Selections*. Ramsey: Paulist Press.

11 Sandmel, S. (1979). *Philo of Alexandria: An Introduction*. 박영희 역(1989). 유대의 종교철학자 알렉산드리아의 필로. 서울: 도서출판 엠마오.

12 Winston, D., & Dillon, J. (1981), pp. 23-24.

13 Louth, A. (2007), p. 45.

14 같은 책, p. 47.

15 같은 책, p. 44.

16 Boman, T. (1960). *Das hebraische Denken im Vergleich mit dem griechischen*. 허혁 역 (1993). 히브리적 思惟와 그리스적 思惟의 比較. 경북: 분도출판사, p. 224.

17 같은 곳.

18 『아브라함의 이주(De Migratione Abrahami)』 195 이하. Louth, A. (2007), p. 451에서 재인용.

19 Louth, A. (2007), p. 5.

20 Dodds, E. R. (1973). Tradition and Personal Achievement in the Philosophy of Plotinus. In Dodds, E. R. *The Ancient Concept of Progress: and other Essays on Greek Literature and Belief*. Oxford: Clarendon Press, p. 126.

21 O'Meara, D. J. (1995). *Plotinus: an Introduction to the Enneads*. 안수철 역(2009). 플로티노스. 서울: 탐구사, p. 221.

22 플로티노스의 철학은 제자인 포르피리오스에 의해 전해진다. 대표적인 저작이 스승 플로티노스가 타계한 지 30년 후인 4세기 초반에 간행한 『엔네아데스(Enneades)』다. 포르피리오스는 플로티노스의 철학을 주제에 따라 편집하여 9편씩의 논문을 6권으로 정리하였다. 그리스어 ennea는 '아홉'을 의미하며, enneades는 '아홉 편씩 묶인 책이라는 뜻이다. 포르피리오스가 9와 6을 조합한 이유는 숫자 6(6=1+2+3, 1×2×3이기도 하다)과 첫 수들(1부터 10까지)의 마지막으로서 전체성의 상징인 9를 곱한 합이 되게 하기 위함이었다(참고: O'Meara, 1993, pp. 17-32).

23 O'Meara, D. J. (1995), p. 19에서 재인용.

24 이정우(2018). 세계 철학사 1: 지중해 세계의 철학. 서울: 도서출판 길, p. 592.

25 Enn. IV. 8. 6. 23-28. 포르피리오스가 편집한 『엔네아데스』는 Enn.으로 축약되며, 플로티노스의 저작들을 지칭하는 표준적인 방식은 포르피리오스의 판에 나오는 번호를 제시하고(예를 들어, 묶음 번호 III, 논문 번호 8은 Enn. III, 8), 이어서 작품이 쓰인 연대순에 따른 번호를 대괄호 안에 넣고(예를 들어, Enn. III. 8 [30], 장과 행 번호를 붙이는 것이다(예를 들어, Enn. III. 8 [30]. 1. 1-2)(참고: O'Meara, 1993, p. 34).

26 Hoffe, H. O. (1994). *Klassiker der Philosophie, Volume 1 & 2*. 이강서 외 역(2001). 철학의 거장들: 고대, 중세편-고대 철학자에서 쿠자누스까지. 서울: 한길사, p. 282.

27 Louth, A. (2007), p. 70.

28 포르피리오스는 플로티노스의 세 가지 원리를 '원리적인 기재(基在 hypostasis)'라고 불렀는데, hypostasis는 이후 그리스도교의 삼위일체론에서 '위(位)' 또는 '위격(位格)'으로 번역되는 용어다. 플로티노스의 원리론은 세 가지 원리들의 수직적인 위계질서를 주장한다는 점에서 교회에서 공인된 삼위일체론과 차이는 있지만, 삼위일체론의 형성과 전개에 영향을 주었다(참고: 송유례, 2016, p. 375).

29 Enn. II. 9. 1. 13-16.

30 O'Meara, D. J. (1995), p. 95.

31 Enn. VI. 8. 13.

32 Enn. V. 3. 14. 5-8.

33 Enn. VI. 9. 6. 20.

34 Störig, H. J. (1950). *Kleine Weltgeschite Der Philosophie*. 박민수 역(2018). 세계철학사. 서울: 자음과 모음, p. 267.

35 Hoffe, H .O. (1994), p. 287.

36 Enn. V. 3. 5. 참조.

37 Enn. V. 3. 6. 7-8.

38 Hoffe, H. O. (1994), p. 289.

39 Enn. IV. 3. 2. 참조.

40 Enn. II. 3. 9; 17; 18.

41 Hoffe, H .O. (1994), p. 290.

42 같은 책, p. 291.

43 송유례(2009). 플로티노스 철학 입문. 철학사상, 33, 307-321.

44 Enn. VI. 9. 3. 22.

45 Störig, H. J. (1950). p. 267.

46 같은 곳.

47 Enn. V. 2. 1.

48 Störig, H. J. (1950), p. 267.

49 현대 기독교 평생교육의 관점에서 볼 때 물질을 포함한 모든 만물이 일자로부터 유출되었다는 플로티노스의 철학은 수용하기 어려울 것으로 보인다. 일자로부터의 유출과 일자로부터의 창조와는 신학적 차이가 존재하기 때문이다. 특히, 유출설에서 함의하는 일자와 물질과의 근원적 동일성은 기독교적 관점에서 받아들이기 힘든 이론이다. 그럼에도 불구하고 만물이 하나님으로부터 창조되었다는 기독교 사상에 플로티노스의 유출 개념은 창조의 방법론적 측면의 다양한 논의를 제공할 수 있다고 본다.

50 이정우(2018), p. 594.

51 Hoffe, H. O. (1994), p. 295.

52 Dodds, E. R. (1973), p. 130. Louth, A. (2007), p. 72에서 재인용.

53 Enn. V. 1. 6. 34.

54 김영철(2006). 플로티노스의 형이상학의 구조와 특징. 범한철학, 42, pp. 137-159, p. 147.

55 같은 책, p. 149.

56 Enn. VI. 8. 13. 8-5.

57 김영철(2006), p. 150.

58 Enn. IV. 7. 3.

59 Enn. V. 1. 2. 1-5.

60 Störig H. J. (1970), p. 268.

61 Louth, A. (2007), p. 72.

62 김영철(2006), p. 152.

63 Enn. V. 1. 1.

64 Louth, A. (2007), p. 89.

65 Enn. I. 6. 8-9. Louth, A. (2007), p. 73에서 재인용.

66 Enn. I. 6. 8-9.

67 Louth, A. (2007), p. 77.

68 Solomon, R., & Higgins, C. (1996), p. 209.

69 Enn. V. 1. 1.

70 Louth, A. (2007), p. 72.

71 김영철(2006), p. 152.

제7장

중세 교부철학과 기독교 신학의 확립

플로티노스(Plotinus)의 신플라톤주의는 중세의 교부철학으로 이어진다. 철학사적으로 볼 때 고대 그리스–로마 철학은 중세 유럽의 기독교 철학으로 이어지는 시간적 연속성을 지닌다. 로마 시대에 기독교가 전파되고 교부들에 의해 기독교 철학 및 신학이 태동하는 시점이 고대 말기 전후이기 때문이다.

그러나 정신사적으로 볼 때 기독교는 먼 과거에 시작된 다양한 동방의 종교적 전통, 특히 고대 유대교에 국한되지 않는 전통을 바탕으로 생성되었다는 점을 주목해야 한다. 19세기 학자들의 연구대로 구약성서에는 아시리아와 바빌로니아, 특히 페르시아에 기원을 둔 사상은 물론 이집트에서 유래한 사상들도 스며 있기 때문이다.[1] 현대 기독교에 대한 깊은 역사적 이해를 위해서 이러한 문화의 복합적인 융합과정에 대한 이해가 필요한 이유는 이 때문이다.

그러나 이 책의 철학사적 관심은 기독교의 출발이 예수와 더불어 사도 바울에 의해 형태를 갖춘 후 지중해 영역으로 전파되어 플라톤, 플로티노스를 비롯한 고대 그리스 철학과 필연적으로 조우하게 된다는 데 있다. 이 만남에서 제기되는 것이 인식론적 문제다. 즉, 그리스 철학의 핵심인 '이성'의 진리와 유대–기독교의 확립을 통해 부각된 '신앙'의 진리 사이에 어떤 관계를 설정할 것인가의 문제[2]였다.

이성을 통한 신의 논증에 관심이 집중되다 보니 신에 대한 질문이 철학적 질문의 중심이 되었다. 물론 신에 대한 질문은 철학의 전 역사를 꿰뚫어 사유의 최고 대상을 형성해 왔기에 신에 대한 질문이 중세 교부철학만의 주제는 아니다. 그러나 이러한 '철학적 신학'[3]의 정점을 이룬 시기가 바로 중세의 교부철학과 스콜라철학 시대라고 할 수 있다.

중세 초기의 완강한 호교론자(護敎論者)들은 기독교 이외의 이교(異敎) 사상들에 적대감을 표출했지만, 결국 그리스-로마 사상과 유대-기독교 사상을 조화시키려는 시도, 더 정확히 말하면 플라톤주의 및 아리스토텔레스를 기독교 신학에 도입하여 신앙과 이성의 조화를 이루려는 시도들이 나타나게 된다. 교부철학과 스콜라철학이 대표적이다.

고대 철학 사상과 기독교 교의(敎義)와의 융합과정은 두 개의 시기에 걸쳐 이루어진다. 첫 번째 시기는 교부철학(Patristik) 시대다. 초기 기독교의 교리를 체계화하고 확립하는 데 중요한 역할을 한 학자들을 교부(敎父)라 하는데, 교부철학은 2세기 초기 교회의 사도들이 활동하던 때부터 서기 800년경까지를 말한다. 기독교 근본 교리가 점차 확립된 두 번째 시기는 스콜라철학(Scholastik) 시대로서 서기 800년경부터 중세 철학이 종말을 고하는 1500년경까지를 말한다.[4]

교부철학은 다시 두 시기로 구분된다. 제1기는 초대 교회 때 기독교와 그리스 철학의 접촉으로 인한 다양한 논쟁을 거쳐, 325년 니케아공의회를 기점으로 기독교 교의가 확립되는 시기다. 제2기는 아우구스티누스에 의해 기독교적 철학과 교의가 통일된 체계로 발전하는 시기다. 이 장에서는 교부철학의 대표자로서 기독교 신학의 틀을 본격적으로 체계화한 아우구스티누스의 철학을 통해 예수 그리스도에 대한 신학 혹은 기독교의 교리가 확립되는 과정을 고찰하기로 한다.

 아우구스티누스와 기독교

아우렐리우스 아우구스티누스(Aurelius Augustinus, 354~430)는 교부철학 시대의 핵심 철학자로서 유대교로부터 발전한 기독교와 플라톤주의를 융합시켜 기독교적 철학과 교의를 통일된 체계로 발전시켰다. 교부 시대의 특징은 팔레스타인에서 출발한 기독교가 지중해 지역으로 확대되어 나가면서 필연적으로 헬레니즘 문화 혹은 그리스-로마 문화와 조우하게 되었다는 데 있다. 기독교 태동 당시 로마는

지중해 연안 전체를 지배하고 있었지만 정신적으로는 플라톤주의를 중심으로 하는 그리스 문화에 큰 영향을 받고 있었다. 기독교와 그리스-로마 문화와의 조우는 필연적으로 저항과 수용을 동시에 맞게 되었으며, 교부들의 일차적 목표는 기독교 신앙을 고대 그리스의 유산인 이성과의 관계를 설정하는 문제였다.

기독교 신앙을 이성에 입각해 합리적으로 이해하려는 노력을 기울인 고대 교부들은 유스티누스(Justinus, 100~164), 클레멘스(Clemens, 150~215), 오리게네스(Origenes, 185~254)가 대표적이다. 이들의 공통점은 그리스 철학의 원리와 도구를 가지고 자신들의 기독교 신앙을 설명하려고 했다는 점이다. 동시에 교부들은 일반적으로 현세에 관심을 보이는 그리스 철학의 한계를 지적하며, 이를 성서에 나오는 초월적인 관점과의 연결을 시도했다.

이러한 목적에 가장 적합해 보였던 것은 바로 플라톤과 플라톤주의였다. 이들 철학의 순수한 윤리, 세속으로부터의 초탈, 감각적인 것에서 초감각적인 것으로의 초월, 이데아계와 형이상학에 대한 애착, 특히 플라톤주의에서 말하는 '가시적인 것을 넘어서는 저편(epekeina tes ousia-s)'을 성서에서 말하는 구체적인 '신의 나라'를 의미하는 것으로 이해했다.[5]

기원후 313년 콘스탄티누스의 밀라노 칙령(Edict of Milan)으로 기독교가 공인받게 되고, 392년 테오도시우스 황제에 의해 사실상 기독교가 국가 종교로 발전한다. 이제 가톨릭교회는 국가교회가 되었고 교회의 적은 로마 제국의 적이 되면서 기독교는 박해받던 종교에서 지배자의 종교, 제도화된 기독교로 정착하게 된다.[6] 아우구스티누스가 교부철학을 전개하던 시기는 바로 국가의 공인으로 기독교 신앙이 활발히 전개되던 시대에 속한다.

신앙이 자유로운 환경 속에서 아우구스티누스는 2세기에서 4세기까지 여러 교부들에 의해 전개된 다양한 기독교 신학의 내용들을 집대성해 체계화시켰다. 교부철학에서 아우구스티누스가 차지하는 위상이 어떠한지는 수세기 동안 지속되어 온 교의 형성 작업이 본질적으로 그의 저작과 더불어 종결된다[7]는 점에서도 알 수 있다. 아우구스티누스의 사상은 이후 중세 기독교 사유방식의 초석이 된다.

1) 플로티노스와 신앙의 조화

아우구스티누스 철학의 특징은 당시에 전승된 철학적 지식을 단순히 받아들이는 방식이 아니라 개인적 삶의 경험에 기초한 고뇌에 찬 논쟁의 방식으로 수행된다[8]는 점에 있다. 그의 저서 『고백록』에는 고뇌에 찬 논쟁의 중심이 예수 그리스도와 인간과의 관계였음이 드러난다. 그는 키케로(Cicero, 106~43 BC)의 『호르텐시우스』를 읽고 키케로가 "나의 정신의 틀을 변화시켰다."[9]고 고백한다. 그러나 키케로를 통한 철학적 감격에도 불구하고 그의 작품에 그리스도에 대한 설명이 없었음에 실망한다.

> "나의 하나님, 저는 얼마나 열망했었는지 모릅니다……. 키케로의 저서는 이 지혜의 사랑으로 내 마음을 불타게 하였습니다……. 그의 권고는 특별한 하나의 학파에 구애되지 말고, 무엇을 발견하든 지혜 그 자체를 사랑하고 구하고 입수하고, 또 보존하여 강하게 지니고 있어야 한다는 것이었으며, 이에 대한 사랑이 불붙어 타오르게 되었습니다. 단 한 가지, 그와 같이 불타오르면서도 아쉽게 생각한 것은 그리스도의 이름을 찾아볼 수 없다는 사실이었습니다. 그 이름, 하나님의 성자, 나의 구주의 이름은……."[10]

(1) 마니교에 빠지다

그렇다고 아우구스티누스가 철학을 포기하고 완전히 기독교 신앙으로 귀의한 것도 아니었다. 그가 읽었던 성서는 키케로의 철학으로 훈련된 그의 사유방식을 충족시키지 못했기 때문이다. 그는 말한다. "그리하여 나는 성서에 마음을 기울이고, 성서가 어떠한 것인가를 알아보려고 결심하였습니다. 그랬더니 내가 맞부딪힌 사실은 이러했습니다. 그것은 교만한 자들에게는 알려지지 않은 사실이었고, 어린아이에게는 환히 드러나지 않는 사실이었습니다……. 그러나 나는 초심자가 되기를 멸시하였고, 교만으로 가득 차서 나 자신을 성숙한 어른이라고 생각했습니다."[11] 특히, 아우구스티누스가 받아들이기 힘든 기독교의 교의는 신이 '인간의 형태'를 취했다는 점과 '인간의 육체적 윤곽에 제한되었다'[12]는 점이었다.

아우구스티누스의 정신적 방황은 당시 기독교와 대립 관계에 있었던 마니교의 사유세계로 향했다. 특히, '이 세상이 궁극적으로 선으로부터 나온 것이라면 왜 세상에는 악이 존재하는가?'에 대한 답을 찾고자 했다. 여기서 악은 도덕적 악뿐만 아니라 육체의 질병과 추함, 영혼의 무지, 자연재해 등을 포괄한다.[13] 그는 '악'의 존재에 대한 마니교의 가르침에 빠지게 되었다. 당시의 악에 대한 마니교의 가르침에 빠졌던 상황을 아우구스티누스는 고백한다. "나는 당시에도 계속 죄를 범하는 자는 우리 자신이 아니며, 우리와는 별개의, 본성을 알 수 없는 그 어떤 것이 우리에게 있어서 죄를 짓는다고 생각했습니다."[14] 다시 말해 악이 어디서 오는가에 마니교의 답은 '첫 번째 일자는 서로 투쟁하는 빛과 어둠, 혹은 선과 악의 원리이다. 악은 하나의 세계 원리이기에 인간에게 죄로 부과될 수는 없다.'[15]는 것이었다.

(2) 신플라톤주의를 만나다

그러나 신을 변화하는 자로, 즉 서로 투쟁하여 파괴되는 자로 이해할 수 있는 마니교의 교의는 신을 개념부터 불변하는 자로 인식하고 있는 아우구스티누스에게 해답을 주지 못했다. 그는 '악은 선의 결핍(elleipsis) 혹은 결여(steresis)'[16]라는 플로티노스의 철학을 만나면서 해답을 얻게 되었다. 악을 하나의 실체(substantia)가 아니라 단지 선의 결핍으로 보게 됨으로써 마니교의 선악 이원론에서 벗어날 수 있었다.[17] 신플라톤주의를 만나면서 기독교적 신과 인간과의 관계에 대한 철학을 정립하게 되었던 것이다. 그는 『고백록』에서 플로티노스와의 만남이 기독교적인 신의 이해에 결정적인 계기가 되었음을 고백한다.

> "주님께서 어떤 방식으로 교만한 자를 물리치고 겸손한 자에게 은혜를 내리시는가를 보이시기 위하여……. 한껏 교만해진 사람을 통하여 그리스어에서 라틴어로 번역된 플라톤파의 철학 서적을 내게 주셨습니다."[18]

신플라톤주의를 만나는 데 결정적 영향을 미친 사람이 밀라노의 주교 암브로시우스(Ambrosius, 340~397)였다. 암브로시우스는 유대교 철학자 알렉산드리아의 필론과 플로티노스에게 지대한 영향을 받았고 암브로시우스는 아우구스티누스 신학에 결정적인 영향을 미쳤다. 특히, 구약성서를 플라톤적이며 영적으로 해석한 암브로시우스의 영향으로 아우구스티누스는 당시에 큰 영향력을 행사하던 마니교와 결별하는 계기를 맞게 되었다.[19]

따라서 아우구스티누스의 기독교 사상은 기독교 교리와 플라톤 및 플로티노스의 철학을 통합[20]하는 데서 출발한다. 아우구스티누스에게 플라톤주의는 기독교와는 다르나 기독교 진리에 가장 가까운 곳까지 왔던 철학자들이다. 그는 『참된 종교』에서 다음과 같이 말한다.

> "그들이 만일에라도 이승의 삶을 우리와 함께 다시 산다고 하면, 어떤 권위가 있어 훨씬 용이하게 사람들을 가르치고 있음과 자기네 말 마디 몇이나 문장 몇 개만 바꾸면 자기네가 그대로 그리스도 교인이 됨을 알 것이니……."[21]

(3) 플로티노스의 비판적 수용

물론 그가 플라톤주의를 무조건적으로 수용한 것은 아니다. 플라톤주의의 형식 측면을 그대로 수용하기도 하지만 사안에 따라 비판적으로 수용하거나 혹은 거부하기도 했다. 한 예로 아우구스티누스는 플로티노스와 제자인 포르피리오스(Porphyrios)의 책들을 통해 신적인 말씀, 말씀 안에서의 세계의 창조에 관한 교리, 신에 빛에 의한 인간의 조명에 관한 교리를 처음으로 발견했다. 그러나 그는 플로티노스에게서 기독교의 성육신을 발견하지 못했다고 말한다.

> "나는 또한 거기서 하나님의 말씀은 "육신으로서도 아니요, 혈육으로서도 아니요, 인간의 욕망으로서도 아니요, 육신의 의지로서도 아니요, 육신의 정욕으로서도 아니며, 하나님으로서 태어났다."고 하는 구절을

읽었으나, "말씀이 육신이 되어 우리 사이에 거하신다."라는 구절은 읽
지 못했습니다."[22]

　그의 신학의 핵심은 신과 인간 영혼과의 관계였다. 신에 대한 인식과 신의 사랑
만이 인간 영혼이 추구해야 할 유일한 목표였기 때문이다. 신과 인간 영혼에 관한
그의 관심은 『독백』에서 잘 드러난다.

　　"나는 하나님과 인간의 영혼에 대해 알고 싶다. 그 외 다른 것은 없다.
　정말 없다."[23]

　주목할 점은 하나님과 인간에 대한 이해를 병치(竝置)시키고 있다는 점이다. 그
이유는 인간이 하나님의 형상(image of God)으로 창조되었기 때문이다. 따라서 하
나님과 인간의 존재론적 차이는 극명하지만 이 둘은 서로 분리될 수 없다는 인식
을 보여 준다. 『고백록』에서 "주님, 당신은 저를 위해 어떤 분이십니까? 그리고 저
는 당신을 위해 어떤 존재입니까?"라는 아우구스티누스의 질문이 이를 입증한다.
　플로티노스의 철학은 아우구스티누스의 신과 영혼에 대한 기독교적 관념 정립
에 적절한 이론적 바탕을 제공하였다. 특히, 신플라톤주의적 사상들은 제정 로마
시대에 영향력이 있었던 에피쿠로스학파의 유물론이나 아카데미아의 회의주의를
비판하고 있었는데, 이 점이 아우구스티누스의 신학과 맥락을 같이했다.
　신과 인간 영혼과의 관계에서 아우구스티누스는 감각적 현상(현상계)과 정신적
이념(이데아계)을 구분하는 플라톤적 이원론을 받아들인다. 이를 바탕으로 직관적
으로 파악된 진리를 이론적으로 접근한다. 이러한 그의 고심은 『고백록』에 명확히
드러난다.

　　"그러나 결국 나는 저 플라톤주의자의 책을 읽게 되었다."[24]

　아우구스티누스는 신의 이해, 영혼의 본질, 선과 악 등의 문제를 신플라톤주의

자인 플로티노스의 철학을 기초로 설명한다. 먼저 기독교의 하나님의 존재에 관해 아우구스티누스는 세계가 초월자인 일자(一者)에게서 유출되었다고 주장하는 신플라톤주의를 받아들여 일자를 하나님으로 이해한다. '일자'라는 비인격적 개념을 성서에서 말하는 사랑과 능력, 정의와 용서의 하나님이라는 개념과 일치시킨다. 나아가 처음에는 플로티노스의 존재의 위계질서인 일자(To Hen), 정신(Nous), 영혼(Psyche)의 3중 구조와 기독교의 삼위일체, 즉 성부, 성자, 성령과의 유사성을 받아들였다.[25]

2) 창조주이며 삼위일체인 예수

(1) 삼위일체론 논쟁과 아우구스티누스

아우구스티누스는 플로티노스 철학을 기초로 신의 본질이 삼위일체(三位一體)라는 명확한 기독교 교의를 발전시킨다. 즉, 초대 교회 때부터 형성되어 온 성부 하나님과 성자 예수 그리스도, 성령은 구별되지만 하나라는 주장을 발전시킨다. 그는 오리게네스와 아리우스주의자에게서 유래하는 견해, 즉 성자를 성부에 종속시키는 견해의 잔재를 삼위일체론에서 완전히 제거한다. '신적 실체'는 성부와 성자와 성령이라는 세 가지 위격에서 존재하며, 각각의 위격에서 신적 실체는 완전하게 실존하고 있다[26]는 것이다.

인간 지성으로는 파악하기 어려운 이런 교의를 이해시키기 위해 아우구스티누스는 인간 정신의 삼위일체적 구조를 비유로 설명한다. "인간 영혼이 존재와 생명과 인식으로부터 통일적인 본질을 형성하는 것에서 알 수 있듯이, 인간 영혼은 신의 신비한 삼위일체의 상징"[27]이라는 것이다. 삼위일체 교의에서 필연적으로 대두되는 예수의 본성 문제는 아우구스티누스 이전부터 기독교 내에서 수많은 논쟁을 불러일으켰다. 삼위 중에 성자와 성령은 성부보다 낮거나 종속된다는 종속주의도 등장했다.

그러나 대표적인 사례는 콘스탄티누스 황제 시절에 점화된 아리우스(Arius, 250~336)파와 아타나시우스(Athanasius, 292~373)파의 대결이다. 아리우스파는 오리게네스의 견해를 수용하여 예수를 인간으로 보고 그리스도로서의 신성을 부정하여 신과 동격에 놓기를 거부했다. 즉, 성자는 성부와 본질적으로 다르고 성부에 종속되어야 하며, 신과 인간 사이의 중재자일 뿐[28]이라는 주장이다. 반면에 아타나시우스파는 아리우스주의에 반대하여 성부-성자-성령의 삼위일체를 주장하고 예수의 완전한 신성을 인정했다. 성부와 성자 예수가 영원히 동질적이라는 견해다.

그 후 네스토리우스(Nestorius)는 예수가 신격(神格)과 인격(人格)을 가진 이중적 존재라고 주장했으며, 로마 제국 말기에 유행한 '단성론'에서는 예수는 이중적 존재가 아니라 오직 하나의 신적인 본성을 가질 뿐이라고 주장했다.[29] 콘스탄티누스 대제는 논쟁의 해결이 보이지 않자 325년 니케아공의회를 소집해 아리우스파를 정죄하고 아타나시우스파의 주장을 받아들여 하나님과 예수가 동일한 위격을 갖고 있다는 니케아 신조를 확립하게 되고 기독교 교의로 확정되게 된다.

아우구스티누스는 니케아 신조를 받아들여『삼위일체론』에서 예수의 본질을 다음과 같이 설명한다.[30] 첫째, 삼위일체에는 삼위의 절대적 단일성과 삼위가 관련을 가지면서 구별되는 다원성이 함께 모순 없이 존재한다. 삼위의 본질이 동일하기에 삼위의 속성은 통일성을 갖는다. 하지만 세 위격은 서로 맺는 관계에 의해 구별되는데, 성부는 성자를 낳고 성령은 성부와 성자 모두에 의해 주어지는 관계이다. 둘째, 성령은 성부와 성자 모두의 영(spirit)이다. 즉, 성령이 성부와 성자 모두에게서 나왔다는 이중출원(double procession)을 주장한다.[31] 아우구스티누스의 성령의 이중출원 이론은 이후 서방교회에 큰 영향을 미치게 된다.

(2) 유출설 아닌 창조설

전술한 대로 아우구스티누스는 플로티노스의 철학을 기초로 삼위일체 교의를 확립한다. 그렇지만 신의 세계 창조에 대해서는 신플라톤주의와 결별한다. 그는 '플로티노스의 유출설을 창조설로 바꾸려고 노력'[32]했지만 내용에 있어서 플로티노스와 결별한다. 플로티노스는 만물의 근원인 일자(一者)로부터 세계의 모든 것이 유출(流出)되며, 유출 단계에 따라 모든 것이 위계를 형성한다고 주장한다. 일자와 세계와의 거리는 너무도 먼 거리지만 유출된 것이기에 근본적으로는 연속적이다.

  그러나 아우구스티누스에게 신에 대한 믿음은 절대적인 무로부터 우주 만물을 창조한 주(主) 하나님에 대한 믿음이다. 일자와 세계의 거리는 연속적이지만 아우구스티누스에게 창조주와 피조물들과의 거리는 절대적이다. 창조에 대한 그의 신념은 『참된 종교』에서 명확히 드러난다.

  "존재하는 모든 것은 존재한다는 점에서, 아직 존재하지 않는 모든 것
  은 존재할 수 있다는 점에서 하나님께로부터 유래한다."[33]

  아우구스티누스는 플로티노스의 존재의 3중 구조 사이의 연계성의 '형식' 측면을 받아들여 기독교의 삼위일체 교의를 주장하지만 그 존재의 '내용' 측면에서는 생각을 달리한다. 전술한 바대로 플로티노스는 스스로의 충만함 때문에 타자들을 흘러내려 유출하는 일자를 상정한다. 이 경우 존재의 위계에는 차이가 있지만 신과 피조물들 사이에 연속성을 수립함으로써 일종의 범신론에 빠지게 된다.[34] 이러한 주장은 능동인으로서 인간과 세계를 창조한 아우구스티누스의 신 개념과 어긋난다. 아우구스티누스에게 창조주 하나님은 '존재 너머에 있는 일자'가 아니다. 기독교의 하나님은 창조된 세계와 불연속성을 지니며 명확히 차별화되기 때문이다.

  아우구스티누스의 하나님은 플로티노스처럼 자체의 넘치는 충만함 때문에 정신과 영혼, 나아가 자연으로 흘러넘치는 일자가 아니라, 자신의 의지대로 세상 만물을 만들어 낸 창조주이다. 그는 성서 출애굽기 3장 14절을 통해 하나님이 존재 자체로서 무에서 유를 창조한 분임을 강조한다.

  "하나님이 또 모세에게 이르시되 나는 스스로 있는 자이니라 또 이르
  시되 너는 이스라엘 자손에게 이같이 이르기를 스스로 있는 자가 나를
  너희에게 보내셨다 하라."

  기독교의 하나님은 세계를 창조한 신이다. 특히, 아무것도 없는 '무(無)'의 상

태에서 자발적 의지에 따라 세계를 창조했다고 믿는다. 이러한 '무에서의 창조 (creatio ex nihilo)'를 처음으로 주장한 사람이 아우구스티누스다.[35] 무에서의 창조가 성서에 근거하고 있느냐에 대한 논란이 있지만 아우구스티누스의 주장은 기독교 신학의 특징적인 교리를 형성하고 있다. 무에서의 창조라는 견해에 따를 때 하찮은 피조물과 신적 존재 사이에서 생기는 간극을 아우구스티누스는 신의 영원함과 모든 피조물의 시간성이라는 극명한 대비 관계에서 다음과 같이 표현하고 있다.[36]

> "주여, 당신은 영원하시지만, 나는 어째서 끊임없이 이어지는지 알 수
> 없는 시간들 속에서 산산이 찢어지고 있습니다. 나의 생각과 나의 내밀
> 한 삶은 이 모든 소용돌이에서 갈기갈기 찢기다가 결국 당신 품에 이르
> 게 될 것입니다."

(3) 플라톤과 다른 무에서의 창조

무에서의 창조란 하나님의 창조에는 기존(旣存)의 어떤 질료가 필요치 않다는 것을 의미한다. 무에서의 창조는 플라톤이 『티마이오스』에서 주장한 창조론과 형식은 유사하나 내용에는 본질적인 차이가 있다. 플라톤의 창조론에서는 창조신 데미우르고스가 본래부터 존재해 온 형태를 갖지 않은 물질, 즉 형상이 없는 제1 질료를 사용해 세계를 만든다. 그러나 아우구스티누스는 플라톤의 창조론을 수용할수가 없다. 만일 그렇다면 하나님이 일정한 시간이 지난 후에야 이 세계를 창조한 것이 되고, 이 세계 이전에 이미 피조물이 존재하고 있었다는 논리가 성립되기 때문이다.

아우구스티누스는 세계의 창조가 시간 속에서 이루어졌다는 기존의 견해를 반박한다. 그에 따르면 시간이란 세계와 더불어 변화가 있는 곳에서만 존재할 수 있다. 그렇다면 어느 특정한 시간이 지난 다음에 신이 세계를 창조한 것일 수는 없기 때문에 시간은 세계 창조와 동시에 생성된 것일 수밖에 없다. 이 세계는 시간속에 존재하는 것이 아니라 시간과 더불어 창조된 것이다. 시간 속에서 생성하는

것은 어떤 시간의 전후에서, 즉 지나간 시간의 뒤와 다가올 시간의 앞에서 생성하는 것인데, 시간이 세계에 앞서 존재할 수는 없다. 왜냐하면 세계가 없으면 피조물이 없고, 피조물이 없으면 이들의 상태 변화가 없기에 시간도 생겨나지 않기 때문이다.[37]

영혼에 관한 아우구스티누스의 이론은 매우 유동적이다. 인간은 영혼과 육신으로 구성되어 있다. 영혼이나 육신 중 어느 하나라도 결핍되면 인간이 아니라는 의미다. 이런 견해는 플라톤의 영향이지만 영혼에 관한 정의가 다소 난해하다. 아우구스티누스는 영혼을 "육체를 숨 쉬게 하는 원리이자 육체를 지배하는 실체"라고 정의하는데, 영혼과 육체 모두 실체라 하면 하나의 실체인 인간이 어떻게 그의 육체와 영혼의 결합의 결과로 생겨났는지를 아는 것은 어려운 일이기 때문이다.[38]

아우구스티누스의 영혼 위주의 인간관은 "인간은 영혼 외에 다른 것일 수 없다."라는 플라톤의 정의로부터 영향을 받은 것으로 보인다. 그러나 동시에 기독교 전통에서 주장하는 인간은 영혼과 육체로 창조되었다는 인간의 단일성을 수용했기에 영혼 사유의 불확정성이 노정된 것으로 보인다.

2 진리의 인식과 삶의 행복

1) 신앙과 이성은 상호 보완

아우구스티누스 사유의 가장 큰 특징은 신앙과 이성을 대립적 · 모순 관계가 아니라 철저하게 상호 보완하는 관계로 보는 것이다. "신앙과 이성의 역할은 서로 도와 가면서 하나님의 진리에 대한 완전한 이해에 도달할 수 있도록 하는 것"[39]이었다. 아우구스티누스는 플라톤과 마찬가지로 감각적 인식이 지닌 가치와 역할을 무시하지 않았다. 인간이 신에 의해 창조되었다는 창조설을 주장하는 그였기에 감각의 바탕인 육체를 영혼과 함께 인간의 구성 부분으로 인정했기 때문이다. 따라서 감각은 그 자체로 참된 지식은 아니지만 지식과 어떤 관계가 있다고 생각했다. 또한 감각적 인식을 부정할 경우 우리가 발을 딛고 살아가는 현실 자체를 설명할 수 없기 때문이다.

(1) 나는 생각한다. 고로 존재한다.

그러나 아우구스티누스 당시는 기독교의 교리나 기독교의 지배가 완전히 확립되지 않은 시기였기에 회의론자들의 입김이 만만치 않았다. 회의론이 기독교적 신앙을 확립하고 지배적 위치를 공고히 하는 데 매우 불편한 걸림돌이었다. 회의론자들은 감각에 주어진 것에 대해 '믿을 수 없다'는 입장이다. 인간의 감각은 상대적이기에 사물에 대한 인식 역시 상대적일 수밖에 없다는 것이다. 따라서 우리의 감각은 확실한 것, 불변의 진리를 알려 줄 수 없다고 주장한다.

그러나 아우구스티누스는 감각적 인식을 초월하는 차원이 존재하며, 인간은 이성을 통해 그 차원을 인식할 수 있다고 생각했다. 이러한 인식의 확실성 논의에서 아우구스티누스가 먼저 주목한 것은 외부 대상을 인식하는 주체였다. 진리를 인식하기 위해서는 인식 주체인 자신이 존재한다는 인식, 즉 의식의 내적 자기 확실성이 선행되어야 하기 때문이다. 인간은 하나님의 존재나 그의 외부에 있는 사물의 존재에 대해 잘못 알 수 있다. 그러나 비록 이들을 의심한다고 해도 그가 의심한다는 사실 자체는 의심할 수 없으며, 이는 바로 그가 존재한다는 것임을 보여 준다고 생각했다.

이에 따라 아우구스티누스는 회의론자들을 물리칠 논법을 생각해 낸다. 즉, 회의론자들 주장처럼 아무리 의심을 해도 결코 의심할 수 없는 것을 찾아낸다. 그것이 바로 훗날 데카르트(René Descartes)에 의해 유명해진 논법[40]이다.

> "내가 속고 있다면, [바로 그렇기 때문에] 나는 존재하는 것이다(Si eni-m fallor, sum)."

예를 들어, 내가 남에게 속임을 당했다고 할 때, 속임을 당한 '나'가 없다면 속임을 당하는 것은 불가능하다. 마찬가지로 내가 무엇을 생각할 때 잘못 생각할 수도, 엉뚱한 생각을 할 수도 있지만 '생각하고 있는 나'가 없다면 생각하는 일은 있을 수 없다는 말이다. 따라서 회의론자들이 의심하고 있는 그 사실이야말로 '의심하는 사람 자신'이 존재한다는 것을 확실하게 보여 준다고 말하는 것이다. 아우구스티누스는 이러한 내적 자기 확실성에서 지식의 기초를 발견할 수 있다고 주장하는 것이다.

(2) 플라톤의 상기설을 신의 조명설로

그러나 감각적 인식을 초월하는 진리는 감각적 경험에서 나오지 않는다. 아우구스티누스는 플라톤의 이데아론을 받아들여 감각적 경험을 분석하면 거기에는 이미 특정한 이데아가 전제되어 있음을 간파한다. 그렇다면 어떻게 해야 인간은 감각적 경험과는 상관없이 이념 혹은 진리를 발견할 수 있을까? 플라톤주의에서는 지식은 영혼이 이전에 머물렀던 세계에 대한 기억을 상기(想起)함으로써 이루어진다고 주장한다. 그러나 아우구스티누스는 영혼의 선재(先在), 즉 영혼이 이미 존재한다는 이론을 수용할 수가 없다.

아우구스티누스는 플라톤의 상기설을 인간의 정신에 하나님이 빛을 비춘다는 조명설(illumination)로 바꾸어 놓았다.[41] 인간은 이성적이지만 인간 스스로 영원한 진리를 얻을 수 있는 능력은 없으며, 오직 신에게서 오는 직접적인 조명을 통해서만 가능하다는 것이다. 예를 들어 보자.[42] 내가 장미꽃을 바라보고 있다고 할 때 '나'는 인식의 최종 근거가 아니다. 내가 장미꽃을 지각해서 그것에 대해 알게 될 때 장미꽃이라는 대상과 인식하는 나는 이 인식 과정의 필수조건이다. 그러나 또 하나의 조건, 더 근본적인 조건이 존재한다. 그것은 바로 태양 혹은 빛이다. 빛이 없이는 어떤 현실적 인식도 불가능하다. 마찬가지로 인간이 자신의 이성으로 이데아를 파악한다 해도 그러한 파악과정을 비추어 주는 현실 세계의 빛과 유비되는 신성한 빛이 없이는 모든 것이 불가능하다.

아우구스티누스는 이러한 진리의 빛이 이데아의 인식을 가능케 하는데 이 빛은 신의 권능에서 방출된다고 주장한다. 조명설은 플라톤의 '태양의 이데아'의 신학적 버전이라 할 수 있는 데 아우구스티누스에서는 이렇게 플라톤의 '상기설'이 '조명설(照明設)'로 대체된다.[43] 영원한 진리는 신이 내려 주는 인식론적 은총인 조명 덕분에 인간에게 주어지는 것이다.

아우구스티누스는 하나님의 진리에 도달하기 위해서는 무엇보다 인간 스스로에 대한 자아 인식이 우선되어야 함을 강조한다. 그 자신도 생애의 중반에 이르러 이러한 자아 인식을 『고백록(Confessiones)』에서 서술한다.

> "나는 나를 인식하시는 당신을 인식하고 싶습니다. 당신에게 인식되
> 어 있는 그대로를 인식하고 싶습니다."[44]

소크라테스나 플라톤에게 자아 인식은 고대 델포이 신전의 격언인 "너 자신을 알라."로 대표되었다. 인간은 자기 인식의 감각적 내용이 가지는 이면을 되물어야 하며, 스스로 이데아의 전제를, 그중에서도 선(善)의 이데아를 특별히 의식하지 않으면 안 된다는 것[45]이었다. 즉, 인간은 감각적 세계와 이성적 세계의 중간에 위치한 존재로서 오직 선[좋음]의 이데아의 빛 속에서만 자신의 감각성을 올바로 파악할 수 있다는 것[46]이다.

(3) 알기 위해 믿어라

이와는 대조적으로 아우구스티누스는 인간의 자아 인식을 하나님을 향한 온전한 전향으로 생각한다. 인간은 하나님의 형상으로 창조된 존재이기에 인간의 자아 인식은 필연적으로 하나님 안에서 이루어질 수 있다고 본 것이다. 따라서 아우구스티누스에게 자아 인식은 오로지 인격적으로 말을 걸어오시는 하나님을 인식하는 데서 비롯된다. 말을 걸어오시는 하나님의 인식은 인간의 자아 인식을 위한 선험적 조건이 되는 것이다. 인간은 믿으면서 자신의 인식 가능성을 전개할 수 있으며 인식은 신앙 속에서 그 자신을 강화하는 것[47]이다. 따라서 아우구스티누스는 "알기 위해서 믿는다"고 말한다.

알기 위하여 믿고, 믿기 위해서 알라(crede ut intelligas: intellige ut credas).

"알기 위해 믿는다"는 말은 신앙이 이성에 선행한다는 것을 가리키며 신앙을 진리 파악의 출발점으로 삼는다는 의미다. 믿음이 전제될 때 주어지는 인식론적 은총으로 인해 인간은 형이상학적 진리의 파악이 가능해진다는 것이다. 그렇다고 진리 파악에 있어 인간 이성이 수동적인 역할만 한다는 의미는 아니다. '인격적으로 말을 걸어오시는 하나님'을 인식하고 응답하는 것은 인간의 주체적인 활동이라는 점에서 인간의 능동적인 측면이 요구된다.

다시 말해 아우구스티누스의 조명설은 인간의 진리 인식은 '하나님과 계속 접촉'하면서 인간이 보는 것과 하나님이 보여 주는 것이 함께하는 것, 따라서 인간과 하나님이라는 두 인격이 만나는 것[48]임을 강조한다. 이렇게 믿음을 인식의 선험적 조건으로 놓았다는 점에서 아우구스티누스의 인식론은 기독교의 인식론적 도그마의 전형적인 형태를 정립했다고 할 수 있다.[49]

그렇다면 지식 혹은 진리를 추구하는 목적은 무엇인가? 아우구스티누스는 지식을 추구해야 하는 이유는 지식 자체를 획득하는 것이 아니라 지식을 통해 진정한 행복을 얻기 위한 것이라고 말한다. 참된 행복을 경험하기 위한 필수적인 조건으로 참된 지식의 추구가 요구되는 것이다. 아우구스티누스에게 인간은 신의 형상으로 창조된 피조물이기에 인간의 궁극적 행복은 하나님 안에서 찾을 수밖에 없다. 진리와 행복은 분리될 수 없는 것이다. 따라서 그는 실제적이고 실존적인 관심에서 하나님 자체인 진리의 추구를 통해 행복을 성취하는 것이 목표였다. 지식을 추구하는 목표가 행복을 얻기 위한 것이기에 신앙과 이성은 서로 분리될 수 없는 것이었다.

2) 기독교와 인간 구원

(1) 구원은 예수 그리스도의 은총

기독교는 유대교나 이슬람교 같은 셈족 계통의 종교와 마찬가지로 유일신 종교다. 기독교는 '유대교에서 세계 창조주라는 관념을 받아들였고',[50] 창조된 세계를 예수에 의해 구원되어야 할 불행과 죄악에 물든 장소로 간주한다. 이렇게 기독교와 다른 셈족 계통의 종교와의 명확한 차이는 바로 '예수 그리스도(Jesus Christus)'라는 존재다. 다시 말해 역사적 인물인 나사렛 사람 예수가 하나님의 아들이며 죄악에 물든 인류를 구원하러 온 구세주라는 믿음이다.

아우구스티누스는 초대 교회 때부터 정형화된 예수 그리스도에 대한 교의를 받아들이고 그리스도론에 대한 더욱 체계적인 신학적 견해를 제시했다. 전술한 바 대로 아우구스티누스는 플로티노스의 철학을 기독교 교의와 연계시키는 데 집중했다. 그러나 플로티노스가 진리를 알 수 있게는 하지만 진리에 도달하는 방법들을 제공하지 못한다[51]는 한계를 인식하게 된다. 대신 아우구스티누스는 구원의 방법을 예수 그리스도의 은총을 강조한 바울의 서신을 통해 깨닫게 된다. 결국 아우구스티누스는 구원의 조건으로 인간의 자유의지보다는 신의 은총(grace)을 강조하는 신학을 제시한다.

신의 은총을 강조하게 된 배경에는 원죄와 자유의지에 관련한 두 번에 걸친 논쟁이 있었다. 하나는 391년부터 399년까지 마니교와 가졌던 논쟁이며, 다른 하나는 412년부터 430년까지 무려 18년 동안 진행된 펠라기우스(Pelagius)주의와의 논쟁이다.[52] 이 두 번의 논쟁에서 아우구스티누스는 원죄와 자유의지 및 은총에 대해 상반된 것처럼 보이는 견해를 내세운다.

마니교와의 논쟁에서는 구원의 예정설 혹은 운명론을 주장하는 마니교에 대항하여 인간의 자유의지를 강조했다. 반면에 펠라기우스주의와의 논쟁에서는 이들이 자유의지를 지나치게 강조하고 신의 은총을 소홀히 한다고 비판한다. 아담과 이브는 자유의지에 따라 원죄를 지었기에, 그 후손인 인간의 자유의지는 손상되었으며 결국 신의 은총을 통해 인간은 구원받을 수 있다는 것이다.

아우구스티누스는 기독교인의 삶에 있어서 시종일관 하나님의 은총이 자유의지에 우선한다는 점을 강조한다. 기독교의 신은 최고선이기 때문에 자기충족적이며, 따라서 그 신이 주는 모든 것은 자유롭게 그리고 무상으로 주어지는 것이다. 이런 의미에서 신의 모든 작업들은 하나의 은총이다.[53] 인간은 반드시 존재할 만한 가치를 지니고 있지 않았음에도 어떤 사물이나 동물처럼 만들어진 것이 아니라 자신의 창조주의 형상에 따라 만들어진 것은 그 자체가 바로 은총이라는 것이다.

(2) 펠라기우스의 은총론 비판

아우구스티누스의 은총론(恩寵論)은 펠라기우스주의를 비판하는 과정에서 더욱 명확하게 드러난다. 영국 출신의 평신도 금욕주의자인 펠라기우스는 동방 기독교 신학 전통으로부터 영향을 받아 인간의 본성에 대해서 아우구스티누스보다 훨씬 긍정적인 시각을 견지했다. 은총을 강조하는 아우구스티누스의 사상은 신의 지시를 따라 행동해야 하는 인간의 능력을 절망에 빠뜨리고 동시에 신의 은총마저 값싼 은총으로 전락하게 만든다고 비판한다.

인간의 의지까지 포함해 모든 것을 단지 신의 은총으로 돌리는 주장은 결국 인간을 한없이 무기력하게 만들어 파국에 이르게 할 뿐이라는 것이다. 기독교인들이 하나님에게 바치는 예배의 요체는 도덕적 행동에 있는 것이지 자신의 신비적인 감정에 흘러 방종에 빠지는 것이어서는 안 된다고 주장한다.[54]

펠라기우스는 모든 인간이 아담으로부터 원죄를 물려받았기 때문에 자유의지가 손상되었으며, 자신의 결심과는 다르게 악한 행동을 하게 된다는 아우구스티누스의 주장을 비판한다. 인간이란 원죄에 물들어 태어나는 것이 아니라 자유롭게 아무런 죄의 상태가 아닌 상태에서 태어난다는 것이다. 죄는 단지 자유 선택의 잘못된 사용이라는 것이다. 그는 아담이 죄를 지었을 때 인류가 동참했으므로 인류 모두가 죄를 진 상태이며, "아담이 지은 죄가 성교(性交)에 내재한 정욕을 통해 다음 세대로 전염"[55]된다는 아우구스티누스의 주장을 철저히 배격한다.

펠라기우스는 죄는 육체적으로 유전되는 것이 아니기에 인간의 자유의지에 따라 인간은 죄에서 벗어날 수 있다고 주장한다. 그는 단언한다. "인간이 심사숙고해서 선택한 행동이 아니라면 그 어떤 행동도 죄가 될 수 없다."[56] 펠라기우스에 따르면 은총은 인간의 행동을 도와주는 것이지 모든 것을 통제하는 것이 아니다. 마치 바람을 이용한 항해가 수월하지만 바람과 돛이 없이도 노를 저어서 자신이 원하는 방향으로 배를 나아가게 할 수 있는 것과 마찬가지라는 것이다. 펠라기우스는 "인간은 예수를 모범으로 삼고 그 가르침을 지켜 나감으로써 스스로 축복을 얻을 수 있다."[57]라는 점을 강조한다.

(3) 원죄로부터의 회복은 신의 은총뿐

그러나 아우구스티누스는 원죄로 인해 손상된 자유의지의 무력감을 강조한다. 그는 『신국론(De Civitate Dei)』에서 원죄를 짓기 이전의 인간 상태를 다음과 같이 묘사한다.

> "신이 인간을 창조했던 상태는 현재의 상태보다 더 뛰어난 것이었다. 인간은 죄를 짓기 전에 신의 평화로운 사랑을 본질로 하는 삶을 살았다. 수고 없이 신을 사랑했던 사람은 어떠한 죄도 짓지 않았다. 죄를 짓지 않은 그는 어떠한 악, 고통, 슬픔에도 종속되지 않았다. 따라서 그는 타락하지 않았고 불멸했다."[58]

최초의 인간인 아담은 자연적인 불완전함이 없이 창조되었고, 완전한 육체의 건강과 영혼의 평화 속에 있었다는 것이다. 아담에게는 신의 의지를 따르면 영원히 죽지 않는 불멸을 얻어 낼 가능성도 있었다. 이러한 최초 인간의 완전함의 상태는 창조물의 권리나 공과 물에 기초하는 것이 아닌 오로지 '신의 값 없이 주는 선물'[59]일 뿐이다.

아우구스티누스에 따르면 이러한 신의 은총으로 인한 인간의 완전함 상태를 깨뜨린 것이 바로 인간 자유의지의 악용이다. 아담이 악마의 유혹에 빠져 신의 명령을 거스르는 죄를 지은 결과 모든 후손이 그의 죄를 원죄로 갖게 되었다. 인간은 탐욕의 욕망을 자신의 의지로 제어할 수 있는 자유의지를 거부한 것이다. 아우구스티누스는 욕망과 의지의 불일치는 죄의 결과일 뿐이고, 죄의 원인이 될 수 없다[60]고 강조한다. 따라서 악의 근원은 오직 인간의 의지, 특히 인간의 교만함에서 찾는다. "교만함이란 자신의 것이 아닌 품격까지 자신을 고양시키려는 욕망 충족을 위해, 그리고 자신이 자신의 고유한 원리가 되기 위해서 그가 지켜야만 했던 원리들을 포기하는 것"[61]이다.

토미스트 철학자인 에티엔 질송(Étienne Gilson)이 말한 대로 아우구스티누스가 원죄의 결과들을 언급할 때마다 항상 내세우는 원죄의 두 가지 결과는 탐욕과 무지다.[62] 아우구스티누스에 따르면 탐욕은 의지의 교만에 따른 무질서이다. 의지의 교만이 바로 본질적으로 원죄이다. 그리고 아담이 지은 죄가 인류 대대로 전달되어 인간 본성의 악이 되었다. 아담에 의해서 타락한 본성이 선한 본성의 자리를 빼앗았지만 그렇다고 신에 의해 계획된 본래의 본성이 아담의 죄에 의해 완전히 파괴되었다고 생각해서는 안 된다.[63] 그 본성은 신의 선물이었으며, 신이 자신이 준 모든 것을 제거했다면 본성은 존재하지 못했을 것[64]이기 때문이다.

그렇다면 죄에 물든 인간 본성을 어떻게 회복시킬 수 있는가? 아우구스티누스는 인간에 의해 파괴되었던 선이 어떻게 같은 인간에 의해 회복될 수 있겠느냐고 반문한다. 신의 창조적 힘과 다름없는 것이 인간의 본성을 세우기 위해서 요구된다고 주장한다.[65] 다시 말해 인간 본성을 재확립하기 위해서는 참된 재창조가 필요하게 된다는 것이다. 그 참된 재창조가 바로 예수 그리스도의 십자가의 공로로 인한 은총에 의해서 이루어진 것이다. 신의 은총만이 죄를 없앨 수 있으며 은총을 얻는 것은 인간 구원에 필수조건이 된다.

아우구스티누스에게는 펠라기우스주의에서 주장하듯이 인간이 선한 공로를 통해 은총을 획득할 수 있다고 생각하는 것은 논리적 모순이다. 만일 인간의 공로에 의해 은총 획득이 가능하다면 그것은 무상으로 주어지는 것이 아니며, 그러면 그것은 더 이상 은총이 아니기 때문이다. 아우구스티누스에게 은총의 시작은 신앙이다. 신앙이 인간의 행함을 통한 공로에 앞선다. 그러므로 인간은 자신이 수행한 선행이나 공로의 결과로 은총을 받았다고 생각해서는 안 된다. 오히려 인간이 신앙과 은총을 받지 않았다면 선행들을 행할 수 없다고 생각해야만 한다.[66]

③ 아우구스티누스와 기독교 교육사상

아우구스티누스 이전의 중세 교부철학 시대는 기독교와 그리스 철학이 최초로 접촉하여 대결을 벌이고 기독교 내부에서도 다양한 논쟁이 일어났던 시기이다. 그 결과 외적으로는 강력하고 통일적인 교회의 기초가 마련되었으며, 내적으로는 기독교 근본 교리가 확립되었다.[67] 아우구스티누스는 기독교 교의가 확립되어 가던 교부철학 제2기에 살면서 기독교적 철학과 교의를 통일된 체계로 발전시켰다. 동시에 기독교 평생교육사상의 기본적인 틀을 형성하였다고 할 수 있다. 왜냐하면 기독교 평생교육사상의 핵심인 예수는 역사적 인간이면서 동시에 하나님이라는 기독교 교의가 확립되었기 때문이다.

아우구스티누스는 예수를 하나님으로 고백한다. 역사적 예수는 하나님이며, 하나님과 동일한 위격을 갖는 성자(聖子)로서 삼위일체(三位一體)의 한 위격을 차지한다는 니케아공의회 이후 초대 교회 때부터 형성되어 온 예수 그리스도론을 확립시킨다. 이로써 예수는 구원자 그리스도로서 기독교 신앙은 물론 기독교 교육의 목표와 방향을 설정하는 준거가 되었다. 또한 아우구스티누스와 아퀴나스는 하나님을 무에서 유를 창조한 조물주로 선포함으로써 기독교 신학의 그들에게 영향을 미쳤던 플라톤주의 혹은 신플라톤주의와 결별한다.

아우구스티누스에 의하면 신은 세계를 창조하면서 인간에게 자연적이고도 초자연적인 목표를 추구할 수 있는 천성을 부여하였다. 따라서 인간은 교육을 통해 그 천성을 계발시켜 은총의 상태에서 신과의 신비스러운 합일을 이룰 수 있는 존재라는 점을 강조한다. 신은 인간에게 자유의지라는 큰 은총을 내렸기 때문에 인간은 자신의 행동을 스스로 결정할 수 있게 되었다.

그러나 창세기의 아담과 이브가 자유의지를 악용해 타락하였고, 그 원죄에 물든 인간은 악을 야기하는 성향을 갖게 되었다. 또한 원죄를 지어 파괴되었던 신과 인간과의 관계를 회복시키기 위해서는 참된 재창조가 필요하게 되었다고 주장한다. 그 참된 재창조가 바로 예수 그리스도의 십자가의 공로로 인한 은총에 의해 이루어졌다는 것이다. 따라서 신의 은총만이 죄를 없앨 수 있으며 은총을 얻는 것은 인간 구원에 필수 조건이 된다.

아우구스티누스는 지식 혹은 진리를 추구하는 목적은 지식 자체를 획득하는 것이 아니라 지식을 통해 진정한 행복을 얻기 위한 것이라고 말한다. 그런데 인간은 신의 형상으로 창조되었기에 인간의 궁극적 행복은 하나님 안에서 찾을 수밖에 없다. 기독교 교육에서 지식과 진리를 찾는 궁극적인 목적은 하나님 안에서의 행복에 있다는 것이다. 다시 말해 실제적이고 실존적인 관심에서 하나님 자체인 진리의 추구를 통해 행복을 성취하는 것이 기독교 교육의 목표라는 것이다.

> "이제 내가 사람들에게 "진리를 기뻐하겠느냐? 아니면 거짓을 기뻐하겠느냐?"라고 묻는다면, 모두 다 주저 없이 "진리를 기뻐하겠노라."라고 말할 것이니, 이는 "행복을 원하노라."라는 대답을 주저 없이 하는 것과 마찬가지이다. 그런즉 행복한 삶은 진리를 기뻐하는 것이다……. 이 복된 삶은 모든 사람이 원하는 것이다. 오직 이러한 삶이야말로 모든 사람이 바라는 진정 복된 삶이니, 곧 진리로 인하여 기뻐하는 삶이다."[68]

아우구스티누스에 따르면 "참 종교에 선하고 행복한 삶의 길이 있으며, 그 참 종교란 하나이신 하나님을 예배하고, 지극히 순수한 경외심으로 하나님을 자연 만물의 원천으로 인정함에 있다."[69] 따라서 참된 종교인 기독교에서 신을 직관하고 인식함으로써 참된 행복을 발견할 수 있다는 것이다. 아우구스티누스는 이를 위해서는 무엇보다 자아 인식이 우선되어야 함을 강조한다. 그 자아 인식은 하나님을 향한 온전한 전향이다. 인간은 하나님의 형상으로 창조된 존재이기에 인간의 자아 인식은 필연적으로 하나님 안에서 이루어질 수 있다고 본 것이다. 기독교 교육의 우선적인 목표는 인격적으로 말을 걸어오시는 하나님을 인식하는 데서 비롯된다.

주석

1 Störig, H. J. (1950). *Kleine Weltgeschite Der Philosophie*. 박민수 역(2018). 세계철학사. 서울: 자음과 모음, p. 312.

2 이정우(2018). 세계 철학사 1: 지중해 세계의 철학. 서울: 도서출판 길, p. 616.

3 Weischedel, W. (1971). *Der Gott Der Philosophen*. 최상욱 역(2003). 철학자들의 신. 서울: 동문선.

4 Störig, H. J. (1950).

5 박승찬(2011). 가톨릭 교육의 스승 아우구스티누스. 가톨릭철학, 17, 5–54. 418.

6 신재식(2008). 신앙과 이성 사이에서: 아우구스티누스와 아퀴나스. 서울: 김영사, p. 40.

7 Störig, H. J. (1950), p. 337.

8 Weischedel, W. (1971).

9 Augustinus, A. (2008). *Confessions: World Book 5*. 김희보, 강경애 역(2010). 고백록. 서울: 동서문화사, III, 4. 7.

10 Augustinus, A. (2008). III, 4. 8.

11 같은 책, III, 5, 9.

12 같은 책, V, 10, 9.

13 송유례(2009). 플로티노스 철학 입문. 철학사상, 33, 307–321.

14 Augustinus, A. (2008), V, 10, 18.

15 Weischedel, W. (1971), p. 165.

16 Enn.III 2[47]5. 플로티노스의 철학은 제자인 포르피리오스에 의해 전해진다. 대표적인 저작이 스승 플로티노스가 타계한 지 30년 후인 4세기 초반에 간행한 『엔네아데스(Enneades)』다. 포르피리오스는 플로티노스의 철학을 주제에 따라 편집하여 9편씩의 논문을 6권으로 정리하였다. 그리스어 ennea는 '아홉'을 의미하며, enneades는 '아홉 편씩 묶인 책이라는 뜻이다. 포르피리오스가 9와 6을 조합한 이유는 숫자 6(6＝1＋2＋3, 1×2×3이기도 하다)과 첫 수들(1부터 10까지)의 마지막으로서 전체성의 상징인 9를 곱한 합이 되게 하기 위함이었다(참고: O'Meara, 1993, pp. 17–32).

17 Augustinus, A. (2008), III, 12.

18 같은 책, VII, 9, 13.

19 신재식(2008), p. 61.

20 Solomon, R., & Higgins, C. (1996). *A Short History of Philosophy*. 박창호 역(2015). 세상의 모든 철학. 서울: 이론과 실천.

21 Augustinus, A. (2011). *De Vera Religione*. 성염 역(2011). 참된 종교-교부문헌총서 3. 경북: 분도출판사, p. 39.

22 Augustinus, A. (2008), VII, 9, 14.

23 Augustinus의 『독백』, 1, 2, 7.

24 Augustinus, A. (2008), VI, 20, 26.

25 Solomon, R., & Higgins, C. (1996); Störig, H. J. (1950); 이정우(2018); 신재식(2008).

26 Störig, H. J. (1950).

27 같은 책, p. 341.

28 같은 책, p. 332.

29 이정우(2018), p. 615.

30 신재식(2008), p. 100에서 재인용.

31 성령이 오직 성부에게서만 나온다는 교의는 325년 니케아신조에 나온다. 이 신조는 동방
교회와 서방교회가 모두 동의한 문서다. 이를 따르던 동방교회와 달리 이후 서방교회는
'아들로부터'란 단어를 삽입하여 성령이 성부와 성자 모두에게서 나온다고 고백했다. 이중
출원 논란은 결국 1054년 동방교회와 서방교회가 분열하는 빌미로도 작용했다(참고: 신재
식, 2008, pp. 100-101).

32 Gilson, E. (1929). *Introduction a L'eude de Saint Augustine*. 김태규 역(2011). 아우구스티
누스 사상의 이해. 서울: 성균관대학교출판부, p. 459.

33 Augustinus, A. (2011), p. 83.

34 반대로 신을 능동인으로서 세계를 창조한 자로 해석하게 되면 신플라톤주의를 벗어나는
것이다. 또한 완전한 하나님이 왜 자신의 바깥에 타자를, 즉 세계를 창조했는가의 문제가
제기된다. 이 문제는 중세 신학의 중요한 문제로서 자주 다루어지며, 스피노자나 헤겔이
초월적 신 개념으로부터 벗어나려 한 이유 중 하나도 이 문제에 있었다(이정우, 2018,
p. 629).

35 신재식(2008), p. 971.

36 Störig, H. J. (1950), p. 34에서 재인용.

37 Störig, H. J. (1950), p. 343.

38 Gilson, E. (1929), p. 96.

39 신재식(2008), p. 70.

40 Cogito, ergo sum.(생각한다. 고로 나는 존재한다.)는 데카르트의 유명한 명제이지만 실
은 아우구스티누스가 훨씬 먼저 사용한 명제이다. 데카르트는 이 명제를 통해 근대철학의
문을 열었지만 아우구스티누스는 이 명제로 중세를 먼저 열었다는 것은 역사적이며 철학
적인 아이러니라 할 수 있다. 아우구스티누스가 이 명제를 통해 당시의 회의론자들을 반
박하고 중세와 기독교의 지배를 확고히 했다면 데카르트는 이 명제를 통해 나라는 존재를

신의 창조물로 본 중세적인 사유방식과 결별하고 근대철학의 문을 열었다.

41 Chadwick, H. (1986). *Augustinus*. 김승철 역(2001). 라틴 교부철학의 위대한 사상가: 아우구스티누스. 서울: 시공사, p. 46.

42 이정우(2018), p. 621에서 재인용.

43 같은 책, p. 622.

44 Augustinus, A. (2008), X, 1, 1.

45 Hoffe, H. O. (1994). *Klassiker der Philosophie, Volume 1 & 2*. 이강서 외 역(2001). 철학의 거장들: 고대, 중세편-고대 철학자에서 쿠자누스까지. 서울: 한길사, p. 312.

46 Plato (2016). 플라톤의 국가(박종현 역), 508e.

47 Hoffe, H .O. (1994), p. 327.

48 신재식(2008), p. 89.

49 이정우(2018), p. 622.

50 Störig, H. J. (1950), p. 329.

51 Gilson, E. (1929), p. 457.

52 신재식(2008), p. 107.

53 Gilson, E. (1929), p. 290.

54 Chadwick, H. (1986).

55 배철현(2015). 신의 위대한 질문. 경기: 21세기북스, p. 24.

56 Chadwick, H. (1986), p. 178.

57 Störig, H. J. (1950), p. 344.

58 『신국론(De Civitate Dei)』(XIV, 10) Gilson, 2011, p. 291에서 재인용.

59 Gilson, E. (1929), p. 292.

60 『신국론(De Civitate Dei)』(14, 12)

61 같은 책, 14. 12.

62 아우구스티누스의 해석가들은 탐욕이 원죄인가 아니면 그것의 결과인가를 토론한다. 아우구스티누스가 원죄와 이것의 결과인 첫 번째 탐욕을 동일시하지 않았다고 주장하는가 하면, 어떤 학자는 이런 주장에 반대한다. 그러나 질송은 전자의 주장에 동의한다. 만약 신이 인간을 탐욕에 속한 것으로 창조했다면 우리는 신에 의해서 의도된 본성의 상태와 타락한 자연의 상태를 본질적으로 구별할 수 없을 것이기 때문이다(참고: Gilson, 2011, 아

우구스티누스에 따르면 탐욕은 의지의 교만에 따른 무질서이다. 의지의 교만이 바로 본질적으로 원죄이다.).

63 Gilson, E. (1929).

64 『신국론(De Civitate Dei)』(14, 3. 22).

65 Gilson, E. (1929), p. 290.

66 『신국론(De Civitate Dei)』(1, 2. 2).

67 Störig, H. J. (1950), p. 316.

68 Augustinus, A. (2008). 제10권 23장 33절.

69 Augustinus, A. (2011), p. 27.

중세 스콜라철학과 기독교 신학의 완성

　고대 철학 사상과 기독교 교의(敎義)가 융합하는 첫 번째 시기인 아우구스티누스의 교부철학 시대가 끝나고, 중세 중·후반 들어 스콜라철학 시대가 전개된다. 스콜라철학(Scholastik) 시대는 세 시기로 구분된다. 초기 스콜라철학 시대는 9세기에서 12세기까지이고, 전성기의 스콜라철학 시대는 13세기이며, 후기 스콜라철학 시대는 14세기에서 15세기까지 이어진다.[1]

　스콜라철학 시대를 대표한 철학자이자 신학자는 토마스 아퀴나스(Thomas Aquinas, 1225~1274)이다. 스콜라철학 시대 중 전성기에 속하며 중세 기독교 철학이 가장 완전한 상태에 도달한 시기의 주인공이 바로 이 토마스 아퀴나스이다. 초기 스콜라철학 시대에는 스콜라철학의 고유한 방법이 완성되고 신학과 철학이 매우 긴밀히 결합하게 된다. 플라톤과 아리스토텔레스 철학을 모델로 삼아 보편적 개념의 타당성에 대한 논쟁이 일어나게 된다. 1200년부터 시작되는 중기 스콜라철학 시기에는 아리스토텔레스 사상의 영향력이 점차 커지는 가운데 중세 기독교 철학이 가장 완전한 상태에 도달하는 전성기를 맞게 된다.[2]

　스콜라철학은 교부철학과 마찬가지로 불가침의 영역인 신앙의 진리에 이성적인 기초를 제공하는 데 목표를 두었다. 그러나 교부철학과 구분되는 점은 아우구스티누스(Augustinus) 이후 800여 년이 흐른 시대 변화에 요구되는 교회의 변화된 상황에 맞추어 기독교 교의를 일목요연하게 정리하고 대중들이 이해하기 쉽게 설명하는 데 초점을 맞추었다는 점이다. 아우구스티누스에 의해 확립된 근본 교리를 철학적으로 정교화하는 작업에 헌신한 것이 스콜라철학이었다.

따라서 스콜라철학에서는 진리의 발견은 관심의 대상이 아니었다. 진리는 이미 계시된 구원 진리라는 형태로 주어져 있었기 때문에, 그 진리에 철학적 근거를 부여하고 그 진리를 증명하고 올바로 해석해 체계화시키는 것만이 중요한 문제였다.[3] 이러한 기독교 교의의 설명과 체계화 및 증명, 그리고 기독교적 세계관에 입각한 삶에 대한 이론을 구축[4]하는 중심에 아퀴나스가 있었다.

 # 1 아퀴나스와 초월적 신의 세계

스콜라철학의 주된 관심은 초월적 세계, 하나님과 천사, 그리고 성인의 세계이다.[5] 따라서 아퀴나스의 관심은 눈에 보이는 세상의 현상적 사물이 아니라 볼 수 없는 영혼의 궁극적인 본질에 있었다. 그런데 영혼의 영역은 경험적 분석에 의해서가 아니라 오로지 이성적 사고에 의해서만 인식될 수 있다. 그 인식방법으로 가장 중요하게 등장한 것이 논리학이며, 특히 연역적 삼단논법적 논리이다.[6]

1) 아리스토텔레스의 절대적 영향

논리학의 원조는 고대 그리스의 아리스토텔레스이다. 그러므로 아퀴나스의 스콜라철학에서 계시된 구원 진리에 철학적 근거를 부여하고 해석해 내는 데 중요한 영향력을 행사한 철학적 바탕은 아리스토텔레스 철학이었다. 물론 아리스토텔레스가 중요시된 이유가 단지 논리학 때문만은 아니다. 시대의 변화에 따라 교회는 신앙 문제에 있어서 더 이상 성서나 교부신학, 공의회, 교황과 같은 과거의 권위들에만 의지할 수 없게 되었기 때문이다.

(1) 아리스토텔레스와 신앙의 결합
이와 때를 같이하여 12세기에 들어서는 그 이전까지 전혀 알려지지 않았던 아리스토텔레스의 모든 저작이 이슬람문화를 통해 점차 서양에 알려지게 되었다. 기독교 초대 교회가 아리스토텔레스에 대해 회의적 태도를 보인 것과는 대조적으로 13세기 기독교에서는 아리스토텔레스의 연구를 공인하였다. 심지어 교회는 아리스토텔레스를 읽지 않은 사람은 교사직에 오를 수 없다는 규정마저 내렸다.[7]

토마스 아퀴나스는 아리스토텔레스의 영향을 크게 받았다. 물론 그의 신학은 아리스토텔레스의 철학을 기독교적 틀 안에서 재해석해 나온 것이다. 그는 아리스토텔레스의 제1 원인을 기독교의 신으로 대치하여 '기독교화'[8]한 셈이다. 그가 아리스토텔레스의 사유기반을 형성하는 데 결정적 영향을 미친 사람은 스승인 대(大) 알베르투스 마그누스(Albertus Magunus, 1200~1280)였다. 도미니코 수도회의 석학인 알베르투스는 그리스의 철학과 과학이 기독교 사상에 유익할 수 있다는 것을 간파하고 아리스토텔레스의 사상을 전파하는 선구적 역할을 했다. 또한 그 역할을 제자인 아퀴나스에게 넘겨주어 아리스토텔레스와 기독교 신앙을 결합하는 학문적 노력을 경주하게 만들었다. 그 결과 아퀴나스가 얼마나 아리스토텔레스의 중요성을 당연시했는지는 아리스토텔레스를 철학을 대표하는 '그 철학자'라고만 지칭[9]한 점에서도 드러난다.

아퀴나스는 아우구스티누스와 마찬가지로 기독교 신앙의 기초는 이성임을 강조한다. 이성과 계시는 각자 고유의 영역이 있을 뿐 이성에 기초한 철학적 탐구가 기독교 신앙과 양립 가능하다는 것이었다. 그러나 플라톤주의의 영향을 받은 아우구스티누스와는 대조적으로 자연에 내재된 법칙은 이성적이라는 사실을 입증하는 데 학문적 노력을 경주하였다. 초자연적 세계만을 실재(實在)로 규정한 플라톤과 달리 아리스토텔레스의 철학을 이어받은 아퀴나스는 자연 세계 역시 실재이며 이성을 통해 자연 세계에 대한 진리를 배울 수 있다는 점을 강조했다.[10] 그는 『영혼에 대하여(De Anima)』에서 다음과 같이 단언한다.

　　"비록 하나님이 제1의 보편적 작용인이라 할지라도, 자연 사물 속에도
　　고유한 작용력이 주어져 있다."[11]

신이라는 제1 원인뿐만 아니라 피조물이라는 제2 원인도 필요하다는 주장이다.

아퀴나스는 피조물인 인간 존재는 세계의 일부이기에 인간 이성은 동등한 독자성을 갖고 있으며, 특별한 조명 없이도 진리를 인식할 수 있다고 주장한다. 그에 따르면 이성을 통한 지식과 신앙의 출처는 모두 신이기에 하나님이 인간에게 부여한 것이며 최종적으로는 모순되지 않는다. 따라서 자연적 인식(cognitio naturalis)이 신학의 전제가 된다. 아퀴나스는 신학을 위해서는 '자연적 인식'을 위한 철학이 필요하다는 전제하에 아리스토텔레스 철학을 받아들인 것이다.

(2) 신에 대한 플라톤주의와의 논쟁

그러나 당시의 교황청과 몇몇 신학자들은 아리스토텔레스의 형이상학적이고 자연주의적인 사상이 기독교 교의와 배치(背馳)된다는 점을 들어 거부하였다. 특히, 그들은 세계는 시작이 없이 영원히 존재해 왔으며, 세계의 지속적인 존재는 신에 의존하지 않는다는 아리스토텔레스의 견해를 거부하였다.[12]

전술한 바대로 아퀴나스 이전까지 서양 기독교의 첫 1200년대는 신플라톤주의를 통한 플라톤 철학이, 특히 아우구스티누스에 의해 기독교 교의에 절대적 영향력을 행사해왔기 때문이다. 플라톤에게 이데아는 절대적 상존자(常存者)로서 자체 동일성을 지닌다. 따라서 지각 가능한 현상들의 존재 여부와 관계없이 보편적이고 독립적으로 존재하며 현실적인 경험으로부터 분리되어 있다. 이러한 플라톤의 신비주의적인 '극단적 실재론'[13]은 기독교 하나님의 표상으로서 적절한 이론으로 받아들여졌다.

플라톤에 의하면 인간의 경험세계는 이데아와 비교하면 본질적 사멸성(死滅性)을 지닌 비존재이다. 이데아는 보편적으로 존재하는 실재[보편자(universalia)]인 반면, 감각 경험의 세계에 속하는 개별 사물들[특수자]은 소멸 가능한 대상들이다. 따라서 지금 현재, 차안(此岸)의 세계는 내세, 즉 피안(彼岸)의 세계를 지향할 수밖에 없다.

현실과 플라톤의 형이상학적 이원론은 자연스럽게 가치 문제와 연계된다. 인간은 영혼과 육체로 구분되며 선재하는 영혼이 본래적 인간이다. 현실과 자연적인 것은 무시된다. 언젠가 사멸할 육체는 이데아의 직관을 다시 기억해 내는 플라톤의 상기(anamnesis)를 방해할 뿐이다. 이러한 플라톤의 사상이 기독교와 만나면서 기독교 신학 형성에 결정적 영향을 미쳤다[14]는 것은 쉽게 이해할 수 있다.

그러나 아리스토텔레스는 플라톤과 마찬가지로 정신과 물질의 구분, 정신적인 것이 참된 선이며 실재라는 이원론을 공유했지만 그 전개 방식에는 큰 차이가 있었다. 플라톤이 정신과 물질을 완전히 구분하고 이데아(idea)가 생성소멸을 벗어난 참된 실재라고 주장했지만 아리스토텔레스는 질료(質料, materia)와 형상(形相, forma)계의 구별은 가능하지만 하나의 실재의 두 측면이라고 주장했다.

예를 들어, 로댕의 조각 작품에서 조각의 모습은 형상이며, 조각의 재료인 대리석은 질료다. 질료인 대리석은 한정되거나 형태가 갖추어져 있지 않은 것이지만 로댕의 형상과 결합되어 무엇이든 조각될 수 있는 가능성을 내포하고 있다. 질료와 형상은 구별은 되나 실제로 구분되지는 않는다는 것이다. 플라톤의 이데아와 달리 아리스토텔레스의 형상은 독립적인 실재가 아니라 개별적인 사물 (particularia) 속에 내포되어 있다. 아리스토텔레스는 이렇게 형상과 질료를 가진 사물을 실체(substance)라 규정한다. 보편자는 실체의 보편적 형상으로서 개별 사물들 안에 존재하는 것이다. 예를 들어, 정의로운 사람이나 정의로운 사회가 존재하는가와 무관하게 독립적으로 존재하는 정의의 보편자는 없는 것이다. 정의는 독립적 존재가 아니며 오직 정의로운 사회들과 정의로운 개인들 안에 존재하는 것이다.[15]

2) 신에 대한 인식론 제기

(1) 하강철학과 아퀴나스의 상승철학

그렇다면 인간은 보편자를 어떻게 인식할 수 있는가? 다시 말해 지식, 신에 대한 인식론의 문제가 제기된다. 아리스토텔레스에 기반한 아퀴나스의 인식론은 플라톤주의에 바탕을 둔 아우구스티누스와 대비된다. 아우구스티누스주의는 모든 참된 지식은 하나님이 빛을 비추어 준 결과라는 조명설을 주장한다. 따라서 계시와 이성이 구별될 수 없다는 입장이다. 반면에 아리스토텔레스에 기반한 아퀴나스는 이성과 계시를 명확히 구분하고 감각이 지식을 획득하는 데 중요한 역할을 한다는 점을 강조한다.

여기서 아퀴나스는 신앙의 신학과 철학적 신학을 구분한다. "성스러운 가르침에 속하는 신학은, 철학의 일부분으로 시도되는 신학과는 그 종류에 있어 상이하다."[16] 아퀴나스는 그 차이를 출발점의 상이함에서 본다. "첫째 고찰은 피조물을 향하고 마지막 고찰이 신을 향하는 데 반해, 신앙의 가르침에서는 우선 신의 고찰이 오고 그다음 피조물에 대한 고찰이 온다."[17] 철학적 신학은 신의 계시로 오는 것이 아니라 신을 향한다. 출발점이 신이 아닌 피조물이다. 다시 말해 우리의 자연적 이성은 감각 인상들로부터 시작되지만 우리는 추상을 통해 대상들 속의 보편적 원리들(보편자들)을 인식한다.[18]

이러한 견해는 하나님의 빛에 의해, 즉 신적 계시를 통해 인간에게 내려옴으로써 보편적 원리를 인식할 수 있다는 아우구스티누스의 하강(下降)의 철학과 대비된다. 아퀴나스는 인간의 자연적 이성은 구체적 개체인 피조물을 통해 하나님의 인식으로 나아간다는 '상승(上乘) 철학'[19]을 제시한다. 우주는 인간과는 다른 고차원의 존재에 의해 창조되었지만 인간은 초자연적 존재의 개입이 없이 자연적 이성을 통해서도 우주의 많은 원리들을 이해할 수 있다는 것이다. 신앙으로 계시된 진리만이 전부는 아니라는 것이다.

> "신이 존재한다는 사실, 그리고 그와 같은 것은 자연적 이성을 통해 알려질 수 있다."[20]

신이 존재하며 오직 신만이 존재할 수 있다는 것은 이성이 스스로 인식할 수 있는 진리라는 것이다. 따라서 철학은 이런 진리를 발전시켜 기독교의 신앙과 신학에 기여할 수 있다고 주장한다.

그러나 아퀴나스는 이성이 인간을 신으로 인도할 수는 있지만 인간 이성으로는 신의 본질을 결코 파악할 수 없다는 이성의 한계를 강조한다. 근원적인 것은 합리적 인식 과정으로 파악되지 않는다는 것이다. 그에 따르면 삼위일체나 성육신, 육신의 부활 같은 기독교 교의는 인간의 이성만으로 인식할 수 없고 오직 계시만으로 알 수 있다. "신의 활동들로부터 신이 존재한다는 사실이 증명될 수는 있지만······ 우리는 그 활동들로부터는 신을 그 본질에 따라 완전히 인식할 수는 없다."[21]

특히, "자연적 이성을 통해 신적 인격의 삼위 일체성에 대한 인식에 도달하는 것은 불가능하다."라고 강조한다. 그러한 불가사의는 신적 계시의 내용이기에 믿음을 통해서만 받아들일 수 있는 초자연적 진리라는 것이다. 그렇다면 철학의 역할은 이러한 초자연적 진리를 증명하는 것이 아니라 이에 대한 반론을 무력화시키는 데 기여해야 한다. 철학의 스콜라철학적 기능, 즉 오직 신학적 목적에 봉사하는 도구로서의 기능은 아퀴나스의 사상에서 정점에 이르게 된다.[22]

(2) 이성을 통한 신 존재 증명

아퀴나스는 신 존재 증명을 감각을 통해 인식하게 된 사실과 대상을 출발점으로 한다. 현실 세계에서의 경험을 통해 접근하는 후험적(後驗的)인 증명 방법이다. 신이 인간에게 특별한 천성을 부여하였기에 인간은 이성을 통해 일상적 경험의 대상인 세계의 지성적인 구조를 인식할 수 있으며, 나아가 신을 인식할 수 있는 통찰력도 얻게 된다는 것이다. 이러한 견해는 육체적 감각을 통해 신을 증명할 수 없다는 아우구스티누스주의와 대조적인 입장이다. 아우구스티누스의 신 존재 증명은 신앙을 중시하고 인간의 사유에서 출발하는 선험적(先驗的)인 존재론적 증명[23]이기 때문이다. 아우구스티누스는 사유에서 출발한 반면 아퀴나스는 경험에서 신 존재 증명의 출발점을 삼은 것이다.

전술한 바대로 아퀴나스는 신의 존재는 이성을 통해 증명될 수 있다고 강조한다. 그는 자신의 유명한 신 존재 증명의 다섯 가지 길(quinque viae)에서 제1 원인(causa prima)을 상정하면서 논의를 전개한다. 그의 신 존재 증명은 우연(偶然)한 존재들에 대한 이성적 분석, 혹은 실제 존재로부터 궁극적인 설명을 이끌어 내는 추론에 기초한다. 예를 들어, 그 자신의 존재가 자신의 본성과는 다른 어떤 것인 모든 사물은 자신의 존재를 다른 어떤 것으로부터 받아들였어야만 한다. 모든 우연한 사물들의 운동은 다른 무엇에 의해 움직여지는 것이다. 움직여지면서 스스로 움직인다는 것은 불가능하기에 그들을 움직인 어떤 사물들에 인과적으로 의존하고 있다.

아퀴나스는 아리스토텔레스의 견해를 받아들여 이런 원인들의 행렬이 무한대로 순환할 수 없다고 본다. 아리스토텔레스는 운동에는 반드시 근원이 있다고 전제한다. 즉, "다른 어떤 것에서 비롯되는 모든 것은 최종적으로 그 자체로 존재하는 것으로, 즉 제1 원인으로 되돌아간다."[24] 제1 원인이 존재하지 않으면 원인들의 행렬은 무한대로 순환한다. 필연적으로 우리는 그 무엇에 의해서도 움직여지지 않은, 그 자체가 움직여진 것이 아닌 최초의 원동자(原動者)에 이르게 된다. 아리스토텔레스에 의하면 '부동의 원동자(Primum mobile immotum)'이다.[25] 다시 말해 다른 어떤 것으로도 움직여지지 않는 최초의 부동자(不動者), 혹은 제1 원인을 신(神)으로 이해하는 것이다. 아리스토텔레스의 신을 받아들인 아퀴나스에게도 신은 존재론적으로 우주의 궁극적 원인 혹은 근거가 된다.

여기서 주목해야 할 점이 있다. 특히, 기독교 평생교육에 시사하는 아퀴나스의 신학이다. 논리적으로 보면 신이 세계의 궁극 원인이기에 세계는 궁극적으로 신의 뜻에 따라, 즉 신의 섭리에 의해 움직인다고 볼 수 있다. 그러나 아리스토텔레스의 신은 자연의 궁극적 원인이고 사물의 원동력과 목적이며 전체를 현실화하는 엔텔레케이아(entelecheia)이지만 현재의 기독교의 신과는 차이가 있다. 이 신은 인격이라기보다는 신비한 힘, 순수한 활동력이기에 결코 행동하지 않는다. 신은 절대 완전이기에 아무것도 욕구하지 않고 아무 일도 하지 않으며 사물의 본질을 관조하기만 한다. 신이 하는 유일한 일은 자기 자신을 관조하는 것이다.[26]

아퀴나스의 하나님이 아리스토텔레스의 신 개념에 어떻게 영향을 받았는지에 대한 고찰은 차치하기로 한다. 그러나 아퀴나스의 신의 섭리에 대한 관점은 아리스토텔레스의 신 개념과 맥락을 같이하는 듯 보인다. 신은 전지전능한 분이기에 모든 것을 알고 인도한다는 논리가 가능하지만, 아퀴나스는 이런 논리가 세상의 모든 일들이 일일이 신의 섭리에 의해 조정된다는 것을 의미하지는 않는다는 점을 강조한다. 개인의 가정사에서부터 전 세계의 크고 작은 모든 사건들이 '신의 뜻'으로 간주하는 것은 기복신앙적 태도이다. 아퀴나스는 신의 섭리가 세계의 모든 운동의 유일하고 직접적인 원인이라고 생각하지 않았다.[27] 신이 궁극의 원인인 것은 분명하지만 세계에는 2차, 3차, …… 원인들이 혹은 목적들이 무수히 존재한다. 신적 차원의 인과(因果)를 세계적 차원의 인과와 같은 층위에서 논의할 수는 없다는 것이다.

② 인간 영혼의 불사성과 부활

1) 아리스토텔레스의 질료형상설

(1) 실체는 질료와 형상의 복합

아퀴나스의 인간에 대한 견해는 인간을 포함한 존재들의 위계적 사유에서 잘 드러난다. 존재의 최상에는 신과 천사들, 인간의 영혼들이 위치한다. 플로티노스(Plotinus)의 일자(the one), 정신(nous), 영혼(psyche)의 위계와 일치한다. 아퀴나스는 전반적으로 아리스토텔레스의 사상에 기초하지만 비물질적 실체들에 대한 논의에는 플라톤을 끌어들였고, 존재의 위계에 대해서는 플로티노스의 사상을 도입했다.[28] 아퀴나스에게 인간은 최상의 물질적 존재이다. 인간의 존재에 대한 물음은 육체와 영혼의 관계 규정에서 해답을 찾을 수 있다. 인간에 대한 존재론적 분석의 토대는 아리스토텔레스의 사상, 즉 '질료형상설(hylemorphism)'이다.

플라톤과 마찬가지로 아리스토텔레스는 변화하는 모든 사물에는 변화와 무관하게 지속되는 불변자가 있으며, 확실한 인식은 바로 이 불변자에게 결부될 때 가능하다고 보았다. 이 불변자를 플라톤의 이데아(idea) 혹은 에이도스(eidos)와 매우 흡사한 개념인 형상(forma)이라 생각했다. 그러나 형상은 형상이 부여되는 무엇, 즉 형상과 결합해서 형상이 드러나게 되는 무엇이 있어야 하는데 아리스토텔레스는 이를 '물질' 혹은 '질료(materia)'라 부른다. 아리스토텔레스는 질료와 형상의 복합체를 실체라 했다. 따라서 형상과 질료는 형식적으로만 구분되는 것이지 실체적으로 구분되지는 않는다. 형상은 질료 밖에서 구현되는 것이 아니라 질료 안에서 구현되기에 질료는 잠재태(potentia)이며 형상은 현실태(actus)가 된다.

(2) 아퀴나스의 질료형상설 수용

따라서 아리스토텔레스와 마찬가지로 아퀴나스는 모든 사물에는 실재하는 것처럼 보이는 것(actuality, 현실태)과 잠재적인 것(virtuality) 사이의 역동적 상호작용이 존재하는 것으로 본다.[29] 모든 것은 질료였던 어떤 것으로부터 성장한 형상이며 형상은 동시에 보다 높은 형상을 성장시킬 질료이다. 예를 들면, 어른이 형상이라면 어린이가 그 질료이고, 어린이가 형상이라면 태아가 그 질료이고, 태아가 형상이라면 난자가 그 질료이다. 따라서 질료는 형상의 가능성이고 형상은 질료의 현실태, 완성된 실재(實在)이다.[30] 형상은 사물의 영원한 원형일 뿐 아니라 단순한 형태에 그치지 않고 비형상적 질료가 현실성을 획득하도록 만드는 힘이다.

아리스토텔레스에 의하면 세계의 모든 것은 각기 특별한 실현을 위해 내면에서 일정한 방향으로 움직이고 있다. 모든 동물과 식물이 그렇다. 달걀은 오리가 아니라 병아리가 되도록, 도토리는 버드나무가 아니라 참나무가 되도록 내면적으로 계획 또는 결정되어 있다.[31] 다시 말해 만물은 스스로의 목적을 내면에 갖고 있는 엔텔레케이아(entelecheia, 완성태)에 의해 내면에서 그 목적을 향해 인도되고 있다. 아리스토텔레스는 이런 계획이 신의 어떤 섭리에 의해서가 아니라 사물의 내면적인 것으로 사물의 유형과 기능으로부터 생기는 것임을 강조한다.

영혼에 대한 아퀴나스의 견해도 아리스토텔레스의 이론에 기초한다. 아리스토텔레스의 질료 형상과 같은 맥락에서 아퀴나스는 영혼과 육체를 분리하는 플라톤 사상을 배격한다. 아퀴나스와 동시대인들은 대부분이 플라톤 사상의 영향을 받아 영혼을 본성상 질료로부터 독립된 영적 실체라고 규정하는 초기 그리스도교 사상가들의 이원론을 받아들이고 있었다.[32] 플라톤의 이원론은 나와 나의 영혼을 동일시하기에 나라는 인간이 영혼을 소유한다고 할 수가 없다. 그러나 영혼의 불사성(不死性)을 설명하기에는 적절한 이론으로 당시 종교인들에게 설득력이 있었다.

2) 인간은 영혼과 육체의 통일

아퀴나스는 인간을 포함한 모든 유기체는 영혼을 지닌다고 주장한다. 인간은 물론 동물과 식물도 살아 있을 경우 모두 영혼을 지니게 된다. 영혼이 있기에 모든 생명체는 생명 작용을 수행할 수 있다. 사람은 식물이나 동물이 갖고 있는 생명 작용 외에 사고 작용을 수행할 수 있다. 그 이유는 물질적 형상들은 육체를 통해야만 고유의 작용을 수행할 수 있지만, 인간 영혼은 육체 없이도, 즉 물질적 기관을 사용하지 않고도 자립해서 자신의 고유한 사고 작용을 수행할 수 있는 능력, 즉 지성(intellectus)을 소유하기 때문이다.

(1) 영혼은 생명의 제일 원리

사고 작용에는 인식과 의지가 포함된다. 인식은 무엇이 목적으로서 좋은 것인가를 파악하고, 의지는 그렇게 파악된 목적을 실현하기 위한 활동력으로서 실현을 위한 행동을 개시한다. 따라서 인식이 일차적 요소이며, 의지는 사전에 목적으로 설정된 것에 종속적인 충동으로 이해된다. 따라서 아퀴나스는 인간과 인간의 행위에 관하여 이성이 의지보다 우선한다는 일종의 주지주의(主知主義)를 표방한다.[33] 아퀴나스는 『신학대전』에서 영혼의 작용을 명확히 규정한다.

> (인간 영혼은) "우리로 하여금 근본적으로 생명을 가지도록 하고, 움직이게 하고, 감각작용을 하도록 하며, 사고 작용을 하도록 하는 것"이다.[34]

이런 이유로 인해 영혼은 유기체의 모든 생명 기능과 존재 방식을 책임지는 궁극적인 원인이라는 의미에서 '생명의 제일 원리(principium primum vitae)'라고 규정되기도 한다.[35] 아퀴나스는 아리스토텔레스의 철학대로 영혼과 육체를 질료와 형상의 관계로 본다. 형상이 질료와 분리될 수 없듯이 영혼 역시 육체와 분리되어 존재할 수 없다고 본다.

아퀴나스가 강조하는 것은 '영혼과 육체의 통일성'이다. 인간은 영혼과 육체의 결합이기 때문에 인간은 육체인 동시에 영혼이다. 영혼은 고유한 실체성을 가졌지만 오직 육체 속에서만 온전히 실현된다는 것이다. 아퀴나스는 인간 본성을 설명하기 위한 방안으로 영혼과 육체의 통일성에 대해 여러 저술에서 많은 분량을 할애하여 상세하게 다루고 있다. 인간 영혼은 육체의 형상으로서 불멸하지만 아리스토텔레스의 견해와 마찬가지로 영혼은 개별적인 육체와 결합한다. 아퀴나스에 따르면 영혼은 정신이며, 육체의 형상이기에 육체와 영혼의 결합은 육체로 인해 이루어지는 것이 아니라 영혼으로 인하여 이루어진다. 영혼이 육체의 유일한 실체적 형상이라는 것이다.

(2) 영혼은 불사불멸

그러나 육체와 영혼이 불가분의 관계에 있다는 아퀴나스의 주장은 육체의 죽음 이후에 영혼의 존속 가능성은 어떻게 될 것인가에 대한 의문에 직면하게 된다. 이에 대해 아퀴나스는 인간 영혼이 질료의 형상일지라도 다른 물질적 형상과 달리 육체와 독립적으로 존재할 수 있는 자립적인 것이기에 영혼은 죽지 않는다고 주장한다. 인간 이외의 물질적 형상들은 자신들의 질료가 소멸되면 함께 소멸될 수밖에 없지만 인간 영혼은 질료에 의존하지 않기 때문에 육체가 죽더라도 계속 존재하게 된다. 다시 말해 인간 영혼은 식물이나 동물과 같은 물질적 형상들과는 구별되는 특수한 종류의 형상, 즉 육체와 무관하게 존재할 수 있는 자립성을 지닌다는 것이다. 아퀴나스는 『신학대전』에서 영혼의 불멸성을 다음과 같이 설명한다.

> "인간 영혼은 자신의 존재를 가지며 육체가 소멸하더라도 함께 소멸하지 않는다."[36]

비록 영혼이 육체에 독립된 형상으로 존속할지라도 동시에 자립적인 영혼의 실체성으로 인하여 사후에 육체로부터 분리되는, 분리된 영혼으로 존속할 수 있다는 것이다. 아퀴나스는 여기서 그치지 않고 내세에서 부활된 육체와 영혼의 결합

체의 존재 가능성까지도 설명하고자 한다.[37]

아퀴나스에게 인간 생명이란 영혼이 육체와 결합되는 데서 시작된다. 반면에 죽음은 영혼이 육체로부터 분리되는 것이다. 그는 『이교도 대전(Summa contra Gentiles)』에서 인간 죽음의 의미를 간명하게 서술한다.

> "육체는 영혼에 의해 결합된다. 영혼이 떠날 때 육체가 해체된다는 사실은 그 점의 증거가 된다."[38]

인간의 생명이 영원하지 않다는 것은 영혼과 육체의 결합이 영원하지 않다는 것이다. 영혼이 육체에 결합되면 생명을 갖게 되는 것이고, 영혼이 육체로부터 분리되면 죽음이 찾아오는 것이다. 그러나 영혼은 죽지 않기 때문에 인간에게는 죽음이 생명의 끝이 아니다.

토마스 아퀴나스는 영혼의 불사성에서 기독교 신학의 핵심인 부활 사상을 이끌어 낸다. 즉, "그리스도를 통해 육체의 부활이 일어날 것"이라는 주장이다. 그는 『이교도 대전』에서 다음과 같이 부활을 입증하는 논변을 펼친다.

> "그러므로 영혼은 육체 이후에 육체와 별도로 남는다. 영혼이 본성적으로 육체에 결합된다는 점은 제2권(83장, 68장)에서 언급한 바로부터 분명하다. 그것은 본질에 따른 육체의 형상이다. 그러므로 육체 없이 존재하는 것은 영혼의 본성을 거스르는 것이다. 하지만 본성을 거스르는 것은 그 무엇도 영속적으로 존재할 수 없다. 그렇다면 영혼은 육체 없이는 영속적으로 존재하지 않을 것이다. 따라서 그것이 영속적으로 남아 있기 때문에 육체와 재결합되어야 하는데, 이것이 부활하는 것이다. 그러므로 영혼의 불사성은 미래에 일어날 육체의 부활을 요구하는 것처럼 보인다."[39]

전술한 대로 아퀴나스는 육체에서 영혼이 분리되는 것이 죽음이라 말한다. 그러나 영혼은 죽지 않기 때문에 육체로부터 분리되어 존재할 수 있지만 그런 상태가 영구적으로 지속될 수 없는 것이 영혼의 본성이라고 주장한다. 왜냐하면 영혼은 본성적으로 육체의 형상이기에 육체와의 합일에 대한 자연적 욕구가 영혼 안에 내재하고 있기 때문이다. 따라서 영혼의 본성을 거스르는 상태에서 벗어나 미래에 본성을 회복해야 하기 때문에 영혼은 반드시 육체와 재결합을 해야 한다는 주장이다.[40]

아퀴나스는 아리스토텔레스의 사상을 수용했지만, 문제는 아리스토텔레스의 사상은 내세와 영혼의 불사성을 뒷받침하지 못한다는 데 있다. 아퀴나스는 아리스토텔레스의 사상을 넘어서는 독창적인 이론, 즉 인간 영혼은 특수한 육체의 형상이기에, 존재하기 위해 질료에 전적으로 의존해야 하는 물질적 형상과 달리 자신의 고유한 존재를 가지며 그 존재를 육체와 공유하는 자립적인 형상이라는 특성을 지닌다는 견해를 내세운다. 바로 이런 특성으로 인해 죽음이 생명의 끝이 아니라 내세에서 분리된 영혼의 상태로 그 존재를 지속적으로 가지고 있다가 부활을 통해 분리된 영혼이 다시 부활된 육체와 결합하게 된다는 사상[41]을 내세우는 것이다.

③ 아퀴나스와 기독교 교육사상

토마스 아퀴나스가 활동했던 13세기는 스콜라철학의 전성기였다. 이때는 이전의 아우구스티누스를 중심으로 한 교부철학에서 확립한 기독교의 근본 교의와 조화를 이룰 이성적인 사상체계를 구축하는 것이 관심이자 목표였다. 즉, 철학과 신앙을 조화시키는 일이다. 따라서 아퀴나스는 사물에 대한 합리적 설명을 목표로 하지만, 이미 확립된 기독교 교의라는 선개념(先槪念)을 갖고서 이성적 설명을 시도하였다.

신앙과 이성의 조화에 결정적인 방법론을 제공한 것이 아리스토텔레스의 철학이었다. 13세기는 아리스토텔레스의 철학이 지배,[42] 더 나아가 아리스토텔레스가 세계를 지배[43]하는 시기였다. 심지어는 아리스토텔레스를 읽지 않은 사람은 교사직에 오를 수 없다는 규정마저 있었다.[44] 아퀴나스는 논리학에서부터 질료형상설에 이르기까지 아리스토텔레스의 철학을 수용하고 보완하면서 신과 인간, 영혼 등에 관한 기독교 교의에 대한 이해와 설명에 전력을 기울였다.

이에 따라 아퀴나스의 스콜라철학에 와서 기독교 평생교육사상의 기본적인 틀이 형성되었다고 할 수 있다. 왜냐하면 기독교 평생교육사상의 핵심인 예수는 역사적 인간이면서 동시에 하나님이라는 기독교 교의가 확립되었기 때문이다. 아우구스티누스와 마찬가지로 토마스 아퀴나스는 예수를 하나님으로 고백한다. 역사적 예수는 하나님이며 하나님과 동일한 위격을 갖는 성자(聖子)로서 삼위일체(三位一體)의 한 위격을 차지한다는 니케아공의회 이후 초대 교회 때부터 형성되어 온 예수 그리스도론을 확립시킨다. 이로써 예수는 구원자 그리스도로서 기독교 신앙은 물론 기독교 교육의 목표와 방향을 설정하는 준거가 되었다. 또한 아우구스티누스와 아퀴나스는 하나님을 무에서 유를 창조한 조물주로 선포함으로써 기독교 신학의 그들에게 영향을 미쳤던 플라톤주의 혹은 신플라톤주의와 결별한다.

아퀴나스는 기독교 교육의 핵심인 창조주로서의 하나님, 구원자로서의 예수 그리스도, 삼위일체로서의 하나님에 대한 교의를 수용하고 확립시킨다. 그러나 인간 이성으로는 신의 본질을 결코 파악할 수 없기에 삼위일체나 성육신, 육신의 부활 같은 기독교 교의는 오직 계시만으로 알 수 있다는 점을 강조한다. 신은 전지전능한 분이기에 모든 것을 알고 인도한다는 논리가 가능하지만, 아퀴나스는 이런 논리로 세상의 모든 개인사를 신의 섭리로 돌리고 자신의 자유의지를 회피해서는 안 된다고 말한다.

영혼에 대한 아퀴나스의 견해는 아리스토텔레스의 사상을 바탕으로 하지만 그를 넘어선다. 영혼은 유기체의 모든 생명 기능과 존재 방식을 책임지는 궁극적인 원인이라는 의미에서 '생명의 제일 원리'이다. 아퀴나스는 아리스토텔레스의 철학대로 영혼과 육체를 질료와 형상의 관계로 본다. 형상이 질료와 분리될 수 없듯이 영혼 역시 육체와 분리되어 존재할 수 없다. 즉, '영혼과 육체의 통일성'이다.

인간은 영혼과 육체의 결합이기 때문에 인간은 육체인 동시에 영혼이다. 인간의 영혼은 다른 생명체와 달리 불멸한다. 따라서 영혼이 육체로부터 분리되면 죽음이 찾아오지만 영혼은 죽지 않기 때문에 인간에게는 죽음이 생명의 끝이 아니다. 토마스 아퀴나스는 영혼의 불사성에서 기독교 신학의 핵심인 부활 사상을 이끌어 낸다. 즉, "그리스도를 통해 육체의 부활이 일어날 것"이라는 주장이다.

주석

1 Störig, H. J. (1950). *Kleine Weltgeschite Der Philosophie*. 박민수 역(2018). 세계철학사. 서울: 자음과 모음, p. 316.

2 같은 곳.

3 같은 책, p. 354.

4 Thilly, F. (2018). *A History of Philosophy*. 김기찬 역(2020). 틸리 서양철학사: 소크라테스와 플라톤부터 니체와 러셀까지. 서울: 현대지성, p. 249.

5 같은 곳.

6 같은 책, p. 250.

7 Störig, H. J. (1950), p. 376.

8 Skirbekk, G., & Gilje, N. (2000). *Filosofihistorie*. 윤형식 역(2016). 서양철학사 1. 서울: 이학사.

9 Solomon, R., & Higgins, C. (1996). *A Short History of Philosophy*. 박창호 역(2015). 세상의 모든 철학. 서울: 이론과 실천, p. 262.

10 같은 책.

11 Hoffe, H. O. (1994). *Klassiker der Philosophie, Volume 1 & 2*. 이강서 외 역(2001). 철학의 거장들: 고대, 중세편-고대 철학자에서 쿠자누스까지. 서울: 한길사, p. 417에서 재인용.

12 Solomon, R., & Higgins, C. (1996).

13 Skirbekk, G., & Gilje, N. (2000), p. 261.

14 Hoffe, H. O. (1994), p. 404.

15 Skirbekk, G., & Gilje, N. (2000).

16 Aquinas, T. (2014). 토마스 아퀴나스 신학대전 1(정의채 역). 서울: 바오로딸. I 1, 1 ad2.

17 『이단논박대전』 II 4, 876 이재경(2012). 토마스 아퀴나스의 철학에 드러난 생명, 죽음 그리고 죽음 이후의 생명. 2012년 가톨릭 생명 윤리연구소 10주년 학술대회: 인격주의 생명

윤리, pp. 61-74에서 재인용.

18　Skirbekk, G., & Gilje, N. (2000).

19　Hoffe, H. O. (1994), p. 418.

20　Aquinas, T. (2014), I 2, 2 ad1.

21　같은 책 I 2, 2 ad3.

22　Störig, H. J. (1950), p. 388.

23　신재식(2008). 신앙과 이성 사이에서: 아우구스티누스와 아퀴나스. 서울: 김영사, p. 138.

24　Hoffe, H. O. (1994), p. 430.

25　Durant, W. (1978). *The Story of Philosophy: The Lives and Opinions of the Greatest Philosophy*. 황문수 역(2010). 철학이야기. 서울: 문예출판사, p. 98.

26　같은 책.

27　이정우(2018). 세계 철학사 1: 지중해 세계의 철학. 서울: 도서출판 길, p. 724.

28　Aquinas, T. (2014). 1권 XLI, 2에는 아퀴나스의 이러한 위계적 존재론이 제시되고 있다.

29　Skirbekk, G. & Gilje, N. (2000).

30　Durant, W. (1978), p. 96.

31　같은 책, p. 97.

32　박승찬(2010). 인격에 대해 영혼-육체의 통일성이 지니는 의미: 토마스 아퀴나스의 작품들을 중심으로. 철학사상, 35, 63-105.

33　Skirbekk, G., & Gilje, N. (2000), p. 280.

34　Aquinas, T. (2014), 1.76.1c.

35　이재경(2012). 토마스 아퀴나스의 철학에 드러난 생명, 죽음 그리고 죽음 이후의 생명. 2012년 가톨릭 생명 윤리연구소 10주년 학술대회: 인격주의 생명윤리, 61-74.

36　Aquinas, T. (2014), 1. 75. 3.

37　이재경(2012).

38　이재경(2012), p. 64에서 재인용.

39　『이교도 대전』(4.79). 이재경(2012). 토마스 아퀴나스의 철학에 드러난 생명, 죽음 그리고 죽음 이후의 생명. 2012년 가톨릭 생명 윤리연구소 10주년 학술대회: 인격주의 생명윤리, 61-74에서 재인용하였다.

40　이재경(2012).

41 같은 책.

42 Thilly, F. (2020), p. 250.

43 Störig, H. J. (1950), p. 376.

44 같은 곳.

제3부 기독교적 삶과 구원의 평생교육

유네스코 평생교육 이념 형성에 핵심 역할을 한 평생교육학자 라벤드라 다브 (Ravindra H. Dave)는 평생교육의 의미는 세 개의 기본 개념에 기초한다고 강조한다. 삶(life), 평생(lifelong), 그리고 교육(education)이다. 이 "세 개념의 의미와 해석이 평생교육의 범주와 의미를 결정한다."[1]는 것이다. 삶과 평생, 교육이 무엇이라 생각하는지가 개인이나 집단 혹은 국가 평생교육의 의미를 결정한다는 말이다. 결국 평생교육의 의미는 인간이 무엇이고 한평생 이어지는 삶의 본질적인 가치가 무엇인가에 대한 철학적 질문을 통해 밝혀지는 것이다.

기독교 평생교육에 대한 고찰 역시 같은 맥락에서 접근할 수가 있다. 기독교 평생교육의 의미는 삶과 평생, 교육에 대한 기독교적 해석에 의해 결정된다. 인간과 삶(life)에 대한 예수의 사상이 기독교 평생교육(education)의 목적을 결정하며, 그 목적은 평생(lifelong)에 걸쳐 수직적 및 수평적 통합을 통해 달성되는 실존적 과정이기 때문이다. 세 가지 개념에 대한 의미와 해석은 기독교 사상에서 찾아볼 수 있다. 따라서 기독교 평생교육사상을 고찰하는 하나의 접근방법은 삶과 평생, 교육에 대한 기독교 사상을 고찰하는 것이다.

제3부에서는 기독교적인 삶과 평생 개념을 구원의 평생교육이라는 문제설정하에 고찰하기로 한다. 제9장에서는 '삶'에 대한 기독교 사상과 기독교 평생교육의 목적을 논의한다. 제10장에서는 평생교육의 내용으로서 기독교의 핵심 개념인 믿음과 사랑을 고찰하며, 제11장에서는 기독교적인 삶의 특징인 소명의식과 프로테스탄트 윤리에 대해 논의하기로 한다.

기독교적 '삶'과 평생교육의 목적

'삶(life)'[2]은 시간적 · 공간적 · 윤리적 측면을 내포한다.[3] 기독교적인 삶 또한 이세 가지 측면을 포함한다. 삶이란 각자의 시간의 선로 위에서, 각자의 생활공간에서, 나름대로의 삶의 목적이나 가치를 갖고 사는 것이다. 결국 삶의 본질이란 인간 존재의 본질에 관한 물음이라 할 수 있다.

인간 존재의 본질에 관한 물음은 삶의 의미와 목적에 대한 물음과 직결된다. 나아가 인간의 본질 규정은 평생교육의 목적과 내용 및 방법의 문제들과 깊이 연계된다. 인간의 본질이 기독교적 신앙 안에서 규정될 경우 실존주의를 포함한 여타평생교육 철학과의 차별성은 커진다.

가장 근원적인 차별성은 평생교육의 개념들 안에 교육목적이 함축되어 있느냐의 여부다. 평생교육이 학습자의 자아실현을 지향한다면 예수 그리스도 사상에서의 자아실현 개념 안에는 언제나 자아실현의 목표가 함축되어 있다. 반면에 현대실존주의, 특히 무신론적 실존주의에서는 그러한 목적이나 방향 없이 다만 그 자신의 실현을 의미할 수도 있다. 기독교 평생교육의 목적을 고찰하기 전에 기독교적 인간 본질에 대한 선이해가 요구되는 이유가 여기에 있다.

이 장에서는 인간과 삶에 대한 기독교 사상을 고찰하고, 기독교적 인간과 삶을 바탕으로 기독교 평생교육의 목적을 논의하기로 한다. 기독교 평생교육사상의 목적은 유네스코 평생교육의 목적인 '온전한 인간' 및 '존재를 위한 학습'과 연계시켜 고찰하기로 한다.

기독교적 삶의 본질과 인간

1) 신의 형상으로서의 인간

인간에 대한 형이상학적 성찰은 두 가지 임무를 수행한다. 인간 본질의 구조분석과 인간 실존의 의미 부여가 그것이다. 전자는 인간 일반이 무엇인가를 다루고, 후자는 내가 누구인가를 다룬다.[4] 인간에 대한 존재론적 탐구는 개별적 존재로서의 '나'에 대한 탐구를 필요로 하지 않는다. 그러나 나는 누구인가라는 실존적 의미의 질문에 답하기 위해서는 인간이란 무엇인가라는 인간 본질에 관한 질문이 항상 포함되어야 한다. 다시 말해 나는 본질적으로 무엇인가를 이해하기 위해서는 인간의 본질이 무엇인가에 대한 선이해가 요구되는 것이다.

(1) 하나님의 형상인 인간

인간의 본질이 무엇인가를 묻는 것은 내가 본질적으로 무엇인가를 묻는 것이다. 그 물음에 대한 답은 '나는 어디서 와서 어디로 가며, 또 가야 하는지'를 이해하게 한다. 다시 말해 나는 누구인지에 대한 인간 개별자로서의 이해, 어떻게 살아야 하는지에 대한 삶의 의미와 목적을 가르쳐 주는 것이다.

기독교 신학에 따르면 인간 본질은 인간 스스로에게서 올 수 있는 것이 아니라 하나님으로부터 유래한다. 인간 본질에 관한 기독교의 답은 간명하다. 인간은 '이마고 데이(Imago Dei, image of God)', 즉 '하나님의 형상'으로 창조된 존재이다. 이 명제는 신·구약 성경의 전망에서 인간의 본질을 정의하는 가장 대표적인 언명이다. 신의 창조 질서 안에서 인간이 차지하는 위상과 하나님과의 깊은 관계를 나타내는 선포라 할 수 있다. 기독교에서는 모든 진화론적인 요소를 수용한다 해도 피조물로서의 인간의 존재 조건에 대한 구약성경의 기본 명제는 확고하다. 초대 교회 때부터의 신앙인 '하나님의 형상으로서의 인간' 개념은 성서(창세기 1:26)의 내용을 바탕으로 한다.

"하나님이 이르시되 우리의 형상을 따라 우리의 모양대로 우리가 사
람을 만들고 그들로 바다의 물고기와 하늘의 새와 가축과 온 땅과 땅에
기는 모든 것을 다스리게 하시고"

창세기에는 인간이 하나님의 형상으로 창조되었다는 내용이 세 군데에서나 발
견된다. "하나님이 사람을 창조하실 때에 하나님의 모양대로 지으시되"(5:1-2),
"다른 사람의 피를 흘리면 그 사람의 피도 흘릴 것이니 이는 하나님이 자기 형상
대로 사람을 지으셨음이니라."(9:6) 또한 이사야서에도 유일한 하나님 여호와는
존재하는 것과 살아 있는 것 모두를 창조하였다고 서술한다. "네 구속자요, 모태
에서 너를 지은 나 여호와가 이같이 말하노라. 나는 만물을 지은 여호와라 홀로
하늘을 폈으며 나와 함께한 자 없이 땅을 펼쳤고."(이사 44:24)

가톨릭의 '사목헌장'에서는 창세기의 의미에 충실하게 인간이 '하나님의 모습으
로 창조되었고, 창조주로부터 세상 만물의 주인공으로 세워져 있다는 사실에서
인간의 위대함을 찾고 있다.[5] 하나님의 형상 개념에는 신과 인간과의 깊은 관계
성, 인간과 세계, 영혼의 문제, 사후세계와 구원의 문제가 포함되어 있다. 기독교
적인 전망에서 볼 때 창조와 구원의 신비는 불가분의 관계에 있기 때문이다. 창조
의 신비에는 인간의 삶의 의미와 목적 및 방법이 함축되어 있으며, 필연적으로 평
생교육의 목적과 방법으로 연계된다.

(2) 하나님의 유사성을 지향

평생교육의 목적과 관련하여 주목해야 할 점은 인간은 '하나님의 형상(imago
Dei)'으로 창조되었지만 '하나님의 유사성(similitudo Dei)'을 지향한다는 점이다.
두 개념이 보다 명확히 드러나는 성경은 '새영어개역표준판 성경(NRSV)'의 번역
이다. "The God said, 'Let us make humankind in our image, according to our
likeness.'"[6] 신은 인간을 당신의 유사성(likeness)을 토대로 하여 당신의 형상
(image)대로 창조하셨다는 것을 의미한다. 두 개념의 모호성은 초대 교회 때부터의
창조신앙과 연계시켜 보면 해소된다. 아우구스티누스(Augustinus)는『독백』(I, 1, 4)

에서 인간 창조를 다음과 같이 묘사한다.

> "하나님 아래에 모든 것이 있고, 하나님 안에 모든 것이 있으며, 하나
> 님과 함께 모든 것이 있습니다. 당신의 형상에 따라 당신의 유사성으로
> 사람을 만드셨으니, 이를 아는 사람은 누구든지 스스로를 알게 됩니다."

이 텍스트는 아우구스티누스가 무엇보다 사람은 '하나님의 형상(imago Dei)', '하나님의 유사성(similitudo Dei)'이라는 교회의 전통 가르침을 해석 기준으로 삼았음을 간접적으로 설명한다.[7]

형상(imago/image)성과 유사(similitudo/likeness)성은 신학적으로나 평생교육학적으로 중요한 차이가 있다. 이 두 단어는 초대 교회의 이레네우스(Irenaeus)와 오리게네스(Origenes) 때부터 중세 토마스 아퀴나스(Thomas Aquinas)에 이르기까지 인간을 이해하는 중요한 개념 중 하나였다.[8] 형상(imago)은 인간은 다른 피조물과는 근본적으로 다른 방식으로 하나님을 본질적으로 닮았다는 것을 의미한다. 하나님과의 인격적인 관계성을 표현하는 것으로 인간의 초자연적인 품위를 가리킨다.

그러나 형상은 원형을 닮은 복사본이기에 원형을 완전히 닮지는 못한 상태이다. 반면, 유사함(similitudo)은 형상이 완전히 실현된 상태를 가리킨다. 인간이 도달해야 할 완전한 상태를 의미한다. 유사함은 인간이 자신의 삶을 통해 이루어 가야 하는 소명을 담고 있는 것이다.

평생교육적 관점에서 볼 때 인간은 본질적으로 하나님을 닮은 존재이지만 미완의 존재로 창조되었다. 따라서 평생교육을 통해 인간 존재의 근원인 하나님을 더욱더 닮아야 하는 과제를 부여받은 것이다. 이렇게 볼 때 기독교 평생교육의 목적은 신의 형상에서 그 형상의 완성을 의미하는 '유사함'으로의 나아갈 수 있도록 하는 데 있는 것이다. 같은 맥락에서 사도 바울은 고린도전서(15:49)에서 인간은 지상의 아담으로서 하나님의 불완전한 형상이기에 부활하신 천상의 아담 형상으로 변화되어야 한다는 점을 강조한다.

"우리가 흙에 속한 자의 형상을 입은 것같이 또한 하늘에 속한 이의 형
상을 입으리라"

성서는 하나님의 형상으로서의 인간 본질의 특성을 다양하게 묘사하고 있다.
하나님의 형상이란 인간은 하나님으로부터 직접 생명을 받았으며, 정신적인 능력
을 포함한 전 존재로서 하나님의 형상을 의미하고 있다. 예를 들어, 시편(8:5-6)에
는 "그를 하나님보다 조금 못하게 하시고 영화와 존귀로서 관을 씌우셨나이다. 주
의 손으로 만드신 것을 다스리게 하시고 만물을 그의 발 아래 두셨으니."

(3) 영혼, 영을 지닌 존엄성

신의 형상으로서의 인간 이해는 인간의 절대적 존엄성을 의미한다. 인간은 신의
형상이기에 하나님의 아들, 딸이기 때문이다. 인간은 존엄하지만 이러한 존엄성
은 순수하게 인간의 자질이나 능력으로부터 기인하는 것이 아니라 하나님의 창조
물로서의 인간의 조건에 연결되어 있다는 의미이다. 또한 신의 형상으로서의 인
간 본질 규정은 인간이 초월성을 지닌 영적인 존재임을 말해 준다. 즉, 인간은 영
혼과 육체로 이루어졌다는 것이다. 주목할 점은 인간에 관한 이원론적 입장이 아
니라는 점이다.

토마스 아퀴나스가 살던 중세의 말기까지만 해도 플라톤 사상의 영향을 받아 인
간을 지상적인 육체를 사용하는 이성적인 영혼이며, 따라서 영혼을 본성상 질료
로부터 독립된 영적인 실체라고 규정했다.[9] 이들은 플라톤의 말대로, "영혼이 육
체 안에, 뱃사공이 배 안에 존재하듯이 존재한다."고 생각했다. 그러나 토마스 아
퀴나스의 분석대로 플라톤적인 견해는 인간의 지성적 영혼과 육체는 별개의 실체
가 된다. 영혼과 육체는 작용의 관계, 즉 능력의 접촉으로만 묶여 있을 뿐이고 인
간은 단적으로 하나인 존재자가 아니라 우유적(偶有的)인 존재자가 된다.[10]

기독교 신학에서는 영혼과 육체의 이원론적 입장을 부정하고 아퀴나스의 견해
를 따라 인간은 영혼과 육체의 복합체라는 믿음을 견지한다. 인간은 온전히 육체
이면서 온전히 영혼인 영육의 합일체(合一體)[11]라는 믿음이다. 사도 바울은 데살로

니가 사람들에게 보낸 서한에서 영혼과 육체 외에 '심령(spiritus)'을 포함시킨 삼중적 인간 이해를 드러낸다.

> "너희의 온 영과 혼과 몸이 우리 주 예수 그리스도께서 강림하실 때에
> 흠 없게 보전되기를 원하노라."(살전 5:23)

영혼과 육체 외에 영(spiritus/esprit)의 요소를 언급하는 것이다. 바울의 삼중 인간학에 대한 논의 역시 다양하지만, 신학자인 앙리 드 뤼박(Henri de Lubac)은 사도 바울의 편지의 내용을 바탕으로 인간 안에 존재하는 '영(esprit)'은 누구도 조작할 수 없고, 그 어떤 것으로도 대체될 수 없는 인간 본연의 존재론적 특성임을 밝힌다. 하나님의 형상으로 창조된 인간 안에 내재하는 '영(esprit)'이 바로 하나님의 '영(Esprit)'과 만날 수 있는 접촉점이며, 거룩한 곳이고, 신비체험의 자리[12]라는 것이다.

영혼론에 대한 다양한 이론은 이 책의 범주를 벗어나기에 논의를 생략한다. 기독교 평생교육사상의 관점에서 중요한 점은 영혼이 몸의 본질적 형상으로서 인간을 지성적이고 자유로운 존재가 되게 하는 원리라는 점이다. 인간을 인간이게 하는 것은 인간에게 영혼이 있다는 것, 그 영혼은 불사불멸한다는 믿음이다. 신약성서에 기반한 인간 본질에 대한 공통된 견해 역시 몸의 본질적 형상으로서의 영혼을 강조하고 있다.

영혼에 관한 기독교 사상은 사후의 부활과 삶, 구원의 문제로 연계된다. 초대 교회 때부터 현세의 삶의 의미와 중요성은 언제나 사후 인간의 부활과 내세에 대한 믿음과 결부되어 왔다. 사도 바울은 고린도전서(15:14)에서 기독교의 복음 전체가 부활에 대한 신앙에 기초한다고 강조한다.

> "그리스도께서 만일 다시 살아나지 못하셨으면 우리가 전파하는 것도
> 헛것이요 또 너희 믿음도 헛것이며"

그리스도의 부활이 구속사의 핵심이며 바울을 포함한 사도들의 설교와 가르침의 중심(사도행전 3:14–15)임은 물론이고 하나님을 믿는 모든 사람들의 희망임을 의미한다.

2) 창조주 예수, 구원자 그리스도

(1) 신앙의 핵심, 예수 그리스도

기독교 신앙의 핵심은 창조와 구원 신앙에 있으며, 창조와 구원의 하나님이 바로 예수 그리스도라는 신앙에 있다. 기독교의 전통적 형태의 유신론은 고전적 기독교 유신론(classical Christian theism)으로서 창조주–피조물의 구별 및 하나님의 영원성을 긍정한다.[13] 기독교적 인간 본성의 개념 논의에는 육화론(Incarnation)과 부활론(Resurrection)이 중심에 자리한다. 육화론은 예수는 인간의 모습을 취한 신의 아들이며, 부활론은 예수는 십자가에서 죽은 후 사흘 만에 부활하였다는 신앙이다.

삼위일체로서의 창조주 하나님이 곧 세상을 구원하시는 현존으로서 예수 그리스도의 성육신이라는 점은 신약성서 곳곳에서 나타난다. 예수 그리스도는 제자들에게 당신이 곧 하나님이라는 사실을 직접 밝히고 있다.

　　　　"나를 본 자는 아버지를 보았거늘."(요한 14:9)

신약성서는 예수를 메시아, 하나님의 아들, 하나님으로부터 보냄받은 분임을 틈틈이 강조하고 있다(마태 3: 7; 8: 29; 9: 27; 12: 23; 15: 22; 16: 16 등). 사도 바울 역시 예수 그리스도가 하나님의 아들이며 창조주임을 고백한다. 그리스도가 하나님의 형상인 까닭은 그가 하나님의 아들이며(롬 8:29) 영원히 죽지 않은 분으로 죽은 자 가운데 처음으로 태어난 분이다.

(2) 조물주와 구세주

그리스도는 인간의 창조주이며 창조의 원리(골 3:10)이다. 골로새서 1장(16–17)에서는 예수 그리스도가 세상을 창조하신 하나님이시며 시간과 공간을 관장하고 모든 시대를 통괄하는 분임을 강조한다.

> "만물이 그에게서 창조되되 하늘과 땅에서 보이는 것들과 보이지 않는 것들과 혹은 왕권들이나 주권들이나 통치자들이나 권세들이나 만물이 다 그로 말미암아 그를 위하여 창조되었고 또한 그가 만물보다 먼저 계시고 만물이 그 안에 함께 섰느니라."

하나님은 만물을 예수 그리스도 안에서 모으고 통합하고 개괄한다는 것이다.[14] 예수는 창조주 하나님이며, 죄로 타락한 인간을 구원하러 오신 그리스도이다. 예수 그리스도는 이를 직접 선포한다.

> "하나님이 세상을 이처럼 사랑하사 독생자를 주셨으니 이는 그를 믿는 자마다 멸망하지 않고 영생을 얻게 하려 하심이라."(요한 3:16)

사도 바울은 히브리서에서 예수가 하나님의 아들이며 인간의 죄를 대신해 십자가에서 죽으셨음을 직접적으로 묘사한다. "이 아들(예수 그리스도)을 만유의 상속자로 세우시고 또 그로 말미암아 모든 세계를 지으셨느니라"(히브리 1:2) "이는 하나님의 영광의 광채시요 그 본체의 형상이시라 그의 능력의 말씀으로 만물을 붙드시며 죄를 정결하게 하는 일을 하시고 높은 곳에 계신 지극히 크신 이의 우편에 앉으셨느니라."(히브리 1:3) 사도 바울이 골로새 신자들에게 보낸 서간에는 그리스도 예수의 구원사업이 다시금 강조된다. "그가 우리를 흑암의 권세에서 건져내사 그의 사랑의 아들 나라로 옮기셨으니 그 아들 안에서 우리가 속량 곧 죄 사함을 얻었도다.(골로새서 1:13-14)

(3) 자신을 드러내는 분

인간은 신의 형상으로 창조되었으나 본성에 있어 하나님과 동등하지 않다. 오

직 성자 예수 그리스도만이 완벽한 하나님의 형상이며 동등한 본성을 지닌다. "그
는 보이지 아니하는 하나님의 형상이시요 모든 피조물보다 먼저 나신 이시니."(골
로새서 1:15). 요한복음 사가(史家)는 하나님이신 예수 그리스도는 자신을 계시하
심으로써 인간은 하나님을 인식할 수 있게 된다고 강조한다. "하나님은 전능과 지
혜를 통해 자신을 계시하신다. 그러나 세상에 하나님을 본 사람은 없고 볼 수도
없지만 오직 그분의 형상인 예수 그리스도를 통하여 인간은 하나님을 알아볼 수
있다.

> "본래 하나님을 본 사람이 없으되 아버지 품속에 있는 독생하신 하나
> 님이 나타내셨느니라."(요한 1:18)

창조주 하나님이신 예수 그리스도는 원죄로 인해 하나님과 멀어진 인간의 지위
를 다시금 회복시킨 구원자이다. 하나님의 형상으로 창조된 인간은 원죄의 타락
으로 인해 그 형상이 파괴되었다.[15] 그러나 이 형상은 모든 인간이 죄를 범했을지
라도 사라지지 않는 인간의 고유한 특징이기에 파괴되었지만 회복이 가능한 본질
이다. 기독교 신학에서는 이를 회복시킨 사건이 예수 그리스도의 십자가 죽음이
었으며, 이를 통해 인간과 하나님의 관계가 회복되었다고 본다.

사도 바울은 인간은 예수 그리스도로 말미암아 구원을 받았기에 예수 안에서 인
간은 새로운 형태의 자아, 신의 형상을 지닌 자아가 된다고 말한다. 인간은 "보이
지 아니하는 하나님의 형상"(골로새서 1:15)이신 그리스도 안에서 창조주를 '닮은
모습'으로 다시 창조되었다는 것이다. 예수 그리스도의 구속 사업으로 인해 원죄
로 인해 일그러진 하나님의 형상은 그 본래의 아름다움으로 복원되었고, 하나님
의 은총으로 고귀한 품위를 지니게 되었다.

기독교 평생교육의 목적

유네스코 문헌에서 논의된 평생교육의 본질은 존재를 위한 학습으로 수렴된다. 평생교육은 도구적 관점을 넘어서서 개개인의 '내면에 숨겨진 보물(the treasure within)'을 드러낼 수 있게 해 주는 것, 즉 자신을 온전한 사람(complete man)으로 개발하는 과정이다. 이는 곧 '존재를 위한 학습(learning to be)'이다.[16]

기독교 평생교육의 목적도 유네스코와 전적으로 일치한다. 인간 개개인의 내면에 있는 보물을 계발시킨 '온전한 인간'이 평생교육의 목표가 된다. 그러나 그 목표가 의미하는 바에 있어서는 차이가 엄존(儼存)한다. 예수의 '존재'와 '온전한 인간' 개념 안에는 언제나 그 개념들의 목표가 함축되어 있다. 이에 반해 유네스코 평생교육의 바탕이 되는 철학에서는 그러한 방향이 추상적이거나 명확하지가 않다.

유네스코 문헌에서 제시한 대로 기독교 평생교육의 목적을 '존재를 위한 학습'과 '온전한 인간'으로 구분하여 고찰하기로 한다.[17]

1) 기독교의 '존재를 위한 학습'

평생교육학자인 폴 버거빈(Paul Bergevin)은 평생교육의 목적(goal)이란 성취의 대상으로 삼고 있는 목표(objectives), 도달해야 하는 결과(ends), 혹은 달성해야 할 성과(results)라고 정의[18]한다. 그러나 대부분의 성인교육은 명확한 목적 없이 이루어지고 있다고 지적한다. 유네스코의 들로르 보고서는 평생교육의 본질이 '존재를 위한 학습(learning to be)'임을 명확히 한다.

(1) 핵심은 영적인 가치

나아가 존재를 위한 학습이 지향하는 목표는 개개인의 전인적 개발 혹은 개개인의 완전한 성취(complete fulfillment)임을 강조한다. 즉, 개인의 몸과 마음, 지능, 감수성, 심미적 감각, 개인적 책임과 영적 가치 등을 종합적으로 개발하는 것[19]이 평생교육의 목적이다. 이러한 전인적 개발을 통해서만이 궁극적으로 '좋은 삶' 혹은 '행복한 삶'을 실현할 수 있다는 신념 때문이다.

기독교 사상을 평생교육학적으로 재해석해 본다면, 기독교 평생교육의 목적 역시 '존재를 위한 학습'이라 할 수 있다. 창조된 피조물로서의 인간 존재의 완전한 실현을 강조하고 있으며, 유네스코 문헌들과 마찬가지로 전인적 개발의 핵심적 바탕을 '영적 가치(spiritual values)'에 둔다. 또한 평생교육의 궁극적인 목적이 좋은 삶, 행복한 삶에 있음을 강조하고 있다.

그러나 유네스코 평생교육 문헌과 예수 그리스도의 사상 사이에 문제가 되는 것은 평생교육의 목적으로서의 자아실현 혹은 전인적 인간 개발에 대한 주장이나 열망이 아니다. 문제는 자아실현이나 행복한 삶을 어떻게 해석하느냐에 있다. 다시 말해 '무엇'이 자아실현이고 행복한 삶이며, 또 '왜' 자아실현을 해야 하는가에 대한 답이 중요하다는 것이다. 예를 들어, 유네스코 문헌들은 평생학습을 통한 전인적 개발을 중시한다. 그러나 전인적 개발을 해야 하는 이유가 무엇인지에 대해서는 명확한 답을 제시하는 데 한계가 있다. 단지 전인적 개발이 개인의 온전한 삶의 필요조건이라는 규범적인 해답을 제시할 뿐이다. 기독교 평생교육의 목적과의 가장 현격한 차이가 바로 여기에 있다.

그 차이는 바로 '존재를 위한 학습'에서의 '존재'에 대한 철학적 해석에서 비롯된다. 기독교의 인간 '존재'론은 인간은 하나님에 의해 '하나님의 형상'으로 창조되어 육체와 영혼이 합치된 것이라는 명제에서 출발한다. "인간 창조에서 형상(imago)은 존재(esse)와 함께 받은 선물"[20]이다. 인간의 본질로서의 신의 형상은 전술한 유네스코 평생교육의 철학적 바탕인 인본주의 및 현대 실존주의의 인간 존재론과 대척점에 서게 된다. 기독교의 인간 '존재'의 본질은 초자연적이며 초월적인 차원에서 출발하기 때문이다.

(2) 결핍된 인간의 학습능력

필자는 평생교육의 목적인 존재를 위한 학습의 관점에서 볼 때 신의 형상이라는 인간 본질을 다음의 세 가지 의미에서 찾고자 한다. 첫째는 인간은 존재론적으로 결핍된 존재이며, 둘째는 학습능력의 관점에서는 결핍된 존재가 아니며, 셋째는 인간은 궁극적인 자아실현이나 행복을 신과의 합일(合一)에서 찾을 수밖에 없다는 점이다. 신과의 관계 속에서만 완전한 자기실현, 자기충족을 기할 수 있게 된다는 것이다.

인간은 존재론적으로 결핍 존재이다. 예수 그리스도의 사상 안에서 인간은 결핍 존재라는 의미는 존재론적인 의미에서의 결핍이다. 인간이 형태학적 · 생태학적으로 미완성의 존재이며 결핍 존재임을 의미하는 것만은 아니다. 물론 인간은 동물과는 달리 출생 시부터 모든 면에서 미숙하고 외부 환경의 공격에 방어할 수 있는 능력을 갖고 태어나지 못한다는 점에서 결핍을 지닌 존재일 수밖에 없다.

존재론적 결핍이란 인간은 모든 것에 한계가 지어진 유한자(有限者)이며 우연자(偶然者)라는 의미이다. 유한자란 존재의 존재성이 한계 지어졌다는 것이다. 우연은 필연과 대비되는 개념이기에 우연자란 자신의 존재 원인을 자기가 갖고 있지 않는 존재[21]이다.

인간의 학습능력의 관점에서 볼 때 인간은 결핍 존재가 아니라는 주장도 있다.[22] 인간에게 배움의 능력은 유전적으로 갖고 태어난다는 것이다. 따라서 인간은 무엇인가 부족하거나 결핍 존재로 태어나기에 그 결핍과 부족을 메꾸어 나가기 위해 배움이 필요한 것이 아니다. 인간이 지니는 동물적인 조건상, 인간은 생물학적으로 완전한 존재로 태어날 수밖에 없으며 그래야 동물로서 생존할 수 있게 된다는 주장이다. 따라서 어린 시절 인간이 동물로서의 제 기능을 제대로 발휘하지 못하는 것은 그가 결핍된 존재로 태어났기 때문이 아니라 발달 단계나 성장 과정에 있어서 그런 양육의 단계를 거치도록 설계되어 있기 때문이다.

인간은 결핍 존재가 아니라는 주장을 내세우는 사람들은 성서적 인간 본질을 논거로 제시하기도 한다. 기독교 성서들은 인간이 신의 형상대로 만들어졌다고 보는데, 논리적으로 보아 신이 만든 인간이 신과 다르게 결핍된 존재일 수는 없기 때문이라는 것[23]이다. 이것은 신 스스로가 완전무결한 존재이기에 그가 만들어 내는 피조물 역시 형태상으로는 신처럼 완전무결한 존재이어야 하기 때문이라는 주장이다.

그러나 이러한 논거는 '신의 형상(imago Dei)'에 대한 존재론적 이해의 차이[24]에서 비롯된다고 본다. 인간이 신의 형상이라는 성서의 견해는 인간이 신과 동일하다는 신인동형론(神人同形論)을 의미하는 것이 아니다. 라틴어 '이마고(imago)'는 어떤 한 대상이 자신의 기원 혹은 발생의 관계 속에서 가지는 다른 대상과의 혹은 원형과의 '유사함' 혹은 '닮음'을 의미한다. 토마스 아퀴나스는 하나님이 제1 원인 (causa prima)이기에 세계 자체를 '신과의 유사함'으로 본다. 그러나 인간에게만은 신과의 '유사함'이 다른 동식물과 구별되는 특징으로써 인간 존재의 총체적인 국면에서 보이는 그런 특수함[25]을 의미한다. 신의 형상이 신과 동일한 형상을 의미하는 것은 아니라는 것이다.

신의 형상으로서의 인간 본질이 갖는 또 다른 의미는 인간은 본성적으로 배움의 본능을 갖고 태어난다는 것이다. 존재론적으로는 결핍된 존재이나 배움력에 있어서는 결핍 존재가 아니라는 의미이다. 종교학자 배철현은 인류 조상인 아담과 이브가 따 먹은 지식의 열매를 바탕으로 논거를 제시한다.[26] 창세기 3장에는 뱀의 유혹으로 이브가 금단의 나무 열매를 따 먹는 장면이 나온다. 신이 이들에게 따먹지 말라고 한 나무는 '지식의 나무'로서 그들의 삶을 획기적으로 변화시킬 '지식의 열매'가 있었다. 지식을 의미하는 히브리어는 '다아스(daath)'다. 다아스의 첫 번째 의미는 우주의 원칙과 삼라만상의 운행방식을 아는 지식이다. 이브와 아담이 '우주 삼라만상의 운행에 관한 지식이 담겨 있는 나무'의 열매를 따 먹었다는 행위는 축자적인 의미를 넘어 하나의 메타포다. 인류는 모두 자신의 DNA 속에 발아를 기다리는 다아스라는 위대한 씨앗을 품고 있음을 의미한다. 배움이라는 것은 바로 인간의 마음속에 잠자고 있는 이 다아스를 흔드는 작업[27]이 되는 것이다. 축자적 의미를 넘어 창세기를 해석한다면, 신의 형상이라는 인간 본질 안에는 완전한 학습력이 내재해 있다는 것이 된다.

(3) 진정한 행복은 신 안에서

존재를 위한 학습의 관점에서 신의 형상이라는 인간 본질이 갖는 세 번째 의미는 인간은 신 안에서만이 진정한 행복을 찾게 된다는 것이다. 인간은 신과 유사함을 지녔지만 불완전하며 따라서 완전성이 결핍된 존재이다. 불완전함은 완전함을 지향한다. 불완전한 피조물인 인간은 완전 그 자체인 하나님께 돌아가려는 열망이 인간의 본성 안에 내재해 있다. 한평생을 살면서 이러한 회귀의 열망은 하나님인 예수 그리스도를 모방하며 그리스도와의 일치를 통해 성취될 수가 있다.[28] 이런 점에서 예수 그리스도가 말하는 인간 삶의 궁극적 목적은 인간의 가치를 넘어서는 신비(神祕)다. 사도 바울은 이러한 신비를 골로새서(1:27)에서 이렇게 규정한다.

> "이 비밀은 너희 안에 계신 그리스도시니 곧 영광의 소망이니라."

기독교인들은 이러한 신비체험을 통해 자기 존재의 가장 깊은 곳에서 신앙이 깊어지며 동시에 진정한 행복을 느끼게 된다. 하나님을 향한 인간 영혼의 그리움, 예수 그리스도와의 일치에 대한 영혼의 그리움을 아우구스티누스는 『고백록』 거의 첫 부분에서 표현한다.

> "하나님 당신께로 향하여 우리를 만드셨기에 우리의 마음은 당신 안
> 에 쉬게 될 때까지 휴식이 없나이다."[29]

아우구스티누스는 인간의 행복이 하나님 안에서만 가능한 이유를 물체의 관성과 비교하여 설명한다. "물체의 무게는 단지 아래쪽으로 향하려 할 뿐 아니라 그 자신이 있는 장소를 향하려고 합니다. 불을 위쪽을 향하고 물은 아래쪽을 향합니다. 이들은 자신의 무게에 따라 있을 장소를 구합니다. 기름은 물 아래 부어질 때 물 위로 떠오르고, 물은 기름 위에 부어질 때 기름 아래 가라앉고 맙니다. 그들은 자신이 있어야 할 곳에 없을 때 불안정하며, 있어야 할 곳에 있을 때 안정됩니다."[30]

신의 형상으로서의 인간 존재의 본질은 필연적으로 창조주인 신께로 돌아가려는 존재론적 경향을 띠고 있다는 것이다. 따라서 평생교육의 궁극적 목적이 학습자의 좋은 삶 혹은 행복한 삶에 있다면 예수 그리스도가 가르치는 행복한 삶이란

하나님과의 일치된 삶을 의미한다.

(4) 자기실현은 일치된 삶

들로르 보고서의 존재를 위한 학습의 목표인 인간의 완전한 자기실현은 예수 그리스도의 사상에서는 하나님이신 예수 그리스도와의 일치된 삶을 의미하는 것이다. 들로르 보고서는 자기실현을 개인으로서 가족과 공동체의 일원으로서, 그리고 사회 속에서의 각자의 역할에서 요구되는 헌신(committment)을 의미한다고 강조한다. 마찬가지로 신의 형상으로서의 인간의 자기실현이란 각자에게 요구되는 헌신을 예수 그리스도의 말씀과 삶의 일치 관점에서 수행하는 것이다.

들로르 보고서는 또한 평생학습을 통한 개인의 발전은 태어나서 시작해 전 생애를 통해 이루어지지만 무엇보다 자신을 아는 데서 출발한다는 점을 강조한다. 그리고 자신에 대한 올바른 인식은 자연적으로 다른 사람과의 관계로 확장된다는 것이다. 유네스코 평생교육의 이러한 자아실현 과정은 예수 그리스도의 사상과 형식 면에서 일치한다. 그러나 내용 측면에서는 차이가 난다. 예수 그리스도가 강조하는 자아실현의 출발은 신의 형상으로서의 자신에 대한 존재론적 인식이다. 인간의 본질을 인간 내부에서 찾는 것과 신의 형상으로 인식하는 것의 차이는 크다.

신의 형상으로서의 인간 본질은 인간의 자기 인식에 대한 답을 이미 내포한다. 인간 존재의 자기 이해, 삶의 의미, 삶의 궁극적인 목적에 대한 해답을 제시하고 있다. 항존주의 철학자인 자크 마리탱(Jacques Maritain)은 "인간은 자신이 하나님의 섭리 아래 있는 존재라는 것을 깨달아야 하며 이러한 자기 이해는 영원하신 하나님의 창조 원리 아래 있다"[31]는 점을 강조한다. 인간의 자기 이해는 궁극적으로 창조주 하나님의 창조 목적 및 구원사업과 직결되며, 이는 인간 삶의 의미와 목적 및 사후의 구원 문제와 긴밀히 연결될 수밖에 없다. 이 연결고리는 창조주이며 구원자인 예수 그리스도다. 성경은 예수 그리스도가 인간 삶의 중심임을 말한다.

"우리가 그를 힘입어 살며 기동하며 존재하느니라."(사도행전 17:28)

나아가 신의 형상으로서의 자아 인식은 자연스럽게 타인과의 관계로 확장된다. 신의 형상으로서의 타인에 대한 존중, 평등 및 사랑에 기초한 관계로 확장될 때 비로소 개인의 자아실현이 완성되는 것이다.

그렇다면 존재를 위한 학습이 지향하는 궁극적 목적은 학습자로 하여금 예수 그리스도와의 일치된 삶을 살도록 하는 데 있을 것이다. 하나님과의 일치에의 열망은 학습의 열망이 그러하듯 인간의 본성 안에 내재해 있는 것이다. 왜냐하면 인간은 하나님께로부터 나왔고, 따라서 이 일치를 위해 나아가도록 창조되었기 때문이다. 이러한 목적은 다분히 신비주의적인 것이지만 기독교의 전통은 평생교육을 통한 방법을 제시하고 있다. 우선, 하나님과의 일치라는 행복의 핵심은 인간의 이성을 통한 진리 인식에 있다는 것이다.

아우구스티누스는 진리를 사랑하는 것이 행복한 생활의 조건이라고 말한다. 반대로 불행한 삶은 진리를 사랑한다고 말은 하면서도 실제로는 진리가 아닌 다른 무엇인가를 사랑하면서 그것이 진리이기를 바라기 때문[32]이라는 것이다. 기독교적 인식론적 관점에서 중요한 점은 지식이란 자연 이성에 따른 지식만이 있는 것이 아니라 '계시된 지식'이 있다는 점이다. 예수 그리스도의 가르침은 계시된 지식의 권위를 더 중요시한다. 이것이 참된 지혜이다.

이러한 지혜와 진리는 하나님과의 지속적인 만남을 통해 인식되고 생긴다. 이렇게 진리 인식을 두 인격의 만남으로 해석하는 것은 그리스 사상에서 볼 수 없는 기독교만의 사상이다.[33] 인격적 만남은 이성만의 만남이 아니 인격의 총체적 참여를 요구한다. 진리 인식을 위해 인격이 총체적으로 만난다는 것은 결국 인간의 의지 혹은 믿음의 문제와 연결되는 것이다. 인격적 만남이란 하나님을 온전히 받아들이는 신앙을 통해서만 완전히 이루어질 수 있다. 아우구스티누스가 "알기 위해 믿는다."고 말한 것은 신앙으로 먼저 받아들인 다음에야 완전한 이해에 도달하게 됨을 의미한다. 다시 말해 진정한 지식을 얻기 위해서는 이성에 앞서 신앙이 우선해야 된다는 것이다.

2) 기독교의 '온전한 인간'

유네스코 평생교육의 본질이 '존재를 위한 학습'에 있다면, 존재를 위한 학습의 목적은 '온전한 인간(complete man)'에 있다. 기독교 평생교육이 지향하는 목적도 동일하다. 차이점이 있다면 온전한 인간이라는 개념 정의가 예수 그리스도 안에서 내려진다는 점이다. 기독교의 종파에 따른 신학의 차이는 존재하겠지만 평생교육의 목적이 '예수 그리스도 안에서의 온전한 인간'에 있다는 데에는 이견이 없다.

온전한 인간에 대한 이러한 종교적 견해는 자유주의 철학자들의 관점과는 대척점에 서 있다. 존 롤스(John Rawls)[34]나 로버트 노직(Robert Nozick)[35] 같은 자유주의 철학자들은 교육 목표로서의 '온전한' 개념의 가치평가를 거부하기 때문이다. 이들은 옳음[the right이 좋음(the good)]에 선행한다고 주장한다. 정의로운 사회는 결코 특정한 목적을 강요하지 않으며 시민들이 모두 동등한 자유를 갖고 각자의 목적을 추구할 수 있는 사회라는 것이다. 따라서 평생교육의 목적에서의 선(좋음)에 대해 특정한 관점을 전제하지 말고 중립성(neutrality)을 지켜야 한다고 본다. 정도의 차이는 있겠으나 유네스코 문헌의 온전한 인간 역시 중립성에 의존하고 있다. 따라서 역설적으로 예수의 온전한 인간 개념에 대한 논의는 유네스코 평생교육의 목적을 명료화하는 데 기여할 것으로 본다.

(1) 신과 인간과의 관계

예수 그리스도가 보는 온전한 인간이 무엇인가에 대한 의미는 하나님과 인간과의 관계에 대한 논의에서 찾을 수 있다. 기독교의 하나님 표상은 전지전능한 창조주이다. 즉, 자신의 의지로 인간을 포함한 세상 만물을 창조한 존재로, 특히 인간을 신의 형상으로 창조하였다. 인간의 존엄성이 강조되는 이유다. 그러다 인간이 신에 대한 불순종으로 죄를 지어 신과 멀어지게 되었으나, 전지전능한 창조주 하나님은 인간의 모습을 하고 인간을 구원하러 오셨다. 바로 예수 그리스도이다. 마태복음에서 예수는 공식적으로 자신이 하나님임을 선언한다.

"예수께서 침묵하시거늘 대제사장이 이르되 내가 너로 살아 계신 하나님께 맹세하게 하노니. 네가 하나님의 아들 그리스도인지 우리에게 말하라. 예수께서 이르시되 네가 말하였느니라. 그러나 내가 너희에게 이르노니 이후에 인자가 권능의 우편에 앉아 있는 것과 하늘 구름을 타고 오는 것을 너희가 보리라 하시니."(마태 26:63-64)

사도 바울은 "그는(그리스도 예수) 근본 하나님의 본체"(빌립보서 2:6)임을 강조한다. 따라서 존재론적으로 볼 때 신과 인간의 관계는 위계적이고 가치 우열(優劣)적이다. 인간은 신에 의해 창조된 피조물이기에 창조주와는 존재적으로 구별되며 자기 자신에 의해서가 아닌 신의 주도권에 의해 구원되는 존재[36]이기 때문이다.

신이 주도하는 구원의 문제는 인간 삶의 궁극적 목표가 되는 동시에 평생교육의 궁극적 목표가 된다. "내가 너희에게 이르노니 이후에 인자가 권능의 우편에 앉아 있는 것과 하늘 구름을 타고 오는 것을 너희가 보리라."라는 마태복음(26:64)에서의 예수의 말씀은 인간의 삶은 현세에서 끝나지 않고 영원한 내세로 연결된다는 것을 암시한다. 사도 베드로는 구원을 얻기 위해서는 굳건한 믿음이 요청된다는 점을 설파하고 있다.

"그의 많으신 긍휼대로 예수 그리스도를 죽은 자 가운데서 부활하게 하심으로 말미암아 우리를 거듭나게 하사 산 소망이 있게 하시며 썩지 않고 더럽지 않고 쇠하지 아니하는 유업을 잇게 하시나니 곧 너희를 위하여 하늘에 간직하신 것이라 너희는 말세에 나타내기로 예비하신 구원을 얻기 위하여 믿음으로 말미암아 하나님의 능력으로 보호하심을 받았느니라."(베드로전서 1:3-5)

인간의 참된 삶은 현세가 아닌 영원한 내세에 있다는 점에서 예수 그리스도의 사상은 종말론적이다. 사도 바울은 고린도전서(15:14)에서 기독교의 복음 전체가 부활에 대한 신앙을 기초로 한 종말론적 사상임을 고백한다.

　　"그리스도께서 만일 다시 살아나지 못하셨다면 우리가 전파하는 것도

　　헛것이요, 또 너희 믿음도 헛것이며."

(2) 복음에 대한 지적 동의

　신과 인간과의 관계에서 기독교 평생교육의 목적[37]은 명확하게 추출된다. 즉, 평생교육의 목적은 예수 그리스도를 모범으로 삼아 '예수 그리스도와의 관계 안에서의 온전한 인간'이 되게 하는 것이다. 즉, 예수 그리스도의 완전함을 추구하는 인간, 다시 말하면 창조 때의 하나님 형상을 회복하는 인간이다.[38] 예수 그리스도가 보는 인간 존재는 필연적으로 신과의 관계 속에서 근거 지어진다. 유네스코 평생교육에서의 '인간'이 인간성 그 자체에서 근거 지어지는 것과 대조적이다. 그렇다면 '그리스도 안에서의 온전한 인간'이 되기 위한 평생교육의 목표는 무엇인가?

　온전한 인간을 위한 기독교 평생교육의 일차적 목표는 복음에 나오는 진리의 추구이다. 조지 벡(George Arthur Beck)에 따르면 신앙은 "신의 권위에 의해서 수용된 진리 명제에 대한 지적 동의"[39]이다. 같은 맥락에서 평생교육의 일차적 목표 역시 진리의 전수다.[40] 이 진리란 신과 인간과의 관계에서 비롯되는 삶의 궁극 목적에 대한 진리이다. 즉, 하나님은 존재하고 예수는 신의 아들로서 세상을 구원하신 그리스도이며 죽음 이후의 삶이 있고, 인간이 살아가는 방식이 영원한 반향을 일으키는 것이라는 진리이다. 현세에서의 짧은 삶의 시간은 '영원으로 나아가는 도약대'[41]라는 인식이다.

　그러나 기독교 평생교육사상의 특징은 인지적 차원의 진리 인식에 그치는 것이 아니라는 점에 있다. 예수가 가르치는 교육목적으로서의 진리 추구는 초자연적이며 종교적이다. 그러나 예수의 교육은 초자연적 진리와 자연적 인간 삶을 분리해서는 안 된다는 점을 강조한다. 보그단(M. Bogdan)이 말하는 삶의 시간적 · 공간적 · 윤리적 측면[42]을 모두 통합할 때 기독교 평생교육사상의 목적이 실현되는 것이다.

(3) 인식을 넘어 경험과 실천

앎과 행함이 분리될 수 없듯이 진리에 대한 인식과 실천 역시 분리되어서는 안된다. 평생교육을 통한 기독교적 진리의 인식은 개인의 신앙적 헌신을 포함한 복음(福音)의 경험으로 나아갈 때 비로소 예수 그리스도의 교육목적이 완성[43]된다. 지식 그 자체가 평생교육의 목적이 아니라 지식과 진리의 인식을 바탕으로 한 복음의 경험과 실천이 평생교육의 목적인 것이다. 따라서 온전한 인간이란 무엇을 하며 살아가든 삶의 자세를 복음에 입각한 삶의 궁극적 목적에 맞추는 데 달려 있다.

예수는 마태복음(6:28, 30)에서 인간이 취해야 할 신앙적인 삶의 자세를 다음과 같이 제시한다. "또 너희가 어찌 의복을 위하여 염려하느냐. 들의 백합화가 어떻게 자라는가 생각하여 보라. 수고도 아니하고 길쌈도 아니하느니라. 오늘 있다가 내일 아궁이에 던져지는 들풀도 하나님이 이렇게 입히시거든 하물며 너희일까 보냐." 이어서 예수는 강조한다.

> "그러므로 염려하여 이르기를 무엇을 먹을까 무엇을 마실까 무엇을
> 입을까 하지 마라……. 그런즉 너희는 먼저 그의 나라와 그의 의를 구하
> 라 그리하면 이 모든 것을 너희에게 더하시리라."(마태 6:31-33)

세상을 살아가면서 먹고사는 일상에 쫓기며 살더라도 삶의 근본적인 임무인 '하나님의 나라'를 이루려고 노력하고 또 하나님이 요구하는 '의로운' 일을 행하라는 것이다. 이 '의로운' 일이 바로 성서의 핵심을 이루고 있는 사랑의 실천이다. 한 분이신 하나님을 사랑하고, 자기중심적 삶에서 벗어나 이웃과 자연에 대한 사랑을 실천하는 것이다. 결국 하나님의 진리를 추구한다는 것은 예수 그리스도를 따르는 삶을 통해 신을 닮아 감으로써 이루어지는 궁극적인 '초월적 자기 변화'[44]를 의미하는 것이다.

온전한 인간 양성으로서의 교육의 목표는 학교 교육 및 성인교육을 포함한 기독교 평생교육의 목적이다. 온전한 인간으로서의 자아실현은 기독교 학교 교육의 고유한 사명이 된다. 가톨릭의 제2차 바티칸공의회 문헌인 「교육선언」 1조는 이

를 명확히 선언하고 있다. "참된 교육은…… 육체적·도덕적·지적 천분(天分)을 조화 있게 발전시켜야" 한다는 것이다. 그러나 교회 문헌은 평생교육은 온전한 인간으로서의 자아실현은 복음의 실천과 전파로 나아갈 때 비로소 완성된다는 점을 강조한다. 다시 말해, 기독교 학교의 전인교육이란 목적은 평생교육의 목적인 '복음화(福音化)'라는 교회의 고유한 사명으로 나아가야 한다는 것이다.

주석

1 Dave, R. H. (1973). *Lifelong Education and School Curriculum*. Hamburg: UNESCO Institute for Education.

2 Bogdan, M. (1975). Lifelong education and creativity. In R. H. Dave (Ed.), *Reflections on Lifelong Education and the School. UIE monograph 3.* Hamburg: UNESCO Institute for Education.

보그단(Bogdan)에 의하면 삶(life)이라는 개념은 세 가지의 주된 측면(dimension)을 지닌다. 삶의 수직적 혹은 자전적(biographical) 의미를 지니는 시간적 척도(예: ~의 삶), 삶의 수평적 혹은 사회적 의미를 지니는 공간적 척도(예: 가정생활, 사생활, 대학생활 등), 그리고 철학적 혹은 윤리적 의미를 지니는 가치 척도(인간 삶의 목적, 삶의 기쁨 등) 등으로 구분된다. 교육은 일반적으로 이 세 가지 척도를 통합한 삶을 목표로 해야만 한다.

3 Bogdan, M. (1975).

4 장욱(2004). 토마스 아퀴나스의 폭력에 대한 이해. 가톨릭철학, 6, 221-267.

5 Straelen, H. V. et al. (Ed.) (1992). *Constitutiones declarationes concilii oecumenici vaticani secundi.* 현석호 역(1992). 제2차 바티칸 공의회 문헌 해설 총서. 서울: 성바오로출판사. 사목헌장은 바티칸공의회 문헌의 헌장으로서 정확한 명칭은 '현대세계의 교회에 관한 사목헌장(Gaudium et Spes)'이다.

6 배철현(2015a, p. 467)에서 재인용. 배철현은 영어 번역의 의미가 불분명하다고 비판했지만 연구자가 보기에는 신학적 개념인 image와 likeness의 구분이 명확한 번역이다.

7 이성효(2011). 통시적 관점에서의 아우구스티누스의 인간 이해. 수원가톨릭대학교 출판부, p. 151.

8 형상성과 유사성의 신학적 개념 구분은 이성효(2011, p. 151)와 윤주현(2014, pp. 259-262)

의 논의를 바탕으로 하였다.

9 박승찬(2011). 가톨릭 교육의 스승 아우구스티누스. 가톨릭철학, 17, 5-54.

10 박승찬(2011), p. 205.

11 Ganoczy, A. (1983). *Schopfungslebre*. 신정훈 역(2017). 창조론: 인간과 세상에 대한 그리스
도교 이해. 서울: 가톨릭대학교출판부, p. 167.

12 De Lubac, H. (2014). *La mystique et l'anthropologie dans le christianisme*. 곽진상 역
(2014). 그리스도교 신비사상과 인간. 수원가톨릭대학교 출판부, p. 7.

13 고전적 기독교 유신론은 아우구스티누스적-칼빈주의 전통의 철학적 신학으로 서구 교회
안에서 수백 년에 걸쳐 형성되었으며 종교개혁 이후에도 로마 가톨릭과 개신교 신학자들
에 의해 공통으로 전해 내려온 복합적 신론이다. 이와 구별되는 변형된(modified) 고전적
기독교 유신론, 개정된(revised) 고전적 기독교 유신론, 기독교 범재신론, 비기독교 범재신
론 등이 있다. 범재신론은 20세기 신학 운동 중 가장 중요한 운동으로 평가받는다. 그러나
이들의 신학적인 입장에 대한 논의는 이 책의 성격을 벗어나기에 전통적인 관점을 기준으
로 논의를 전개하기로 한다(참고: Cooper, 2016).

14 Ganoczy, A. (1983), p. 96.

15 죄나 범죄 때문에 하나님에게 등을 돌린 인간. 이는 현재에도 여전히 논쟁이 되는 질문, 즉
어떤 근거에서 인류의 구체적인 보편 상황이 하나님과의 관계에서 '원죄로 물들었다'고 묘
사될 수 있는가 하는 질문을 포함한다(Ganoczy, 2017, p. 73).

16 Delors, J., Mufti, I. A., Amagi, I., Carneiro, R., Chung, E., Geremek, B., … Nanzhao,
Z. (1996). *Learning: The treasure within*. Report to UNESCO of the International
Commission on Education for the Twenty-first Century. Paris: UNESCO, p. 86.

17 기독교의 전통적 유신론은 삼위일체와 세계 안에서의 하나님의 구원하시는 현존으로서
예수 그리스도의 성육신을 믿는다. 따라서 신학이나 전례는 기독교의 종파에 따라 차이가
있을 수 있으나 삶과 교육의 궁극적 목적에 있어서는 근본적인 차이가 드러나지 않는다.

18 Bergevin, P. (1967). *A Philosophy for Adult Education*. 강선보 외 역(2017). 성인교육철
학. 서울: 원미사, p. 29.

19 Delors, et al. (1996), pp. 94-95.

20 De Lubac, H. (2014). *La mystique et l'anthropologie dans le christianisme*. 곽진상 역
(2014). 그리스도교 신비사상과 인간. 수원가톨릭대학교 출판부, p. 53.

21 장욱(2004), p. 9.

22 한준상(2002). 학습학. 서울: 학지사, p. 8.

23 같은 책, p. 37.

24 신의 형상의 신학적 해석은 다양하다. 개혁주의 신학에서는 인간이 하나님 형상의 원상 (原狀)을 지녔기에 창조될 때부터 완전히 성숙된 상태, 완전한 존재라고 본다. 그러나 인간의 범죄의 결과로 하나님으로부터 분리되면서 하나님의 형상을 잃어버리게 되었다고 주장한다(참고: Hodge, 1973; Calvin, 1966; 박장하, 1982).

25 이명곤(2003). 토마스 아퀴나스의 인간존재의 신비로서의 신의 이미지. 철학논총, 32(2).

26 배철현(2015). 신의 위대한 질문. 경기: 21세기북스, pp. 50-51.

27 같은 곳.

28 De Lubac, H. (2014), p. 53.

29 Augustinus, A. (2008). *Confessions: World Book 5*. 김희보, 강경애 역(2010). 고백록. 서울: 동서문화사, 1, 1, 1.

30 같은 책, 13, 9, 10.

31 Maritain, J. (1947). *The Person and the Common Good*(trans. John J. Fitzgerald.). New York: CharlesScribner's Sons, p. 32.

32 Augustinus, A. (2008), p. 23, p. 33.

33 신재식(2008). 신앙과 이성 사이에서: 아우구스티누스와 아퀴나스. 서울: 김영사, p. 89.

34 Rawls, J. (1971). *A Theory of Justice*. Oxford: Clarendon Press. 황경식 역(1985). 사회정의론. 서울: 서광사.

35 Nozick, R. (1974). *Anarchy, State and Utopia*. Oxford: Blackwell.

36 김용해(2005). 그리스도교 사상 안에서의 인간존엄성 근거: 토마스 아퀴나스와 마르틴 루터를 중심으로. 철학연구, 96, 107-133.

37 책의 앞부분에서 정의한 대로, 기독교 평생교육사상의 목적은 예수의 가르침에 대한 기독교적 해석에 근거한 평생교육의 목적을 의미한다.

38 Knight, G. R. (1989). *Philosophy and Education: An Introduction in Christian Perspective*. Berrien Springs: Andrew University Press, p. 188.

39 Beck, G. A. (1971). Aims in education: neo-Thomism, In T. H. B. Hollins (Ed.), *Aims in Education: The Philosophic Approach*. Manchester: manchester University Press, pp. 109−132, p. 121.

40 Bailey, R. et al. (2010). *The SAGE Handbook of Philosophy of Education*. 이지헌 역 (2013). 교육철학 1: 이론과 역사. 서울: 학지사, p. 276.

41 Beck, G. A. (1971), p. 124.

42 Bogdan, M. (1975). Lifelong education and creativity. In R. H. Dave (Ed.), *Reflections on Lifelong Education and the School. UIE monograph 3*. Hamburg: UNESCO Institute for Education.

43 McKenzie, L. (1986). The purpose and scope of adult religious education. In Nancy, T. F. (Ed.), *Handbook of Adult Religious Education*. Birmingham: Religious Education Press.

44 김용해(2005), p. 108.

제10장

기독교적 구원과 평생교육의 내용

유네스코의 평생교육학자 라벵드라 다브(Ravindra H. Dave)는 '평생' 개념의 이해가 평생교육의 의미와 범주를 결정하는 중요한 요인이 됨을 강조한다.[1] 교육을 '평생'의 관점에서 재구조화[2]함으로써 '평생교육이 무엇인가?'라는 평생교육학의 정체성을 정립하는 핵심어가 바로 '평생'인 것이다. 따라서 평생교육의 정체성은 단지 교육의 시공간적 확장성의 의미를 넘어서는 '교육에 대한 메타인식'[3]에서 찾을 수 있는 것이다. 또한 교육에 대한 메타인식으로서의 평생교육이 될 때, 평생교육은 비로소 평생교육학의 연구대상이 될 수 있는 것이다.

기독교 사상을 평생교육의 관점에서 접근할 때 '평생'이란 곧 구원을 향한 여정(旅程)이라 할 수 있다. 여행의 과정은 고정적인 것이 아닌 변화무쌍하고 역동적이듯이 기독교적인 구원의 여정 또한 마찬가지다. 타인과 신앙 공동체를 이루고 믿음과 사랑을 실천하는 하나의 과정인 것이다.

그러므로 평생교육은 평생이라는 시공간적 확장만이 아니다. 평생은 현세적인 기독교 교육의 목적을 달성하는 것임은 물론 내세의 구원으로 향하는 실존적인 확장이자 과정을 의미한다. 이 과정의 핵심이 믿음과 사랑이다. 유네스코의 들로르 보고서가 평생교육의 학습 원리로 제시하는 기독교적인 '더불어 살기 위한 학습'인 것이다.

'평생' 개념의 교육학적 재해석

'평생'이라는 개념은 평생교육의 학문적 정체성을 결정하는 핵심어다. 그러나 그 개념의 중요성을 강조한 다브를 포함해 교육을 '평생'의 관점에서 재구조화하는 연구는 찾아보기 어렵다.[4] 교육은 본래 평생교육이다. 평생교육은 '자연적 교육'이며 본래의 교육[5] 그 자체다. '평생'이 의미하듯 다브는 평생교육을 단지 성인교육에 국한시켜서는 안 된다는 점을 강조한다.

1) 시공간 개념을 넘어서

평생교육은 전 생애에 걸쳐 계속되는 것으로서 유치원부터 초등학교, 중등학교 및 그 이상의 형식 교육을 포함하는 교육의 모든 단계를 포괄하고 통합한다는 것이다. 20세기 초반의 평생 교육학자인 베이즐 익슬리(Basil Alfred Yeaxlee)도 한 개인의 교육은 '평생 동안 지속되어야 할' 삶 그 자체임을 역설하였다.[6] 인간의 삶에서 가르치고 배우는 일이 아닌 것은 없다. 평생이 곧 교육이고, 교육이 곧 평생의 삶이다.

그렇지만 '평생'이라는 개념은 교육의 본래 속성이자 새로운 의미의 발견이다. 다브는 "평생교육이란 개념은 오래된 생각(an old idea)의 새로운 의미(a new significance) 발견"[7]이라고 했다. 평생교육은 단순히 현재 학교 시스템의 확장을 의미하는 것이 아니라[8] 교육을 '평생'의 관점에서 재구조화하는 것[9]이라는 점에 주목해야 한다. 따라서 피터 자비스(Peter Jarvis)는 성인교육의 목적은 성장하고 발달하는 것인데 성장과 발달은 '평생'이라는 삶의 의미를 어떻게 그리고 어느 정도 탐색하느냐에 좌우된다는 점을 강조한다.[10]

'평생교육'이라는 용어는 '교육'이라는 용어 앞에 '평생'이라는 수식어를 붙여 만든 조어[11]이다. 평생(lifelong)이라는 관형어는 교육 현상에서 특정한 측면을 부각하는 기능을 갖고 있다. 즉, 교육이 생애의 어느 한 국면이나 단계에서 나타나는 현상이 아니라 생애 전체를 통해 통합적으로 이루어진다는 점을 부각시키는 것이다. 교육이란 삶이 지속되는 동안 "언제, 어디서나, 누구든지, 자신이 원하는 교육과 학습의 기회를 누릴 수 있도록 사회의 전반적 시스템을 재구조화하는 원리이자, 그것을 지탱하는 이념"[12]이라는 특정한 의미를 부각시키는 관형어로서의 '평생'인 것이다.

따라서 평생교육의 의미를 「평생교육법」에서 규정하는 대로 '학교의 정규 교육과정을 제외한 모든 형태의 조직적인 교육 경험'이라 할 수도 있다. 또한 광의의 의미로 평생교육을 학교 교육을 포함하여 전 생애적으로 시간적 및 공간적 측면을 포괄하는 교육 및 학습으로 규정할 수도 있다. 교육 시기의 확장이라는 시간적 측면, 교육 장소의 확장이라는 공간적 측면, 그리고 교육이 이루어지는 형식의 확장이라는 측면까지 포괄하는 것이다.

2) 교육에 대한 메타인식

그러나 필자는 평생교육을 '교육에 대한 메타인식'[13]으로 보는 관점에 서서 '평생'의 또 다른 교육학적 의미를 고찰하는 것이 필요하다고 본다. 이는 다브가 말한 평생교육의 '새로운 의미(significance)'를 발견하는 시도이기도 하다. 평생교육에서 의미하는 일반적인 '평생'의 개념을 넘어 기독교 사상의 관점에서 '평생'이 갖는 또 다른 함의가 있다고 생각하기 때문이다. 다시 말해 기독교적 '평생'의 의미를 통해 '평생'의 교육학적 의미를 재해석할 수 있다는 주장이다. 평생의 교육학적 의미가 단지 시간적 · 공간적 · 형식적 측면의 확장만이 아닌 또 다른 교육학적 의미를 담고 있을 수 있다. 교육이 반드시 시간적인 연속성을 통해 교육자에 의해 '만들어지는 것'만은 아니다. 특히, 기독교적 믿음 혹은 신비체험은 어느 한순간 갑자기 실현되는 하나의 비약이라는 교육적 특성도 존재하기 때문이다.

전술한 바와 같이 유네스코 평생교육 문헌에서의 '평생'은 전통적인 '교육' 용어 앞에 붙은 형용사 혹은 관형어이다. 주목할 점은 전통적인 의미의 교육이 전제로 하는 것은 학습자의 연속적인 형성 가능성 혹은 가소성(可塑性, plasticity)이다. 특히 독일 교육철학자인 요한 프리드리히 헤르바르트(Johann Friedrich Herbart)가 학습자의 교육의 가능성 혹은 가소성(Bildsamkeit)[14]을 교육학의 근본 개념으로 정립한 이후 이 명제는 모든 교육 행위에서 자명한 전제로 받아들여지고 있다. 유네스코 평생교육 문헌들 역시 교육의 가소성을 의심할 여지가 없는 원리로 받아들이고 있다.

앞에서 논의한 교육에 대한 관점을 잠시 돌아보기로 하자. 교육의 가소성에 기초한 전통적인 교육의 이해를 실존주의 교육철학자인 볼노(Otto Friedrich Bollnow)는 '수공업적 교육'과 '유기체적 교육'으로 설명한다.[15] 수공업적 교육 이해란 공장에서 장인이 물건을 만들어 내듯, 학생이라는 재료를 의도한 목표에 따라서 교사의 기술을 동원하여 만들어 내는 것으로 교육을 이해하는 것이다. 같은 맥락에서 유기체적인 교육 이해는 농부가 작물을 재배하듯이, 학생 안에 내재된 고유한 가능성이 잘 발현될 수 있도록 교사가 보호하고 도와주는 과정으로 이해하게 된다.

이러한 두 가지 이해방식은 적극적이든 혹은 소극적이든 교사가 학생의 고유한 가능성이 발휘될 수 있도록 도와주는 것이며, 학습자의 가능성의 성장 혹은 발휘는 점진적이며 연속적인 과정으로 파악된다. 볼노는 이러한 공통점이 있기 때문에 수공업적 및 유기체적 교육을 연속적인(stetige) 교육 이해로 규정하였다.[16] 물론 사회화가 목적인 학교 교육이나 특정한 지식, 기술, 기능의 전수나 함양을 목표로 하는 평생교육에서는 학습자의 어느 정도의 연속적인 형성 가능성이 있다는 데에는 다툼의 여지가 없다.

3) 비연속적 교육과 평생

그러나 모든 교육이 평생을 통해 점진적으로 발전되는 것만은 아니라는 점에 주목할 필요가 있다. 말콤 놀스(Malcom Shepherd Knowles)는 급변하는 지식과 기술의 진보에 소외되지 않기 위해 평생교육이 필요함을 역설한다.[17] 이러한 지식과 기술은 볼노가 규정한 '연속적인 교육'으로 성취될 수가 있음은 물론이다. 그러나 예수 그리스도에 대한 믿음 혹은 신비체험 같은 종교적 핵심은 연속적인 교육의 성격을 넘어선다.

'예수 그리스도를 안다'는 것은 내가 '대통령 ○○○를 안다' 또는 '평생학습자의 특성을 안다' 등과 같이 대상에 대한 인지적 행위만을 의미하는 것이 아니기 때문이다. 아우구스티누스는 하나님을 안다는 것은 하나님을 사랑하는 것이며 하나님과 함께하는 것[18]임을 강조한다.

이렇게 볼 때 예수 그리스도의 교육은 '비연속적인 교육'의 형식으로 이해되어야 한다. 기독교적 교육이 지향하는 목표인 '그리스도처럼 완전한 인간이 되는 것'[19]이 평생이라는 시간의 연속성 속에서 교회의 교리교육만으로 '만들어지는 것'은 아니기 때문이다. 이는 마치 학력이 높다고 해도 반드시 지혜를 갖춘 성숙한 인격자가 아닐 수 있는 것과 같다.

반면에 사기도박과 절도, 성적 유희 등 감각적 쾌락에서 행복을 추구하던 아우구스티누스나 또는 예수 그리스도를 박해하던 사도 바울 같은 사람도 어느 한 순간의 체험으로 예수의 충실한 제자로서의 삶을 살게 된다. 바울이 고린도전서 (15:9-10)에서 말한 고백은 비연속적 교육의 사례를 단적으로 드러낸다고 볼 수 있다.

> "나는 사도 중에 가장 작은 자라 나는 하나님의 교회를 박해하였으므로 사도라 칭함 받기를 감당하지 못할 자니라. 그러나 내가 나 된 것은 하나님의 은혜로 된 것이니 내게 주신 그의 은혜가 헛되지 아니하여 내가 모든 사도보다 더 많이 수고하였으나 내가 한 것이 아니요. 오직 나와 함께 하신 하나님의 은혜로라."

이런 점에서 볼 때 예수 그리스도의 평생교육은 지식과 기술, 기능 중심의 평생교육과 '평생'의 의미론적 해석에 차이가 있다. 예수 그리스도의 교육은 율법과 교리교육으로 구원받는다는 교육이 아니라 하나님을 체험하고 하나님을 닮은 삶을 강조한다. 이러한 신앙적 깨달음과 배움은 가소성의 개념을 전제로 '평생'이라는 시간적 연속성 안에서 가르쳐지는 것은 아니다. 또한 교육 기간, 생애주기의 나이에 따른 단선적인 구분을 넘어서는 것이다. 이러한 마음의 깊은 차원에서 일어나는 하나님에 대한 학습은 비연속적인 교육의 범주에 속하기 때문이다.

더 나아가, 예수 그리스도가 가르치는 신앙체험은 특정한 계기로 어느 한순간에 일어날 수도 있고, 그다음 순간에는 다시 일상적 삶의 상태로의 추락이 이어지고 또 다른 어떤 순간에 새로운 비약이 이루어질 수가 있다. 예수 그리스도의 평생교육은 끊임없이 새롭게 되기 위한 노력을 필수적으로 요청하는 것이다. 마르틴 루터(Martin Luther)의 구약성서 해석은 이를 잘 보여 주고 있다. "옛 아담은 매일의 후회와 속죄를 통해서 죽고 다시금 매일 새롭게 태어나야만 했다."[20]

② '구원의 여정'으로서의 '평생'

1) 내세를 포함하는 여정

예수 그리스도의 교육에서 '평생'이라는 개념은 현세의 시공간적 범주임은 물론이다. 그러나 현세의 '평생'을 넘어 교육의 궁극적 목적인 내세(來世)의 구원(救援)과 연계된다는 데 특징이 있다. 현세의 '평생'은 내세의 '평생'과 연결되는 신학적 개념이 된다. '평생'은 기독교 교육을 실천하는 시간적 범주와 공간적 범주를 포괄하는 교육의 장(場)이 된다. 따라서 구원을 위한 교육의 장으로서의 평생은 개인적이면서 사회적이고, 현세적이면서 내세적이며, 현재적이면서 종말론적인 개념이다. 종말적인 개념이기에 기독교 평생교육은 구원을 향해 나아가는 하나의 여정(旅程)이다.

신약성서는 삶이 평생에 걸친 구원의 여정임을 보여 주는 예수 그리스도의 교육활동을 전한다. 예수는 3년간의 공생애 동안 수많은 교육을 통해 다양한 비유를 들어가며 구원은 평생 준비의 결과임을 강조한다. 예를 들어, 혼인 잔치의 비유(누가 14:15-24)에서는 항상 문을 개방하고 구원의 길로 부르시는 예수 그리스도의 초청에 응할 것을, 마태복음(12:28-34)에서는 첫째 계명이 사랑임을, 위선자의 책망(누가 11:37-52)에서는 겸손한 삶의 자세를 가르치신다. 그런 다음 재난의 시작(마태 13:3-13), 가장 큰 재난(누가 21:20-24), 그 날과 그 시간(마태 13:32-37), 사람의 아들이 오시는 날(누가 21:25-28), 그리고 최후의 심판(마태 25:31-46)의 내용을 통해 세상의 종말과 구원의 여정이 어떻게 끝나게 될지에 대해 준엄한 어조로 강조한다.

기독교 평생교육이 '구원의 여정'이기에 인간의 본성은 '순례하는 인간(homo viator)'[21]이며 구원을 향해 나아가는 과정적 존재이다. 감리교 운동을 시작한 존 웨슬리(John Wesley)는 기독교인들의 삶을 '구원의 순례' 혹은 '구원의 여정'으로 명명하고 죄의 회개에서 출발해 성령의 역사로 새롭게 태어나고 마침내 그리스도적인 완전(perfection)에 도달하는 기나긴 과정으로 묘사한다.[22]

같은 맥락에서 동방정교회에서는 구원의 여정을 신화(神化, deification)로의 과정으로 확대한다. 그리스 정교회 신학자인 스타브로풀로스(Stavropoulos)는『베드로후서』(1:4)의 "너희가 정욕 때문에 세상에서 썩어질 것을 피하여 신성한 성품에 참여하는 자가 되게 하려 하셨느니라."를 인용하여 인간은 각각 신이 될 운명, 즉 하나님을 닮고 하나님과 연합하게 될 운명을 가지고 있다고 말한다.[23] 기독교인들의 '평생'은 구원의 여정, 즉 하나님을 닮고 연합하는 과정이라는 것이다.

2) 유네스코 '평생'과의 차이

유네스코 평생교육 문헌들도 교육은 '평생'의 과정임을 강조한다. 포르 보고서나 들로르 보고서 역시 인간의 완전한 실현은 출생부터 시작해 일생 동안 지속되는 하나의 개인적 '과정(process)'[24]임을 강조한다. 교육은 인격의 지속적인 성숙을 향해 나아가는 '내적인 여행(inner journey)', 즉 평생을 통해 완전한 인간이 '되어가는' 학습 여행이라는 것이다.

그러나 예수 그리스도의 '과정적 존재' 개념은 그 의미에 있어서 유네스코 교육과 대척점에 놓여 있다. 기독교적 의미에서의 '과정' 혹은 '과정적 존재'란 인간은 영원한 소명(召命), 혹은 목적을 향해 나아가고 있는 존재라는 점에서의 '과정'을 의미한다. 여기에는 인간은 하나님에 의해 '하나님의 형상'으로 창조되어 육체와 영혼이 합치된 것[25]이라는 전제가 바탕이 된다. 인간의 본질은 이미 하나님에 의해 창조되었기에, 평생교육이 지향해야 하는 삶은 구원의 여정이며 그 여정 속의 인간은 피조물로서의 자아 인식을 기초로 자신의 궁극적인 목적을 향해 나아가는 존재인 것이다. 이러한 '과정적 존재'로서의 인간상이 가톨릭의 제2차 바티칸공의회 문헌인 『그리스도교적 교육에 관한 선언』[26]에서 묘사하고 있는 인간상이다.

이와는 대조적으로 유네스코를 포함한 비기독교적인 교육에서의 과정(process)이란 개인의 본질을 구성하는 과정으로서 '되어 감'의 의미가 지배적이다. 인간의 본질은 태어날 때부터 완성된 '존재(be)'가 아닌 평생을 통해 끊임없이 변해 가는 '되어 감(becoming)'의 존재임을 전제로 한다. 따라서 평생교육의 본질 역시 '되어 감'의 과정으로서의 교육이 되어야 한다는 점을 전제로 한다. 교육의 본질을 놓고 본다면, 배움은 되어 감과 동일시된다. 사물의 유일한, 포괄적인 본성으로서의 '되어 감'은 움직임, 근본적으로 과정의 종결되지 않음과 개방성 속에서 그 모습을 드러낸다. 따라서 '되어 감'은 개별자의 인식과 행위의 철저하고 근원적이며 지속적이고 질적인 변화의 과정[27]인 것이다.

유네스코 평생교육의 철학적 기반인 인본주의에서 보는 '평생'이 학습자 개개인의 본질을 구성하고 창조하는 시공간적 범주로서의 개념이라면, 예수 그리스도의 '평생'의 개념은 학습자의 본질을 발견하고 본질을 창조한 하나님께로 다시 돌아가는 신학적 여정(旅程)이다. 신학적 여정으로서의 '평생'은 탄생에서 죽음까지의 한 개인의 삶의 여정과 유비적(類比的)이다. 예수 그리스도의 평생교육에서 '평생'이 주는 교육적 의미는 다음의 신학적 여정에서 찾을 수 있다.

3) 기독교적 평생의 의미

인간의 탄생은 신의 형상으로의 인간 창조와 유비를 이룬다. 예수 그리스도의 '평생'의 교육의 출발은 인간 본질의 뿌리에 대한 지식 혹은 인식에 있다. 창세기(1:26-27)에서는 신의 모습으로서의 인간 본질을 명시하고 있다. 인간은 하나님이 무에서 유를 창조하는 과정의 마지막 순서로서 하나님의 형상으로 창조되었다는 점이다. "하나님께서는 '우리 모습을 닮은 사람을 만들자! 그래서 바다의 고기와 공중의 새, 또 집짐승과 모든 들짐승과 땅 위를 기어 다니는 모든 길짐승을 다스리게 하자!' 하시고 당신의 모습대로 사람을 지어내셨다."

인간은 다른 동식물과는 본질적으로 다른 신의 형상이란 본질을 부여받았다는 것이 신학적 탄생의 의미다. 이 점이 인본주의 혹은 실존주의에서 보는 인간 본질과 근본적인 차이를 이룬다. 그러나 인간은 죄를 지어 타락의 길에 들어서게 되었다. 창세기(3:6-7)는 이를 극적으로 묘사한다.

> "여자가 그 나무를 본즉 먹음직도 하고 보암직도 하고 지혜롭게 할 만큼 탐스럽기도 한 나무인지라, 여자가 그 열매를 따 먹고 자기와 함께 있는 남편에게도 주매 그도 먹은지라. 이에 그들의 눈이 밝아져 자기들이 벗은 줄을 알고 무화과나무 잎을 엮어 치마로 삼았더라."

최초의 인간을 하나님과 단절시키고 타락의 길로 들어서게 한 존재가 '사탄'이며 인간 범죄의 동기는 신과 같아지려는 '교만함'이다. 따라서 사탄과 교만함이라는 두 개념은 기독교 평생의 교육인 구원을 위해 극복해야 할 대상이 된다.

원죄의 결과 인류는 하나님으로부터 멀어지게 되었지만 하나님의 아들인 예수 그리스도의 십자가의 죽음으로 인류는 하나님과의 관계가 회복되었다. 인류의 죄에 대한 징벌을 그리스도가 대신 받으셨기 때문에 인류는 다시 하나님의 본성과 성품에 참여하게 되었고 구원의 길로 들어서게 되었다. 더욱이 예수 그리스도의 부활에 대한 믿음은 인간 역시 죽은 후 부활하여 영생을 얻게 된다는 복음이 되었다. 바울 사도는 고린도전서(15:3-5)에서 이를 선포한다. "내가 받은 것을 먼저 너희에게 전하였노니 이는 성경대로 그리스도께서 우리 죄를 위하여 죽으시고 장사지낸 바 되셨다가 성경대로 사흘 만에 다시 살아나사."

예수 그리스도의 죽음과 부활로 인간은 다시 구원의 여정에 들어서게 되었다. 아담의 죄로 인해 비극적인 결말이 초래되었지만 하나님의 구원 계획을 통해 인간은 죄의 노예 상태에서 벗어나게 되었고 구원에 동참하게 된 것이다. 신약성서에는 예수 그리스도의 인간에 대한 극진한 애정과 구원을 향한 삶의 여정을 안내하는 내용들이 곳곳에 등장한다.

> "내가 문이니 누구든지 나로 말미암아 들어가면 구원을 받고 또는 들어가며 나오며 꼴을 얻으리라. 도둑이 오는 것은 도둑질하고 죽이고 멸망시키려는 것뿐이요. 내가 온 것은 양으로 생명을 얻게 하고 더 풍성히 얻게 하려는 것이라. 나는 선한 목자라 선한 목자는 양들을 위하여 목숨을 버리거니와."(요한 10:9-11)

그러나 인류 최초의 범죄의 동인(動因)인 사탄의 유혹과 인간의 교만함은 현재에도 다양한 상황에서 다양한 모습으로 구원의 여정을 방해하고 있다. 유네스코 평생교육의 철학적 기반인 인본주의도 인간이 모든 가치의 중심이라는 사상을 견지한다는 점에서 예수 그리스도의 사상과 대척점에 있다. 신학자인 로버트 맥기(Robert S. McGee)는 학교 교육의 철학적 기반인 인본주의는 하나님을 배제한 인간의 의미를 우선시한다는 점에서 오히려 인간 존재의 존엄성을 추락시키는 길로 인도한다고 주장한다.[28]

③ 사랑의 계명과 '함께 살기 위한 학습'

유네스코의 들로르 보고서는 전 세계가 직면하고 있는 문제들의 가장 중요한 교육적 해결책으로서 '함께(together)' 사는 학습의 강화가 시급하다는 점을 강조한다.[29] '함께 살기 위한 학습'은 타자의 실존에 대한 수용과 존중을 전제로 한다는 점에서 실존주의 철학과 맥을 같이한다. 모든 학습자 각자가 자신의 존재의 주인이 되게 하고 그에 대한 책임을 지게 한다는 것은 결과적으로 타자의 실존에 대한 책임으로 연계되기 때문이다.

또한 '함께 사는 학습'은 현 세계의 비인간적 문제들의 해결과 상황을 개선하기 위한 실천적 행동을 강조한다는 점에서 비판이론의 문제의식과 관점이 동일하다. 비판이론에서 보는 평생교육이란 학습자가 자신의 삶의 주체가 되기 위한 비판적 사고를 함양하는 것[30]이다. 비판적 사고를 통해 자본주의 세계의 권력 관계가 지니고 있는 암묵적 가정으로부터 개인을 해방시키려는 것이기에 실천적 행위가 중시된다. 이런 관점에서 예수의 가르침의 핵심인 하나님과 이웃에 대한 실천적 사랑과 그에 기초한 공동체와 친교(koinonia)의 강조는 비판이론의 문제의식과 동일한 '함께 사는 학습'의 철학이라 할 수 있다.

들로르 보고서는 평생교육의 중요한 과제로서 네 가지 학습 원리들(pillars)을 제시하고, 특히 '함께 살기 위한 학습'의 중요성을 역설한다. 전통적으로 공식교육 제도에서는 알기 위한 학습과 행동하기 위한 학습만을 대체적으로 강조해 온 반면, 더불어 살기 위한 학습은 앞의 두 가지 학습의 자연적인 부산물(natural product)로 간주되어 왔음을 비판한다.[31]

들로르 보고서는 '함께 살기 위한 학습'으로서 무엇보다 타인의 발견(discovering others) 및 그의 전제조건으로서의 자아 인식(knowing oneself)의 중요성을 강조[32]한다. 점증하고 있는 국가 간 및 인종 간의 폭력에서부터 한 국가 내에서의 무한 경쟁으로 인한 계층 간 갈등과 비인간화 현상은 타인의 발견은 고사하고 자신이 누구인지를 알지 못하는 데서 비롯된다는 점을 지적한다. 따라서 평생교육에서 우선시해야 될 학습은 인간의 다양성(diversity)과 함께 유사성(similarities)에 대한 인식, 나아가 모든 인류의 상호 의존성에 대한 학습이 어려서부터 지속적으로 이루어져야 한다고 말한다. 이를 바탕으로 타인에 대한 존중과 인정, 나아가 불우 이웃을 돕기 위한 실천적인 참여 활동의 학습[33]이 중요하다는 점을 강조한다.

그러나 들로르 보고서는 인간의 다양성을 관통하는 유사성이 무엇인지에 대한 명확한 논의는 제공하지 않고 있다. 반면 인간의 유사성에 대한 예수 그리스도의 가르침은 명확하다. 인간은 모두 신의 형상으로 창조되었기에 '하나님과의 관계적 존재'[34]라는 천부적 속성을 지닌다. 따라서 인종, 종교, 피부색에 관계없이 인간을 관통하는 공통의 가치는 인간 존엄성이다. 그리고 인간 존엄성에서 사랑과 평등, 자유의 개념이 도출된다. 종교적 가치평가를 떠나서 예수 그리스도의 사상은 '함께 살기 위한 학습'의 평생교육 철학을 제공하고 있는 것이다.

1) '코이노니아'와 공동체 학습

예수 그리스도의 가르침의 핵심은 '사랑(caritas)'이다. 창조주이며 구원자인 하나님에 대한 사랑, 그리고 하나님의 형상을 지닌 모든 인간에 대한 사랑의 계명이 신·구약성서 전체를 가로지르는 핵심 사상이다. 성서는 창조에서부터 인간이 근원적으로 공동체적 존재임을 강하게 시사한다. 따라서 인간은 본질적으로 공동체성 안에서만 인간성이 온전히 인식될 수 있다.[35] 이 공동체성의 근간이 되는 것이 바로 사랑의 계명이다.

유네스코 평생교육 문헌, 특히 들로르 보고서 역시 더불어 살아가는 공동체성 교육의 중요성을 강조한다. 이 보고서는 현대세계는 인류의 진보 속에 기대했던 희망을 좌절시키는 폭력과 갈등이 국내외적으로 급증하고 있으며, 특히 인류를 자멸(self-destruction)의 길로 이끌 수 있는 가공할 능력들이 위기를 부추기고 있다[36]고 평가한다. 반면 일반 대중들은 무기력하게 바라보고 있거나 심지어는 그들의 볼모가 되고 있으며, 교육 역시 이런 사태를 완화시키는 일과 관련해 별 도움이 되지 못하고 있다고 비판한다.

평생교육으로서의 기독교 사상이 강조하는 원리도 들로르 보고서와 정확히 맥을 같이한다. 그러나 왜 '함께 살기 위한 학습인가?'에 대한 동인 및 해답에는 근본적인 차이가 존재한다. 들로르 보고서의 '함께 살기 위한 학습'의 철학적 바탕은 인본주의 중심인 반면 예수 그리스도의 이웃 사랑은 평생 학습자의 신학적 구원 개념과 직결되기 때문이다. 따라서 타인과의 조화로운 삶을 위한 학습의 동기가 상대적으로 강력할 수밖에 없다.

(1) 공동체성과 코이노니아

인본주의에서의 인간의 존엄성은 인간 그 자체에서 근거 지어지는 반면, 신본주의에서의 인간의 존엄성은 창조주 하나님으로부터 나오기 때문이다. 들로르 보고서가 강조하는 타인의 발견이나 자아 발견의 준거는 인본주의적 추상성이 강하나 예수 그리스도의 준거는 상대적으로 명확하다.

전술한 대로 신·구약성서를 관통하고 있는 인간의 본성은 사랑에 기초한 공동체성과 연대성(連帶性)이다. 창세기(1:27)에 인간이 남자와 여자로 창조되었다는 내용은 인간이 두 가지 성으로 구성된 공동체적 존재임을 시사한다. 하나님은 인간을 혼자의 삶이 아닌 사회적 삶을 살아가도록 창조하셨다는 것이다.

그러므로 인간의 사회성은 창조주에 의해 부여된 인간 본성이자 자연법이며 동시에 신법이 된다.[37] 또한 성경의 인간학의 근본 특징은 "개인과 공동체 사이에 상호 연대감을 가진 결합"이다.[38] 기독교의 교회를 나타내는 라틴어 '에클레시아(ecclesia)'는 '불리움을 받은 사람들의 모임'이란 '공동체'를 의미한다. 공동체의 형성에 핵심 요소가 구성원들 간의 친교 혹은 친밀한 교제이며 친교 없는 교회 공동체는 존립이 불가능하다.

그래서 성경에서는 하나님과의 친교와 연합, 구성원들이나 형제자매들 간의 친교를 의미하는 히브리어 '코이노니아(koinonia)'가 교회 공동체의 근간이 되는 용어로 강조되고 있다. 사도 바울은 고린도후서(13:13)에서 코이노니아를 은총, 사랑과 함께 성경의 기본 개념으로 제시한다. "주 예수 그리스도의 은총과 하나님의 사랑과 성령께서 이루어 주시는 친교(koinonia)를 여러분 모두가 누리시기를 빕니다." 또한 빌립보서(2:1-5)에서는 코이노니아가 사랑을 실천함으로써 예수 그리스도와 같은 삶을 사는 바탕이 된다는 점을 역설한다.

"그러므로 그리스도 안에 무슨 권면이나 사랑의 무슨 위로나 성령의 무슨 교제나 긍휼이나 자비가 있거든 마음을 같이하여 같은 사랑을 가지고 뜻을 합하여 한마음을 품어 아무 일에든지 다툼이나 허영으로 하지 말고 오직 겸손한 마음으로 각각 자기보다 남을 낮게 여기고 각각 자기 일을 돌볼뿐더러 또한 각각 다른 사람들의 일을 돌보아 나의 기쁨을 충만하게 하라 너희 안에 이 마음을 품으라 곧 그리스도 예수의 마음이니."

　사도 바울은 로마서(15:7)에서 하나님의 자녀들이 참된 코이노니아 가운데 더불어 사는 것은 예수 그리스도를 통해 하나님 나라의 삶에 참여하는 것임을 강조한다. 하나님은 신도들 간의 친교(koinonia)를 기뻐하시고 또한 그 친교를 통해 영광을 받으시기 때문이다. "그러므로 그리스도께서 우리를 받아 하나님께 영광을 돌리심과 같이 너희도 서로 받으라."

　이후 초대 교회 때부터 코이노니아는 사도신경을 통해 다음과 같이 예수 그리스도를 믿는 사람들의 신앙고백으로 전해 오고 있다. "전능하사 천지를 만드신 하나님 아버지를 내가 믿사오며…… 성령을 믿사오며, 거룩한 공회와, 성도가 서로 교통(交通, koinonia)하는 것과, 죄를 사하여 주시는 것과, 몸이 다시 사는 것과 영원히 사는 것을 믿사옵니다."

　성경(요한 1서 1:3)은 코이노니아 개념의 두 가지 측면을 제시한다. 즉, 수직적인 관계와 수평적인 관계이다. 수직적 관계란 "아버지와 그의 아들 예수 그리스도와 더불어 누림이라"를 의미한다. 수평적 관계는 "너희로 우리와 사귐이 있게 하려 함이니"를 나타낸다. 중요한 점은 수직적·수평적 교제 혹은 친교는 서로 분리될 수 없는 관계를 갖는다는 점이다.

　수직적 코이노니아는 하나님이신 예수 그리스도와 신자들과의 친교로서 요한 1서에서는 다양한 표현으로 코이노니아를 강조한다. 하나님 안에서 '산다'(2:6, 10, 14, 17; 3, 6, 9, 17, 24; 4, 12-13 등), '빛 가운데 살다'(1:7), '속하다'(3:10, 19; 4:1-4, 5:19), '알다'(2:3-4, 13-14, 21; 3:16; 5:20), '고백하다'(1:9; 4:3), '사랑하다'(2:5, 15; 3:1, 16-17; 5:1-3), '자녀'(3:1, 10; 5:1-2), '하나님의 증거를 받음'(5:9-11) 등이다. 수평적 코이노니아 혹은 친교는 특히 사람들 상호 간의 형제적 사랑을 강조하는 것이다. 하나님을 사랑하는 것과 마찬가지로 이웃을 사랑하라는 가르침이다. 요한 1서(2:9-10)에서는 이웃 간의 코이노니아의 중요성을 다음과 같이 강조한다.

　　"빛 가운데 있다 하면서 그 형제를 미워하는 자는 지금까지 어둠에 있는 자요, 그의 형제를 사랑하는 자는 빛 가운데 거하여 자기 속에 거리낌이 없으나."

(2) 겸손과 사랑의 코이노니아

사도 바울은 서로 간의 코이노니아를 위해 다음의 가치를 주문한다. "모든 겸손과 온유로 하고 오래 참음으로 사랑 가운데서 서로 용납하고"(에베소서 4:2) 그리고 사랑이 무엇인지를 가르친다. "사랑은 무례히 행하지 아니하며 자기의 유익을 (seek her own) 구하지 아니하며 성내지 아니하며 악한 것을 생각하지 아니하며" (고린도전서 13:5) 신약성서를 보면 초대 교회 때부터 신도들이 코이노니아에 기초한 사랑의 공동체를 이루었음을 보여 준다. 또한 사도들로부터 서로 나눔에 대한 지속적인 학습, '더불어 살기 위한 학습'이 코이노니아의 바탕이 되었음을 알 수 있다. 사도행전(4:32)은 그 상황을 명확하게 묘사하고 있다.

> "믿는 무리가 한마음과 한뜻이 되어 모든 물건을 서로 통용하고 자기
> 재물을 조금이라도 자기 것이라 하는 이가 하나도 없더라."

따라서 초기 예루살렘 공동체에는 궁핍한 사람이 없었다고 사도행전은 전한다. "그중에 가난한 사람이 없으니 이는 밭과 집 있는 자는 팔아 그 판 것의 값을 가져다가 사도들의 발 앞에 두매 그들이 각 사람의 필요를 따라 나누어 줌이라."(사도 4:34-35) 그러나 사도행전은 '더불어 살기 위한 학습'이 끊임없이 지속되어야 할 필요성을 간접적으로 시사한다.

들로르 보고서는 "현대는 경제적 활동의 특징인 일반화된 경쟁의 분위기로 인해 국내에서뿐 아니라 특히 국가 간에 경쟁심과 개인적 성공이 최우선시되고 있다"[39] 는 점을 '더불어 살기 위한 학습'의 필요성으로 제기하고 있다. 그러나 공동체 내에서의 개인적 경쟁이나 이기심은 초대 교회 때도 언제나 코이노니아 형성에 장애가 되었던 것으로 보인다. 특히, 사도행전(5:1-3)에는 당시의 이기적인 교회 공동체 구성원의 행태가 구체적으로 묘사되고 있다.

> "아나니아라 하는 사람이 그의 아내 삽비라와 더불어 소유를 팔아 그
> 값에서 얼마를 감추매 그 아내도 알더라 얼마만 가져다가 사도들 발 앞

에 두니 베드로가 이르되 아나니아야 어찌하여 사탄이 네 마음에 가득
하여 네가 성령을 속이고 땅값 얼마를 감추었느냐."

사도 바울 역시 남과 더불어 살아가는 데 장애가 되는 인간의 이기적 욕망을 지
적한다. "이는 먹을 때에 각각 자기의 만찬을 먼저 갖다 먹으므로 어떤 사람은 시
장하고 어떤 사람은 취함이라."(고린도전서 11:21)

2) 기독교와 인본주의의 차이

유네스코 평생교육 문헌의 철학적 바탕인 인본주의도 개인으로서의 인간 존엄
성에서 출발한다. 개인의 권리와 이익을 우선시하는 개인주의가 바탕이다. 개인
의 존엄성에 대한 존중은 필연적으로 타인에 대한 존중과 배려로 확장된다. 개인
의 소질과 능력을 발휘하는 자아실현은 동시에 타인과의 유의미한 관계 형성을
포함하게 된다.

그러나 예수 그리스도가 지상명령으로 강조하는 이웃 사랑은 인본주의의 이웃
사랑과 외현적으로는 유사하나 그 본질에 있어서는 대척점에 놓여 있다. 성서를
관통하는 예수의 사랑은 개인주의 혹은 이기주의가 아닌 이타주의다. 예수는 사
랑의 시작이 타인에게 있음을 가르친다. "그러므로 무엇이든지 남에게 대접을 받
고자 하는 대로 너희도 남을 대접하라 이것이 율법이요 선지자니라."(마태 7:12)

사도 바울은 예수 그리스도의 가르침을 다른 표현으로 강조한다. "형제를 사랑
하여 서로 우애하고 존경하기를 서로 먼저 하며(로마서 12:10) 사회 공동체 내에서
자신을 우선시하는 인본주의 관점이 결과론적으로 타인의 존엄성에 대한 존중으
로 연결될 수도 있다. 반대로 예수의 이웃 사랑이 공리주의적 관점에서 볼 때 나
의 이익으로 연계될 수도 있다. 그러나 예수의 이웃 사랑은 결과론적 윤리와는 관
계없이 그 자체로 요구되는 의무론적 지상명령이자 칸트의 정언명령과 맥을 같이
한다. 바울은 이를 간명하게 제시한다. "누구든지 자기의 유익을 구하지 말고 남
의 유익을 구하라."(고린도전서 10:24)

　인본주의 관점에서의 이웃 사랑과 배려의 뿌리는 인간이지만 예수 그리스도의 이웃 사랑의 근원은 하나님이다. 인간이 존엄한 것은 이성을 갖춘 인간이어서가 아니라 하나님의, 형상을 지닌, 하나님을 닮은 존재이기 때문이다. 예수는 인간의 본질이 신의 형상이기에 이웃 사랑은 곧 하나님 사랑임을 명확히 선언하고 있다. "내가 진실로 너희에게 이르노니 너희가 여기 내 형제 중에 지극히 작은 자 하나에게 한 것이 곧 내게 한 것이니라 하시고."(마태 25:40)

　사도 바울은 '남과 더불어 살아가기 위한 평생학습'의 필요성을 로마 제국 내 수많은 교인들에게 전파하였다. 무엇보다 먼저 남과 살기 위한 학습의 자세로서 교만과 허영심을 버리고 예수 그리스도의 겸손을 배울 것을 주문한다. "아무 일에든지 다툼이나 허영으로 하지 말고 오직 겸손한 마음으로 각각 자기보다 남을 낫게 여기고 각각 자기 일을 돌볼뿐더러 또한 각각 다른 사람들의 일을 돌보아 나의 기쁨을 충만하게 하라 너희 안에 이 마음을 품으라. 곧 그리스도 예수의 마음이니."(빌립보서 2:3-5)

　　"그는 근본 하나님의 본체시나(being in very nature God) 하나님과 동등됨을 취할 것으로 여기지 아니하시고 오히려 자기를 비워 종의 형체를 가지사(taking the very nature of a servant) 사람들과 같이 되셨고 사람의 모양으로 나타나사 자기를 낮추시고 죽기까지 복종하셨으니 곧 십자가에 죽으심이라."(빌립보서 2:6-8)

　"믿음이 강한 우리는 마땅히 믿음이 약한 자의 약점을 담당하고 자기를 기쁘게 하지 아니할 것이라 우리 각 사람이 이웃을 기쁘게 하되 선을 이루고 덕을 세우도록 할지니라. 그리스도께서는 자기를 기쁘게 하지 아니하셨나니 기록된 바 주를 비방하는 자들의 비방이 내게 미쳤나이다 함과 같으니라.(로마서 15:1-3)

　바울은 공동체 생활에서 어떻게 겸손해야 하는지를 구체적인 사례를 들어 가르친다. "네가 누구에게나 혼인 잔치에 청함을 받았을 때에 높은 자리에 앉지 말라 그렇지 않으면 너보다 더 높은 사람이 청함을 받은 경우에 너와 그를 청한 자가 와서 너더러 이 사람에게 자리를 내주라 하리니 그때에 네가 부끄러워 끝자리로 가게 되리라 청함을 받았을 때에 차라리 가서 끝자리에 앉으라 그러면 너를 청한 자가 와서 너더라 벗이여 올라앉으라 하리니 그때에야 함께 앉은 모든 사람 앞에서 영광이 있으리라 무릇 자기를 높이는 자는 낮아지고 자기를 낮추는 자는 높아지리라."(누가 14:8-11)

 ## 구원의 조건, 믿음과 사랑

　기독교 평생교육의 궁극적 목적은 하나님(神) 인식을 통한 인간 이해 및 믿음을 통한 구원에 있다. 기독교 신앙이 추구하는 운명 혹은 목적은 베드로의 첫 번째 편지(베드로전서 1:3-9)에 나타나 있듯이 하나님에 대한 올바른 인식을 바탕으로 한 '영혼의 구원'에 있다.[40] 하나님을 안다는 것은 단순한 인지적 행위가 아닌 실천적 앎[41]을 의미한다. 실천적 앎이란 예수 그리스도의 가르침을 실천에 옮기는 삶이며 그 가르침의 핵심은 믿음과 사랑이다. 요한 1서(2:3)에서는 이를 명확하게 강조한다. "우리가 그의 계명을 지키면 [실천할 때] 이로써 우리가 그를 아는 줄로 알 것이요."

　유네스코 들로르 보고서에서는 타인과 더불어 사는 학습을 평생교육의 중요한 학습 원리로 강조한다.[42] 보고서는 그 중요성의 근거를 사회 공동체의 존립을 위태롭게 하는 지나친 경쟁심, 이기심에 근거한 폭력, 또한 이런 현상에 대한 교육의 무기력 등의 해결과 같은 공리주의적 관점에서 찾고 있다. 또한 그 해결책으로 타인의 가치를 발견하고 자신을 올바로 아는 평생교육의 과제를 제시한다.

　그러나 예수 그리스도가 가르치는 타인 및 자신의 발견의 중요성은 사회 문제의 해결을 위한 결과론적 윤리와는 관계없다. 타인에 대한 사랑의 계명은 그 자체로 하나님의 명령이기에 의무론적이다. 기독교 교육학자들이 공통적으로 사랑의 실천을 교육의 중요한 목적으로 강조[43]하는 이유도 여기에 있다.

1) '오직 믿음으로'의 의미

(1) 루터와 칼뱅의 '솔라 피데'

사랑이 구원의 필수적 조건이지만 충분조건은 아니라는 주장도 균형 있게 논의될 필요가 있다. 무엇보다 하나님께 대한 믿음이 선행되어야 한다는 것이다. 나아가 구원은 인간의 선업(善業)과 상관없이 오직 믿음을 통해서만 이루어진다는 주장도 있다. '솔라 피데(sola fide)', 즉 '오직 믿음으로'의 원칙이다. 마르틴 루터(Martin Luther)에 의하면 인간의 실존의 조건, 즉 죄와 죽음은 인간 자신의 힘으로는 극복할 수 없는 영원히 따라다닐 악이다. 따라서 피조물인 인간에게 있어서 구원은 신의 주도로 오는 것이며, "오로지 예수 그리스도, 신의 아들을 통해서(그를 믿는다는 조건에서) 인간은 죄에서 해방되고 영원한 생명이 선사된다."[44]

루터의 구원관은 사도 바울의 의화론과 함께 발전된다. 바울은 구원의 조건은 율법 준수가 아닌 오직 믿음에 있음을 설파한다. 바울은 "복음에는 하나님의 의가 나타나서 믿음으로 믿음에 이르게 하나니 기록된 바 오직 의인은 믿음으로 말미암아 살리라 함과 같으니라."(로마 1:17)라고 한 후 "그러므로 사람이 의롭다 하심을 얻은 것은 율법의 행위에 있지 않고 믿음으로 되는 줄 우리가 인정하노라."(로마서 3:28)라고 단언한다. 바울의 의화론은 루터에게는 신학의 대상이자 구원의 조건인 복음의 핵심이 된다. 이 의화론에는 인간 됨에 관한, 그리고 종말의 구원에 관한 포괄적인 정의가 내포되어 있다. 즉, 인간은 죄인이며 불의하고 따라서 신 앞에 죄스러운 존재이지만 예수 그리스도의 은총에 의해 구원을 받는 존재[45]이다.

바울의 의화에 관한 복음은 갈라디아서 3장 1절 이하에서의 내용과 맥락을 같이 한다. 바울은 갈라디아 사람들의 어리석음이 율법을 지켜서 성령을 받았다고 생각한다는 데 있음을 지적한다. 그는 인간은 율법 준수가 아닌 복음을 듣고 난 후의 믿음 때문에 성령을 받고 구원을 얻는다고 강조한다. 아브라함도 하나님을 믿으매 그것을 그의 의로 정하셨다 함과 같다고(갈라디아서 3:6) 해 주셨다. 이어서 바울은 "믿음으로 말미암은 자들은 아브라함의 자손인 줄 알지어다. 또 하나님이 이방을 믿음으로 말미암아 의로 정하실 것을 성경이 미리 알고 먼저 아브라함에게

복음을 전하되 모든 이방인이 너로 말미암아 복을 받으리라 하였느니라."(3:7-8)
라고 강조한다.

종교개혁을 이끈 장 칼뱅(Jean Calvin) 역시 성경을 중심으로 한 믿음의 구원관을
역설한다. 칼뱅은 믿음에 앞서 모든 인간은 하나님의 형상으로 창조된 존재이기
에 '하나님을 인식할 수 있는 능력(sensus divinitatis)'을 가지고 있음에 주목한다.[46]
그는 "이는 하나님을 알 만한 것이 그들 속에 보임이라 하나님께서 이를 그들에게
보이셨느니라. 창세로부터 그의 보이지 아니하는 것들 곧 그의 영원하신 능력과
신성이 그가 만드신 만물에 분명히 보여 알려졌나니 그러므로 그들이 핑계하지
못할지니라."(로마 1:19-20)라고 하면서 하나님을 믿지 않는 것에 핑계를 댈 수 없
다고 이야기한다.

(2) 믿음만 있는 '쭉정이 신자'

그러나 주목해야 할 점은 루터의 '오직 믿음으로', 즉 '솔라 피데(sola fide)'가 사
랑의 실천 없이 믿음만으로 구원받는다는 원리가 아니라는 점이다. 믿음에 기반
한 선행과 실천이 뒤따라야 한다는 것이다.[47] 따라서 메이어(Mayer)는 루터의 '칭
의론'에 대해 설명하면서 '오직 은혜(Sola Gratia)'와 '선행' 둘 다 중요하다는 것을
강조한다. 모든 예배가 아무리 거룩하게 보인다 할지라도 사랑이 없으면 알맹이
없는 빈껍데기이며 그리스도인의 선행은 구원을 위하여 반드시 필요하다는 것이
다.[48]

같은 맥락에서 강성옥은 루터의 칭의론에 내포된 선행의 의미와 중요성을 세 가
지로 제시한다.[49] 첫째, 믿음으로 의롭게 된 구원받은 그리스도인은 마땅히 이웃
을 사랑하고 봉사해야 한다. 이웃 사랑은 그리스도인에게는 누구의 강요나 강제
가 아니라 구원받은 사람의 지극히 당연한 일이기에 자발적 행위로 이루어져야
한다. 둘째, 선행은 그리스도를 믿고 구원해 주신 은혜의 산물이며 지극히 작은
자를 위한 그리스도인의 사회적 책무임을 강조한다. 그리스도인은 삶 속에서 이
타주의를 구현해야 하는 것이다. 셋째, 모든 인간은 하나님 앞에서 제사장이며 모
든 사람은 차별 없는 존재이다.

　그렇다면 선행과 믿음은 어떤 관계인가? 루터가 말하는 선행과 믿음의 상관관계는 네 가지 범주로 구분될 수 있다.[50] 첫째, 믿음과 행함이 함께 있는 사람이다. 믿음 안에서 말씀을 실천하는 '알곡 신자'로서 바로 하나님이 보시기에 가장 선하고 기쁜 행위이며, 이런 믿음이 영생에 이르는 것으로 '거룩한 선행(holy good conducts and behavior)'이다. 둘째, 믿음은 있으나 선행이 없는 사람이다. 소위 '쭉정이 신자'로 '죽은 믿음'을 가진 사람이다.

　셋째, 하나님에 대한 믿음은 없으나 선행을 하는 사람이다. 이들은 구원에 이르지 못하는데 그 이유는 선행은 그 자체가 신앙이 아니기 때문이다. 기업의 다양한 사회공헌사업이나 사회복지시설 운영 등은 선행이지만 이러한 '세속적 선행(secular good conduct and behavior)'만으로는 구원에 이르지 못한다. 마지막으로 하나님에 대한 믿음도 없고 행함도 없는 사람이다. 루터는 선행의 중요성과 당위성을 마지막 날에 있을 하나님의 질문을 들어 강조한다.

> "임금이 대답하여 이르시되 내가 진실로 너희에게 이르노니 너희가
> 여기 내 형제 중에 지극히 작은 자 하나에게 한 것이 곧 내게 한 것이라
> 하시고"(마 25:40, 45)

　루터나 칼뱅이 강조하는 것은 인간이 독자적인 선업을 통해 구원받는 것이 아니라는 점이다. 인간의 본질은 관계 맺음의 존재성 안에서 찾을 수 있다기에 구원은 인간적 차원에서가 아니라 하나님과의 관계가 더 본질적이며, 그 관계성 속에서 믿음을 통해 이루어진다는 것이다. 그러나 이 믿음에는 하나님의 말씀을 실천하는 선행이 함께 해야 한다. 믿음과 선행은 모두 구원의 필요조건인 셈이다. 인간은 오로지 하나님에 대한 믿음으로 의화되고 구원[51]되는 것이며, 아울러 믿음으로 의롭게 된 구원받은 그리스도인은 마땅히 이웃을 사랑하고 봉사해야 한다.

2) 사랑의 실천

신약성서에는 올바른 인간 및 구원의 조건으로서의 믿음이 강조된다. 인간은 타락 이후 본래의 인간성을 상실했고, 교육을 통해서 본래적 인간성을 회복하려고 애쓰지만 인간의 힘으로는 불가능하며 오직 하나님의 은총을 통해서만 가능하다는 점을 강조한다.[52] 따라서 루터나 칼뱅의 주장을 따라 기독교 평생교육은 우선적으로 하나님에 대한 믿음 교육에 치중해야 한다는 데는 이견이 있을 수 없다.

(1) 성서의 핵심 가치, 사랑

그러나 다른 한편 성서는 올바른 인간 됨의 조건으로서 또한 구원의 필수 조건으로서 하나님에 대한 사랑과 이웃에 대한 사랑을 강조하고 있다. 실제로 신약성서 전체를 관통하고 있는 핵심 가치는 사랑이다. 사랑에 대한 중요성은 아우구스티누스의 사상의 핵심을 이루고 있다. 아우구스티누스는 인간의 구원은 하나님과의 사랑의 연합(the loving union)을 통해 이루어질 수 있음을 강조한다. 『고백록』(13권 9장 10절)에서 아우구스티누스는 인간의 최고 행복이 어디에 있는지를 다음과 같이 묘사한다. "우리는 주님의 은사 속에 휴식하고, 거기에서 주님을 기뻐하지만, 우리의 휴식이야말로 우리가 있는 장소입니다."

아우구스티누스는 이러한 주님 안의 행복을 얻기 위한 조건은 사랑이라고 말한다. "사랑이 우리를 그곳으로 끌어올리고, 주님의 선하신 영이 비천한 우리를 죽음의 문으로부터 높이십니다. 여기서 사랑이란 하나님을 사랑하고 이웃을 사랑하는 삶을 의미한다. 그는 다음의 성경 구절을 신앙의 좌우명으로 삼았다.

> "선생님 율법 중에서 어느 계명이 크니이까? 예수께서 이르시되 네 마음을 다하고 목숨을 다하고 뜻을 다하여 주 너의 하나님을 사랑하라 하셨으니 이것이 크고 첫째 되는 계명이요, 둘째도 그와 같으니 네 이웃을 네 자신 같이 사랑하라 하셨으니 이 두 계명이 온 율법과 선지자의 강령이니라."(마태 22:36-40)

들로르 보고서가 평생교육의 기둥으로 강조한 '더불어 살기 위한 학습'의 신학적 준거를 예수 그리스도가 직접 명확하게 제시하고 있다. 아우구스티누스는 이러한 하나님과 이웃에 대한 사랑은 반드시 하나님의 은총이 함께할 때에 가능하다는 점을 강조한다. 인간은 신의 은총을 통하여 여타의 다른 욕망을 이겨 내고 신과 이웃을 사랑할 수 있게 된다는 것이다.[53]

예수 그리스도의 사랑의 계명은 무엇보다 타인에 대한 책임이자 구체적 실천을 강조한다는 점에서 실존주의와 맥락을 같이한다. 예수는 먼저 사랑의 실천이 하나님을 찬양하는 행위라는 것을 강조한다. "너희는 세상의 소금이니 소금이 만일 그 맛을 잃으면 무엇으로 짜게 하리요 …… 이같이 너희 빛이 사람 앞에 비치게 하여 그들로 너희 착한 행실을 보고 하늘에 계신 너희 아버지께 영광을 돌리게 하라."(마태 5:13-16)

따라서 하나님을 찬양하기 위해서는 먼저 이웃과의 사랑이 선행되어야 한다고 강조한다. "그러므로 예물을 제단에 드리려다가 거기서 네 형제에게 원망들을 만한 일이 있는 것이 생각나거든 그 예물을 제단 앞에 두고 먼저 가서 형제와 화목하고 그 후에 와서 예물을 드리라."(마태 5:23-24)

예수는 법[율법]은 실천이 될 때 완성되는 것임을 강조한다. "누구든지 하나님의 뜻대로 행하는 자가 내 형제요 자매요 어머니이니라."(마가 3:35)라고 단정한다. 이웃 사랑은 일상적인 삶 속에서 구체적으로 실천이 되어야 한다는 것이다. "어떤 관리가 물어 이르되 선한 선생님이여 내가 무엇을 하여야 영생을 얻으리이까?"(누가 18:18) 예수 그리스도의 평생교육의 궁극적 목적인 구원에 대한 질문인 것이다. 예수는 그 대답으로 남과 더불어 사는 일상적 삶을 제시한다.

> "네게 아직도 한 가지 부족한 것이 있으니 가서 네게 있는 것을 다 팔아 가난한 자들에게 주라 그리하면 하늘에서 보화가 네게 있으리라. 그리고 와서 나를 따르라 하시니 그 사람은 재물이 많은 고로 이 말씀으로 인하여 슬픈 기색을 띠고 근심하며 가니라."(마가 10:21-22)

(2) 천사의 말을 한다 해도

이와 같이 예수가 강조하는 '더불어 살기 위한 학습'은 일상적이며 구체적이다. "내가 너희에게 이르노니 너희 의가 서기관과 바리새인보다 더 낫지 못하면 결코 천국에 들어가지 못할 것이다."(마태 5:20) 또한 율법과 예언서의 정신이 실천되어야 함을 강조한다. "또 눈은 눈으로, 이는 이로 갚으라 하였다는 것을 너희가 들었으나 나는 너희에게 이르노니 악한 자를 대적하지 말라. 누구든지 네 오른편 뺨을 치거든 왼편도 돌려대며"(마태 5:38-39) "또 네 이웃을 사랑하고 네 원수를 미워하라 하였다는 것을 너희가 들었으나 나는 너희에게 이르노니 너희 원수를 사랑하며 너희를 박해하는 자를 위하여 기도하라."(마태 5:43-44) 예수는 원수 사랑에 대한 이유를 하나님의 아들이 되기 위한 조건이라는 것을 강조한다.

예수 그리스도는 이웃 사랑의 실천이 구원의 조건이라는 점을 구체적으로 제시한다.

> "나더러 주여 주여 하는 자마다 다 천국에 들어갈 것이 아니요. 다만
> 하늘에 계신 내 아버지의 뜻대로 행하는 자라야 들어가리라."(마태 7:21)

예수는 "낙타가 바늘귀로 나가는 것이 부자가 하나님의 나라에 들어가는 것보다 쉬우니라."(마가 10:25)라는 말을 통해 가난한 이들과의 실천적인 나눔의 삶을 누구에게나 요구하였다. 사도 바울은 예수 그리스도의 가르침을 따라 사랑은 사랑 그 자체가 아닌 실천이 동반될 때 진정한 사랑이라는 가르침으로 시작한다.

> "내가 사람의 방언과 천사의 말을 할지라도 사랑이 없으면 소리 나는
> 구리와 울리는 꽹과리가 되고 내가 예언하는 능력이 있어 모든 비밀과
> 모든 지식을 알고 또 산을 옮길 만한 모든 믿음이 있을지라도 사랑이 없
> 으면 내가 아무것도 아니요. 내가 내게 있는 모든 것으로 구제하고 또
> 내 몸을 불사르게 내줄지라도 사랑이 없으면 내게 아무 유익이 없느니
> 라."(고전 13:1-3)

요한은 첫째 편지에서 "사랑하지 아니하는 자는 사망에 머물러 있느니라."라고
단정한다. "그 형제를 미워하는 자마다 살인하는 자니 살인하는 자마다 영생이 그
속에 거하지 아니하는 것을 너희가 아는 바라."(요한 1서 3:14-15)는 점을 강조한
다. 이어서 이웃 사랑의 논거를 다음과 같이 제시한다. "그가 우리를 위하여 목숨
을 버리셨으니 우리가 이로써 사랑을 알고 우리도 형제들을 위하여 목숨을 버리
는 것이 마땅하니라."(요한 1서 3:16)

(3) 일상적 · 구체적 실천

그렇다면 우리의 삶에서 목숨을 내놓는다는 것은 무엇을 의미하는가? 성서는
구체적인 방법을 제시한다. "누가 이 세상의 재물을 가지고 형제의 궁핍함을 보고
도 도와 줄 마음을 닫으면 하나님의 사랑이 어찌 그 속에 거하겠느냐 자녀들아 우
리가 말과 혀로만 사랑하지 말고 행함과 진실함으로 사랑하자."(요한 1서 3:17-18)
사도 야고보는 요한과 같은 맥락에서 행동 없는 믿음은 죽은 믿음이라는 점을 역
설한다.

> "내 형제들아 만일 사람이 믿음이 있노라 하고 행함이 없으면 무슨 유
> 익이 있으리요. 그 믿음이 능히 자기를 구원하겠느냐. 만일 형제나 자매
> 가 헐벗고 일용할 양식이 없는데 너희 중에 누구든지 그에게 이르되 평
> 안히 가라, 덥게 하라, 배부르게 하라 하며 그 몸에 쓸 것을 주지 아니하
> 면 무슨 유익이 있으리요. 이와 같이 행함이 없는 믿음은 그 자체가 죽
> 은 것이라."(야고보서 2:14-17)

기독교인들의 믿음은 믿음 자체로 끝나서는 안 된다는 점을 사도 야고보는 악마
의 비유를 들어 설명한다. "네가 하나님이 한 분이신 줄을 믿느냐 잘하는도다. 귀
신들도 믿고 떠느니라. 아아 허탄한 사람아 행함이 없는 믿음이 헛것인 줄을 알고
자 하느냐."(야고보서 2:19-20) 이어 사례를 든다. "우리 조상 아브라함이 그 아들
이삭을 제단에 바칠 때에 행함으로 의롭다 하심을 받은 것이 아니냐? 네가 보거니

와 믿음이 그의 행함과 함께 일하고 행함으로 믿음이 온전하게 되었느니라."(21-22) 따라서 사도 야고보는 결론을 내린다. "이로 보건대 사람이 행함으로 의롭다 하심을 받고 믿음으로 만은 아니니라 영혼 없는 몸이 죽은 것 같이 행함이 없는 믿음은 죽은 것이니라."(야고보서 2:24, 26)

예수 그리스도는 이웃 사랑에 기초한 남과 '더불어 사는 학습'이 중요한 이유를 사후의 구원과 연계시켜 강조한다. 유네스코의 들로르 문헌에서는 남과 함께 살기 위한 학습의 중요성을 '인간 존엄'이라는 인본주의 입장에서 강조하고 있는 것과 대비된다. 따라서 구원의 전제조건으로 제시되고 있는 예수 그리스도의 '더불어 사는 학습'의 강한 동인이 기독교인들의 실천적인 평생교육의 바탕을 이루게 된다.

성서에서 예수 그리스도는 의인과 악인의 구분을 '타인과의 관계의 질'에서 규정하고 있다. 타인과 더불어 산 사람은 의인, 이기적인 삶을 산 사람들은 악인이다. 이는 예수의 '더불어 살기 위한 평생학습'의 준거가 무엇인지를 시사하고 있다. 예수 그리스도는 사후에 있을 심판의 기준을 다음과 같이 준엄하게 제시한다.(마태 25:31-36)

"인자가 자기 영광으로 모든 천사와 함께 올 때에 자기 영광의 보좌에 앉으리니 모든 민족을 그 앞에 모으고 각각 구분하기를 목자가 양과 염소를 구분하는 것같이 하여 양은 그 오른편에 염소는 왼편에 두리라. 그때에 임금이 그 오른편에 있는 자들에게 이르시되 내 아버지께 복 받을 자들이여 나아와 창세로부터 너희를 위하여 예비된 나라를 상속받으라. 내가 주릴 때에 너희가 먹을 것을 주었고 목마를 때에 마시게 하였고 나그네 되었을 때에 영접하였고 헐벗을 때에 옷을 입혔고 병들었을 때에 돌보았고 옥에 갇혔을 때에 와서 보았느니라. 내가 진실로 너희에게 이르노니 너희가 여기 내 형제 중에 지극히 작은 자 하나에게 한 것이 곧 내게 한 것이니라.(마태 25:40)

반대로 왼편에 있는 자들을 저주하신다.(마태 25:41-46) "저주를 받은 자들아 나를 떠나 마귀와 그 사자들을 위하여 예비된 영원한 불에 들어가라." 그들이 언제 주님이 그런 불행한 일을 당하셨느냐고 반문하자 예수는 말한다. "이 지극히 작은 자 하나에게 하지 아니한 것이 곧 내게 하지 아니한 것이니라." 예수는 단호히 말한다. "그들은 영벌에, 의인들은 영생에 들어가리라 하시니라."

주석

1 Dave, R. H. (1973). *Lifelong Education and School Curriculum*. Hamburg: UNESCO Institute for Education.

2 한숭희(2001). '평생교육연구의 메타인식: 전개와 방향', 김신일, 한숭희 편, 평생교육학 동향과 과제. 서울: 교육과학사.

3 같은 책.

4 양흥권(2017). 학습세기의 교육론: 평생교육론. 서울: 신정, p. 470.

5 김종서 외(2009). 평생교육개론. 경기: 교육과학사.

6 Yeaxlee, B. A. (1929). *Lifelong Education*. Cassell: London, p. 164.

7 Dave, R. H. (1973).

8 천세영, 한숭희(2006). 평생학습사회에서의 고등교육의 의미와 대학의 위상전환. 평생교육학연구, 12(1), 127-144.

9 한숭희(2001).

10 Jarvis, P. (1983). The lifelong religious development of the individual and the place of adult education. *Lifelong Learning: The Adult Year, 5*(9), 20-23.

11 한숭희(2006). 평생교육론: 평생학습사회의 교육학. 서울: 학지사, p. 20.

12 김한별(2014). 평생교육론(2판). 서울: 학지사, p. 22.

13 한숭희(2001).

14 Herbart, J. F. (1994). *Allgemeine Pӓgogik*. 김영래 역(2006). 헤르바르트의 일반 교육학. 서울: 학지사, p. 112.

15 Bollnow, O. F. (1959). *Existenzphilosophie und Padagogik*. 윤재흥 역(2008). 실존철학과 교육학: 비연속적 교육형식의 모색. 서울: 학지사, p. 23.

16 같은 곳.

17 Knowles, M. S. (1970). *The Modern Practice of Adult Education: Andragogy versus*

Pedagogy. New York: Association Press.

18 McKenna, R. F. (1995). *Philosophical Theories of Education.* New York: University Press of America, Inc., p. 186.

19 Hellweg, J. B. (1992). *Constitutiones declarationes concilii oecumenici vaticani secundi.* 현석호 역(1992). '그리스도교적 교육에 관한 선언', Straelen, H. V. et al. (Ed.). 제2차 바티칸 공의회 문헌 해설 총서 4. 서울: 성바오로출판사, p. 56.

20 Bollnow, O. F. (1959), p. 22에서 재인용.

21 Hellweg, J. B. (1992), p. 51.

22 Wesley, J., 조종남, 김홍기, 임승안, & 한국웨슬리학회(2006). 웨슬리 설교전집. 서울: 대한기독교서회.

23 Clendenin, D. B. (2002). *Easternorthodox Christianity.* 김도년 역(2014). 동방정교회개론. 서울: 도서출판 은성, p. 204.

24 Delors, J., Mufti, I. A., Amagi, I., Carneiro, R., Chung, E., Geremek, B., ... Nanzhao, Z. (1996). Learning: The treasure within. Report to UNESCO of the International Commission on Education for the Twenty-first Century. Paris: UNESCO, p. 86.

25 Hellweg, J. B. (1992), p. 51.

26 Straelen, H. V. et al. (Ed.) (1992). *Constitutiones declarationes concilii oecumenici vaticani secundi.* 현석호 역(1992). 제2차 바티칸 공의회 문헌 해설 총서. 서울: 성바오로출판사.

27 구본옥(2007). 니체의 자기극복 교육: 위버멘쉬의 교육적 의미. 초등교육연구, 20(1), 95-118.

28 McGee, R. (2003). *The Search for Significance: Seeing Your True Worth Through God's Eyes.* 김진영 역(2013). 삶의 의미 찾기: 행복과 자기 가치감을 높이기 위한 자기계발서. 서울: 학지사, p. 40.

29 Delors, J., Mufti, I. A., Amagi, I., Carneiro, R., Chung, E., Geremek, B., ... Nanzhao, Z. (1996), p. 91.

30 Brookfield, S. D. (2005). *The Power of Critical Theory for Adult Learning and Teaching.* London: Open University Press.

31 Delors, J., Mufti, I. A., Amagi, I., Carneiro, R., Chung, E., Geremek, B., ... Nanzhao, Z. (1996), p. 86.

32 같은 책, pp. 92−93.

33 같은 책, p. 94.

34 Makowski, L. J. (1999). *Horace Bushnell on Christian Character Development*. New York: University Press of America, Inc., p. 113.

35 Ganoczy, A. (1983). *Schopfungslebre*. 신정훈 역(2017). 창조론: 인간과 세상에 대한 그리스도교 이해. 서울: 가톨릭대학교출판부, p. 37.

36 Delors, J., Mufti, I. A., Amagi, I., Carneiro, R., Chung, E., Geremek, B., … Nanzhao, Z. (1996), p. 92.

37 참고: Straelen, H. V. et al. (Ed.) (1992). *Constitutiones declarationes concilii oecumenici vaticani secundi*. 현석호 역(1992). 제2차 바티칸 공의회 문헌 해설 총서. 서울: 성바오로출판사.

38 Ganoczy, A. (1983), p. 66.

39 Delors, J., Mufti, I. A., Amagi, I., Carneiro, R., Chung, E., Geremek, B., … Nanzhao, Z. (1996), p. 91.

40 Bailey, R. et al. (2010). *The SAGE Handbook of Philosophy of Education*. 이지헌 역 (2013). 교육철학 1: 이론과 역사. 서울: 학지사, p. 273.

41 McKenna, R. F. (1995), p. 186.

42 Delors, J., Mufti, I. A., Amagi, I., Carneiro, R., Chung, E., Geremek, B., … Nanzhao, Z. (1996).

43 Hoekema, A. A. (1986). *Created in God's Image*. Grand Rapids, Michigan: Wm. B. Eardmans Publishing Co.

44 김용해(2005). 그리스도교 사상 안에서의 인간존엄성 근거: 토마스 아퀴나스와 마르틴 루터를 중심으로. 철학연구, 96, pp. 107−133, p. 122에서 재인용.

45 같은 곳.

46 김재성(2010). 칼뱅의 개혁사상과 교회. 성경과 신학, 53, 1−44.

47 김주한(2006). 마르틴 루터 신학에서 공공의 가치. 한국교회사학회지, 19, 63−92.

48 Mayer (1960). 강성옥. 신앙에 기반을 둔 스웨덴 복지 고찰: 역사적 관점을 중심으로. http://chswra.org/outpage/img/data_04.pdf에서 재인용.

49 같은 곳. 강성옥의 내용을 바탕으로 믿음과 선행과의 관계를 논의하였다.

50 김기원(2011). '루터의 종교개혁에 나타난 사회복지사상', 한국기독교사회복지학회 편, 기독교사회복지. 경기: 한국학술정보, 87-120.

51 김용해(2005).

52 구본만(2011). 가톨릭 학교의 전인교육 사명에 관한 고찰. 가톨릭철학, 17, 83-134.

53 주영흠(2007). 아우구스티누스 인식론의 교육적 의의-의지의 지향성을 중심으로. 교육문제연구, 27, 1-25.

제11장

소명의식과 행함을 위한 학습

유네스코의 들로르(Delors) 보고서는 평생교육의 두 번째 원리로서 '행함을 위한 학습(learning to do)'을 제시한다.[1] 알기 위한 학습과 행함을 위한 학습은 불가분 (indissociable)의 관계에 있지만 행함을 위한 학습은 일상의 직업교육과 더 밀접한 관련이 있다는 점을 강조한다. 따라서 어떻게 하면 배운 것을 실행에 옮길 수 있으며, 또한 우리가 예측하지 못하는 중에 생겨나는 미래의 직업을 교육이 어떻게 준비할 수 있을 것인가에 관심을 가져야 한다고 주장한다.

들로르 보고서는 배운 바를 실행에 옮긴다는 것은 단순히 무언가를 만들기 위해 규정해 놓은 작업 목표를 준비하는 일과는 관련이 없다는 점을 강조한다. 기술의 진보에 따라 육체적인 과업은 정신적인 작업으로, 즉 기계를 제어 및 관리, 감독하는 작업들로 대체될 것이기 때문이다. 그래서 고용주들은 특정 기술 대신 특별한 개인의 역량(competence)을 찾고 있는데 이런 역량은 지식이나 기술에 덧붙여 어떤 사회적 행동(social behavior), 팀워크(teamwork) 능력, 솔선수범(initiative) 및 진취성(readiness to take risks) 등의 복합적인 능력[2]이라고 설명한다.

주목해야 할 것은 들로르 보고서는 배운 것을 실행에 옮기는 데 있어서 인지적 능력 못지않게 정의적 역량을 강조한다는 점이다. 팀워크, 솔선수범, 위험을 감수하는 정신 등의 복합(mix)으로서의 정의적 역량이다. 여기에 타인과의 의사소통, 남과 더불어 일하는 능력, 갈등을 관리 및 해결하는 능력[3]들이 더욱 중요시되고 있음을 강조한다. 이러한 능력들은 근본적으로 일 혹은 직업을 대하는 새로운 패러다임을 요구한다.

필자는 그 새로운 패러다임의 중요한 단면을 노동과 직업에 대한 예수 그리스도의 사상에서 도출해 낼 수 있다고 생각한다. 그것은 언제 어디서 무슨 일을 하든 간에 개인이 맡은 직업 혹은 직무는 하나님이 나를 불러 맡긴 것이라는 소명의식이다. 자신의 직무에 최선을 다해 성과를 내고 근검절약하는 생활 태도를 통해 지속적인 성과를 내는 것이 하나님이 맡긴 소명을 다하는 것이며 하나님을 찬양하는 것이 된다. 예수 그리스도의 가르침에서는 들로르 보고서가 강조하는 직업에 대한 태도가 개인의 바람직한 역량의 차원을 넘어 종교적 의무로 요구되는 것이다.

① 행함을 위한 학습과 노동관

성서의 내용과 정신을 보면 예수 그리스도의 사상의 핵심은 배운 것을 실제로 행함(to do)에 있다는 것을 알 수 있다. 기독교 평생교육은 '행함을 위한 학습'에 초점이 맞추어져 있는 것이다. 신약성서 전체를 관통하는 예수의 교육은, 법[율법]은 실천으로 나아갈 때 비로소 완성된다는 점을 강조한다. "누구든지 하나님의 뜻대로 행하는 자가 내 형제요 자매요 어머니이니라."(마가 3:35)라고 단정한다. 이웃 사랑의 계명은 배워서 아는 것에 그치지 않고 일상적인 삶 속에서 구체적으로 실천되어야 한다고 강조하는 것이다. "어떤 관리가 물어 이르되 선한 선생님이여 내가 무엇을 하여야 영생을 얻으리이까?"(누가 18:18) 하고 물었을 때의 예수 그리스도의 대답은 매우 명확하고 단순하다. 배워 아는 것에 그치지 않고 그것을 실천하는 것이 복음의 완성이며 구원의 조건이라는 것이다.

1) 노동에 대한 신학적 관점

예수의 '행함'의 중요성에 대한 가르침은 일상의 노동 혹은 직업의 신성함에 대한 신학적 패러다임으로 확장된다. 들로르 보고서가 '행함을 위한 학습'에서 직업에서의 팀워크나 솔선수범, 진취성 등의 정의적 역량의 학습을 강조했다면, 예수 그리스도는 직업이나 노동 행위에 신성한 가치를 부여함으로써 들로르 보고서가 제시한 그러한 정의적 역량들의 학습 동기를 부여하였다. 노동이나 맡은 직무에 대한 신의 소명의식은 노동 행위나 직업에서의 솔선수범, 성취 욕구, 성실과 책임에 대한 인식과 태도 변화로 연계될 것이기 때문이다.

(1) 일상의 사소한 노동의 중요성

사도 바울은 고린도인들에게 보낸 서한에서 일상의 사소한 행함이 하나님의 영광을 드러내는 것임을 강조한다. "그런즉 너희가 먹든지 마시든지 무엇을 하든지 다 하나님의 영광을 위하여 하라."(고전 10:31) 성경은 창세기부터 인간의 노동 혹은 활동에 신학적인 의미를 부여하고 있다. 하나님의 모습으로 창조된 인간은 모든 피조물을 지배하고 관리하며 다스리라는 명령을 받았다. "하나님이 이르시되 우리의 형상을 따라 우리의 모양대로 우리가 사람을 만들고 그들로 바다의 물고기와 하늘의 새와 가축과 온 땅과 땅에 기는 모든 것을 다스리게 하자 하시고 하나님이 자기 형상 곧 하나님의 형상대로 사람을 창조하시되 남자와 여자를 창조하시고 하나님이 그들에게 복을 주시며 하나님이 그들에게 이르시되 생육하고 번성하여 땅에 충만하라. 땅을 정복하라, 바다의 물고기와 하늘의 새와 땅에 움직이는 모든 생물을 다스리라 하시니라."(창세기 1:26-28)

성서는 신에 의해 창조된 인간 본성이 행동과 활동이며 이런 활동은 창조주 하나님의 형상이라는 점을 강조한다. 그래서 고대 그리스인들과는 달리 히브리인들에게 있어서 노동은 고달픈 것이기는 해도 신과의 관계에서 의미 있는 일이었기에 그들의 삶에 자연스럽게 통합될 수 있었다.[4] 히브리인들의 신은 항상 그들과 가까이에서 활동하는 존재였다. 그들에게 신은 포도 넝쿨을 자르고(에스겔 15:6), 진흙으로 사람을 빚으며(창세기 2:7), 군인(이사야 27:1)이었다. 그들에게 일과 노동은 그들을 창조한 하나님의 '행함'을 따르고 하나님을 찬양하는 활동이었다.

일에 대한 기독교의 관점은 히브리 전통을 기초로 형성되었다. 무엇보다 신약시대의 기독교 자체가 노동계층을 중심으로 형성되었다. 우선 기독교의 창시자인 예수 그리스도는 목수였다. "이 사람이 마리아의 아들 목수가 아니냐?(마가 6:3) 사도 바울은 천막 제조업자였다. "생업이 같으므로 함께 살며 일을 하니 그 생업은 천막을 만드는 것이더라."(사도행전 18:3) 예수의 제자들은 모두가 노동자들로서 대부분 어부였다. 성직 계급 출신은 아무도 없었다.[5]

성서는 일과 세상사에 대해 과도하고 절대적인 관심과 염려를 피하라고 충고한다. 일상의 일과 노동보다 먼저 하나님의 나라를 구하라고 말한다.

> "그러므로 내가 너희에게 이르노니 목숨을 위하여 무엇을 먹을까 무엇을 마실까 몸을 위하여 무엇을 입을까 염려하지 말라. 목숨이 음식보다 중하지 아니하며 몸이 의복보다 중하지 아니하냐…… 또 너희가 어찌 의복을 위하여 염려하느냐. 들의 백합화가 어떻게 자라는가 생각하여 보라. 수고도 아니하고 길쌈도 아니하느니라…… 오늘 있다가 내일 아궁이에 던져지는 들풀도 하나님이 이렇게 입히시거든 하물며 너희 일까 보냐. 믿음이 작은 자들아. 그러므로 염려하여 이르기를 무엇을 먹을까 무엇을 마실까. 무엇을 입을까 하지 말라 …… 너희 하늘 아버지께서 이 모든 것이 너희에게 있어야 할 줄을 아시느니라."(마태 6:25-34)

(2) 충실한 종의 비유

그렇지만 성서는 일은 그리스도인들의 중요한 책무임을 명확히 언급한다. 누가복음(12:41-49)에서 예수 그리스도는 '충성스러운 종과 불충한 종'의 비유를 들어 일상에서의 주어진 직무에 충실한 삶이 중요하다는 것을 강조한다. 더욱이 언제 주인이 돌아와 직무의 성실함을 평가할지 모른다는 말을 통해 일상의 직업의 성실함이 구원과 연계된다는 점을 암시한다. 특히, 달란트의 비유(마태 25:14-30)는 '하늘나라'와 비유하여 주인이 맡긴 돈을 성실하게 투자하여 이익을 남긴 하인을 칭찬하고 포상하고 있다. 주목할 점은 성서에서 중시하는 일과 노동은 자신의 이익만이 아닌 형제자매와 이웃을 위한 사랑과 관심에서 행해져야 한다는 점을 강조한다는 점이다.

따라서 가톨릭의 공의회 문헌은 모든 직업 활동의 위대함과 품위를 신학적 관점에서 강조한다. "실제로 자신과 가족의 생계를 마련하면서 사회에 적절히 봉사하도록 활동을 해 나가는 남자들과 여자들은 당연히 자기가 자신의 노동으로 창조주의 활동을 펼치고…… 하나님의 계획을 역사 속에서 성취시키는 데에 이바지한다고 여길 수 있다."[6]

같은 맥락에서 사목헌장은 인간 활동의 성과는 곧 하나님의 위대하심을 드러내는 징표라고 평가한다. "그리스도인은 인간이 자기 재능과 힘으로 만들어 낸 작품들을 하나님의 권능에 배치된다거나 이성적 피조물을 창조주의 경쟁자로 여기지 않을 뿐만 아니라 오히려 인류의 승리는 하나님의 위대하심을 드러내는 징표라고 확신한다"는 점을 명확히 한다.[7]

2) 그리스적 전통의 노동관

일과 직업의 가치에 대한 성서 및 교회의 관점은 서양의 또 다른 전통인 그리스적 전통과 대비된다. 고대 그리스에서는 기본적으로 육체적 노동을 수반하는 어떠한 일이든 가치를 부여하지 않았다. 어느 철학자도 성공적인 삶을 돈이나 물질의 소유에서 찾지 않았다.[8] 오히려 일과 상업을 시민의 품위를 떨어뜨리는 행위로 비하하였다. 단지 생존을 위한 필요악(necessary evil)일 뿐 일 자체에 어떠한 가치를 부여하지 않았다.[9] 이렇게 육체적 노동이 노예에게나 맡겨진 가치 없는 행위라고 본 반면, 인간의 성취를 상징하는 창작물의 생산 행위는 사회적으로 가치 있는 것으로 인정하였다.

플라톤은 일반적으로 일은 명상적인 삶을 방해한다고 보고 일을 기피해야 할 유혹 같은 것으로 치부해 버렸다. 아리스토텔레스는 스승의 관점을 이어받아 노동자나 상인의 가치를 더욱 비하하였다. "시민들은 기계공이나 상인의 삶을 따르지 말아야 한다. 왜냐하면 그 같은 삶은 불명예스러운 것이며 덕을 거스르기 때문"[10]이었다. 그러나 아리스토텔레스가 강조하는 것은 당시 기계공이나 상인의 작업환경이 열악하여 건강과 건전한 인격 형성에 해가 된다는 점, 또한 돈 자체를 위한 상

행위를 비난하는 것이지 정상적인 자애심에서 나오는 부의 추구를 부인하는 것은 아니었다.[11]

아리스토텔레스에 의하면 노동에 의한 돈의 축적이 곧 행복이라고 생각하는 것은 수단을 목적으로 오인하는 잘못을 범하는 것이다. 이 같은 생각이 잘못임을 보여 주기 위해 아리스텔레스는 마이더스(Midas) 왕의 우화를 제시하였다.[12] 아리스토텔레스에게는 필요를 충족시키기 위해 상품을 취득하는 것은 자연스러운 일이지만, 돈을 벌기 위해 돈을 버는 행위는 자연스럽지 않으며 잘못된 행위였다. '자연스럽다(natural)'라는 말은 인간 본성에 일치하는 것이며 따라서 선한 행위이다. 반면 자연스럽지 못한 것은 악이다.

아리스토텔레스는 농작물을 기르거나 가축을 사육하는 행위는 자연으로부터 이득을 취하는 것이지만 물건을 구입하여 구입 가격보다 더 비싼 가격에 파는 행위는 그 물건이 갖고 있는 가치에 아무것도 더하지 못하며[13] 또한 중간상인의 상행위도 마찬가지로 제품의 가치를 증진시키는 데 아무 역할도 하지 못한다고 가치를 절하시켰다. 같은 맥락에서 아리스토텔레스는 돈을 빌려주고 이익을 취하는 행위를 가장 경멸하였다. "왜냐하면 이러한 행위는 돈의 자연스러운 사용이 아니라 돈 자체로부터 이득을 챙기기 때문이다. 돈은 교환에 사용될 의도로 만들어진 것이다. 따라서 이자를 불리기 위한 수단이 아니다. 따라서 이런 행위는 돈 버는 방법 중 가장 비자연적인 것이다."[14] 아리스토텔레스의 상행위, 특히 이자놀이에 대한 비판은 그의 철학에 큰 영향을 받은 중세 후기 기독교 신학 사상으로 연계됨을 알 수 있다.

3) 중세 기독교의 노동관

(1) 노동의 필요성과 정당한 대가

교부철학자인 아우구스티누스는 아리스토텔레스의 사상을 이어받아 적은 규모의 수세공(handcraft)이나 농업 및 상업의 필요성을 인정하였다. 그러나 상품 판매에서 '공정한 가격' 이상을 요구하거나 이자놀이를 하는 것은 비도덕적이라고 주장하였다. 또한 부의 소유자는 그 재산을 하나님으로부터 위탁받은 것으로 여기고 자신의 필요를 위해 정당한 몫을 사용한 후에는 가난한 사람들에게 나누어 주어야 한다고 강조하였다.[15]

아우구스티누스의 일에 대한 관점은 중세 기독교의 수도원으로 연계된다. 멈포드(Lewis Mumford)는 특히 유럽 전역에 퍼져 있던 수천 개의 베네딕트 수도원들이 공통으로 지켰던 생산 활동과 일에 대한 적극적이며 솔선수범하는 태도가 자본주의를 최초로 만든 창설자라고 평가한다.[16] 수도사들에게 일은 생계를 위한 고통이 아니라 사랑과 봉사의 도구로서 개인적·공동체적 건설과 성장 및 발전을 도모할 수 있는 계기로 인식되었다. 따라서 그들은 모든 일에서 솔선수범하고 협동하였으며 공동으로 일정한 규칙적인 일을 하였다. 멈포드는 수도사들의 이러한 규칙적인 일과 기도행위가 산업화 시대의 규칙적인 근무습관과 연결된다고 주장한다.

산업기술 역사학자인 화이트(Hayden White)는 중세기에 베네딕트 수도사들에 대한 시민들의 존경심이 컸기 때문에 자연히 육체적인 노동의 가치에 대한 인식이 사회적으로 고양되었고 노동자들의 자긍심 또한 높아지게 되었다[17]고 분석한다. 더욱이 그 이후부터는 '일하는 것이 기도하는 것'이라는 서양의 금욕주의 전통으로 확립되어 프로테스탄트의 '소명 윤리'로 연계되었다고 주장한다. 공동생활을 하는 수도사들은 근검절약하는 생활을 하였기 때문에 이윤을 여러 종류의 생산적인 기계 생산에 투자할 수 있었다는 점에도 주목할 필요가 있다. 이 점이 수도사들을 최초의 자본주의자로 평가하는 이유가 되기도 한다.[18]

(2) 이자놀이에 대한 비판

다른 한편으로 당시 가톨릭의 또 다른 신학은 자본주의 발달을 오히려 저해하는 역할을 했다는 점에서도 학자들의 견해는 일치한다.[19] 즉, 물질적인 재화, 부, 세속적인 성공을 성스러움의 척도로 보지 않았기 때문이다. 이런 입장은 돈을 빌려주고 이자를 받는 '이자놀이'에 대한 부정적인 시각을 형성하게 되었다. 심지어는 16세기까지 신학자들이 국가 은행의 설립을 단죄한 이유도 여기에 있다. 막스 베버(Max Weber)가 가톨릭 윤리와 프로테스탄트 윤리의 결정적인 차이점으로 보는 전제가 바로 '이자 금지'인 것이다.

전술한 바대로 고대 그리스에서와 같이 유대-기독교 전통도 대부금에 대한 이자 요구 행위를 비난해 왔다. 구약성서에서는 자기 부족에게만은 이자를 받지 못하도록 금했으며(신명기 23:19), 신약시대에 와서는 고리대금 금지는 부족의 틀을 벗어나 보편적인 윤리의 성격을 띠게 되었다. 이자놀이에 대한 예수 그리스도의 메시지는 분명하다.

> "오직 너희는 원수를 사랑하고 선대하며 아무것도 바라지 말고 꾸어
> 주라 그리하면 너희 상이 클 것이요 또 지극히 높으신 이의 아들이 되리
> 니 그는 은혜를 모르는 자와 악한 자에게도 인자하시니라."(누가 6:35)

예수가 이자를 노리는 행위를 금지시킨 것은 그가 돈벌이 전반에 대해 가지고 있는 태도와 일치한다.[20] 예루살렘 성전에서 환전꾼은 물론 물건을 사고파는 사람들을 내쫓은 일화가 단적인 예다. 성전은 기도하는 집인데 "너희는 강도의 소굴을 만드는도다."(마태 21:13) 철학자 피터 싱어(Peter Singer)가 반문한 것처럼 그렇다면 예수는 매매로부터 이득을 챙기는 행위를 일종의 강도질이라고 본 것인가?

이자놀이를 금지시킨 예수의 가르침은 부에 대한 교육으로 연결된다. 영생을 얻기 위해서 어떻게 해야 하느냐고 묻는 청년의 질문에 예수는 '가진 것을 모두 팔아 가난한 사람에게 나누어 주어야 한다.'고 말한다. 이에 덧붙여 "재물이 있는 자는 하나님의 나라에 들어가기가 심히 어렵도다. 하나님 나라에 들어가기가 얼마나 어려운지 낙타가 바늘귀로 나가는 것이 부자가 하나님의 나라에 들어가는 것보다 쉬우니라."(마가 10:23-25)고 단호하게 말한다.

예수의 이 가르침은 세상은 모든 사람에게 속한 것이어서 누구도 자신이 필요한 바보다 더 많이 가질 권리가 없다는 의미였다. 예수의 가르침에 따라 초기 기독교 공동체는 이기적 욕망에 기초한 상행위를 천시하고 반면에 농부와 같이 정직하게 땀을 흘리는 직업에 가치를 부여하는 태도가 전통으로 확립되어 내려왔던 것이다.[21]

프로테스탄트 윤리와 소명의식

"그러므로 한 여종이 주인의 명령과 직무에 따라 마구간에서 똥을 치우고 있다면 그것이야말로 천국으로 가는 직선로를 제대로 찾은 것이다. 반대로 자기 직무가 무엇인지, 자기 할 일이 무엇인지 알지 못하면서 성자나 교회당으로 가는 이들은 천국이 아니라 지옥으로 직진하는 자들이다."[22]

종교개혁의 선도자인 마르틴 루터(Martin Luther)의 말이다. 루터의 이 말은 노동과 직업에 대한 기독교의 전통적인 사고와 태도가 종교개혁과 더불어 근본적인 전환을 맞게 됨을 예고하고 있다. 유네스코의 들로르(Delors) 보고서가 평생교육의 학습 원리로 제시한 '행함을 위한 학습'에서의 일에 대한 적극적인 태도의 기독교적 바탕이 형성되는 것도 종교개혁을 기점으로 한다. 무엇보다 근면과 이익추구 행위를 예수 그리스도를 믿는 사람들의 삶의 중심으로 만든 것은 16세기의 프로테스탄트 종교개혁이었다.

1) 루터의 노동과 소명의식

(1) 루터의 '만인제사장'

프로테스탄트 윤리의 주창자인 루터는 본래 그 당시의 상업적 행위와 경제적 개인주의를 극도로 혐오했다. 루터는 기독교 본래의 정신과 자신이 목격한 성직 및 귀족계급, 지역 상인들의 물질적인 안락한 삶과의 큰 괴리를 느꼈다.[23] 루터는 개인의 구원은 오로지 신에 대한 믿음에서 이루어지는 것이지 믿음 없이 선행만을 통해 성취되는 것은 아니란 점을 강조하였다.

더욱이 인간의 모든 합법적인 활동은 그 자체로 예배 행위이며, 여기에는 성직자와 평신도의 구분이 있을 수 없다고 보았다. 이른바 루터의 '만인제사장설

(priesthood of all believers)'이다.[24] 예수 그리스도 앞에 모든 신도들은 계급이 없이 평등하며 성직자나 신자는 각기 맡은 사명이 다를 뿐 똑같이 소중한 제사장의 자격을 지니고 있다.[25] 다시 말해 평신도들은 믿음으로 세례를 받는 순간 제사장이며, 그들은 세상 속에서 하나님 말씀을 듣고 용서를 선포하며 하나님과 화목케 하는 직분으로 부름받은 자들이라는 것이다.[26]

루터의 만인제사장 개념은 교회를 넘어 각자의 직업으로 확대된다. 즉, 평신도들이 의례에서만이 아니라 세상의 문화 속에서, 성전에서만이 아니라 도시에서 왕 같은 제사장 직분을 담당하는 사람이라는 새로운 정체성을 갖게 만든다. 제사장직의 자리를 교회에서 세상에서 맡은 각자의 직업으로 확대함으로써, 앞서 언급한 '마구간에서 똥을 치우고 있는 여종'과 같은 직업에 대한 인식의 혁신이 일어나는 것이다. 이제 루터에 의해서 여종의 일이나 농부와 대장장이, 제과공의 일은 성직자의 일과 동등한 가치를 지니게 된 것이다.

(2) 루터의 소명설

루터에 따르면 하나님에게 봉사할 수 있는 최선의 방법은 자신의 직업에 충실한 것이다. 이렇게 그는 예배와 일 사이의 괴리를 없애 버렸다. 즉, 개인이 하나님에 대한 순종과 형제자매에게 봉사하는 마음에서 일을 하는 한 어떠한 종류의 일이든 하나님의 눈으로 보면 동등한 가치를 지닌다고 보았다.[27]

그는 종교 지도자들뿐만 아니라 상인과 농부도 '소명(召命, calling)'을 받았으며, 그 소명에 따라 행동하는 것이 우리 모두의 종교적 의무라고 주장하였다.[28] 들로르 보고서의 '행함을 위한 학습'에서 제시한 일에 대한 솔선수범, 진취성 및 성실성[29] 등의 가치는 루터의 관점에서는 하나님이 주신 소명을 받드는 의무로서 당위성이 있는 것이다.

사도 바울은 고린도인들에게 보낸 편지에서 "각 사람은 부르심을 받은 그 부르심 그대로 지내라"(고전 7:20)라고 말한다. 루터는 이 성경 구절의 부르심을 사람의 외적인 신분이나 직업을 의미하는 것으로 해석하였다.[30] 모든 사람은 부르심을 받았을 때의 처지 혹은 상황이 다름을 인정하나 그 다름의 우열이 하나님 앞에서 매

겨지지 않는다는 것이다. 루터에 따르면 각자의 처지란 남편이나 아내, 아들이나 딸, 소년이나 소녀로서의 상황이다.

중요한 점은 이러한 각자의 위치에 주어지는 책임의 위대성이며, 그 책임이 자신의 소명이 되는 것이다.[31] 같은 논리로 군주나 성직자 역시 자신의 소명을 다하지 못할 경우 강도질이나 고리대금업을 하는 사람과 다를 바 없게 된다. 하나님이 주신 소명은 모두가 거룩한 것이기에 왕이 하는 일이든, 농부, 성직자, 젖 짜는 소녀가 하는 일이든 소명으로서의 책임을 다하는 것이 하나님의 창조사업을 계속해서 수행하는 것이라고 보는 것이다.

(3) 소명은 봉사하는 것

루터는 다양한 직업에서 다양한 소명을 가진 직업인들에게 주어지는 핵심적인 임무는 다른 사람들에게 봉사하는 것임을 강조한다. 그는 "모든 위치(station)는 다른 사람들에게 봉사하기 위하여 정해져 있다."[32]라고 말한다. 각자의 위치에서 노동이 어떻게 다른 사람들을 위해 봉사하고 이롭게 하는지를 보여 주는 사례로 루터는 자신의 가족을 돕기 위해 일하는 아버지와 자녀를 돌보는 어머니를 예로 든다. 모든 사람은 자신의 소명을 통하여 상호 봉사함으로써 서로에게 도움을 줄 수 있다는 것이다.[33]

주목할 점은 루터는 전통 기독교의 노동과 직업에 대한 관점을 비판하면서도 이자놀이에 대해서는 중세 기독교와 같은 입장을 견지한다는 점이다. 중세의 입장은 신학자인 코브햄의 토머스(Thomas)가 말한 바와 같이 명확하다. 그는 예수의 가르침을 이어받아 "고리대금업자는 아무런 노력도 없이, 심지어는 잠자고 있는 동안에도 이득 보기를 바란다. 그것은 이마의 땀으로 일용할 양식을 구하라고 말씀하신 주님의 가르침에 어긋나는 것이다."라고 말한다.[34]

철학자 피터 싱어는 고리대금업자는 실제로 자신이 가진 것을 파는 것이 아니라 그가 파는 것은 단지 시간일 뿐이라고 해석한다. 그러나 시간은 하나님의 것이지 그의 것이 아니다. 따라서 이런 생각은 고리대금업자를 강도로 간주하게 만들었다는 것이다. 루터 역시 같은 입장에서 "돈이 돈을 낳지 못한다(Nummus non paret nummum)"라는 아리스토텔레스의 입장과 중세적 원칙을 고수했다. 이자를 받는 것은 고리대금업으로 하나님께 범죄하는 것[35]이라는 주장이다. 그러나 루터는 이 자놀이를 반대하는 데 열정적이었으나 모든 종교적인 권위를 부정함으로써 역설적으로 고리대금업을 종교적 비난으로부터 해방시키는 결과를 가져다주었다.[36]

루터에 이어 프로테스탄트 윤리에 가장 중요한 영향을 미친 것은 장 칼뱅(Jean Calvin)의 신학이었다. 칼뱅과 그의 추종자들은 루터처럼 농민을 이상시하지 않고 반대로 도회지의 삶을 가치 있게 받아들였다. 토니(Richard Henry Tawney)가 지적한 바와 같이 초기 그리스도교나 현대 사회주의와 마찬가지로 칼뱅주의는 대체로 스위스 제네바를 중심으로 한 도회지 운동이었다.[37] 루터와는 달리 칼뱅이 활동하던 제네바는 경제의 기반이 주변 도시 지역과의 교역 활동에 있었다. 루터와 달리 칼뱅이 돈을 빌려주고 이자를 받는 행위를 인정한 것은 이러한 경제적 상황이 작용했을 것으로 보인다.

2) 칼뱅의 소명과 예정론

(1) 칼뱅의 직업소명설

칼뱅도 루터와 같이 각자의 처지 혹은 위치(station)는 하나님에 의해 주어진 것이라고 보았다. 칼뱅은 루터와 마찬가지로 모든 직업은 하나님의 거룩한 부르심에 의해, 하나님이 맡긴 것이라는 직업소명설을 역설한다. 따라서 인간의 의무는 하나님이 정해 준 길을 따라 걷는 것이다. 칼뱅은 각자의 소명을 예정론과 연결시켰다. 영원으로부터 신은 자유로이 인간의 운명을 미리 결정지어 놓았다는 것이다. 칼뱅은 세속적인 직업과 관련된 소명에 대한 자신의 견해를 『기독교강요』 3권 10장에서 다음과 같이 밝힌다.

> "마지막으로 주께서 우리들 중의 모든 사람에게 일상생활 속의 모든 행동에서 자신의 소명을 고려하도록 명령하셨다는 것이 기억되어야 한다. 주께서는 사람의 마음이 얼마나 쉽게 불안에 사로잡혀서 아주 경솔

하게 이리저리 서두르며 동시에 다른 여러 가지 일들을 붙잡으려는 야심으로 만족하지 못하는지를 잘 알고 계시기 때문이다. 그러므로 우리의 어리석음과 만용 때문에 야기되는 광범위한 혼란을 방지하기 위하여 그분은 삶의 다른 영역에서 모두에게 그들의 특별한 의무를 정해 주셨다. 어떤 사람이 성급하게 정해진 한계를 위반하지 않도록 하기 위하여 그분은 삶의 그러한 영역을 소명이라 부르셨다. 그러므로 각 개인은 그가 삶을 통하여 부주의하게 이리저리 방황하지 않도록 하기 위하여 주께서 일종의 파수꾼의 자리로 그에게 할당한 그 자신의 삶의 종류를 가지고 있다."[38]

칼뱅의 "신은 삶의 다른 영역에서 모두에게 그들의 특별한 의무를 정해 주셨다"는 견해는 우리 각자의 재능의 원천이 우리 자신이 아닌 하나님의 은혜로부터 나온 것임을 말해 준다. 그렇다면 직업에 대한 소명은 하나님의 목적과 분리될 수 없다. 어떠한 직업이나 직무를 맡든지 주어진 일을 최대한 성실하게 수행하는 것이 하나님의 목적을 수행하는 것이며 하나님께 영광을 돌리는 일이 된다. 나아가 직업은 곧 하나님의 소명이기에 근면 성실함은 물론 금욕적인 태도가 요구된다. 따라서 칼뱅은 직업생활을 통한 부의 획득을 자신의 육체적 쾌락을 위해 사용하거나 무절제한 생활 태도, 사치, 방탕을 소명을 거스르는 행위라고 비난하였다.[39]

(2) 직업은 신에 대한 봉사

칼뱅의 소명의식에 기초한 직업윤리는 이후 청교도들에 의해 계승·발전되었다. 그러나 청교도들의 직업에 대한 소명의식도 기본적으로 루터나 칼뱅 같은 종교개혁자들의 견해와 차이가 존재하지 않는다. 모든 사람은 어느 직업을 택하든 신의 소명을 가지고 있으며 그 소명을 따르는 것이 하나님께 순종하는 것이라는 생각이다.

평생교육의 관점에서 중요한 점은 직업에 대한 소명의식이 직무를 수행하는 사람들의 의식과 태도에 미치는 영향이다. 직업에 대한 소명의식은 직무 수행을 하나님에 대한 응답으로 만들게 된다. 리처드 스틸(Richard Steele)은 "하나님은 모든 남녀를, 그들 자신의 이익과 공공선을 위하여 이 세상에서 어떤 특별한 일에서 봉사하도록 부르셨다."[40]라고 말한다. 그렇다면 어디서 무슨 일을 하든 직업인은 자신의 일을 통해 하나님께 봉사하는 것이 된다.

마태복음(25:14-30)에서 예수가 청지기의 구체적인 사례를 들어 설명하듯이, 다섯 달란트 받은 자는 바로 가서 그것으로 장사하여 또 다섯 달란트를 남기고(25:16), 각자는 자신이 하는 일에 최대한 솔선수범하고 적극적이며 위험을 무릅쓰는 진취성을 발휘해 좋은 결과를 내야 하는 책무를 지닌다. 반면에 예수는 한 달란트를 받은 사람이 "두려워하여 나가서 당신의 달란트를 땅에 감추어 두었었나이다."(25:25)라고 한 말을 듣고 주인은 그 사람의 소극적이며 불성실한 직무 태도를 호통치며 "이 무익한 종을 바깥 어두운 데로 내쫓으라."(25:30) 하도록 엄히 단죄한다.

들로르 보고서가 '행함을 위한 학습'에서 제시한 직무에 대한 적극적인 태도가 예수 그리스도의 교육에서는 평생 학습자들이 평생 동안 의무적으로 실천으로 옮겨야 할 교육내용이 된다. 막스 베버(Max Weber)의 말대로 "노동은 신이 정하신 삶의 자기 목적"[41]이기 때문이다. 노동 혹은 직업은 단지 생계 수단이 아닌 그 이상의 것이다. 하나님이 주신 소명이라는 것이다. 성직과 같은 어떤 특정한 영역에만 소명이 제한되는 것이 아니라 개인이 하는 모든 노동과 직업 행위가 소명의 영역이며 하나님을 섬기는 행위이다. 따라서 개인이 어디서 어떤 일을 하든 삶의 모든 분야에서 하나님과 마주치게 되며 그분 앞에 자신의 성실함을 드러내야 한다. 하나님의 영광을 위해 일하라는 명령에 누구나 예외 없이 최선을 다해 성실하게 응답해야 할 의무를 지닌다. 그럼에도 불구하고 '만일 노동 의욕이 없다면 그건 구원의 은총을 잃어버렸다는 징후가 된다.'[42]

3　프로테스탄트와 타 종교전통

　루터의 만인제사장설, 칼뱅의 직업소명설을 비롯한 프로테스탄트 윤리는 구원 신앙을 넘어 믿음과 삶에 대한 사유방식의 전환을 가져 온다. 각자의 직업에 대한 신앙적 가치관이 달라지면서 먹고 살아가기 위해 필요한 일상의 경제활동을 바라보는 시각에도 변화가 오게 된다. 이에 따라 베버는 프로테스탄트 윤리를 포함한 모든 종교적 신념은 경제활동을 포함한 세계관에 직접적인 영향을 미친다고 강조한다.

　　　"한 개인을 구체적으로 살펴보면 그 사람의 종교적 신념과 경제활동
　　　방식 사이에는 어떤 연관이 있음을 알게 된다."[43]

　베버의 분석은 좁게는 일과 직업에 대한 가치 윤리의식 및 행동에서부터 넓게는 한 조직의 발전 및 국가의 경제 발전에 이르기까지 종교적인 신념이 직간접으로 미치는 영향을 단적으로 표현하는 것이다.
　그렇다면 프로테스탄트 윤리는 다른 종교전통과 과연 다른 것인가? 기독교 평생교육사상에서 중요한 위치를 차지하는 프로테스탄트 윤리는 다른 종교전통과의 비교를 통해 더욱 명확해질 수 있다고 본다. 세계 각 문화권의 종교전통이 일과 직업에 대한 시각과 태도는 물론 세상을 바라보는 세계관에서 어떠한 차이가 있는지를 논의해 보기로 한다.

1) 종교적 세계관의 비교

　사회학자 베버는 한 개인의 종교적인 믿음과 경제적인 행동 방법 사이에는 특정한 관계가 있다고 보았다. 이것은 물론 한 개인이 자신의 종교적인 믿음이나 가치를 경제적인 행위에 의식적으로 적용시킨다는 의미가 아니다. 대신 사람들은 무

의식적으로 자신이 신봉하는 종교적인 신념 체계의 가치들을 자신의 경제적인 행동을 유발시키는 요인으로 전환시켜 놓는다는 것을 의미한다.

그렇다면 전 세계 대표적인 종교 및 철학 체계와 경제적 행위와의 관계를 분석하는 패러다임은 어떻게 구성할 수 있을까? 독일의 철학자이자 사회학자인 위르겐 하버마스(Jürgen Habermas)가 제시한 세 개의 도표를 투 웨이밍(Tu Wei-Ming) 교수의 해설을 중심으로 설명하기로 한다.[44] 하버마스에 따르면 베버는 지구상에 다양한 종류의 종교적 세계관이 있는 것에 주목한다. 여기서 세계관이란 세상을 대하는 기본적인 방법을 의미한다.

〈표 11-1〉에서 세상을 평가하는 서로 다른 방법들은 대략 두 개의 개념적인 축으로 제시되고 있음을 알 수 있다. 첫 번째는 세상 부정(否定) 혹은 세상 거부(拒否)이다. 이 관점은 기본적으로 '지금-여기'의 궁극적인 가치를 부정한다. 두 번째는 세상 긍정(肯定)이다. 이 관점은 현실적인 세상을 넘어 존재하는 어떤 것에 초점을 맞추는 것이 아니라 궁극적인 가치를 이해하는 데 있어 생생한 세상이 중심이 된다.

하버마스는 두 개의 개념적인 전략, 즉 한 개인이 세상과 관련하여 중심적인 힘과 가치라고 생각하는 것을 정의하는 두 가지 방법을 제시한다. 하나는 '신 중심'으로서 신이나 혹은 인간과 신과의 일치를 강조한다. 다른 하나는 '우주 중심'으로서 신이 관련되지 않으며 인간과 우주와의 일치에 초점을 맞춘다.

〈표 11-1〉 종교적 세계관의 내용

개념적 전략 세상에 대한 평가	신 중심	우주 중심
세계 부정	유대교 그리스도교	힌두교 불교
세계 긍정	–	유교 그리스 철학

베버에 따르면 대부분의 종교적 세계관은 본질적으로 세상에 대한 부정이다. 이런 전통에 속하는 유대-그리스도교나 이슬람은 신 중심이며, 불교와 힌두교 같은 종교는 우주 중심적이다. 베버는 세상을 긍정하는 신 중심의 종교에 대해서는 연구하지 않았지만, 네 번째의 가능성, 즉 세상을 긍정하는 우주 중심적 전통을 제시하였다. 즉, 유교적 전통이다. 베버에 의하면 유교는 지금-여기의 세상을 긍정하고 인간과 우주와의 일치를 강조한다. 그리고 세상 밖으로의 초월을 지향하지 않는다.

이러한 종교전통의 상징적 내용들을 통해 우리는 세상을 평가할 수 있으며 세상과 관련 또는 관련하지 않은 궁극적인 가치들을 인식하는 개념적 전략을 개발할 수 있는 것이다. 또한 이를 통해 신이든 우주든 최고선을 인식하는 방법을 디자인할 수 있게 된다. 여기에는 한 개인이 어떤 접근방법을 택하고 있고, 어떻게 행동해야 하며, 무엇을 행해야 하는지에 관한 문제들이 관련되어 있는 것이다.

2) 삶에 대한 자세와 태도

두 번째 〈표 11-2〉에서 하버마스는 최고선을 달성하기 위한 일련의 방법들을 구상하는 두 개의 개념적 축을 다시 제시한다.

(1) 세상에 대한 적극적 거부

먼저 적극적으로 혹은 수동적으로 세상을 거부하는 종교들이 의미하는 바를 살펴보자. 기억해야 할 점은, 세상을 거부한다는 것이 반드시 일상생활로부터의 물리적인 떠남을 의미하는 것은 아니라는 것이다. 오히려 세상 거부는 '지금-여기'를 초월한 어떤 것의 궁극적인 가치를 인정함을 의미한다.

그러나 이것은 세상에서 어떻게 행동할 것인지에 대한 문제를 남겨 놓는다. 사람은 세상에서 적극적인 역할을 수행하는 것을 선택할 수 있으면서 동시에 세상의 어떤 것에 궁극적인 가치를 부여하는 그런 생각을 거부할 수 있다. 이것이 베버가 말하는 프로테스탄트를 중심으로 하는 그리스도교적인 접근방법의 특징이다.

〈표 11-2〉 세상에 대한 태도와 최고선의 추구방법

최고선의 추구 방법 / 세상에 대한 평가	적극적: 금욕주의/활동적 삶	소극적: 신비주의/명상적 삶
세계 부정	세계의 정복	세계로부터 도피
세계 긍정	세계에 적응	세계에 대한 이론적 이해

　　베버는 또한 칼뱅주의가 택한 적극적인 접근방법을 설명하기 위해 '금욕주의'라는 용어를 사용한다. 금욕주의는 사실 모호한 단어지만 흔히 육체의 욕망을 수련에 의해 통제하는 것으로 생각하고 있다. 이런 금욕주의는 그리스도인들의 관점에서는 신의 영광을 드러내고 천국의 보상을 얻기 위해 실행하는 것이다.

　　베버는 금욕주의를 프로테스탄트의 또 다른 개념인 직업(vocation) 혹은 소명(calling)과 연결시킨다. 성서에 근거를 둔 이 개념은 하나님의 영광을 드러내기 위해 이 세속에서 자신에게 맡겨진 일, 소임에 전념하는 것이다. 여기에는 훈련이 요구된다. 이 훈련은 점차 일상화되고 반복되며 또한 베버의 말대로 합리화되는 것이다.

　　자신의 영혼의 순수성을 입증하는 한 가지 방법은 세상을 정복하는 것이다. 역설처럼 들리겠지만 사람이 세상 사물에 대한 자신의 집착을 극복하기 위해서 그것을 떠나는 것이 아니라, 오히려 그 속에 들어가 살며 그것을 정복하는 것이다. 이것이 자신의 영혼의 순수성과 신에 대한 전폭적인 헌신을 드러내는 방법이다.

　　이렇게 욕망과 유혹을 초월하는 능력의 결과로서 자신의 주변 환경을 통제하는 행위가 바로 어떤 신념 체계에서 무의도적으로 비롯되는 결과의 적절한 예인 것이다. 베버의 이 접근방법에서 특히 중요한 단어는 '변형적(transformative)'이라는 개념이다. 베버는 이 '변형적 사고'의 능력이 특정한 형태의 경제 발전을 일으키는 데 핵심이 된다고 강조한다.

(2) 세상에 대한 소극적 거부

다음은 세상을 거부하는 종교로서 세상에 대해 수동적인 자세를 취하는 종교이다. 이 종교전통에서는 현세(now and here)와의 고리를 끊기 위해 할 수 있는 모든 것을 다한다. 전형적인 방법은 속세로부터의 떠남이다. 대표적인 종교는 출가(出家)를 중시하는 불교다. 출가의 의미는 자신의 감각과 욕망을 극복하는 데 장애가 되는 가족과 친구 그리고 삶의 모든 것들과의 연결을 절단하는 것이다.

또한 우리는 힌두교에서 시행하는 인간의 삶의 단계에서도 이 같은 접근방법을 발견할 수 있다. 힌두교에서는 한 개인이 제자로서, 호주(戶主)로서 혹은 가정의 구성원으로서의 책임을 수행한 후에 집을 떠나 숲속에서 살게 된다. 이 기간 동안 세속과 맺어진 인연을 제거하는 수행을 하게 되며 따라서 물질적인 세상에 대한 개인의 집착이 극소화되는 것이다. 이러한 행동은 적극적인 세상 정복과는 판이하게 다른 것이다. 그럼에도 불구하고 두 방법 모두 세상의 궁극적인 가치를 부정한다는 점에서 일치한다.

최고선을 추구하는 하나의 방법이 금욕주의적일 수 있듯이 신비주의도 또 다른 방법이 될 수 있다. 금욕주의와 같이 신비주의도 여러 가지 목적을 가질 수 있다. 일반적으로 신비주의는 궁극적인 가치라고 여기는 것, 즉 신이나 혹은 우주와의 교통(交通) 혹은 일치를 추구하는 것과 관련이 있다. 신비주의는 영적으로 규정한 힘의 중심이나 궁극적인 가치와 조화로운 관계를 모색하는 인간적 노력을 나타낸다고 할 수 있다.

이 신비주의가 어떻게 실제 생활과 연결되는지를 간략히 살펴보자. 그리스도교에서는 신비주의를 흔히 신에게로 향하는 명상적인 기도와 연결시킨다. 때로는 이것을 육체적·감각적 욕망을 수련을 통해 통제하는 첫 번째 타입의 금욕주의와 연결하여 생각하기도 한다. 불교에서는 신비주의가 우리가 실재(實在), 그리고 영속한다고 믿는 모든 것들이 실제로는 불완전하다는 것을 이해하게 되는 과정을 의미한다. 사물에 집착하려는 노력이 인간에게 크나큰 아픔과 고통을 가져다주기 때문이다.

따라서 인간은 모든 감각이나 생각, 사물, 심지어는 자신마저도 불완전하고 본질적인 것이 아니라는 것을 명상함으로써 이를 극복할 수 있다고 본다. 이를 통해 현상적으로 보이는 모든 것들은 영속하는 실재가 결여된 것, 허상임을 깨닫게 되며, 나아가 세상으로부터 자신을 점점 더 분리시킬 수 있게 되고, 마침내는 자신의 실재에 대한 완전한 소멸에 이르게 되는 것이다. 힌두교에서는 다양한 신성(神性)에 대한 명상을 통해 세상과의 고리를 단절시키며 인간을 신비의 세계로 인도함과 아울러 우주와의 일치를 시도한다.

(3) 적극적 · 소극적 세상 긍정

다음은 세상을 긍정하는 종교전통이다. 하버마스에 따르면 최고선을 추구하는 수동적 접근방법은 세상의 의미에 대한 이론적인 통찰을 시도함으로써 가능하다. 고대 그리스 철학이 대표적이다. 그리스의 많은 고전적인 철학자들은 외견상 다양한 실재들처럼 보이는 현상 이면에 불변하는 실재가 있다고 믿었으며, 또한 그 실재는 인간의 지식으로 알 수 있고 이성에 의해 파악될 수 있다고 생각했다. 그들은 궁극적 실재에 대한 명상으로서, 그리고 반성(reflection)으로서 지식에 큰 가치를 부여했다. 선을 인식하려는 플라톤의 시도가 한 예다.

이러한 접근방법을 수동적이라고 판단한다고 해서 그들이 세상사에 참여하지 않는다는 것은 아니다. 그것은 그리스인들이 영적인 전통 안에서 정신적 에너지를 집약시키는 방법과 또한 최고선에 도달하는 가장 효과적인 수단으로써 그들이 규정하는 것들을 특징짓는 하나의 방법이라고 할 수 있다. 그들은 일상적인 경험에 의존하기보다는 우선적으로 이성에 대한 그들의 능력에 의존하였다. 이러한 추상적 인식에 관련된 경험 가치에 대한 평가는 그들을 이해하는 데 있어 특히 중요하다.

마지막으로, 제시되는 종교전통은 세상과의 적극적인 관계를 통해 최고선의 이해를 추구하는 세계 긍정의 종교전통이다. 이 전통에서는 세상 자체가 한 개인이 최고선에 도달하는 수단이 된다. 하버마스는 베버의 개념화에 따라 이 범주에 해당하는 대표적인 예로서 유교를 지칭한다. 베버는 유교적인 접근법을 세상에 대한 순응 혹은 적응으로 본다. 베버가 유교적 전통을 이렇게 특징짓는 이유는 서양의 그리스도교 전통과 비교하기 위한 목적이 있기 때문이다. 유교는 세상을 거부하기 위해 세상을 정복하려는 방법을 쓰지 않기 때문에 베버는 유교를 있는 그대로의 세상에 적응하는 전통으로 묘사한 것이다.

3) 합리적 경제 행위의 가능성

베버가 본래 이러한 개념적 구도를 개발한 이유는, 왜 특정한 경제 발전이 어느 지역에서는 일어난 반면에 다른 문화권에서는 일어나지 않았는가를 분석하는 틀을 구축하기 위해서이다. 베버의 우선적인 관심은 자본주의와 근대화의 발흥이다. 여기서 베버가 말하는 근대화는 단지 공업화나 도시화 혹은 매스 커뮤니케이션을 의미하는 것이 아니라, 합리화(rationalization) 혹은 더 구체적으로 말하면 '자유노동에 의한 합리적 산업조직'을 일컫는 것이다. 베버의 관심은 합리화의 발전과 가치구조나 신념 체계의 동기 사이에 어떤 관계가 있느냐에 있다.

하버마스는 각 문화의 종교전통과 합리화를 이룰 수 있는 가능성과의 관계를 〈표 11-3〉으로 제시하고 있다. 하버마스는 모든 종교 전통들이 합리화의 과정, 즉 세계를 합리적으로 재구성하는 과정을 같은 정도로 거치는 것이 아님을 강조한다. 어느 전통에서는 합리화의 과정이 매우 높게 이루어질 수 있는 반면에 합리화의 정도가 상대적으로 낮게 이루어지는 문화도 있다는 것이다.

베버는 그리스도교를 먼저 예로 든다(베버가 말하는 그리스도교 전통은 특히 프로테스탄트 기독교인을 의미한다.). 그리스도교는 영혼 구원에 주된 관심을 갖는 종교다. 구원종교로서의 그리스도교는 세상의 궁극적 가치를 거부하며, 거부하는 방법으로서 세상에 대한 정복을 추구한다. 이러한 구원에 대한 관심은 어떠한 행동이 구원에 이르게 할 것인지를 결정할 필요를 갖게 만든다. 자연적으로 행동에 대한 윤리적 틀이 필요하게 된다. 즉, 세상을 정복함으로써 세상과의 연결을 극복하려는 욕구는 고도의 합리화를 통해 이루어지게 된다.

〈표 11-3〉 합리화의 가능성

합리화의 측정 \ 합리화의 정도	더 높음	더 낮음	
윤리적	세계의 정복 예: 그리스도교	세계로부터 도피 예: 힌두교	구원종교
인지적	세계에 대한 이론적 이해 예: 그리스 철학	세계에 적응 예: 유교	우주론적/ 형이상학적 세계관
	서양	동양	

　　힌두교도 개인의 구원에 관심을 갖지만 이 경우는 반복적인 재탄생 혹은 윤회(輪回)의 굴레로부터의 구원을 의미한다. 따라서 윤리적인 행동에 높은 가치를 부여한다. 그러나 힌두교는 세상을 거부하는 방법으로서 세상을 피하는 수동적인 방법을 택하는 종교전통이기에 합리화의 정도는 낮을 수밖에 없다.

　　합리화의 인지적 측면은 우주론적이고 형이상학적인 해석의 발전을 통해 그 자체를 표현한다. 예를 들면, 그리스 철학의 주된 관심은 이론적인 세계구조를 빚어내는 데 있다. 따라서 높은 정도의 인지적 측면을 나타낸다. 대조적으로 유교전통은 자신의 인지적 측면, 즉 우주론적 세계관에 대한 초점을 낮은 정도의 합리화와 통합시킨다. 베버는 이것을 동양적 접근방법의 특징으로 판단하고 있다.

주석

1 Delors, J., Mufti, I. A., Amagi, I., Carneiro, R., Chung, E., Geremek, B., … Nanzhao, Z. (1996). *Learning: The treasure within*. Report to UNESCO of the International Commission on Education for the Twenty-first Century. Paris: UNESCO, p. 88.

2 같은 책, p. 89.

3 같은 책, p. 90.

4 이관춘(2001). 직업은 직업이고 윤리는 윤리인가(1판). 서울: 학지사.

5 같은 책, p. 245.

6 Ganoczy, A. (1983). *Schopfungslebre*. 신정훈 역(2017). 창조론: 인간과 세상에 대한 그리스도
교 이해. 서울: 가톨릭대학교출판부, p. 197.

7 Straelen, H. V. et al. (Ed.) (1992). *Constitutiones declarationes concilii oecumenici
vaticani secundi*. 현석호 역(1992). 제2차 바티칸 공의회 문헌 해설 총서. 서울: 성바오로출판
사. 사목헌장 34:3.
사목헌장은 바티칸공의회 문헌의 헌장으로서 정확한 명칭은 '현대세계의 교회에 관한 사목
헌장(Gaudium et Spes)'이다.

8 이관춘(2001), p. 242.

9 Cavanagh, G. .(1990). *American Business Values* (3rd ed.). New Jersey: Prentice Hall,
p. 65.

10 같은 책, p. 66.

11 이관춘(2001), p. 243.

12 Singer, P. (1997). *How are we to live?*. 정연교 역(1997). 이렇게 살아가도 괜찮은가. 서울:
세종서적, p. 68.

13 같은 곳.

14 같은 책, p. 69.

15 이관춘(2001), p. 246.

16 Cavanagh, G. (1990), p. 68에서 재인용.

17 같은 곳.

18 같은 책, p. 70.

19 이관춘(2001), p. 249.

20 Singer, P. (1997).

21 이관춘(2001), p. 251.

22 이길용(2020). 루터: 근대의 문을 연 최후의 중세인. 서울: arte에서 인용.

23 Cavanagh, G. (1990), p. 105.

24 양금희(2017)는 만인제사장설의 유래에 대해 다음과 같이 말하고 있다. "루터의 저술에서
만인제사장(das allgemeine Priestertum)의 흔적이 처음 나타난 것은 이미 1515/16에 쓰인
로마서 강해이지만, 그 개념이 본격적으로 루터의 저술들에서 확인되는 것은 1520년부터,

특별히 「신약성경에 대한 설교, 1520」과 「독일 크리스천 귀족에게, 1520」에서다. 로마서 강해에서 루터는 다음과 같이 언급하였다. "교회의 높은 직에 있는 사람의 입이나, 한 경건하고 거룩한 사람의 입에서 나오는 모든 말씀은 그리스도의 말씀인 바, 그는 "너희 말을 듣는 자는 곧 내 말을 듣는 것이요."(눅 10:16)라고 하셨다." 이 글에서 그는 성직자나 교황과 같은 사람을 통해서만이 아니라, 경건하고 거룩한 한 사람, 즉 성도의 입에서도 그리스도의 말씀이 나올 수 있고, 그들의 말은 곧 그리스도의 말씀이라고 함으로써, 그리스도의 말씀이 성직을 통해서만 선포되는 것이 아니라는 것을 말하고 있다(참고: 양금희, 2017, 루터의 만인제사장 개념을 통해서 본 평신도교육 개혁, 장신논단, 49(1), pp. 65–91).

25 참고: 양금희(2017). 루터의 만인제사장 개념을 통해서 본 평신도교육 개혁. 장신논단, 49(1), 65–91.

26 같은 곳.

27 이관춘(2001), p. 252.

28 소명을 의미하는 라틴어 vocatio는 두 가지 의미를 지닌다. 첫째, 복음의 선언을 통하여 하나님의 자녀들이 하나님께로 부름 받는 것이며, 둘째, 각자가 농부, 장인과 같은 직업인으로 부름 받는 것을 의미한다(이은선, 1992, p. 399).

29 들로르 보고서는 현재의 산업현장에서는 과거에 비해 차원 높은 기술이 요구된다는 점을 강조한다. 그 이유는 무엇보다 고용주들이 노하우라는 관점에 머물러 있는 기술을 요구하는 대신에, 특정 개인의 능력을 찾고 있기 때문이라고 말한다. 이러한 능력은 기술, 직업훈련을 통해서 획득된 엄격한 의미의 기술, 사회적 행동, 팀워크를 위한 소양(aptitude), 그리고 솔선수범(initiative) 및 진취성(a readiness to take risks) 등의 복합체라고 말한다.

30 이은선(1992). 루터, 칼뱅, 그리고 청교도의 소명사상. 대신대학 논문집, 12, pp. 395–419, p. 400.

31 Vingren, G., & 맹용길(1975). 루터의 소명론. 서울: 컨콜디아사, p. 13.

32 같은 책, p. 15.

33 이은선(1992), p. 401.

34 Singer, P. (1997), p. 105.

35 이은선(1992), p. 403.

36 이관춘(2001), p. 253.

37 Tawney, R. (2017). *Religion and the Rise of Capitalism*(originally published in 1926).

London: Routledge.

38 이은선(1992), p. 404에서 재인용.

39 Wallace, R. S., & 나용화(1988). 칼뱅의 기독교 생활 원리. 서울: 기독교문서선교회, p. 222.

40 이은선(1992), p. 409에서 재인용.

41 Weber, M. (1905). *Die protestantische Ethik und der Geist des Kapitalismus*. 김현욱 역 (2016). 프로테스탄티즘 윤리와 자본주의 정신. 서울: 동서문화사, p. 180.

42 같은 곳.

43 Tu, Wei-Ming (1984). *Confucian ethics today: The Singapore challenge*. Singapore: Federal Publications에서 재인용.

44 이하 종교관의 비교는 Tu, Wei-Ming(1984)의 내용과 이관춘(2001). 직업은 직업이고 윤리는 윤리인가. 서울: 학지사의 내용을 저자의 허락을 받아 인용 및 재구성하였다.

제4부 기독교적 전환의 평생교육 방법

평생교육의 전제는 '변화'에 대한 믿음이다. 평생을 통한 교육은 '학습을 자극하고 강화하며 변화를 유도하는 활동'[1]이며, 평생을 통한 '학습이란 경험의 결과로 생긴 행동의 변화'[2]이다. 유네스코의 평생교육 문헌이 지향하는 목표 역시 학습자의 변화다. 유네스코 폴 랑그랑(Paul Lengrand)이 평생교육의 목표로서 제시한 개인의 '자아실현(self-actualization)'[3], 에드가 포르(Faure) 보고서의 '인간의 완전한 실현(complete fulfillment)'[4], 들로르(Delors) 보고서의 교육의 네 가지 학습 원리(pillars)[5] 등은 모두 학습자의 변화를 지향하며, 또한 변화할 수 있다는 교육의 가능성 혹은 가소성(可塑性, plasticity)에 기초한다. 이러한 변화의 가능성을 실현 및 촉진시키기 위한 다양한 교육의 방법이 강조되고 있다.

변화는 교육을 통한 특정한 지식이나 기능에 대한 변화 혹은 특정한 인지능력의 새로운 확장을 의미하는 정보학습일 수도 있다. 그러나 온전한 인간, 자아실현으로의 변화는 학습자의 실존의 전환이 이루어질 때 가능하다. 학습자 자신과 자신이 살고 있는 세상을 내다보는 방식에 있어서 극적이며 근본적인 변화는 관점의 전환을 가져 오는 학습방법을 통해서 성취될 수 있는 것이다.[6] 전환학습은 우리가 기존에 알고 있고 믿어 왔던 '그 무엇인가를 변화시키는 것'[7]이다. 달로즈(Laurent A. Daloz)는 결국 "평생의 학습이란 전환을 향한 여행(transformational journey)이다."[8]라고 정의한다.

평생교육의 관점에서 볼 때, 예수의 가르침은 사람들의 관점을 전환시키기 위한 여행이었다. 인간의 존재와 삶에 대한 의미구조를 전환시키는 학습 여행이었다. 창조주 하나님 안에서의 올바른 인간으로의 전환에 대한 가소성의 신념하에 다양한 관점전환의 교육방법이 신약성서 전체를 관통하고 있다. 관점전환의 여행에서 예수는 학습의 촉진자이면서 멘토(mentor)였다. 학습 여행의 "가이드(guide)이며 치어리더(cheerleader)였으며, 때로는 도전자(challenger)였고 지원자(supporter) 역할을 하기도 하였다."[9] 말콤 놀스(Malcom Shepherd Knowles)가 교사의 역할[10]로 제시한 대로, 예수는 사람들의 관점전환 여행의 자원제공자(resource person)이면서 또한 전환학습의 동반자[11]였다.

관점의 전환은 "회개하라 천국이 가까이 왔다."(마태 3:2)는 세례자 요한의 외침에 의해 갑자기 경험하는 실존적 관점의 변화이다. 예수 그리스도가 말하는 죄의 잠에서 깨어나는 회개 혹은 회심이 바로 전환이다. 실존주의 교육철학자인 볼노(Otto Friedrich Bollnow)가 말하는 기존의 사고 및 행동 방식으로부터의 '날카로운 방향전환의 의미를 포함'[12]하며, 위르겐 하버마스(Jürgen Habermas)가 강조하는 체제의 관점에서 생활세계로의 관점의 전환을 의미한다.[13] 또한 마르틴 하이데거(Martin Heidegger)의 말을 빌려 말하면 '세계-내-존재'의 상황으로부터 '진리-내-존재'로의 전환이다.[14] 그리고 예수의 전환학습의 목표는 진정한 자유이며 참된 의미의 해방이다.

기독교 평생교육이나 유네스코의 평생교육은 전환학습을 강조한다는 점에 공통점이 있다. 그러나 본질적인 차이가 존재한다. 예수 그리스도의 관점전환으로서의 회개(悔改) 개념 안에는 항상 회개의 목표가 함축되어 있다. 자유와 해방(emancipation)의 개념 안에는 언제나 자유와 해방의 목표가 내재되어 있다. 이에 반해 '자아실현' 개념에서 보듯 유네스코 평생교육 문헌들에서 전제하고 있는 전환의 개념에는 그러한 목표가 명확하지가 않다. 단지 학습자 자신의 전환을 의미할 뿐이다.

다음의 세 장에서는 '교육'에 대한 기독교적 사상을 전환학습의 관점에서 고찰해 보기로 한다. 학습자의 관점을 전환시키기 위한 방법으로서의 기독교적 관점전환 평생교육, 예수 그리스도의 해방의 평생교육, 그리고 기독교의 만남과 대화의 평생교육이다.

제12장
전환학습과 평생교육의 방법

1 평생교육 방법으로서의 전환학습

1) 모든 교육은 전환이다

신약성서에는 '엠마오로 가던 두 제자' 이야기가 나온다(누가 24:13-35). 유다인의 지도자 중 한 사람인 니고데모와의 대화(요 3장)나 부자청년의 기사(마태 19:16-26)도 있다. 이들의 공통점은 무엇일까? 예수와의 만남과 대화를 통한 내면의 충격, 갈등과 고민, 삶에 대한 시각의 전환 등의 모습을 보였다는 것이다. 또한 평생교육자로서 예수는 당신이 주체가 되어 이들의 관점의 전환과 삶의 변화를 이끌고 있는 모습을 상상하게 된다. 평생교육의 중요한 방법인 전환학습의 현장인 것이다.

성인교육학자인 샤란 메리엄(Sharan B. Merriam)은 전환학습이 무엇인지 다음의 사례로 제시한다.

> "게리(Geri)는 두 아이의 어머니로 성공한 변호사이자 뛰어난 정원사다. 그녀는 다음 해까지는 현재 근무 중인 법무법인에서 파트너로 승진될 예정이다. 현재 나이 37세로 골수암 진단을 받았다. 게리는 어떤 치료방법을 선택해야 할지 연구해 왔고, 암 환자 지지자 모임에도 가입했다. 암 진단을 받기 전 그녀의 가장 큰 관심사는 부유한 동네에 있는 더

큰 집을 구입하는 것, 최고급 차를 사는 것 그리고 유럽에서 가족들과 휴가를 보내는 것 등이었다. 그러나 진단을 받은 이후에는 달라졌다. 게리는 자신의 내면을 깊이 들여다보고 자신에게 가장 중요한 것은 물질적인 것이 아니라 가족과 친구들과의 관계라는 것을 깨달았다."[15]

(1) 전환학습이란 무엇인가

메리엄은 게리의 이야기가 전환학습의 좋은 예라고 말한다. 메지로(Jack Mezirow)의 관점전환 이론[16]을 적용해 보면, 게리는 암 진단이라는 강한 정서적 반응, 메지로가 말하는 '방향을 잃게 하는 딜레마(disorienting dilemma)'를 수반하는 삶의 경험을 하게 되었다. 이후 비판적 성찰(critical reflection; 예를 들면, 암 진단 전의 관심사)과 합리적인 담론(rational discourse; 예를 들면, 암 환자 지지자 모임 참여)을 통해 기존의 생각을 성찰하게 되었으며, 마침내 관점의 전환(perspective transformation; 예를 들면, 자신에게 가장 중요한 것에 대한 시각)을 갖게 되었음을 알 수 있다.

전환학습은 영어로 Transformational Learning 혹은 Transformative Learning으로 표기한다. 전환학습의 자의적(字意的) 의미가 가리키듯 전환(transform)이란 학습자가 세상을 인식하고 해석하는 '기존의 틀 혹은 관점(form)'을 '넘어서(trans)' 새로운 의식의 체계 구축으로 변화하는 것이다. 기존의 신념 체계나 인생관 혹은 인간관이 바뀌는 것을 말한다.

(2) 성서 안의 전환학습

이렇게 볼 때 예수의 가르침의 첫 번째 행보는 전환학습이었다고 볼 수 있다. 갈릴리 호수에서 고기를 잡던 베드로라는 시몬과 안드레아 형제가 "나를 따라오라 내가 너희를 사람을 낚는 어부가 되게 하리라."(마태 4:18-20)는 예수의 부름에 그물을 버리고 예수를 따라간 사건은 바로 신념 체계나 인생관이 전환됨을 보여 주는 대표적인 사례이다. 앞의 사례에서 보듯 게리는 암 진단을 통해 자신의 기존의 세상을 바라보는 방식에 있어서 극적이고 근본적인 변화를 가져 왔다. 메지로는 이러한 시각, 관점의 전환이 이루어지는 과정을 학습으로 파악한다.[17]

학습자의 기존 관점의 변화라는 점에서 전환학습은 삶의 시공간적 범주 안에서 관점의 축적이 이루어진 성인들에게 해당된다는 것을 의미한다. 따라서 아동기나 청소년기에는 일어나기 어려운 종류의 학습인 것이다. 같은 맥락에서 메지로가 아동기의 학습은 형성적 기능(formative function)의 특징을 보이는 데 반해 성인기의 학습은 전환적 기능(transformative function)의 특징이 강하다고 지적[18]한 것은 이 때문이다. 물론 새로운 지식이나 기술, 스킬을 습득하는 학습이나 특정한 인지능력을 새로운 영역으로 확장시키는 학습활동은 성인기에도 분명히 나타난다.

그러나 자신의 삶을 지탱하는 기존의 것들이 상황적으로 적절한지 검토하고 삶에서의 여러 가지 과제에 대하여 효과적으로 대처할 수 있도록 스스로 개조해 가는 노력은 아동기나 청소년기에 쉽게 찾아볼 수 없는 독특한 학습 양식이다.[19] 신약성서에서도 예수의 가르침을 통해 삶의 전환을 가져 온 사람들은 모두 성인 남녀들임을 보여 주고 있다. 첫 번째로 예수의 부르심을 받아 제자로서의 전환을 이룬 어부 네 사람(누가 5:1-11; 요한 1:35-42), 예수에게 치료를 받은 소경 두 사람(마태 9:27-31), 위선자에 대한 책망(마가 12:38-40) 등에서 나타나듯 삶의 근본적 전환을 가르친 예수의 가르침의 대상은 성인들이었다.

2) 기독교 사상 속의 전환학습

예수의 교육은 물론이고 플라톤(Plato) 이후 서양의 모든 교육은 필연적으로 관점학습의 성격을 내포하고 있다. 플라톤은 진정한 교육이란 학습자의 세계관을 변화 혹은 전환시키는 것으로 보았다. 플라톤은 이런 전환을 '페리아고게(periagoge)'라고 표현한다. 플라톤은 『국가』 제7권 동굴의 비유에서 교육의 목적은 동굴 안 죄수들의 엉터리 생각인 '독사(doxa, 俗見)'의 상태에서 동굴 밖의 진리인 '에피스테메(episteme)' 상태로 전환시키는 데 있음을 강조한다. 플라톤에게 철학자나 교육자의 역할은 '독사'에서 '에피스테메'로 '페리아고게'시키는 것이었다. 우리의 감각에 의해 지각될 수 있는 생성소멸하는 가시계(可視界)에서 지성에 의해 파악될 수 있으며, 영원불멸하는 실재의 세계인 가지계(可知界)로 고개를 돌리게(periagoge)하는 것이다. 동굴 속의 죄수들처럼 대부분의 사람들은 '그림자 경험'에만 묶여 있는 상태이다. 게다가 이런 무지의 상태에서 탈출하려고 원하지도 않는 상태에 있다. 플라톤은 교육자의 역할은 이들에게 지성의 빛을 비추어 주기만 하는 일이 아니라 영혼 전체를 다른 방향으로 전환시켜 놓는 일이라고 강조한다.

중기 플라톤주의자인 필론(Philo)은 교육의 우선적인 역할은 우주를 만든 창조주가 계시다는 사실에 눈을 뜨게 하는 일임을 강조한다. 또한 피조물로서의 자기 인식은 필연적으로 창조주 하나님에게로 되돌아오게 되어 있기에,[20] 교육자의 역할은 그런 인식의 전환을 도와주는 일이다. 신플라톤주의자인 플로티노스(Plotinus)에게 와서 교육에서의 전환의 중요성은 보다 신비주의적 경향을 띠게 된다. 플로티노스에 따르면 인간은 '일자(一者)'로부터 유출되어 나온 존재이기에 일자에로의 되돌아가려는 열망을 지니고 있다. 다시 말해 본향(本鄕)으로 되돌아가려는 열망을 본성적으로 지니고 있기에 교육의 궁극적 목적은 옛날에 인간이 떠났던 그곳, 본향으로 온몸을 전환시키는 일이다.

플로티노스의 교육사상은 교부철학자인 아우구스티누스(Augustinus)에게로 전달된다. 아우구스티누스는 『고백록』의 첫머리 부분에서부터 플로티노스가 말한 본향으로의 전환을 신비주의적으로 표현한다. "하나님 당신께로 향하여 우리를 만드셨기에 우리의 마음은 당신 안에 쉬게 될 때까지 휴식이 없나이다." 이는 기독교의 교육이 궁극적으로 '하나이신 분'에게로 머리를 돌리게끔 하는 것[회두(回頭)]임을 암시하고 있다. 아우구스티누스는 하나님께로 머리를 돌리기 위해서는 먼저 기존의 잘못된 자아 인식 및 가정들에 대한 수정을 통해 자신과 하나님을 인식하는 방식에 있어서의 근본적인 관점의 전환을 이루어야 한다는 점을 강조한다.

② 메지로의 전환학습 이론

평생교육 방법으로서의 예수 그리스도의 전환학습을 고찰하기 위해서는 먼저 전환학습의 의미에 대한 철학적 이해가 선행되어야 한다. 지금까지 성인을 대상으로 한 평생교육에서 중심이 되었던 학습의 한계가 무엇이며, 또한 전환학습이 중요한 이유가 무엇인지를 이해하는 것이 필요하기 때문이다. 전술한 대로 전환학습 이론은 학습의 중심은 관점의 전환이라는 점을 강조한다. 중요한 점은 무엇을 위한 관점의 전환이냐는 질문이다.

사람에 따라, 교육의 관심사에 따라 지식이나 기술, 기능, 스킬 등의 전환도 요구되기 때문이다. 그러나 메지로의 전환학습에서 강조하는 관점의 전환은 인간 해방에 초점을 맞춘다.[21] 그동안의 왜곡되거나 잘못된 지식과 인식에서 벗어나는 것이 진정한 해방이기 때문이다. 인간 해방을 위한 관점전환에서는 경험을 통해 내가 인식하고 있는 것들이 사실인지, 사실이 아니면 어떻게 새롭게 해석하고 구성할 것인지, 그 경험의 내적인 의미가 무엇이며 어떻게 성찰할 것인지 등이 중요한 학습 요소가 된다.

1) 관점에는 우열이 있다

관점의 전환은 자신과 세상을 인식하는 서로 다른 관점의 존재를 전제한다. 서로 다른 관점은 필연적으로 우열을 내포한다. 어느 하나의 관점이 다른 관점에 비해 상대적으로 인간 해방의 차원에서 우월하다는 인식을 갖는 것이며, 이런 입장은 하버마스(Jürgen Habermas)의 저서 『인식과 관심(Knowledge and Human Interest)』에 그 토대를 두고 있다.[22] 하버마스는 이 책에서 순수한 주관과 객관의 관계를 전제로 하는 현대 실증주의의 한계를 지적한다. 자연과학이 마치 유일한 진리인 양 방법론적 정당화를 시도하는 실증주의를 강하게 비판하고, 대신 의식 철학에 기반한 사회인식론이라는 독특한 비판이론을 제시한다.

하버마스에 따르면 자연과학을 비롯한 모든 형태의 과학적 인식에는 그러한 인식을 구성하는 '유사초월적(pseudo-transzendental)' 조건이 있으며, 이러한 조건은 선험적이고 무역사적인 주체가 아니라 경험적이고 역사적인 인식 및 행위 주체로서의 인간 종(種)이 필연적으로 소유하고 있는 생활 세계적 관심에서 우러나오는 것이다.[23] 다시 말해 모든 인식 및 지식의 추구는 인식 주체인 인간의 역사적이고 사회적인 맥락에 뿌리를 두고 있으며, 구체적인 삶의 관심에서 나온다는 것이다. 자연과학은 기술적 관심에서 유도된 것이며, 정신과학은 실천적 관심에서, 그리고 비판적 사회과학은 해방적 관심에서 구성되는 지식 체계다. 따라서 하버마스에 의하면 인식비판은 오로지 사회이론으로서만 가능하게 된다.

2) 전환학습은 해방학습

메지로는 하버마스의 분류 체계를 그대로 받아들여 성인학습 영역을 세 가지로 구분하였다.[24] 즉, 기술적 학습, 실천적 학습, 그리고 해방적 학습 영역이다. 기술적 학습은 사실 규명과 관련된 실증적 인식 및 도구적 지식의 생산에 초점을 맞춘다. 관찰과 실험에 기초한 가설 검증을 중시한다. 따라서 기술적 지식에 기초한 실증적이며 경험 분석적(empirical-analytic) 학문 영역이다.

실천적 학습은 인간 상호 간의 의미 형성에 관련된 역사적 · 해석학적 인식에 초점을 둔다. 사회적 존재로서 요구되는 언어 활동을 통한 의사소통적 실천적 지식을 중시한다. 실천적 지식 혹은 이해에 기초한 역사적이며 해석학적 학문 영역이다. 해방적(emancipatory) 학습은 억압으로부터의 해방의 과정에 중심을 두는 해방적 인식 및 비판적 성찰에 초점을 둔다. 앞의 두 학습이 간과하였던 비판적 성찰을 통해 객관적 지식 및 사회문화적 삶의 전통을 비판적으로 이해 · 해석하는 것을 중시한다. 해방적 지식 혹은 반성에 기초한 비판적 학문 영역이다.

메지로는 하버마스와 마찬가지로 해방적 학습을 성인교육의 고유한 특성으로 인식하고 해방적 학습의 방법으로서 전환학습을 제시한다.[25] 테일러(E. W. Taylor)는 우리가 전환학습을 볼 수 있는 렌즈들을 학습의 중심(locus of learning) 혹은 학습의 초점에 따라 개인에 관한 렌즈와 사회문화적 렌즈로 구분한다.[26] 그리고 메지로를 개인에게 초점을 맞추는 대표적인 심리 비평적(psychocritical) 전환학습으로 평가한다.[27]

메지로는 학습을 "미래의 자신의 행동 방향(future action)을 결정하기 위해 기존의 해석을 바탕으로 자신의 경험의 의미를 새롭게 해석하거나 혹은 수정해서 구성해 나가는 과정(process)"[28]이라고 정의한다. 메지로는 학습의 의미를 주로 인지적 영역으로 축소시키고 있다. 또한 메지로 자신이 전제하듯 모든 학습이 미래의 행동으로 연결되는 것은 아니다.

그러나 학습의 핵심을 학습자의 경험 해석을 통한 의미 부여에서 파악했다는 것은 중요한 시도라 할 수 있다.[29] 학습자의 이러한 의미 부여가 시각전환을 가져 오며, 또한 이런 시각전환이 학습자의 삶을 변화시키는 힘이라고 본다. 모든 학습자는 각자의 렌즈로 자신의 이러한 역동적인 신념 구조나 문화심리적인 가정의 체계를 해석하고 전환한다고 본다.

3) 의미관점과 의미체계

메지로는 이러한 인식의 전환을 의미관점(meaning perspective)과 의미체계(meaning scheme)라는 준거 틀을 통해 설명한다. 의미체계 혹은 의미도식(meaning schema)은 삶의 여러 현상들에 대한 무의식적인 습관화된 인식 혹은 해석 작용의 바탕이 되는 개인의 "구체적인 신념, 태도 및 가치판단의 묶음"[30]이다. 다시 말해 특정한 해석을 하게 만드는 개념, 신념, 판단 및 느낌의 집합체를 의미한다.[31] 예를 들어, 예수 그리스도를 믿는 집안에서 태어나 주일이면 예배나 미사에 참여하고 또 참여하는 것이 당연하다고 생각하는 것이 의미도식이다.

개인은 의미체계를 통해 자신의 행동에 대한 결과, 인과관계, 습관적인 기대(habitual expectation) 등 일상적인 현상을 해석한다. 메지로에 따르면 기존의 학습은 이러한 '의미군집(意味群集, meaning schema)'을 늘리는 단순 정보 축적 작업에 지나지 않는다.[32] 학습자의 가치관, 신념, 태도 및 행동 양식에 도움을 주는 다양한 지식과 정보, 기능 등을 전달 및 축적시키는 작업에 초점을 맞추었다는 것이다. 메지로는 이러한 의미군집을 학습으로 간주하는 전통적 학습론을 거부한다.

의미관점은 모든 의미체계들의 집합체이다. 개인의 모든 의미체계들이 모여 세상에 대한 관점 혹은 특정한 사안에 대한 주관적인 해석의 틀, 즉 의미관점을 형성하게 된다. 예를 들어, 추석이나 설과 같은 명절 때 성묘를 하거나 제사를 지내는 일에서의 장남의 역할에 대한 생각이나 기대 및 그런 해석에 대한 기본 가정 등이 의미관점이라 할 수 있다. 또한 예수를 믿는 사람들은 이웃을 사랑해야 한다는 생각 또는 이웃은 신의 형상으로서 존엄한 존재이기에 사랑해야 한다는 기본 가정 등이 의미관점이다.

의미관점은 의미체계보다는 좀 더 높은 차원에 있는 구성체로서 자신과 인생에 대한, 그리고 타자와의 관계에 대한 일종의 전제 혹은 가정들의 구성체를 의미한다. 의미관점은 삶에서 일어난 관계, 사건, 일들을 해석하는 근본 원리로 작용할 수도 있고, 가치판단이나 믿음 체계에 대한 준거를 제시하며, 이해하는 방법 및 지식을 활용하는 방법을 제시하고, 자신의 감정을 다루는 방법들을 제공하기도 한다.[33]

개인의 의미관점은 현실에 대한 왜곡된 관점을 제공하기도 하나 타인으로부터 피드백을 받을 수 있기에 쉽게 변할 수도 있다. 메지로에 따르면 전환학습은 의미관점에 전환이 있을 때 일어난다. 의미체계의 변화는 관점전환의 경우 갑작스럽고 획기적으로 일어날 수도, 또는 천천히 점진적으로 일어날 수도 있다.[34]

메지로는 의미체계와 의미관점을 구분함으로써 전환학습의 의미를 새로운 차원에서 강조했다. 전술한 바대로 의미체계란 개인의 특정한 가치, 태도, 신념을 의미하는 반면 의미관점은 학습자 자신이 자신과 세계를 인식하는 일반화된 성향을 의미한다. 따라서 의미관점은 개인 학습자에게 세계를 인식하고 해석하는 렌즈와 같은 역할을 한다. 메지로가 강조하는 학습은 의미체계의 축적으로 끝나는 것이 아니라, 축적을 통해 새로운 의미관점을 갖게 만드는 일이다. 의미체계, 즉 의미군집의 크기가 아무리 커졌다고 해도 학습자의 의미관점에 변화가 없다면 그것은 학습이 아니고 단순한 의미체계의 양적 변화일 뿐이다.[35] 메지로가 성인들의 모든 학습이 전환학습이 되는 것은 아니라고 말한 것[36]은 바로 이 때문이다.

4) 관점전환의 네 가지 요소

메지로는 미국에서 여러 가지 이유로 오랜 학업 중단 끝에 성인학습 프로그램

(academic reentry program) 참가를 통해 대학에 들어온 여성들을 대상으로 심층 면담을 한 결과를 토대로 관점전환이 10단계를 통해 이루어진다는 것을 규명하였다.[37] 이 10단계 중 의미구조 전환의 가장 주된 공통적인 구성 요소는 네 가지이다. 그것은 경험(experience), 비판적 성찰(critical reflection), 합리적 담화(rational discourse), 그리고 행동(action)이다.

의미구조 전환의 과정은 학습자의 경험으로부터 시작된다. 경험은 사회적으로 구성되는 것이기에 해체될 수도 있다. 따라서 비판적 성찰을 위한 자양분(grist)을 제공하는 것이 경험이다. 학습자는 자신의 기존의 삶의 (의미)구조로는 해석[수용]할 수 없는 경험에 직면하게 되면서 관점전환의 프로세스는 시작된다. 주목할 점은 모든 경험이 전환학습을 촉발시키는 것은 아니라는 점이다. 또한 동일한 경험이라도 어떤 사람들에게는 학습을 촉발시키지만 다른 사람들에게는 그렇지 않다는 것이다.[38]

비판적 성찰은 의미구조의 전환을 위한 성인학습에 핵심적인 요인이다. 메지로는 사람은 성인기에 들어서야 비로소 자신이 이때까지 무비판적으로 인습적 지혜와 역학관계에 동화되어 왔음을 깨닫게 된다고 말한다.[39] 비판적 성찰은 과거 경험을 특정한 의미로 구조화하게 만든 자신의 가정과 신념들을 스스로 비판적으로 검토하는 것이다. 비판적 성찰이 중요한 이유는 효과적인 전환학습은 긍정적인 경험으로부터 나오는 것이 아니라, 그 경험에 대한 효과적인 성찰에서 나오기 때문이다.[40]

비판적 성찰은 단지 자신의 경험에 대해 살펴보고 의미를 도출하는 것이 아니라 그 경험을 해석하는 데 영향을 미치는 잠재된 신념과 가치를 점검하는 것이다. 메지로는 성찰 유형을 세 가지로 분류한다.[41] 즉, 내용 성찰(content reflection), 과정 성찰(process reflection), 전제 성찰(premise reflection)이다. 내용 성찰은 실제 경험한 내용 자체에 대해 생각하는 것이며, 과정 성찰은 실제 일어난 경험을 처리했던 방식, 절차적 활동의 타당성이나 가치에 대한 판단에 대해 생각하는 것이다. 전제 성찰은 그 경험에 대해 사회적으로 갖고 있는 기본적 통념이나 가정, 신념 및 가치를 점검하는 것을 의미한다.

메지로는 이들 세 가지의 성찰 중 특히 전제 성찰이 관점의 전환인 전환학습으로 연결될 수 있다고 강조한다. 전제는 곧 관점과 맥락을 같이하기에 전제 성찰은 '그 경험이 어떤 사회문화적 맥락에서 발생했는지', '내가 그 경험을 해석하는 데 영향을 미친 가치나 규범은 무엇인지' 등을 성찰하는 것이다. 브룩필드(Stephen Brookfield)의 말대로 "지배적인 가정들 혹은 세상에 관하여 당연하게 생각하는 가정들", 더 나아가 우리의 삶의 권력 관계를 어떻게 인식하고 있는지 등을 검토하고 분석하는 것이다.[42] 따라서 내용이나 과정에 대한 성찰은 일상적인 의미 단위의 전환인 반면, 전제 성찰은 전제나 가정의 성찰을 통한 의미시각의 전환을 가져오게 된다.

합리적 담화(rational discourse)는 비판적 성찰을 통해 이루어진 새로운 의미시각의 진실성에 대해 다양한 의견 교환을 통해 확인하는 과정이다. 전술한 하버마스의 담론(discourse)을 하는 것이다. 비판적 성찰과 마찬가지로 전환학습의 필수적인 요소이다. 새로운 해석이나 믿음의 정당성을 확보하기 위해 대화를 통해 합일점이나 공통의 이해를 찾는 과정이다. 전환학습 과정의 마지막 요소인 행동(action)은 비판적 성찰과 합리적 담화를 거쳐 갖추게 된 새로운 의미시각에 따라 행동하는 것이다.

③ 기독교적 관점전환의 평생교육

예수 그리스도의 말과 행적을 통한 평생교육의 목적은 신앙의 전환을 통해 하나님을 닮은 사람으로서의 삶을 살게 하는 데 있다. 이를 위해 예수는 사람들이 자신과 세계에 대해 갖고 있는 개념들을 점검하고 새로운 관점을 만들도록 지속적으로 자극하였다. 하나님을 알지 못했던 사람은 믿음으로의 전환을, 하나님에 대한 인지적 신앙에 머물러 있는 사람은 전인격적인 신앙으로의 전환을 가져 오는 교육방법, 즉 관점전환의 교육방법을 사용하였다. 메지로의 전환학습과 맥락을 같이하는 교육방법이다.

1) 의미관점의 전환을 강조

예수는 당시의 율법에서 강조하는 믿음에 대한 다양한 인지적 지식의 중요성을 간과하지 않았다. 메지로의 의미체계(meaning scheme) 개념에서 보듯 율법의 지식은 신앙인의 가치와 태도, 신념을 형성하는 바탕이기 때문이다. 그러나 하나님에 대한 지식의 축적에서 그침을 비판하고 성령의 역사로 새롭게 태어나야 한다는 '의미관점(meaning perspective)'의 전환을 강조하였다. 사도 바울이 고린도인들에게 보낸 서한(고후 5:7)에서 설파하듯, 예수는 '보이는 것으로 살아가지 않는' 가치와 태도로 변화되고 인품이 달라지며 '오직 믿음으로 살아가는' 삶의 근본적인 자세와 태도로 전환되어 새롭게 태어나게끔 하는 데 교육의 초점을 맞추었다.

사도 바울은 본인 스스로 예수 그리스도에 대한 믿음은 의미관점의 전환이었음을 역설한다. "내가 이전에 유대교에 있을 때에 행한 일을 너희가 들었거니와 하나님의 교회를 심히 박해하여 멸하고 내가 내 동족 중 여러 연갑자보다 유대교를 지나치게 믿어 내 조상의 전통에 대하여 더욱 열심히 있었으나."(갈라디아 1:13-14) 그러나 바울은 예수 그리스도로 말미암아 획기적인 관점의 전환을 가져 왔으며, 그 결과 "예수 그리스도의 종 바울은 사도로 부르심을 받아 하나님의 복음을 위하여 택정함을 입었으니."(로마 1:1)라고 선포한다.

2) 예수의 전환학습 방법

예수 그리스도가 교육방법으로서 의미관점의 전환방법을 사용한 것은 신약성서 곳곳에서 나타난다. 예수가 강조하는 것은 인간이 살아가면서 다양한 경험을 하게 되지만, 관점의 전환을 가져 오기 위해서는 효과적인 성찰을 하라는 것이었다. 크리티코스(C. Criticos)가 강조하듯이 학습의 효과성은 긍정적인 경험이 아닌 효과적인 성찰에서 나온다는 것과 일치한다.[43]

예수의 관점전환의 방법의 대표적인 사례는, '엠마오로 가는 길에서'(누가 24:13-35; 마가 16:12-13)에서 나타난다. 두 제자에게 행한 예수의 교육방법은 전환학습의 전형이라 할 수 있다. 예수의 교육은 "그 날에 그들 중 둘이 예루살렘에서 이십오 리 되는 엠마오라 하는 마을로 가면서"(누가 24:13) 상황에서 시작된다.

엠마오로 가던 두 사람은 예수의 십자가상 죽음으로 인해 메시아로서의 예수에 대한 자신들의 믿음과 신념이 메지로의 표현대로 '방향을 잃게 하는 딜레마(disorienting dilemma)'[44]에 빠져 있었다. 기존의 가지고 있었던 예수에 대한 의미체계가 '요즘 거기서 된 일'(24:18)인 예수의 죽음이라는 일련의 사태를 맞아 심각한 불일치와 갈등을 겪게 된 것이다. "우리는 이 사람이 이스라엘을 속량할 자라고 바랐노라."(24:21)라는 말대로 구원의 메시아로서 믿고 있던 예수가 죽임을 당하고 묻혔으나 시체가 사라졌다는 사실 등 자신들의 의미구조로는 해석할 수 없는 사태에 갈등을 빚고 있었다. 이런 갈등이나 위기는 과거의 그들의 문제 해결 전략을 적용해서는 해결될 수가 없다. 메지로가 말하는 대로, 이들은 위기로 인식하는 그들의 삶에 생긴 큰 경험에 의해 전환학습의 프로세스에 들어서게 된 것이다.

주목할 점은 예수는 이들이 겪고 있는 새로운 경험이 학습을 촉발시킬 수 있는 방법과 환경 마련에 관심을 쏟았다는 것이다. 먼저 합리적 담론 혹은 대화를 위해 "그들이 서로 이야기하며 문의할 때에 예수께서 가까이 이르러 그들과 동행하시나."(24:15) 그러나 비판적 성찰과 대화를 위한 환경을 조성하고자 당신을 드러내지 않았다. "그들의 눈이 가리어져서 그인 줄 알아보지 못하거늘."(24:16) 그런 다음 그들의 경험에 대한 비판적 성찰을 유도하기 위해 '계획적인 담론'을 유도하였다. "예수께서 이르시되 너희가 길 가면서 서로 주고받고 하는 이야기가 무엇이냐 하시니 두 사람이 슬픈 빛을 띠고 머물러 서더라."(24:17)는 것은 그들이 새로운 경험에 효과적으로 반응하지 못하고 있음을 보여 준다. 또한 자신들의 기존의 의미체계로는 수용할 수 없는 경험을 하고 있음을 드러낸다.

그러나 동시에 피터 자비스(Peter Jarvis)[45]가 지적한 대로 그들이 "왜 이런 일들이 그들에게 일어나고 그것이 무엇을 의미하는지 묻지 않을 수 없는 것"은 바로 '이런 이탈 지점'[46]에서다. 동일한 경험이라도 사람들에 따라 학습을 촉발시킬 수도, 또는 못할 수도 있지만 이들에게는 전환학습의 프로세스가 시작될 수 있는 상태에 놓여 있는 것이다.

예수는 비판적 성찰을 유도하기 위한 대화, 즉 비판적 질문기법을 이용하였다. "너희는 어리석기도 하다! 예언자들이 말한 모든 것을 그렇게도 믿기가 어려우냐? 그리스도는 영광을 차지하기 전에 그런 고난을 겪어야 하는 것이 아니냐?"고 질문한다. 메지로가 성인교육자의 역할은 개인적인 비판적 성찰을 장려하고 촉진하는 것이라고 말한 대로 예수는 제자들의 개인적 관점전환을 위한 비판적 성찰을 장려한 것이다.

예수는 비판적 질문기법을 사용한 후 합리적 담론을 유도하기 위해, 담론의 대상으로 모세와 선지자의 말을 소개한다. 예수는 "이에 모세와 모든 선지자의 글로 시작하여 모든 성경에 쓴 바 자기에 관한 것을 자세히 설명하시니라."(24:27) 예수가 유도한 비판적 성찰과 합리적 담론의 결과가 어떠한 관점의 전환을 가져 왔는지 성서는 구체적인 묘사는 피하고 있다. 그러나 "이젠 날도 저물어 저녁이 다 되었으니 여기서 우리와 함께 묵어가십시오."라는 제자들의 말은 합리적 담론을 계속 이어 가고자 하는 그들의 마음을 간접적으로 나타내고 있다.

예수의 관점전환 교육방법이 구체적으로 나타나는 것은 "그들의 눈이 밝아져 그인 줄 알아보더니 예수는 그들에게 보이지 아니하시는지라."(24:31)라는 대목에서 명확히 드러난다. "눈이 열려 예수를 알아보았는데"라는 구절은 16절에 표현된 "그들은 눈이 가려져서 그분이 누구신지 알아보지 못하였다."는 구절과 현격한 대조를 이루고 있다. 전환학습 프로세스가 이루어졌음을 보여 주는 상징이다. 예수와의 대화를 통한 경험의 재구성, 비판적 성찰을 통한 기존의 의미관점(meaning perspective)의 전환이 명확히 나타나고 있다. '눈이 가려져서'에서 '눈이 열려'라는 표현으로의 전환은 전환학습 프로세스가 성취되었음을 극명하게 보여 준다.

관점전환의 결과를 성서는 제자들의 마음 변화를 통해 전해 준다. "그들이 서로 말하되 길에서 우리에게 말씀하시고 우리에게 성경을 풀어 주실 때에 우리 속에서 마음이 뜨겁지 아니하더냐 하고."(24:32) 또한 그 마음의 변화가 행동으로 이어진다. "곧 그때로 일어나 예루살렘에 돌아가 보니."(24:33) 일정을 바꾸어 예루살렘으로 돌아갔다는 사실은 전환학습의 프로세스가 행동으로 연결되었음을 간접적으로 드러내 준다.

전환학습에서의 행동은 단지 비판적 성찰의 결과로서 행위를 기대하는 것이 아니라 행위와 성찰의 지속적인 프락시스를 통해 삶이 역동적으로 전환되는 것[47]임을 두 명의 제자들은 보여 주고 있다. 이들은 예루살렘으로 돌아가서 자신의 관점전환을 합리적 담론을 통해 더욱 명확하게 이해하게 된다.

하버마스에 의하면 담론에는 '이상적인 조건'이 있다. 무엇보다 완전한 정보를 가질 것, 자기기만으로부터 자유로울 것, 여러 주장을 객관적으로 측정할 수 있을 것, 공감하는 것[48] 등이다. 성서에 묘사된 두 사람의 행동에는 하버마스의 담론의 조건들이 충족되어 있다. "예루살렘에 돌아가 보니 열한 제자 및 그들과 함께 한 자들이 모여 있어 말하기를 주께서 과연 살아나시고 시몬에게 보이셨다 하는지라."(24:33-34)

그러자 이들도 대화를 통해 자신들의 경험에 대한 합일점을 찾고 새로운 이해를 구축하기 위한 노력, 즉 "해석의 정당화에 대해 공통의 이해"[49]를 찾는다. "두 사람도 길에서 된 일과 예수께서 떡을 떼심으로 자기들에게 알려지신 것을 말하더라."(24:35)

3) 관점전환의 개인차

앞의 사례에서 보듯 예수의 관점전환 교육방법은 즉각적인 성공을 거두기도 하지만 그 효과가 점진적으로 나타나든가, 아니면 효과가 나타나지 않기도 한다. 피터 자비스(Peter Jarvis)는 의미구조의 전환 혹은 관점전환에는 두 가지 통로가 있다고 말한다.[50] 즉, 전환은 갑작스럽고(sudden) 획기적이거나 혹은 더디고 점진적(gradual)이라는 것이다.

예를 들어, 예수를 믿는 기독교인들이 특정한 부흥회나 개인적인 신비체험을 통해 갑작스럽게 하나님께로의 관점전환을 이룰 수도 있다. 반면에 교회의 다양한 신앙 활동이나 교리교육에 대한 지속적인 참여와 활동을 통해 자신의 의미체계를 변화시키고 새로운 관점을 갖게 될 수도 있다. 이러한 측면에서 사도 바울이 전자에 속한다면 아우구스티누스는 후자의 경우에 속한다고 평가할 수 있다.

한 발 더 나아가 자비스는 모든 사람이 자신들의 경험을 관점전환으로 발전시키는 것은 아님을 강조한다.[51] 사람들은 자신들의 경험으로부터 반드시 학습을 하는 것은 아니라는 것이다. 또한 관점전환이 이루어지는 프로세스가 반드시 같은 방향은 아니라는 점도 강조한다. 신약성서에 나타난 예수의 교육방법으로서의 관점전환의 사례들 중에는 자비스의 주장을 뒷받침해 주는 사례들이 있다. 대표적인 것이 '부자 청년'에 관한 기사(마태 19:16-26; 마가 10:17-27; 누가 18:18-27)이다. 부자 청년에 관한 내용은 공관복음서에 모두 소개될 정도로 신약성서에서 중요한 의미를 지니고 있다.

예수의 전환학습은 한 젊은이의 다음과 같은 질문으로 시작된다. "어떤 사람이 주께 와서 이르되 선생님이여 내가 무슨 선한 일을 하여야 영생을 얻으리이까." (마태 19:16) 이 청년이 예수를 직접 찾아와 질문을 제기한 것은 자신이 기존에 갖고 있던 영원한 생명을 얻는 방법에 대한 의미체계를 확인받고 싶었던 것으로 보인다. 이 청년의 의미구조는 영생을 얻는 조건으로 선행과 계명을 잘 지키면 된다는 믿음이었다. 이에 대해 예수는 "왜 너는 나에게 와서 선한 일에 대하여 묻느냐? 참으로 선하신 분은 오직 한 분뿐이시다."라는 말로 청년의 믿음에 갈등을 불러일으킨다.

예수는 영생의 조건으로서 율법 준수라는 의미구조에 사로잡혀 있는 청년을 향해 "네가 생명의 나라로 들어가려거든 계명을 지켜라."라고 말한다. 그 젊은이가 "어느 계명입니까?" 하고 묻자 예수께서는 "'살인하지 마라, 간음하지 마라, 도둑질하지 마라…… 그리고 네 이웃을 네 몸같이 사랑하여라.'라는 계명이다." 하고 대답하신다. 젊은이가 "저는 그 모든 것을 다 지켰습니다. 그런데 아직도 무엇을 더 해야 되겠습니까?" 하고 다시 묻는다. 예수의 계명 준수의 가르침은 청년의 의미구조와 일치하기 때문이었다. 그러자 예수는 "네가 완전한 사람이 되려거든 가서 너의 재산을 다 팔아 가난한 사람들에게 나누어 주어라. 그러면 하늘에서 보화를 얻게 될 것이다. 그러니 내가 시키는 대로 하고 나서 나를 따라오너라."라고 답한다.

청년의 기존의 의미체계는 예수의 이 가르침에 직면해서 갈등을 일으키게 된다. '재산을 다 팔아 가난한 사람들에게 나누어 주어라'는 예수의 가르침은 자신의 의미체계를 뒤흔드는 새로운 경험이었다. 자신의 기존의 의미체계에서 계명 준수는 반드시 실질적인 실천을 의미하는 것이 아니었기 때문이다. 그러나 예수의 교육으로부터 겪게 된 새로운 경험은 실존을 뒤엎는 실천이었다. 청년이 할 수 있는 다음 단계는 자신의 가정과 신념을 스스로 비판적으로 검토하는 것이었다. 이를 통해 자신의 신념 혹은 태도 중 하나의 관점 혹은 관점 전체에 전환을 가져올 때 전환학습이 일어날 수 있는 것이었다.

그러나 자비스가 말한 대로[52] 청년은 예수의 충격적인 가르침을 통한 경험을 즉각적인 관점전환으로 발전시키기를 거부했다. "그 청년이 재물이 많으므로 이 말씀을 듣고 근심하며 가니라."(마태 19:22) 청년은 예수로부터 받은 교육으로 기존의 의미체계의 심각한 갈등을 경험했으나 의미관점의 전환으로 나아가지는 못했다. 물론 자비스의 논리대로 그 청년의 예수와의 교수-학습의 경험이 예수를 떠난 이후 더디고 점진적인 방향으로 관점의 전환이 이루어졌을 가능성을 배제할 수는 없을 것이다.

주석

1 Peters, R. S. (1967). *Ethics and Education*. London: Allen and Unwin; 정범모(1997). 인간의 자아실현. 서울: 나남출판.

2 Haggard, E. A. (1963). Learning a process of change. In Crow, A. (Ed.), *Readings in Human Learning*. New York: McKay, p. 20.; Cronbach, L. J. (1963). *Educational Psychology* (2nd ed.). New York: Harcourt, Brace and World, p. 71.

3 Lengrand, P. (1970). *An Introduction to Lifelong Education*. Paris: UNESCO.

4 Faure, E. et al. (1972). *Learning to Be: The World of Education Today and Tomorrow*. Paris: UNESCO, p. vi.

5 Delors, J., Mufti, I. A., Amagi, I., Carneiro, R., Chung, E., Geremek, B., ... Nanzhao, Z. (1996). *Learning: The treasure within*. Report to UNESCO of the International Commission on Education for the Twenty-first Century. Paris: UNESCO, pp. 85-98.

6 Merriam, S. B., Caffarella, R. S., & Baumgartner, L. M. (2007). *Learning in Adulthood: A Comprehensive Guide*. 기영화 외 역(2009). 성인학습론. 서울: 아카데미프레스, p. 113.

7 Kegan, R. (2000). What form transforms? In J. Mezirow & Associates (Ed.), *Learning as Transformation*. San Francisco: Jossey-Bass, p. 48.

8 Daloz, L. A. (1986). *Effective Teaching and Mentoring: Realizing the Transformational Power of Adult Learning Experiences*. San Francisco: Jossey-Bass, p. 16.

9 Merriam, S. B., Caffarella, R. S., & Baumgartner, L. M. (2007), p. 138.

10 Knowles, M. S., Holton, E. F., & Swanson, R. A. (2005). *The Adult Learner*. 최은수 역 (2010). 성인학습자. 서울: 아카데미프레스.

11 Daloz, L. A. (1986).

12 Bollnow, O. F. (1959). *Existenzphilosophie und Padagogik*. 윤재홍 역(2008). 실존철학과 교육학: 비연속적 교육형식의 모색. 서울: 학지사, p. 69.

13 Habermas, J. (2002). *Knowledge and Human Interests*. trans. by Jeremy J. Shapiro, First digital-print (Ed.). Boston: Beacon Press.

14 Heidegger, M. (1923). *Sein und Zeit*. 이기상 역(2013). 마르틴 하이데거의 존재와 시간. 서울: 까치.

15 Merriam, S. B., Caffarella, R. S., & Baumgartner, L. M. (2007), p. 113.

16 Mezirow, J. (1991). *Transformative Dimensions of Adult Learning*. San Francisco: Jossey-Bass.

17 같은 곳.

18 Mezirow, J. (1995). Transformation theory of adult learning. In M. R. Welton (Ed.), *In Defense of the Lifeworld: Critical Perspectives on Adult Learning*, pp. 39-70, p. 51.

19 김한별(2014). 평생교육론(2판). 서울: 학지사, p. 112.

20 Louth, A. (2007). *The Origins of the Christian Mystical Tradition: From Plato to Denys*. Oxford University Press on Demand. 배성옥 역(2011). 서양 신비사상의 기원. 경북: 분도출판사, p. 52.

21 메지로는 성인기의 학습이 중요한 이유를 그동안의 왜곡된 견해의 결과로 형성된 기존의 잘못된 인식이나 가정들을 재수정할 시기라고 본다. 그러한 잘못된 인식과 가정에서 벗어나는 것은 바로 해방이라고 보는 것이다(참고: 정민승, 2010, 성인학습의 이해, 서울: 한국방

송통신대학교 출판부, p. 256).

22 정민승(2010), p. 253.

23 서도식(2006). 하버마스 『인식과 관심』. 서울: 서울대학교 철학사상연구소, p. 17.

24 Ewert, G. D. (1991). Habermas and education: A comprehensive overview of the influence of Habermas in educational literature. *Review of Educational Research, 16*(3), 345–378.

25 김경희(1998). 전환학습과 성인교육. 평생교육학연구, 4, 217–242.

26 Taylor, E. W. (2000). Analyzing research on transformative learning theory. In J. Mezirow & Associates. *Learning as Transformation: Critical Perspectives on a Theory in Progress*, pp. 285–328.

27 Merriam, S. B., Caffarella, R. S., & Baumgartner, L. M. (2007), p. 114에서 재인용.

28 Mezirow, J., & Associates (2000). *Learning as Transformation*. San Francisco: Jossey-Bass, p. 5.

29 Jarvis, P. (2010), p. 113.

30 Mezirow, J. (2000). Learning to think like an adult: Core concepts of transformation theory. In J. Mezirow & Associates. *Learning as Transformation: Critical Perspectives on a Theory in Progress*, pp. 3–35. San Francisco: Jossey-Bass, p. 18.

31 Mezirow, J., & Associates (1994). Understanding Transformation Theory. *Adult Education Quarterly, 44*(4), 22–44.

32 한준상(2002). 학습학. 서울: 학지사, p. 238.

33 김경희(1998).

34 Mezirow, J. (2000), p. 116.

35 한준상(2002), p. 239.

36 Merriam, S. B., Caffarella, R. S., & Baumgartner, L. M. (2007), p. 116.

37 Mezirow, J. (1995). Transformation theory of adult learning. In M. R. Welton (Ed.), *In Defense of the Lifeworld: Critical Perspectives on Adult Learning*, pp. 39–70, p. 50.

38 Merriam, S. B., Caffarella, R. S., Baumgartner, L. M. (2007), p. 126.

39 Mezirow, J. (1981). A critical theory of adult learning and education. *Adult Education, 32*(1), pp. 3–27, p. 11.

40 Criticos, C. (1993). Experiential learning and social transformation for a post-apartheid learning future. In D. Boud et al. (Eds.), *Using Experience for Learning*, pp. 157-168. Buckingham, England: Society fo Research into Higher Education and Open University Press, p. 162.

41 Mezirow, J. (2000).

42 Brookfield, S. D. (2000). Transformative learning as ideology critque. In J. Mezirow & Associates (Eds.), *Learning as transformation: Critical perspectives on a theory in progress*, 125-148. San Francisco: Jossey-Bass, p. 136.

43 Criticos, C. (1993).

44 Mezirow, J. (1991). *Transformative Dimensions of Adult Learning*. San Francisco: Jossey-Bass.

45 Jarvis, P. (1992). *Paradoxes of Learning: On Becoming an Individual in Society*. San Francisco: Jossey-Bass, 15.

46 Merriam, S. B., Caffarella, R. S., & Baumgartner, L. M. (2007), p. 126.

47 백은미(2016b). 고통의 종교적 의미형성을 위한 전환학습. 신학사상, 174, pp. 262-301, p. 283.

48 Merriam, S. B., Caffarella, R. S., & Baumgartner, L. M. (2007), p. 117에서 재인용.

49 Mezirow, J. (2000), p. 11.

50 Jarvis, P. (2010). *Adult Education and Lifelong Learning: Theory and Practice* (4th ed.). Oxon, UK: Routledge, p. 112.

51 같은 책, pp. 112-113.

52 같은 책, p. 112.

제13장

해방자 예수와 해방의 평생교육

메지로(Jack Mezirow)의 전환학습 이론에서는 관점의 전환을 주로 개인적이며 심리학적 차원에서 논하고 있다. 한편, 전환학습을 사회문화적 차원에서의 관점전환으로 확대시켜야 한다고 주장한 대표적인 교육철학자는 파울루 프레이리(Paulo Freire)[1]이다. 프레이리의 전환학습에 대한 철학은 가난, 문맹, 억압으로부터의 해방을 통한 인간 중심의 사회개혁이라는 큰 틀에 자리한다. 프레이리의 전환학습은 해방교육이며, 해방교육의 목적은 인간화에 있다. 주목할 것은 프레이리 해방교육의 핵심 요소는 메지로의 전환학습에서와 마찬가지로 비판적 성찰(critical reflection)에 있다는 점이다.

해방교육으로서의 프레이리의 철학은 신의 존재를 인식함을 바탕으로 하고 있으며,[2] 예수의 평생의 교육사상과 맥락을 같이한다. 예수에게 있어서 인간은 신의 형상으로 창조된 존재이기에 인간 개인에 대한 억압은 하나님에 대한 억압이 된다. 프레이리는 예수의 가르침대로, 전환학습을 통한 관점의 전환을 개인은 물론 사회문화적 차원으로 확장한다는 점에서 철학적 입장이 동일한 것이다. 관점전환의 교육을 통한 개인의 해방은 궁극적으로 사회문화적 해방으로 나아간다는 신념이다.

하나님의 존재를 당연한 것으로 받아들이는 프레이리는 예수 그리스도 안에서 모든 인간은 운명 공동체적인 연대성을 지닌다는 신념을 견지한다. 예수가 선포한 해방은 전인적인 것으로서 신앙적 해방은 물론 가난과 병고, 억압과 소외, 부조리와 불평등 등의 사회악으로부터의 해방이었다.

그러나 프레이리는 기독교 신자들이나 교회는 예수의 이러한 해방의 신학을 외면한다고 비판한다. 기독교인들은 "세상을 통과하지 않고 천국에 들어가기를 소망하고, 탈사회적이면서 초역사적인 것을 원하며, 해방이 무엇인지도 모르면서 오직 구원받기만을 희망한다."[3]는 것이다. 프레이리의 주장대로 기독교 평생교육 사상에서 개인의 관점전환을 통한 진리에로의 해방과 사회적 차원의 비인간적 상황으로부터의 해방은 서로 분리될 수 없는 것이다.

21세기 신자유주의 체제하에서의 평생교육은 양극화와 가난, 불의, 사회적 배제가 심화되고 있는 현실에 직면해 있다. 평생교육의 궁극적 목적이 학습자 개인의 해방 및 인간화된 사회실현에 있다는 점에서 예수의 가르침을 전환학습으로서의 해방교육의 관점에서 '비판적으로 성찰'[4]하는 것은 의미가 있다고 본다.

이 장에서는 해방자로서의 예수의 평생의 가르침을 프레이리의 해방교육으로서의 전환학습과 연계시켜 고찰하기로 한다. 해방교육의 관점에서의 프레이리의 전환학습에 대한 논의이기에 필연적으로 '프레이리의 독특한 종교적 관점'[5]에 초점을 맞추게 된다. 프레이리의 '교육의 은행저축식 모델(Banking model of education)' 비판과 '문제 제기식 교육(problem posing education)'의 주창(主唱)은 예수의 해방교육과 맥락을 같이하는 프레이리의 '독특한 종교적 관점'에 대한 선(先)이해 위에서만 가능하기 때문이다.

① 예수와 프레이리의 해방교육

해방(liberation)의 개념은 다의적이고 다면적이어서 개념 정의에 대한 일치된 견해는 찾기 어렵다. 해방의 개념을 예수 그리스도 사상의 맥락에서 구분한다면 정치적 해방, 역사를 통한 인간의 해방, 그리고 종교적 의미의 죄로부터의 해방 등 3가지 차원에서 접근할 수 있다.[6] 구티에레즈(Gustavo Gutierrez)는 예수 그리스도가 앞서 언급한 세 가지 해방의 차원을 포괄하는 활동을 하였음을 강조하면서 예수 그리스도가 해방자임을 선포한다. 예수의 해방 개념에는 이들 세 가지가 모두 포함되지만, 신학적 차원에서 강조할 점은 해방과 구원이 동일한 것은 아니라는 점이다.

예수의 교육을 해방의 관점에서 조명하는 학자들은 예수의 말과 행적을 기독교적 신앙실천(praxis)의 준거로 해석하는 비판적 성찰을 강조한다.[7] 비판적 성찰을 하는 신학자들은 종교적 의미의 죄가 근본적으로 인간을 억압하고 소외시키는 것일 뿐 아니라 하나님과의 단절을 가져 온다는 점을 강조한다. 그러나 동시에 죄를 개인적인 문제로만 치부하지 않고 사회적 · 집단적 차원에서도 조명한다.

프레이리도 마찬가지로 사회 구조적으로 개인을 억압하는 가난과 압제, 그리고 불의를 운명론적으로 수용하는 것을 거부하고 사회 구조적으로 부조리한 요소들을 제거하는 것이 신과 더불어 창조 행위를 완성하는 것으로 파악한다.[8] 따라서 그는 해방교육을 주장함에 있어 권력적 · 경제적 억압이 없는 사회건설을 위한 세계의 변혁에 더 큰 비중을 둔다.[9]

다시 말해 프레이리의 해방교육론은 본질적으로 의식화를 통한 개인의 인간성 회복을 지향하기는 하지만, 사회에 만연해 있는 권력적 억압과 경제적 수탈을 타파하기 위한 과정으로서의 성격을 더 많이 가지고 있다. 이를 위해 학습자가 자신의 삶을 억압하는 구조적인 힘들을 인식하는 의식화 교육을 통해 개인의 임파워먼트를 강화하고, 이를 바탕으로 사회변혁으로 나아가는 프로세스를 중요시한다.[10]

1) 구약성서의 해방의 하나님

예수의 가르침과 행적이 가난하고 병들고 천대받는 사람들의 해방에 초점이 맞추어져 있다는 것은 신약성서 곳곳의 기록을 통해 알 수 있다. 그러나 하나님의 해방의 역사는 이미 출애굽 사건을 포함한 구약성서의 핵심을 이루고 있다. 구약성서나 신약성서에서나 하나님은 인간의 비참한 상황에서 중립적인 태도를 취하지 않았다는 점에 주목할 필요가 있다.

하나님의 관심은 가난과 억압을 가져 오는 사회 구조적 부조리의 변화에 있었다. 구티에레즈는 "하나님은 가난한 이들이 더 거룩하거나 죄를 덜 지어서가 아니라 '상황 때문에' 그들 편에 서신다."[11]라고 말한다. 이 말은 하나님은 사람들을 가난으로 몰아넣는 정치 · 사회 · 경제적 '상황'으로부터의 해방에 관심을 둔다는 것을 의미한다. 성경은 이를 강력히 뒷받침하는 근거를 제공한다.

성서에 묘사된 해방자로서의 하나님이 극명하게 드러나는 곳은 '출애굽' 사건이다. 하나님은 이집트 노예들로 묘사되는 억압받는 인간들의 하나님이고, 그들의 고통과 억압에 응답하시는 분이며, 그들을 해방으로 이끄시는 분이다. 이집트 파라오의 편을 드는 대신에 하나님의 권력을 사회 구조적으로 비참한 처지에 놓인 노예들을 위해 행사한다. 하나님은 모세에게 내린 명령을 통해 해방자로서의 자신의 모습을 극명하게 드러낸다.

> "내가 애굽에 있는 내 백성의 고통을 분명히 보고 그들이 그들의 감독자로 말미암아 부르짖음을 듣고 그 근심을 알고 내가 내려가서 그들을 애굽인의 손에서 건져내고 그들을 그 땅에서 인도하여 아름답고 광대한 땅, 젖과 꿀이 흐르는 땅으로 데려가려 하노라."(출 3:7-8)

해방자로서의 하나님의 의지는 예언서와 시편, 잠언에서도 나타난다. 정의를 짓밟으면서 겉치레뿐인 믿음의 행위를 하나님은 강력히 비판한다.

> "내가 너희 절기들을 미워하여 멸시하며 너희 성회들을 기뻐하지 아니하나니 너희가 내게 번제나 소제를 드릴지라도 내가 받지 아니할 것이요 너희의 살진 희생의 화목제도 내가 돌아보지 아니하리라…… 오직 정의를 물같이, 공의를 마르지 않는 강같이 흐르게 할지어다."(아모스 5:21-24)

구약에서나 신약에서나 가난과 억압은 항상 하나님의 창조 행위를 배반하는 것이기에 예언자들은 공적 숭배뿐 아니라 개인적 희생으로 요구되는 금식마저 거부하였다.

> "내가 기뻐하는 금식은 흉악의 결박을 풀어 주며 멍에의 줄을 끌러 주
> 며 압제 당하는 자를 자유하게 하며 모든 멍에를 꺾는 것이 아니겠느냐.
> 또 주린 자에게 네 양식을 나누어 주며 유리하는 빈민을 집에 들이며 헐
> 벗은 자를 보면 입히며 또 네 골육을 피하여 스스로 숨지 아니하는 것
> 이 아니겠느냐. 그리하면 네 빛이 새벽같이 비칠 것이며 네 치유가 급속
> 할 것이며 네 공의가 네 앞에 행하고 여호와의 영광이 네 뒤에 호위하리
> 니."(이사야 58:6-8)

2) 신약성서의 해방의 예수

신약성서에서 하나님은 예수 그리스도 안에서 가난한 인간을 대변하는 해방자
의 모습을 구체적으로 나타낸다. 예수는 비천한 말구유 위에서 태어났으며 불의
한 권력자의 위협을 피해 피신하는 난민이기도 했다. 그러나 예수는 가난한 이들
과 함께하며 그들을 억압에서 해방시키겠다는 복음을 명확하게 전한다.

> "주의 성령이 내게 임하셨으니 이는 가난한 자에게는 복음을 전하게
> 하시려고 내게 기름 부으시고 나를 보내사 포로된 자에게 자유를, 눈먼
> 자에게 다시 보게 함을 전파하며 눌린 자를 자유롭게 하고 주의 은혜의
> 해를 전파하게 하려 하심이라."(누가 4:18-19)

예수는 "가난한 자가 복이 있나니 하나님의 나라가 너희 것임이요."(누가 6:20)라
말하고, 당시에 천한 직업으로 비난받던 세리와 죄인들의 친구(누가 7:34)가 되었
다. 가난한 이들과 함께하기 위해 예수와 제자들은 자발적인 가난을 선택하였으
며 구원을 얻기 위한 조건을 묻는 부자에게는 "네게 있는 것을 다 팔아 가난한 자
들에게 주라."(마가 10:21)고 지시하며 가난한 삶을 살 것을 명하였다.

실제로 제자들은 예수의 말을 따라 가족과 직업, 집 등을 버리고 예수를 따랐다 (마가 10:28). 반면에 부자들에 대한 불행 선언은 당시의 시대상으로 볼 때 부의 축적이 예수가 비판하는 사회적 불의 및 부조리와 연계되었기 때문으로 추론할 수도 있다. 예수는 "낙타가 바늘귀로 나가는 것이 부자가 하나님의 나라에 들어가는 것보다 쉬우니라."(마가 10:25)라고 단언한다. 불의한 부의 축적 방법에 대한 정죄 (定罪)일 수도 있지만 가난한 이들과의 나누는 삶을 누구에게나 요구한 것이다.

메지로의 전환학습의 관점에서 볼 때, 구약성서의 해방자로서의 하나님의 모습과 예수의 가난과 부에 대한 가르침은 모두 당대의 유다 사회의 의미체계(meaning scheme)에 대한 심각한 도전이었다. 예수는 기존의 의미체계에 대한 비판적 성찰을 통해 의미관점(meaning perspective)의 전환을 제자들에게 요구하였다. 그러나 제자들을 대상으로 한 관점전환 교육은 언제나 부조리한 사회정치적 체제의 전환을 지향하였다. 물질적 결핍으로서 가난은 인간을 비참하게 만드는 사회악이다.

그런데 가난은 부조리한 사회 구조에서 기인하는 것이기에 예수의 관점에서 볼 때 가난한 사람들은 가난한 것이 아니라 '가난해진 사람들'이다.[12] 성서의 예언자들이 고발한 것처럼 인간의 탐욕과 이기심 때문에 발생하는 것이다. 이런 가난은 죄의 징표이며 하나님 나라와 공존할 수 없는 상태를 의미하기에 예수는 프레이리와 마찬가지로 사회문화적 변혁을 요구한 것이다.

그렇다면 예수는 종교적 의미의 죄로부터의 해방을 통해 '일종의 대안 사회를 만들고자 한 것'은 아니었는가라는 해석도 가능하다.[13] 예수는 옳고 그름을 기준으로 죄인과 의인으로 갈라진 당대의 유다 사회에서 죄인과 세리의 친구로 불리고, 주로 가난하고 병든 이들을 만났다는 것은 개인의 해방을 넘어선 사회 구조적 해방을 요구한 것이라는 주장이다.

> "너희가 여기 내 형제 중에 지극히 작은 자 하나에게 한 것이 곧 내게
> 한 것이니라."(마태 25:40)

예수는 작은 이들과 자신을 동일시하였으며, 더욱이 이 말이 사람의 아들이 심

판관으로 등장하는 최후의 심판 장면에서 발설되었다는 것은 '사람의 아들'이라는 표현이 화자(話者) 자신을 가리키면서도 사람들과 자신을 연결시키는 총칭적 연대의 의미가 있음을 강조하기 위한 의미였다.[14]

3) 프레이리 전환학습과 예수

프레이리[15]는 예수 당시의 유다 사회의 옳고 그름에 대한 정의 및 그에 대한 율법교육을 비판한 예수의 해방교육과 같은 맥락에서 전환학습 이론을 전개한다. 프레이리는 전통적 교회교육의 특징이 억압과 부조리로부터의 해방이 아닌 오히려 학습자 길들이기 교육에 치중해 있었음을 비판한다.

그는 1972년 처음으로 출간한 논문인 「라틴아메리카에서 교회의 교육적 역할」에서 교육에서의 종교의 역할에 대해 통찰력 있는 논의를 제공하였다. 프레이리는 전통적 종교주의자들의 교육적 관점은 내세의 삶을 강조하는 데 치중했다고 주장한다. 그것은 사람들로 하여금 세속을 거치지 않고 초월성에 도달하라고 촉구하는 종교적 관점이다.[16]

프레이리에 의하면 이런 종교적 관점이 바로 억압의 상황이며 기득권을 유지하는 수단이 된다는 점에서 이런 종교적 관점에 기초한 교육은 닫힌 사회를 조장한다. 예수의 가르침을 이런 종교적 관점에서 전달할 때 예수의 교육은 오로지 천국을 얻는 수단으로써 중요한 것으로 왜곡될 수밖에 없다. 전통적 종교적·교육적 관점은 세계에 궁극적 가치를 부여하지 않기에 부정적이다. 세상이 죄악, 악덕, 부조리의 혼합이지만 이를 피할 뿐 변화를 통한 사람들의 해방에는 관심이 없게 된다. 인간의 존엄을 짓밟는 가난과 사회적·정치적 억압 속에 있는 학습자들의 문제를 다루지 않고, 대신 내세의 초월적인 구원의 목표를 향하도록 가르친다. 결과적으로 이런 종교와 교육은 피억압자들의 문제를 외면하고 지배계급의 기득권과 보조를 같이하게 된다.[17]

프레이리는 이러한 교육의 상황에서 교육의 '은행저축식 모델'이 지배적이게 된다고 주장한다.[18] 이런 전통적 교육방식은 필연적으로 학습자를 무기력하게

(passive) 만들고 소외당하고 또 소외시키는 교육을 당연시하게 만든다. 학습자들은 프레이리가 강조하는 임파워먼트(empowerment)를 갖지 못하기에 자신과 사회의 변화를 일으킬 수 있는 그들의 잠재력을 알지 못하게 된다. 프레이리는 개인의 임파워먼트와 사회 변혁은 서로 분리할 수 없는 프로세스[19]이기 때문에 이러한 은행식 교육은 개인과 사회의 성장을 위한 가능성을 상실시키며 교육에서 진정으로 관심을 가져야 하는 관점전환의 문제로부터 동떨어진 교육을 하게 된다고 주장한다.

예수의 해방교육과 같은 맥락에서 프레이리는 종교는 '예언자적' 역할을 수행해야 한다고 주장한다. 예언자적 종교란 순수하게 신앙만을 말하지 않는다. 예언자적 종교란 해방교육을 주창하면서 가난과 문맹, 억압받는 자들에 대해 말은 하지만 '피억압자들'의 편은 아닌 종교적·교육적 태도를 비판적으로 성찰한다. 프레이리가 교육의 궁극적 목적은 해방 혹은 '프락시스(praxis)'라고 단언하듯, 예언자적 종교와 그에 바탕을 둔 교육은 "남자들과 여자들이 그들이 살고 있는 세계를 혁신하기 위한 목적으로 하는 행동과 성찰"[20]이라고 단언한다.

2 해방의 교육방법과 회개

예수의 평생에 걸친 교육의 목적은 진리의 인식을 통한 관점의 전환, 그로 인한 해방에 있었다. "진리가 너희를 자유롭게 하리라."(요한 8:31-32)는 예수의 말은 이를 극명하게 보여 준다. 예수는 진리를 통한 해방과 자유를 얻기 위한 방법으로 '거듭나야 한다'고 강조한다. "진실로 진실로 네게 이르노니 사람이 거듭나지 아니하면 하나님의 나라를 볼 수 없느니라."(요한 3:3) 하나님을 알기 이전의 의미체계나 의미관점을 '새로 혹은 거듭 태어나는' 방법을 통해 관점의 전환과 프락시스(praxis)로 이어질 때 진정한 해방과 자유를 획득할 수 있음을 명확히 하고 있는 것이다.

예수 그리스도에게 관점의 전환 혹은 해방은 '메타노이아(metanoia)', 즉 회개(悔改)를 의미한다. 전환학습에서의 전환이 단순한 지식과 정보의 양적 증가를 의미하는 것이 아니듯, 예수가 선포하는 회개는 개인의 인식론적 전환과 사회적 행동의 전환을 포함한 전인격적 변화를 지향한다.[21] 예수의 가르침을 통한 인식의 전환이 행위와 성찰의 지속적인 프락시스를 통해 예수를 알기 전의 삶이 역동적으로 전환되는 것이다. 이런 점에서 회개 혹은 회심은 예수의 해방교육을 위한 핵심적 방법이라 할 수 있다.

1) 은행식 교육의 지양

프레이리[22]는 예수의 '거듭 태어나라'는 예언자적 메시지를 전환학습이라는 평생교육의 방법으로 구체화시킨다. 예수의 '거듭(새로) 태어나라'는 말은 단순한 지적인 변화나 감정적인 변화가 아닌 영성을 포함한 의지의 인격적 결단에 의한 삶의 총체적인 변화, 즉 전인적인 변화[23]였다. 프레이리는 이러한 전인적인 변화를 비판적 성찰과 행동의 상호작용의 결합인 변증법적 통일, 즉 프락시스(praxis)로 정의한다. 삶의 총체적인 변화는 비판적 성찰과 행동 모두가 결여됨이 없이 변증법적 통일을 이룰 때 가능하다는 것이다.

프레이리는 해방을 위한 조건으로 학습자의 의식화와 임파워먼트의 프로세스를 강조한다. 이를 위한 교육방식으로 전통적인 은행식 교육(banking education)을 지양하고 문제 제기식 교육(problem-posing education)의 실천을 강조한다. 교육의 결핍모형을 기반으로 하는 전통적인 은행식 교육은 교사 중심이다. 설명의 주체인 교사와 인내심 있는 청자(聽者)인 학생 간의 관계인 것이다.[24]

은행식 교육은 전통적이며 학습을 이해하는 가장 일반적 방식인 대응(對應)이론과 동일한 학습 원리를 지향한다. 대응적 차원에서 학습을 이해하게 되면 "학습은 외적 세계를 수동적으로 반영하고 표상하며 그 결과 내 안에 수동적으로 형성되는 내면화된 대상체들을 활용하고 전체 인식으로 조립해 가는 일이 된다."[25] 지식의 근원은 외부세계 어딘가에 객관적으로 실재하며, 인간은 그것을 '대응적으로' 내면화할 따름이라는 것이다.

이렇게 본다면 하나님과 인간과의 관계에 기초한 신비-종교적인 지식은 기본적으로 대응이론의 범주에 속한다고 볼 수 있다. 이런 지식은 지식의 존재론적인 차원, 즉 세상이란 무엇이며, 만물의 본질은 무엇이고, 또 어떻게 존재하는지에 관해 묻는 것이다. 문제는 종교적 지식을 교육하는 방식이 반드시 은행식 교육일 필요는 없다는 데 있다.

　은행식 교육에서는 대화의 필요성을 인식하지 못하며 거부한다. 학생들의 창의력 증진에는 관심이 없고 사회와 교육에 대한 고지식한 순응을 촉진시킴으로써 세상에 대한 객관적인 인식과 사회변혁에 저항하는 압제자들(oppressor)의 이익에 봉사하게 만든다. 학생들은 교육이라는 이름으로 억눌리고 침묵의 문화에 갇혀 버린다. 왜냐하면 학습자들 각각의 세계는 억압자인 교사에 의해 규정되기 때문이다. 프레이리는 은행식 교육은 다음과 같은 특징을 지니며, 이는 억압받는 사회를 반영한다고 주장한다.

① 교사는 가르치고 학생들은 배운다.
② 교사는 모든 것을 알고 학생들은 아무것도 모른다.
③ 교사는 생각의 주체(thinks)이고 학생들은 생각의 대상(are thought)이다.
④ 교사는 말하고 학생들은 얌전히(meekly) 듣는다.
⑤ 교사는 훈련을 시키고(disciplines) 학생들은 훈련을 받는다.
⑥ 교사는 자유롭게 선택하고 선택을 강화하며 학생들은 그에 순응한다.
⑦ 교사는 행동하고 학생들은 교사의 행동을 통해 행동한다는 환상(illusion)을 갖는다.
⑧ 교사는 교육내용을 선택하고 학생들은 의견도 반영 못한 채 결정에 따른다.
⑨ 교사는 지식의 권위를 자신의 직업상의 권위와 혼동하면서 학생들의 자유에 대해 대립적인 위치에 있고자 한다.
⑩ 교사는 학습 과정의 '주체(subject)'이고 학생들은 단지 객체(objects)일 뿐이다.

2) 문제 제기식 교육의 지향

'통제의 수단'인 은행식 교육과는 대조적으로 문제 제기식 교육은 프레이리가 강조하는 '자유의 실천'으로서의 교육이다. 문제 제기식 교육의 목적은 학습자의 해방 혹은 자유이다. 의식화, 비판적 성찰의 과정을 통한 현실 변화능력의 함양이다. 학습의 중심에 있는 것은 교사와 학생 간의 변화된 관계로서 그들은 공통된 현실, 즉 그들이 살고 있는 사회문화적 상황을 함께 연구한다.[26]

문제 제기식 교육에서는 지식과 학습에 대한 패러다임이 '정합이론'으로 바뀌게 된다. 전술한 전통적인 대응이론 학습과는 대조적으로 정합 이론에서는 지식은 인식 주체와 독립적으로 존재할 수 없다고 본다. 대응이론에서 지식이 이미 우주 안에 새겨져 있는 어떤 것이었다면, 정합이론에서 지식 혹은 앎(knowing)은 본래 역동적이고 점진적이며 관계적인 것으로서 모든 조직들 차원에서 나타나는 일반 현상이라고 가정한다.[27] 따라서 지식은 역동적인 맥락에서 행위 주체가 환경에 적응해 가며 나타나는, 일종의 확정적이면서 동시에 변형 가능한 행위적 패턴으로 보게 된다.

이러한 지식과 학습이론에서는 교사와 학생 및 학생들 상호 간의 대화가 중시되고, 그 대화는 "현실의 장막(veil)을 벗기는 필수적인 인지 행위"로 요구된다.[28] 프레이리에게 대화란 특정한 메시지를 전달하는 행위가 아니라 주체와 온전한 다른 주체의 만남이며, 사고와 행동의 교류 속에서 진행되는 하나의 행동 양식[29]이다. 대화에 참여하는 교육자는 대화를 통해 학습자는 자신의 삶을 억압하는 사회 구조적인 힘들을 점차적으로 인식하게 되는, 소위 의식화가 시작되는 것이다. 은행식 교육에서는 학습자가 의식의 소유자일 뿐 의식적인 존재(conscious being)가 아니었다면, 문제 제기식 교육에서의 인간은 의식적 존재가 된다.[30] 교육이란 본래적으로 문제 제기적인 것, 처음부터 혁명적이어야 하는 것이다.[31]

의식화는 몇 가지 수준에서 일어난다. 가장 낮은 수준은 주술적(magical) 의식 혹은 '준 변화 불능(semi-intransitive)' 의식이다. 사람들은 현실의 억압을 파악하지 못해 주변 세계에 관해 아무런 의문이 제기되지 않는다. 구조의 맥락에서 자신을 파악하지 못하기 때문에 기득권층의 억압과 지배문화를 당연하게 수용하며 현재의 상황을 변화시키기 위해 아무것도 할 수 없는 수준이다. 의식의 가장 정교한 단계는 비판적 의식(critical consciousness)이다. 이 단계에서 사람들은 자신의 삶에 영향을 미치는 다양한 힘들에 대해 인식하게 되고, 문제의 원인을 잘못된 정치사회적·경제적 구조에서 찾기 시작한다.

3) 예수의 '회개' 교육방법

그렇다면 프레이리가 피억압자의 해방을 위한 방법으로서 제시한 문제 제기식 교육과 의식화는 예수의 교육방법과 어떤 연관성을 찾을 수 있을 것인가? 프레이리의 해방의 교육방법의 핵심은 비판적 성찰과 행동의 상호작용의 결합인 변증법적 통일, 즉 프락시스(praxis)에 있다. 전술한 대로 예수의 교육에서 해방은 진리에 대한 인식과 행동에서 찾을 수 있다. 예수가 말하는 해방의 전제로서의 진리는 '하나님의 나라'이다. 하나님의 나라인 진리를 위해 예수가 선포한 교육방법은 회개를 위한 성찰과 행동이었다.

예수의 한평생은 새로운 세상인 '하나님 나라'의 선포였다. 복음서에는 예수가 공생애 초기부터 죽음에 이르기까지 하나님 나라를 선포한 횟수는 100회 이상이다.[32] "예수께서 온 갈릴리에 두루 다니사 그들의 회당에서 가르치시며 천국 복음을 전파하시며 백성 중의 모든 병과 모든 약한 것을 고치시니"(마태 4:23) 기록에서 나타나듯 예수는 공생애 초기에 행한 하나님 나라의 선포(마가 1:15)에서부터 공생애 내내 말과 행적을 통해 하나님 나라를 선포했다.

예수가 사람들에게 하나님 나라를 준비하기 위해 선포했던 교육방법이 '회개(metanoia)'였다. 신약성서 그리스어 원문에서 사용된 메타노이아(metanoia)는 '자신의 삶에 대한 비판적 성찰을 통해 자신의 생각과 말, 그리고 행동을 바꾸다'라는 의미[33]로서, 프레이리의 비판적 성찰을 통한 실천과 같은 맥락이라 할 수 있다.

예수는 회개의 선포를 통해 예수의 가르침을 듣는 모든 이들이 '성찰'을 통해 바로 그 자리에서 변화되기를 요구하였다. 성찰을 통한 관점의 '전환'과 그로 인한 행동이 뒤따르는 전인적(全人的)인 전환을 요구한 것이다. 지금까지의 삶에 대한 관점과 시각을 전환하여 예수가 가르친 새로운 삶을 살겠다는 의미관점의 전환이다. 예수의 말을 듣는 모든 이가 지금-여기서 전인격적으로의 행동적인 변화를 요구하는 것이 회개였다. 또한 전인격적인 회개가 이루어질 때 인간은 진정한 자유와 해방을 얻게 된다는 것이었다.

예수는 회개를 통한 해방교육을 위해 다양한 교육방법으로 비판적 성찰을 유도하였다. 프레이리의 문제 제기식 교육과 같은 맥락에서 예수는 발문 혹은 문제를 제기하는(problem-posing) 방식을 사용하였다. 한 예로 예수는 "그들의 열매로 그들을 알지니 가시나무에서 포도를, 또는 엉겅퀴에서 무화과를 따겠느냐?"(마태 7:16)는 식의 문제를 제기한다.

또한 "사람이 등불을 가져 오는 것은 말 아래에나 평상 아래에 두려 함이냐, 등경 위에 두려 함이 아니냐"(마가 4:21)는 발문을 통해 사람들이 "감추어 둔 것은 드러나게 마련이고 비밀은 알려지게 마련"(마가 4:22)이라는 진리를 성찰하게 한다. 예수의 문제 제기는 단순한 질문이 아니라, 사람들 각자 스스로의 경험의 렌즈를 통해 성찰하고 신앙을 심화시키는 방법임을 알 수 있다.

요한복음 8장에서 예수는 비판적 성찰의 정도가 심화된 문제 제기식 교육을 행한다. "서기관들과 바리새인들이 음행 중에 잡힌 여자를 끌고 와서 가운데 세우고 예수께 말하되 선생이여 이 여자가 간음하다가 현장에서 잡혔나이다. 모세는 율법에 이러한 여자를 돌로 치라 명하였거니와 선생은 어떻게 말하겠나이까…… 너희 중에 죄 없는 자가 먼저 돌로 치라."(요한 8:3-7)

예수는 이 문제 제기식 화법을 통해 심오한 비판적 성찰을 유도하고 있다. 간음은 혼자 하는 것이 아니지 않은가? 왜 여인 혼자만 끌려 온 것이며, 왜 율법학자들은 간음한 남자는 놓아 주고 연약한 여자만 기소하는가? 등이다. 예수는 강자의 논리에 지배받는 법의 억압에서 여인은 물론 율법학자들도 해방시키기 위한 비판적 성찰을 요구한 것이다. 프레이리가 말하는 주술적 의식 혹은 안이한(naive) 의식의 수준에 있는 여인은 물론 율법학자들에게 비판적 성찰을 통해 비판적 의식 단계로 끌어올리게끔 한 것이다.

프레이리[34]는 전환학습이 일어나려면 대화가 필요하다고 말한다. 다른 사람들과의 대화나 혹은 자신의 정신세계 내면에서 하는 대화는 학습자가 자신의 관점을 확장하는 것을 지원한다.[35] 예수는 진리의 인식과 실천을 위해 대화를 촉진시키기 위한 방법으로 비유를 많이 사용하였다.

비유(parabole)란 화자(話者)가 자신이 말하고자 하는 주제를 청자(聽者)에게 전달하는 과정에서 화자(speaker)의 설득력과 청자(listener)의 이해력을 높이기 위해 직유 내지 은유적으로 꾸민 이야기를 말한다.[36] 마가복음 4장 서두에서는 예수는 군중에게 "많은 것을 비유로 가르쳤다."(4:2)고 기록하고, 심지어는 "비유를 들지 않고는 그들에게 말하지 않았다."(4:34)고 전한다. '씨 뿌리는 사람의 비유'(마태 13:1-8)도 한 예이다.

> "예수께서 비유로 여러 가지를 그들에게 말씀하여 이르시되 씨를 뿌리는 자가 뿌리러 나가서 뿌릴새 더러는 길가에 떨어지매 새들이 와서 먹어 버렸고 더러는 흙이 얕은 돌밭에 떨어지매 흙이 깊지 아니하므로 곧 싹이 나오나 해가 돋은 후에 타서 뿌리가 없으므로 말랐고 더러는 가시떨기 위에 떨어지매 가시가 자라서 기운을 막았고 더러는 좋은 땅에 떨어지매 어떤 것은 백 배, 어떤 것은 육십 배, 어떤 것은 삼십 배의 결실을 하였느니라."

예수는 "귀 있는 자는 들으라."(13:9)고 강한 어조로 말하면서 성찰적 대화를 유도한다. 어느 정도 시간이 흐르자 사람들이 열두 제자와 함께 예수에게 와서 그 비유의 뜻을 물었던 것(13:10)을 보면 비유는 성공적이다. 예수는 '씨 뿌리는 사람이 뿌린 씨는 하늘나라에 관한 말씀'(13:13)임을 알려 주고 비유의 내용을 친절하게 대화체로 전달한다.

예수의 대화의 특징은 수많은 비유를 통해 비판적 성찰을 유도하고 있지만 청중들의 거부감 혹은 자기방어 본능을 자극하지 않는다는 데 있다. 사람들은 비판적 성찰의 대상인 자신의 인습적 사고의 모순이 드러나게 될 때 자기 방어적이 된다. 예수는 비유의 내용을 직접 연관이 없어 보이거나 혹은 다른 사람의 사례처럼 이야기함으로써 청중들이 즉각적인 자기 방어적 태도를 보이는 대신 자신을 돌아보는 '자기 대면(self-confrontation)'의 태도를 갖게 만들었다. 크로산(John Dominic Crossan)[37]의 분석대로 예수는 때로는 도전적이면서 공격적인 내용의 비유를 들었지만 상대방이 거부감을 느끼지 않는 대화 방식으로 사람들을 끌어들여 자기성찰과 관점의 전환을 불러일으킬 수 있었다.

주석

1 Freire, P. (2000). *Pedagogy of the Oppressed*(20th anniversary ed.). 남경태 역(2009). 억압받는 자를 위한 교육. 서울: 그린비.

2 Elias, J. L. (2014). 프레이리와 교육: 해방의 교육자(한국교육연구네트워크 역). 서울: 살림터.

3 Freire, P. (2009).

4 Gutierrez, G. (1971). *Teologia de la liberacion*. 성염 역(2000). 해방신학: 역사와 정치와 구원. 서울: 분도출판사.

5 Elias, J. L. (2014), p. 192.

6 Gutierrez, G. (1971).

7 같은 책.

8 Elias, J. L. (2014), p. 242.

9 Galloway, S. (2012). Reconsidering Emancipatory Education: Staging a Conversation between Paulo Freier and Jacques Rancíere. *Educational Theory, 62*(2), 39–59.

10 Merriam, S. B., Caffarella, R. S., & Baumgartner, L. M. (2007). *Learning in Adulthood: A Comprehensive Guide*. 기영화 외 역(2009). 성인학습론. 서울: 아카데미프레스, p. 122.

11 Gutierrez, G. (1971).

12 같은 책.

13 백운철 (2014). 「복음의 기쁨」의 신약 성경적 배경과 한국교회의 과제. 가톨릭 신학과 사상, 73, 62–117.

14 백운철(2003). 예수와 인자. 가톨릭 신학과 사상, 44, 144–173.

15 Freire, P. (2000).

16 Elias, J. L. (2014), p. 193.

17 같은 책.

18 Freire, P. (2000).

19 Merriam, S. B., Caffarella, R. S., & Baumgartner, L. M. (2007), p. 122.

20 Freire, P. (2000), p. 60.

21 Kegan, R. (2000). What form transforms? In J. Mezirow & Associates (Eds.), *Learning as Transformation*. San Francisco: Jossey-Bass.

22 Freire, P. (2000).

23 구본만(1999). 예수 그리스도의 교육론에 근거한 전인 교육과정 연구. 가톨릭대학교 대학원 석사학위논문, p. 22.

24 Freire, P. (2009).

25 Davis et al. (2008), p. 260.

26 Merriam, S. B., Caffarella, R. S., & Baumgartner, L. M. (2007), p. 122.

27 Davis et al., (2008). p. 270.

28 Freire, P. (2000).

29 정민승(2010). 성인학습의 이해. 서울: 한국방송통신대학교 출판부, p. 208.

30 Freire, P. (2009).

31 Freire, P. (1972). *The Educational Role of the Church in Latin America*. Washington, D.C.: LADOC, p. 110.

32 구본만(1999), p. 21.

33 배철현(2015). 신의 위대한 질문. 경기: 21세기북스, p. 43.

34 Freire, P. (2000).

35 Merriam, S. B., Caffarella, R. S., & Baumgartner, L. M. (2007), p. 125.

36 이용우(2008). 디다케, 예수의 교육학: 복음서들에 나타난 디다케 어군의 내용 분석을 통한 예수의 교육에 대한 고찰. 미래교육학연구, 21(1), 35-68, p. 51.

37 Crossan, J. D. (2012). *Power of parable*. 김준우 역(2012). 비유의 위력. 서울: 한국기독교연구소, p. 208.

제14장

기독교의 만남의 평생교육 방법

　인간의 해방과 자유는 평생교육의 궁극적 목표이다. 예수는 당시의 위선적인 율법주의와 구조적인 정치사회적 부조리에서의 해방을 모색했고, 프레이리(P. Freire)는 같은 맥락에서 전환학습을 통한 부조리하고 억압적인 사회문화적 구조로부터의 해방에 초점을 맞추었다.

　그러나 해방의 또 다른 관점에서 볼 때, 개인의 해방과 자유의 억압은 '인간과 인간 사이의 관계'가 깨어진 데에 근본적인 원인이 있다. 마르틴 부버(Martin Buber)는 인간 소외나 자유의 억압이 고도의 기술혁신이나 부조리한 정치사회적 구조가 아닌 인간 간의 관계 상실에서 기인한다고 보았다.[1] 따라서 관계의 상실은 객체화될 수 없는 주체인 인격체로서의 인간 간의 만남, 인간 간의 대화를 통해 회복할 수 있다는 점을 제시하고 있다. 부버는 실존주의에 근원을 둔 '만남'이지만 실존주의와는 달리 실존을 고립적이 아닌 실존 상호 간의 만남에 입각해 파악한다. '만남', '관계', '사이', '대화'[2]가 인간소외 및 억압으로부터의 해방을 위한 핵심 요소라는 것이다.

　실제로 만남과 대화를 통한 '관계'는 전환학습 프로세스의 중요한 요소이다. 관계의 역할은 감정의 역할과 밀접히 연결되어 있다는 점에서 전환학습 과정의 중요한 요소임에 틀림없다. 전환학습 과정에서 신뢰나 우정, 심리적 지지 등과 같은 관계적 요소들이 성찰이나 합리적 담론에서 중요한 역할을 한다[3]는 사실에 많은 학자들은 동의한다. 특히, 종교적 신앙에 관련된 전환학습에서는 비판적 성찰이나 이성적 담론보다는 신과의 관계, 만남, 대화를 통한 관점전환의 경험이 많을 수

가 있다.[4]

만남과 대화는 예수의 관점전환 교육의 핵심이다. 공개적인 장소에서의 설교(說敎)가 있지만 예수의 설교식 교육은 언제나 대화를 수반한다. 예수의 대화는 특정한 지식이나 정보를 제공하는 행위가 아니라 주체와 또 다른 주체가 만나는 실존적 행위이다. 실존적 행위로서의 대화는 만남을 전제로 한다. 따라서 예수의 평생의 가르침은 만남에서 출발한다.

하나님으로서의 예수 그리스도와 하나님의 형상인 인간의 만남은 인간의 존재론적 본질을 이룬다. 인간의 타락은 하나님과의 분리를 가져 왔으나 예수 그리스도는 분리된 인간과의 새로운 만남을 통해 인류를 구원하였다. 구원은 곧 만남이었기에 예수의 평생의 가르침은 만남과 대화의 연속이었다. 그러나 예수의 만남의 교육방법으로서 주목할 점은, 만남의 이니셔티브(initiative)는 언제나 하나님 예수에게 있었다는 점이다. 예수는 제자들과 청중이 찾아오기 전에 먼저 그들을 찾아 나섰다.

① 만남과 대화의 평생교육

'인간(人間)'의 자의적(字意的) 의미에서 보듯 인간이란 두 실재(entity) '사이(between)'에 존재한다. 이 "사이성(betweeness)은 각 실재가 매력적이거나 담담하거나 반감을 주는 것과 같이 다른 사람에게 '무엇인가를 하는' 역동적인 영역이다."[5] 역동적인 영역을 본질적으로 내포하기에 인간 존재는 하이데거(Martin Heidegger)가 말하는 '평균적 존재 이해'[6](p. 20)를 넘어선 '실존'이라는 독특한 존재 방식을 갖고 있다. 이 실존은 인간 사이[7]에 존재하는 관계의 기능, 즉 관계 속에서 영향을 주고받는 상호작용에 크게 영향을 받게 된다. 이런 관계 속의 상호작용은 두 사람 사이에, 혹은 여러 사람 간의 복잡한 얽힘 사이에서도 작용한다.

1) 인간의 두 가지 태도

마르틴 부버(Martin Buber)는 현상계에 대해 인간이 취하는 두 가지의 태도를 개념화하여 다음과 같이 진술한다.

> "사람의 태도는 그가 말할 수 있는 근원어(Grundworte)[8]의 이중성에 따라서 이중적이다. 근원어는 낱개의 말(Einzelworte)이 아니고 짝 말(Wortpaare)이다. 근원어의 하나는 '나-너(Ich-Du)'라는 짝 말이다. 또 하나의 근원어는 '나-그것(Ich-Es)'라는 짝 말이다. 따라서 사람의 '나'도 이중적이다. 왜냐하면 근원어 '나-너'의 '나'는 근원어 '나-그것'의 '나'와 다른 것이기 때문이다."[9]

부버는 인간의 삶을 형성하는 두 가지 관계로서 '나-너'의 관계와 '나-그것'의 관계를 제시한다. 나는 '나' 만으로서는 존재하지 못한다는 것이다. '나'라고 말할 때 그것은 '나-너'의 '나' 아니면 '나-그것'의 '나'일 뿐이다. 그 밖의 '나'란 존재할 수 없다. 결국 '나' 그 자체란 없으며, 오직 '나-너'의 '나'와 '나-그것'의 '나'가 있을 뿐[10]인 것이다.

근원어로서의 '나'는 합리론이나 관념론의 '실체'나 혹은 독립된 '개체'와 구분된다. '나'는 '너' 혹은 '그것'과의 관계 안에서 실존하는 존재자로서의 '나'이다. 이 점에서 부버는 개인을 고립시켜 놓았던 실존주의, 특히 키르케고르(S. Kierkegaard)나 니체(F. W. Nietzsche)와 차별화를 보이고 있다. 그 이유는 부버는 포이어바흐(Ludwig Andreas Feuerbach)와 같은 헤겔주의자가 주장한 '진정한 변증법이란 자기 자신에 대한 독백이 아니라 나와 너 사이의 대화'[11]라는 철학에 영향을 받았기 때문[12]이다.

그렇다면 이 두 가지 근원어의 근본적인 차이는 어디에 있는가? '나-그것'은 대상을 따지고 이용하며 측정하는 관계이다. 객체적인 경험으로 주체 대 객체의 만남이기에 "결코 온 존재를 기울여서 말할 수 없다." 이 관계에서 '그것'은 주체인

'나'의 대상인 세계이며, 이 세계는 '나'에게 도구적이며 경험의 대상인 단지 객체로서 등장한다. '주체-객체-원칙'에 의한 일방적이며 비대화적인 독백적 관계로 나타난다.[13] 모든 것은 '나'의 목적 달성을 위한 도구에 불과한 것이다.

'나-그것'의 관계는 대화가 불가능한 주체(Subjekt)와 객체(Objekt)의 관계이다. 주체인 '나'는 수많은 객체인 '그것'들과 대면하며 일방적이며 능동적으로 '그것'들에 의미를 부여한다. 객체인 '그것'들은 철저히 피동적이며 주체인 '나'의 목적을 위한 수단으로 지배되고 결정될 뿐이다. 대화의 대상이 되지 못하기에 더불어 있는 관계가 아니라 그저 '옆에 있는 것'에 불과하다. 또한 경험과 이용의 관계이다. 부버는 경험한다는 것의 의미를 다음과 같이 설명한다.[14]

> "사람은 사물의 표면을 돌아다니면서(befahrt) 그것을 경험한다 (erfahrt). 그는 이 사물들로부터 그것들의 성질에 관한 지식, 곧 경험을 가져 온다. 그는 사물에 붙어 있는 것을 경험하는 것이다. 그러나 경험만으로 세계를 사람에게 가져다줄 수는 없다. 왜냐하면 경험은 사람에게 오직 '그것'과 '그것'으로 이루어진, 즉 '그'와 '그', '그 여자'와 '그 여자', 그리고 '그것'으로 이루어진 세계를 가져다줄 뿐이기 때문이다."

경험은 기존의 경험에다 지속적으로 내적 경험을 덧붙여 보다 큰 경험의 세계를 재구성할 뿐이다.

이러한 관계에서는 다른 인간이나 자연, 나아가 신까지도 '나'라는 주체의 목적 달성을 위한 도구 혹은 수단으로 전락하게 된다. 또한 수단이나 도구로서의 가치가 소멸되면 주체와의 관계는 단절되고 주체인 '나'로부터 분리된다. 타자는 '나'의 목적을 위한 수단으로서의 '그것'일 뿐이기에 독립된 타자성(他者性)을 인정받지 못한다.

따라서 전술한 대로 '나-그것'의 관계에서는 나와 너의 대면은 없고 대화도 없다. 관계 자체가 목적이 되는 것이 아니라 관계 이외의 것들이 목적이 된다. 주체인 '나'는 나의 세계에 갇혀 모든 것을 자기중심적으로 판단하는 개체로서의 자아에 머무르게 된다.

그렇다고 부버가 '개체로서의 자아'의 세계의 가치를 무조건 배척하는 것은 아니다. 인간의 삶의 영속성을 위해서는 그것도 필요하기 때문이다. "경제에 있어서는 재화와 용역을 이용하는 나", "정치에 있어서는 여론과 경향을 이용하는 나", "자기와 관계하는 사람들을 경험의 대상이 될 수 없는 '너'를 지니고 있는 사람으로 여기는 것이 아니라, 그들의 특유한 능력을 계산하고 이용해야 할 업적이나 경향으로 여기는 것"[15]도 삶을 위해 필요할 수 있다.

마르틴 부버는 이를 "그것(it) 세계의 연속체(Es-welt-Kontinuum)"라 말한다. 그러나 부버는 '나-그것'의 관계의 필요성은 인정하지만 그것만으로 사는 것은 인간이 아니며, '나-너'의 관계를 통해 '개체로서의 자아'는 비로소 인격적인 존재가 된다고 강조한다.

'나-그것'의 관계와는 대조적으로 '나-너'의 관계는 경험이나 이용의 대상이 아니다. 부버는 말한다. "우리는 '너'에 관해 무엇을 경험하는 것일까? 전혀 아무것도 경험하지 못한다. 왜냐하면 우리는 '너'를 경험하는 것이 아니니까. 그렇다면 '너'에 관해 무엇을 아는 것일까? 오직 전체를 알 수 있을 뿐이다. 왜냐하면 우리는 그에 관한 개별적인 것은 하나도 모르니까."[16]

이 관계에서 '너'는 어떤 성질로 분해되거나 '나'의 목적을 위한 도구가 아닌 '전 존재(全存在)'이다. 따라서 '나-너' 관계는 서로가 '전 존재'로서 나의 온 존재를 기울여(mit dem Wesen) 너를 만나는 인격적 만남의 세계이다. 인격체로서의 '나'와 또 다른 인격체로서의 '너'가 동등한 관계(Beziehung)[17]를 맺는 것이다.

2) 부버와 예수의 만남의 교육

이러한 '나-너' 관계에 들어설 때 비로소 '만남'이 가능해진다. 주체와 주체 사이의 관계로서 나와 너 상호 간에 대화가 성립된다. 부버는 '나-너'의 관계로 형성되는 영역을 세 가지로 구분해 설명한다.

"첫째는 자연과 더불어 사는 삶이다. 여기서의 관계는 아직 명료하지 못하며 언어가 통하지 않는다. 둘째는 사람들과 더불어 사는 삶이다. 여기서는 관계가 명백해지고 언어의 형태를 취한다. '너'라는 말을 건넬 수도 받을 수도 있다. 셋째는 정신적 존재들(geistige Wesenheiten)과 더불어 사는 삶이다. 여기서는 관계는 구름에 덮여 있으나 스스로 나타나고 말 없이 말을 낳고 있다. 우리는 '너'라는 말을 듣지 못하지만, 그렇게 부름 받고 있음을 느끼며 대답한다. 즉, 우리가 입으로는 '너'라고 말할 수 없지만 우리의 존재를 기울여 저 근원어를 말하고 있는 것이다."[18]

부버가 나와 너에서 강조하는 이중적 관계는 개체로서의 나인 '나–그것'의 관계에서 머물지 말고, 인격체로서의 나인 '나–너' 관계로 나아갈 때 진정한 자유를 얻게 된다는 것이다.

부버의 '나–너' 관계는 예수 그리스도의 만남의 교육과 신학적 맥락을 같이한다. 부버는 "모든 관계의 연장선은 영원한 '너' 안에서 서로 만난다"[19]는 신념을 견지한다. 부버는 신약성경 요한복음의 첫 구절에 빗대어 인간과 신과의 관계를 규정한다. "처음에 관계가 있다(Im Anfang ist die Beziehung)."[20] "모든 낱낱의 '너'는 영원한 '너'를 들여다보는 틈바구니"[21]라는 말이 함축하듯, 부버는 인간의 '나–너' 관계는 궁극적으로 '나–영원한 너'로 나아간다는 점을 강조한다. 더 정확히 말한다면 부버가 말한 "사람과 사람의 관계는 사람과 신과의 관계를 위한 본래적인 비유"[22]였다. 부버의 말은 '영원한 너'가 부버 사상의 핵심이며 정수(精髓)임을 말해 주고 있다.

'영원한 너'는 초월적인 특성으로 인해 본질적으로 '그것'과 구별되며, 개별적인 '너'와는 달리 본성상 언제나 '너'로서 근원적 존재이다. "이 모든 영역에 있어서 우리 앞에 현전(現前)하며 생성되는 자(das uns gegen-wartig Werdende)를 통하여 우리는 영원한 '너'의 옷자락을 바라본다. 모든 것에서 우리는 영원한 '너'의 나부낌을 들으며, 각 영역에서 그 나름의 방법을 따라 우리는 모든 '너'에게서 영원한 '너'를 본다."[23] 영원한 '너'와의 관계는 인간과의 관계나 자연과의 관계 영역을 벗어나 독립적으로 존재하는 것이 아니라 각각의 '너'와 '너'의 관계 안에 이미 내재해 있다는 것을 의미한다.

부버에게 '영원한 너'는 서술될 수 없으며, 오직 대화로서 관계를 맺는 초월적이며 인격적인 존재이다. '영원한 너'는 모든 관계의 연장선들이 만나는 중심이다. '나'와 '너'의 관계들은 서로 연결됨 없이 고립되어 존재하지만 '영원한 너'를 통해 모든 관계들에 연결고리가 확립되게 된다. 부버는 '영원한 너'와의 관계가 있기 때문에 다른 모든 관계가 가능하다는 점을 강조한다. 또한 우리의 모든 '유한한 너'와의 만남 안에는 항상 '영원한 너'와의 만남이 전제되어 있음을 밝히고 있다.[24] 또한 부버는 "사람이 신과 만나는 것은 그가 신에게만 관계하기 위해서가 아니라, 그 만남의 의미를 이 세계에서 확증하기 위해서"임을 강조하고 "모든 계시는 소명(召命, Berufung)이며 사명(Sendung)"[25]이라고 단언한다.

② '영원한 너'의 만남의 교육

1) '너'를 통해 '영원한 너'로

'영원한 너(Eternal Thou)'는 하나님이다. '영원한 너'는 여러 다양한 이름으로 불려 왔지만 결국 하나님이라고 부르는 것이 자연스럽다고 부버는 말한다.[26] 유념할 점은 부버는 '영원한 너'로서의 하나님을 만나기 위해 낱낱의 '너'를 제쳐 놓고 '영원한 너'만 만날 수 있는 것은 아니라는 것이다. "우리는 우리의 삶의 모든 영역에 있어서 우리 앞에 현전하며 생성되는 자를 통하여 '영원한 너'의 옷자락을 보게 되며 모든 것에서 영원한 '너'의 나부낌을 듣기 때문이다.[27]

예수의 가르침은 부버의 사상을 뒷받침한다. 인간의 본질에 대한 예수의 교육은 타자와의 존재론적 관계성(relationship)에 있다. 이 '관계성'은 초월적이며 종말론적이다. 신의 형상으로 창조된 피조물로서의 인간의 본질은 하나님과의 관계에서 찾을 수 있다. 하나님과의 관계는 신의 형상을 공유하는 인간들 간의 관계로 확장된다. 예수는 인간 본성으로서의 이들 '관계성'을 사랑으로 환치시켰다. "네 마음을 다하고 목숨을 다하고 뜻을 다하여 주 너의 하나님을 사랑하라 하셨으니 이 것이 크고 첫째 되는 계명이요, 둘째도 그와 같으니 네 이웃을 네 자신같이 사랑하라 하셨으니 이 두 계명이 온 율법과 선지자의 강령이니라."(마태 22:37-40)

부버의 논리에 따르면, 이웃에 대한 사랑의 실천으로 근원어 '나-너'가 강해질수록 더욱 인격적으로 되고, '나-너'의 관계의 연장선에서 영원한 '너'인 하나님과의 관계에 들어가게 되는 것이다. 다시 말해 하나님과의 만남은 일상생활과 분리시킬 수 없다는 것이다. 한 개인의 절대자와의 만남과 관계 형성은 어떤 신비한계단을 통해서가 아니라 그가 다른 인간들과 갖는 구체적인 관계들을 통해서[28]라는 것이다.

같은 맥락에서 기독교 교육학자인 루이스 셰릴(Lewis J. Sherrill)은 "인간이 진정으로 자기 자신을 아는 한 그는 진정으로 하나님을 알게 된다. 자신으로서의 인간이 자기 자신을 알 때 그는 영원한 인격적 존재인 하나님과의 관계로 의식적으로들어갈 수 있게 된다. 동시에 그 순간 나를 진정 알게 된다."[29]라고 말한다.

2) 만남의 주체는 하나님

그러나 예수 그리스도의 평생교육의 관점에서 주목할 점은, '나-너' 관계의 연장으로서의 하나님과의 만남은 하나님이 먼저 인간에게 말을 건네기 때문에 가능하다는 점이다. 부버도 이 점을 암시하고 있다. "'너'와 나의 만남은 은혜로 이루어진다.—찾아서 발견되는 것이 아니다."[30] 예수는 교육의 대상으로서의 사람들이 찾아오기를 기다리기 전에 먼저 '주도적으로' 찾아 나섰다. 예수 그리스도의 '주도적인 사랑(loving initiative of God)'이다. 예수는 당신과 제자들과의 관계를 주종관계가아닌 '벗(friend)'의 관계로 낮추면서(요한 15: 5) 당신의 주도적인 사랑을 표현한다.

"너희가 나를 택한 것이 아니요, 내가 너희를 택하여 세웠나니."(요한 15:16)

신약성서는 하나님이 인간을 너무도 사랑한 나머지 당신의 아들 예수 그리스도를 십자가에 죽게까지 함으로써 인간과의 만남을 원한다는 사실을 강조한다. "사랑은 하나님께 속한 것이니 사랑하는 자마다 하나님으로부터 나서 하나님을 알고 사랑하지 아니하는 자는 하나님을 알지 못하나니 이는 하나님은 사랑이심이라."(요일 4:7-8)

사도 요한의 말처럼 하나님은 사랑이기 때문에 인간의 사랑을 기다리기보다는 먼저 인간을 주도적으로 사랑하신다.

> "사랑은 여기 있으니 우리가 하나님을 사랑한 것이 아니요 하나님이
> 우리를 사랑하사."(요일 4:10)

사도 요한은 그 증거로서 "하나님께서는 당신의 아들을 보내셔서 우리의 죄를 용서해 주시려고 제물로 삼으시기까지" 한 사실을 제시한다. 사도 바울 역시 "그리스도께서 우리를 위하여 죽으심으로 하나님께서 우리에 대한 자기의 사랑을 확증하셨느니라."(로마 5:8) 예수는 하나님의 주도적인 사랑에 기초한 주도적인 만남을 말과 행적을 통해 다양한 방식으로 보여 주었다.

'내가 너희를 택하였다.'(요한 15:16)는 말처럼 만남의 주도권은 항상 예수 그리스도에게 있었다. 인간과 관계 맺기를 원하여 먼저 찾아온 사람은 예수였다. 실제로 신약성서는 사람들과의 만남을 위해 먼저 찾아 나서는 모습, 먼저 다가가는 방식이 예수의 교육의 특징이라는 점을 보여 준다.

예수 당시의 교사였던 랍비들은 학생들이 찾아오기를 기다려 학생들이 모였을 때 교육을 시작했다.[31] 그러나 예수는 학습자들을 만나기 위해 먼저 찾아 나섰다. 랍비들은 안식일에 회당이나 성전이라는 고정적인 장소에서 가르친 반면 예수는 회당이나 성전은 물론 어디든지 관계없이, 길가, 들판 혹은 광야이든, 집 안이나 우물가에서, 걸어가면서도 항상 사람들을 먼저 찾아 나섰다.

'영원한 너'로서의 하나님은 끊임없이 인간에게 말을 걸어온다. 대화의 요청에 응답해야 할 책임은 인간에게 있다. 그렇다고 하나님의 주도적인 만남이 인간의

응답을 강요하는 것은 아니다. 하나님은 인간의 응답의 자유를 허락한다. 부버의 말대로 "내가 '너'를 향해 저 근원어를 말하는 것은 나의 존재를 기울인 행위요, 나의 본질 행위"[32]이기 때문이다. 하나님은 나와의 만남을 원한다. 그러나 결국 "'너'와의 직접적인 관계에 들어서는 것은 '나'다."

부버는 근원어로서의 '나'와 '하나님'과의 만남의 본질을 신학적 혜안으로 예리하게 정리한다.[33] 하나님과의 "관계란 택함을 받는 것인 동시에 택하는 것이며, 피동인 동시에 능동이다." 따라서 "우리가 생각하고 염려해야 하는 것은 상대편이 아니라 우리 쪽이며, 은총이 아니라 우리의 의지"[34]이다. 부버는 만남은 하나님의 은총이지만 그 은총에 응답하는 인간의 의지를 강조한다. "은총은 우리가 그것에로 나아가고 그것이 나타남을 고대하는 한에 있어서 우리에게 관계한다."[35]

3) 영원한 너의 만남, 기도

예수는 자유로운 응답에 기초한 하나님과의 만남의 방법으로 기도를 제안한다. 사도 바울도 예수의 말을 따라 "쉬지 말고 기도하라. 범사에 감사하라. 이것이 그리스도 예수 안에서 너희를 향하신 하나님의 뜻"(살전 5:17-18)임을 역설한다. 예수는 먼저 자신이 직접 기도를 통해 하나님을 만나는 자세를 본보기로 보여 준다.[36]

"예수는 물러가사 한적한 곳에서 기도하시니라."(누가 5:16) 밤을 새워 가며 기도하였다. "이때에 예수께서 기도하시러 산으로 가사 밤이 새도록 하나님께 기도하시고"(누가 6:12) 또한 최후의 만찬 때 기도하였고(참조: 마태 26:27), 어떤 곳에서든 기도를 하였고(참조: 누가 11:1), 게세마네에서 기도하였으며(참조: 누가 22:41), 베드로를 위해서 기도하였고(참조: 누가 22:32), 베드로와 야고보, 요한만을 따로 데리고 기도하였다(참조: 누가 9:28).

예수는 기도를 통한 하나님과의 대화를 하는 방법을 직접 제시한다. 누가복음에 의하면 제자 하나의 "주여 요한이 자기 제자들에게 기도를 가르친 것과 같이 우리에게도 가르쳐 주옵소서."(누가 11:1)라는 요청에 예수는 다음과 같이 기도하는 법을 구체적으로 가르쳐 준다.

"그러므로 너희는 이렇게 기도하라 하늘에 계신 우리 아버지여 이름이 거룩히 여김을 받으시오며 나라가 임하시오며 뜻이 하늘에서 이루어진 것같이 땅에서도 이루어지이다. 오늘 우리에게 일용할 양식을 주시옵고 우리가 우리에게 죄지은 자를 사하여 준 것같이 우리 죄를 사하여 주시옵고 우리를 시험에 들게 하지 마시옵고 다만 악에서 구하시옵소서 (나라와 권세와 영광이 아버지께 영원히 있사옵나이다. 아멘)."(마태 6:9-13)

예수가 가르쳐 준 '주의 기도문'에는 부버가 말하는 인간과 하나님인 '영원한 너'와의 만남, '나-너'의 관계와 그 확장이 함축적으로 묘사되어 있다. 주기도문은 "하늘에 계신 우리 아버지여"로 시작된다. '하늘에 계신 우리 아버지'는 부버의 '영원한 너'의 또 다른 표현이다. 주목할 점은 '우리'라는 개념이다. 주기도문에는 '우리'가 여섯 차례나 반복된다. 예수는 인간 모두는 하나님의 형상이기에 하나님 안에서 근원어 '나-너'라는 짝 말[37]이라는 점을 강조하는 것이다. 나아가 '나-너'는 필연적으로 '영원한 너'에게서 나왔으며, '영원한 너'를 지향함을 시사한다.

또한 부버에 따르면 "신의 이름을 부를 때는 단지 그 신에 대해서 이야기하는 것만이 아니라 또한 그 신을 향해 이야기하고 있는 것"[38]이다. 하나님과의 만남은 근원어 '나-너'의 확장이기에 '아버지여!'라고 부르는 것은 '나의 온 존재를 기울여' 혹은 '나의 본질을 다하여'[39] 하나님을 향해 대화하는 것이다.

다음에 이어지는 문장, "이름이 거룩히 여김을 받으시오며…… 땅에서도 이루어지이다"는 '나-너' 관계의 또 다른 측면을 암시한다. 기도의 첫째 목적은 소원성취에 있지 않고 관계성(relationship) 형성에 두어야 한다는 것이다. 기도는 하나님이 인간을 만나고 인간이 하나님을 만나는 행위이다. 하나님과 인간과의 관계성 안에서 이루어지는 의사소통이며 대화이다. 그 만남은 부버가 말하는 나와 너의 만남이지 상대를 도구적으로 보는 나와 그것의 만남이 아니다. 따라서 기도는 도구적인 목적이 아닌 오직 관계성만을 열망하고 추구하는 것이다.

"오늘 우리에게 일용할 양식을 주시옵고"는 간구와 소망의 기도이다. '나-너'가 아닌 '나-그것'의 관계의 현실적인 필요성을 수용하고 간구하는 것이다. 부버

의 말대로 '나-그것'의 관계 속에서의 개체로서의 자아의 세계는 그 자체로 무가
치한 것이 아니라는 점을 예수 그리스도는 말하고 있다. 인간의 삶의 영속성을 위
해, 혹은 부버가 말하는 '세계의 연속체'[40]로서 필요하기 때문이다.

　부버는 예수의 사상과 같은 맥락에서 '나-그것'의 관계의 필요성은 인정하지만
그것만으로 사는 것은 인간이 아니라고 강조한다. 예수는 '나-너'의 관계 및 그 관
계의 확장을 통해 '영원한 너'를 만나게 될 때 '개체로서의 자아'가 비로소 인격적
인 존재가 됨을 강조하는 것이다.

4) 공동체를 통한 만남

　예수가 강조하는 인간과 하나님과의 만남은 공동체를 통해서도 이루어진다. 예
수는 공동체를 통해 하나님을 만날 수 있다는 점을 명확히 밝힌다.

> "두세 사람이 내 이름으로 모인 곳에는 나도 그들 중에 있느니라."(마
> 태 18:20)

　기독교 교육학자인 셰릴(Lewis J. Sherrill)은 공동체를 "그 개인적인 구성원들의
존재화(becomes)에 영향을 미치는 관계의 몸"[41]이라고 규정한다. 예수의 가르침에
서 볼 때 하나님을 믿는 사람들의 공동체는 '예수의 이름으로 모인' '관계의 몸'이
다. 부버의 논리에 의하면 '나-너' 관계의 공동체이며, '나-너' 관계의 확장인 '영
원한 너'와의 만남의 장소이다. 따라서 인간 실존의 장소이면서, 인간 실존을 초월
하는 공간이다. 즉, 자기초월적 본질을 지닌다. 셰릴은 이러한 공동체가 바로 '코
이노니아(koinonia)'라고 말한다. 전술한 대로 코이노니아는 신도들 간의 친교, 교
제(communion), 나눔 등을 의미하지만, 그 친교는 하나님을 만난다는 의미의 친교
이다.

> "코이노니아는 그 속에 하나님이 현존하시고, 하나님이 참여하는 일

반적인 인간 공동체를 초월하는 공동체이다. 왜냐하면 코이노니아라는 말 속에는 하나님의 영이 그 공동체 속에 선행하시며, 그 공동체 속에 현존하시며, 그 공동체 속의 모든 관계에 함께 하신다는 의미가 함축되어 있기 때문이다."[42]

중요한 점은 '관계 속에서(in a relationship)'라는 표현이 의미하듯, 공동체 내의 개인과 개인, 개인과 전체의 관계 등 모든 관계 속에는 하나님이 참여하고 또 그를 만나게 된다는 점이다. "내 이름으로 모인 곳에는"(마태 18:20)이라는 예수의 말대로 예수의 말과 가르침인 성서를 읽고 듣고 나누는 공간이기에 하나님을 대면하는 장소가 되는 것이다. 예수의 이름으로 모인 '나-너'의 세계는 "뭇 관계의 연장선이 거기서 교차하는 저 중심, 곧 영원한 '너'와 관련되어 있기 때문"[43]이다.

예수의 이름으로 모인 공동체에서의 하나님과의 만남은 '계시', 즉 하나님이 자신을 드러내 보이는 사건이다. 하나님이 인간에게 자신을 노출시킴으로써 인간이 하나님을 대면(confrontation)할 수 있게 되는 것이다. 예수가 "나를 본 자는 아버지를 보았거늘"(요한 14:9)이라고 명확하게 선언하듯, 인간은 예수 그리스도 안에서 하나님을 대면하게 된다.

사도 바울도 예수 안에 하나님이 있다는 점을 강조한다. "그 안에는 신성의 모든 충만이 육체로 거하시고"(골로새서 2:9) 다시 말해 예수를 통해 하나님의 은총과 진리가 인간 존재로 들어오게 되며, 은총과 진리는 예수의 이름으로 모인 사람들 간에 보고 듣고 응답하는 가운데 개인에게 계시되는 것이다.[44]

그렇다면 하나님의 만남과 계시의 본질은 무엇인가? 셰릴은 "하나님의 자기 계시로서의 계시의 본질은 인간 자아를 향한 거룩한 자아(divine Self)의 역사(役事)이며, 거룩한 자아의 역사의 본질은 인간 구원"[45]에 있다고 강조한다. 다시 말해 예수 그리스도를 통한 하나님 계시의 본질은 인간의 구원, 궁극적인 인간 해방에 있는 것이다.

예수는 '당신의 이름으로 모인' 공동체의 건설을 다음과 같이 기도할 것을 강조한다. "이름이 거룩히 여김을 받으시오며 나라에 임하시오며 뜻이 하늘에서 이루어진 것같이 땅에서도 이루어지이다."(마태 6:9-13) '땅에서도 이루어지게' 기도하라는 예수의 말은 기독교 평생교육사상을 총괄하는 사상이라 할 수 있다. 하나님의 나라는 내세가 아닌 현세에서도 추구해야 할 교육의 궁극적 목적이며, 이 목적이 달성될 때 인간은 참된 자유와 해방을 얻게 될 것이다.

주석

1 Buber, M. (1923). *Ich und Du*. 표재명 역(2001). 나와 너. 서울: 문예출판사.

2 부버에게 있어서 '만남', '관계', '대화', '사이' 등의 용어는 거의 같은 개념으로 사용된다. 따라서 그의 철학은 '만남의 철학', '관계의 철학', '대화의 철학', '사이의 철학' 등으로 불린다. 그러나 만남과 대화를 동일한 개념으로만 볼 수 없다. 모든 '나-너'의 관계는 만남이지만, 모든 대화가 만남은 아니기 때문이다(참고: 강선보, 2008, p. 27; Buber, 1954, p. 189).

3 Taylor, E. W. (2000). Analyzing research on transformative learning theory. In J. Mezirow & Associates. *Learning as Transformation: Critical Perspectives on a Theory in Progress*, 285-328.

4 Merriam, S. B., Caffarella, R. S., & Baumgartner, L. M. (2007). *Learning in Adulthood: A Comprehensive Guide*. 기영화 외 역(2009). 성인학습론. 서울: 아카데미프레스, p. 133.

5 Sherrill, L. J. (1955). *The Gift of Power*. 김재은 외 역(1981). 만남의 基督敎敎育. 서울: 大韓基督敎出版社, p. 69.

6 Heidegger, M. (1979). *Sein und Zeit*. 이기상 역(2013). 마르틴 하이데거, 존재와 시간. 서울: 까치, p. 20.

7 이러한 사이의 영역은 관계와 대화를 가능하게 하는 부버 대화 철학의 핵심 영역이라고 할 수 있다.

8 Grundworte는 기초, 토대라는 의미의 Grund와 말, 언어, 단어 등을 가리키는 Worte의 합성어로서 우리말에서는 '근원어' 혹은 '본딧말' 등으로 번역되고 있다.

9 Buber, M. (1923), p. 7.

10 같은 책, p. 8.

11 Kierkegaard, J. B. (1971). *Heidegger, Buber and Barth* (2nd ed.). New York. Collier Books, p. 102.

12 이상현(2008). 마르틴 부버, 만남 철학의 교육적 함의. 교육철학, 34, 301–324, p. 306.

13 Buber, M. (1923), p. 87.

14 같은 책, p. 10.

15 같은 책, pp. 63–64.

16 같은 책, pp. 18–19.

17 부버는 '관계'의 의미를 구분한다. '나–너'의 관계는 Beziehung, '나–그것'의 관계는 Verhaltnis를 사용한다. 부버의 철학에서는 '인격적인 관계'일 경우에만 Beziehung이라는 단어를 사용한다.

18 Buber, M. (1923), p. 12.

19 같은 책, p. 97.

20 같은 책, p. 28.

21 같은 책, p. 97.

22 같은 책, p. 134.

23 같은 책, pp. 12–13.

24 김영수(2011). 영원한 너(Eternal Thou). 부산가톨릭대학교 대학원 석사학위논문, p. 75.

25 Buber, M. (1923), p. 150.

26 같은 책, p. 194.

27 같은 곳.

28 강선보(2008). '마르틴 부버', 연세대학교 교육철학회 편, 위대한 교육사상가들 VII. 서울: 교육과학사, p. 52.

29 Sherrill, L. J. (1955), p. 16.

30 Buber, M. (1923), p. 19.

31 구본만(1999). 예수 그리스도의 교육론에 근거한 전인 교육과정 연구. 가톨릭대학교 대학원 석사학위논문.

32 Buber, M. (1923), p. 19.

33 같은 곳.

34 같은 책, p. 99.

35 같은 곳.

36 Graendorf, W. C. (Ed.) (1981). *Introduction to Biblical Christian Education*. Chicago:

Moody Press, p. 63.

37 Buber, M. (1923). p. 7.

38 같은 책, p. 98.

39 같은 책, p. 8.

40 같은 책, pp. 63-64.

41 Sherrill, L. J. (1955), p. 71.

42 같은 책, p. 77.

43 Buber, M. (1923), p. 131.

44 Brunner, E. (1943). *The Divine-Human Encounter*. Philadelphia: Westminster Press.

45 Sherrill, L. J. (1955), p. 109.

에필로그

❝알기 위해 믿고, 믿기 위해 배운다❞

삶을 교육이나 학습이라는 프리즘으로 바라보는 것은 자칫 진부해 보일 수도 있다. 배움의 참맛을 제대로 느끼지 못하게 만드는 학벌 위주의 '교육공화국' 풍토에서는 더욱 그렇다. 그러나 가르치고 배우는 삶이란 그 자체로 아름답고 건강하다. 교육과 학습을 통해서만 우리는 자신을 성장시켜 나갈 수 있다. 또한 자신과 세상에 대해 많이 알면 알수록 우리는 자신의 삶과 타인, 사회를 더욱더 사랑하게 된다.

따라서 철학자들은 실천이 없는 지식은 공허한 관념론으로 나아갈 뿐이며, 앎과 지식이 없는 행동은 무의미한 행동주의를 초래할 뿐이라고 말한다. 이 말은 기독교 신앙을 터전으로 살아가는 사람들에게도 해당된다. 중세 기독교의 교부철학자들이 "신앙인은 알기 위해 믿어야 하며, 또한 제대로 믿기 위해서 알고 배워야 한다."라고 말한 이유도 여기에 있을 것이다.

이 책에서는 기독교적 삶이란 예수 그리스도의 복음을 전파하고 실천해 나가는 평생의 교육과 학습이라고 보았다. 기독교적인 평생의 교육과 학습을 위해서는 먼저 바탕이 되는 철학적 · 신학적 형성과정을 이해하는 것이 필요하다. 그 형성과정을 한마디로 정리하면 다음과 같다. 기독교 사상은 헤브라이즘에 바탕을 두고 있지만 기독교 사상에 대한 신학적 해석 혹은 사유의 틀은 헬레니즘의 철학 전통에 기초하고 있다.

기독교 사상의 뿌리를 찾아서

이를 다시 정리해 보자. 기독교 사상의 중심인 예수의 신성(神性)에 대한 사유방식은 철학사적 전통 위에서 형성되었다. 철학의 본질은 존재자 전체를 겨냥하기에 필연적으로 신에 대한 물음을 비켜 갈 수 없다. 철학의 다른 이름은 '철학적 신학'이라 주장하는 이유다. 기독교의 신의 본질에 관한 표상은 고대 그리스 철학과 성서적 전통의 융합이다. 그 융합의 과정은 '내용(內容)' 측면보다는 '형식(形式)' 측면에서 출발 · 전개된 것이다.

철학의 실질적인 출발이라 할 수 있는 고대 그리스의 플라톤(Plato)은 현대의 기독교인들이 생각하는 신에 관한 질문들에 관심을 가진 것은 아니다. 또한 지금과 같은 기독교적 범주들의 사유도 하지 않았다. 그러나 그리스도교를 철학적으로 표현하기 위한 '형식'으로서, 기독교의 신의 속성과 연계시킬 수 있는 초월적 존재로서의 신에 대한 관념, 인간의 영적인 본성, 인간이 신과 동족이라는 믿음이 플라톤 철학의 핵심을 이루고 있다.

플라톤은 이데아 세계 가운데 있는 초월적인 최고선(善)을 신의 개념과 연계시킨다. 선(善)이란 세계 속의 모든 사물 존재의 기원이자, 최상의 원인이며, 신적인 장인으로서의 데미우르고스이다. 기독교의 조물주와는 창조의 개념에 차이가 있으나 신의 존재를 상정했다는 것만으로도 기독교의 하나님 관념 형성에 토대를 구축했다고 볼 수 있다.

로마제국 시대로 들어오면서 플라톤을 이어받은 철학 체계에서는 신과 인간과의 관계에 대한 철학적 사유방식이 체계적으로 종합되기에 이르며 기독교 신학의 형식 측면은 물론 내용 측면에서까지 점차 가까워지게 된다. 중기 플라톤 철학을 대표하는 필론(Philo)은 플라톤의 초월신을 아브라함과 이삭의 하나님이란 유대교 교의와 직접적으로 연계시킨다. 신플라톤주의자 플로티노스(Plotinus)는 필론의 신에 대한 교의를 철학적 및 종교적으로 발전시킨다.

모든 존재자는 신적 존재에게서 단계적으로 유출된 것이기에 인간 영혼은 신적인 것에 근원을 두고 있다는 것이다. 플로티노스의 철학은 기독교와의 대립과 갈등에도 불구하고 중세 초기 아우구스티누스에게 결정적인 영향을 미친다. 신에 대한 이해, 구원의 과정, 영혼의 본질, 인간의 운명, 선과 악의 문제 등 아우구스티누스 신학의 틀을 형성하는 데 결정적인 기여를 하게 된다.

중세 초기 교부철학자인 아우구스티누스(Augustinus)는 유대교로부터 발전한 기독교와 플라톤주의를 융합시켜 기독교적 철학과 교의를 통일된 체계로 발전시켰다. 그는 플라톤 철학의 원리와 도구를 가지고 성서에 나오는 초월적인 관점, 신의 이해, 영혼의 본질, 선과 악 등의 문제들과의 연결을 시도했다.

스콜라 철학자인 토마스 아퀴나스(Thomas Aquinas)는 아리스토텔레스 철학에 절대적인 영향을 받아 기독교 교의를 더욱 체계화시켰다. 그는 진리는 계시된 구원 진리라는 형태로 주어져 있었다는 전제하에, 그 진리에 철학적 근거를 부여하고 해석해 내었다. 아우구스티누스와 아퀴나스에 와서 신과 인간의 관계 및 예수는 역사적 인간이면서 동시에 하나님이라는 기독교 교의가 확립되었다.

② 기독교 평생교육사상이란

이러한 역사적 배경 위에 형성된 기독교 사상이 바로 기독교 평생교육의 사상적 기초가 되는 것이다. 그렇다면 기독교 평생교육사상은 어떻게 접근해야 하는가? 이 물음에 답을 제공한 학자가 유네스코 평생교육학자인 라벵드라 다브(Ravindra H. Dave)다. 다브에 따르면 기독교 평생교육사상은 삶, 평생, 교육 등 세 개념의 의미론적 해석으로 고찰될 수 있다. 다시 말하면 기독교의 평생교육사상이란 이 세 개념에 대한 기독교적인 해석을 의미하는 것이다.

먼저, '삶(life)'과 인간 혹은 인간과 신에 대한 사유방식은 모든 교육의 목적을 규정하는 철학이다. 삶에 대한 정의는 기독교 평생교육사상은 물론 유네스코 평생교육 문헌의 목적인 '온전한 인간' 및 '존재를 위한 학습'의 의미와 직결된다. 기독교의 신본주의 사상과 유네스코 평생교육 문헌의 바탕인 인본주의와 실존주의 및 인본주의 심리학은 근원적인 차별성을 보인다. 기독교 사상에서의 자아실현 개념 안에는 언제나 자아실현의 목표가 함축되어 있는 반면, 인본주의 및 실존주의에서는 그러한 방향 없이 다만 그 자신의 실현을 의미하기 때문이다.

이 차이는 인간 본질에 대한 근본적인 사유방식의 차이에서 유래하는 것이다. 기독교 사상에서 인간은 '하나님의 형상'으로 창조된 존재이다. 하나님의 형상 개념에는 신과 인간과의 본질적 관계성, 인간과 세계, 영혼의 문제, 사후세계와 구원의 문제가 연계되어 있다. 인간 삶의 의미와 목적은 창조와 구원 신앙에 있으며, 창조와 구원의 하나님이 바로 인간의 모습을 취한 신의 아들로서의 예수 그리스도이다. 예수와의 관계 속에서 규정되는 인간 본질에 대한 사유는 필연적으로 기독교 평생교육사상의 목적과 방법으로 연계된다. 그 목적은 유네스코의 온전한 인간, 존재를 위한 학습과 전적으로 일치한다.

그러나 유네스코 평생교육 문헌의 온전한 인간으로의 자기실현은 개인으로서 가족과 공동체의 일원으로서, 사회 속에서의 각자의 역할에서 요구되는 헌신을 의미한다. 그러나 기독교에서 말하는 온전한 인간으로의 자아실현은 신과의 합일에서, 신과의 관계 속에서 자기충족을 기할 수 있는 자기실현이다. 궁극적으로 창조주 하나님의 창조 목적 및 구원사업과의 관계 속에서 자아실현이 완성된다.

'평생(lifelong)' 개념은 삶의 시공간적 범주 내에서 이루어지는 평생교육의 내용과 연계된다. 기독교 사상의 관점에서는 유네스코 들로르(Delors) 보고서의 '행함을 위한 학습'과 '함께 살기 위한 학습'의 존재론적 및 종말론적 당위성과 직결되는 개념이다. 평생교육의 관점에서 '평생'은 '교육' 앞에 붙어 교육을 규정하듯 평생교육의 학문적 정체성을 규정하는 핵심어이다. 평생교육의 정체성은 단지 교육의 시공간적 확장성의 의미를 넘어서는 '교육에 대한 메타인식'에서 찾을 수 있다.

기독교 사상에서 '평생'은 구원의 여정(旅程)이며, 구원 지향의 평생교육은 신학적 메타인식이 요구된다. 교육의 가소성에 대한 신념하에 교육은 시간적인 연속성을 통해 교육자에 의해 '만들어지는 것'이란 전통적 교육관을 넘어, 기독교의 구원 교육은 비연속적인 교육의 형식으로도 이해되어야 한다. 학습자의 실존적 변화를 지향하는 기독교의 구원 교육은 볼노우의 수공업적 교육이 아닌 비연속적 교육의 성격이 더욱 강하기 때문이다.

'평생'은 기독교 평생교육사상의 목적달성을 위한 교육내용을 규정한다. 하나님 안에서의 온전한 인간, 구원을 위한 교육의 내용으로 예수는 믿음과 사랑의 실천을 강조한다. 하나님의 형상으로서의 인간 존재라는 명제하에 예수는 인종과 종교, 피부색, 사회경제적 지위에 관계없이 모든 인간에 대한 인정과 존중, 사랑의 실천을 역설함으로써 들로르 보고서의 '함께 살기 위한 학습'의 신학적 당위를 제공하고 있다.

일과 직업은 구원과 관련되는 평생의 '업(業)'으로서 평생교육의 내용을 구성한다. 직업에 대한 기독교의 가르침은 신의 소명(召命)이라는 신학적·사회학적 해석과 더불어 일과 노동, 직업 행위에 대한 강력한 동기 요인을 부여한다. 같은 맥락에서 기독교의 가르침은 들로르 보고서의 '행함을 위한 학습'에서 강조한 팀워크나 솔선수범, 진취성 등의 정의적 역량의 신학적 바탕을 제공하고 있다.

마지막으로, '교육(education)'에 대한 기독교 사상은 평생교육 방법의 관점에서 고찰할 수 있다. 예수의 평생의 교육방법은 관점전환을 위한 전환학습이었다. 예수의 가르침은 사람들의 관점을 전환시키기 위한 여행, 인간의 존재와 삶에 대한 의미구조를 전환시키는 학습 여행이었다. 회개를 위한 개인의 관점전환임과 동시에 당시의 부조리한 사회문화구조를 하나님의 나라로 변화시키기 위한 해방학습이다. 기독교와 유네스코의 평생교육은 기본적으로 전환학습을 강조한다는 데에 공통점이 있으나 차이가 존재한다.

자아실현 개념의 차이와 같은 맥락에서 기독교의 관점전환으로서의 회개(悔改), 자유, 해방의 개념 안에는 필연적으로 회개, 자유, 해방의 목표가 내재되어 있기 때문이다. 기독교의 관점전환 교육은 개인에서 출발한다는 점에서 메지로의 전환학습 사상을, 사회문화적 차원의 관점전환을 지향한다는 점에서 프레이리(Paulo Freire)의 전환학습 사상과 맥을 같이한다.

예수의 해방교육 핵심은 프레이리와 마찬가지로 비판적 성찰과 행동의 상호작용의 결합인 변증법적 통일, 즉 프락시스(praxis)에 있다. 하나님 나라인 진리를 위해 예수가 선포한 교육방법은 회개를 위한 성찰과 프락시스였다. 같은 맥락에서 예수의 교육방법은 의미구조 전환을 위한 만남과 대화의 방법이다. 자유의 억압은 부버의 주장대로 '인간과 인간 사이의 관계'가 깨어진 데에 근본적인 원인이 있다. 마르틴 부버(Martin Buber)는 관계의 상실은 객체화될 수 없는 주체인 인격체로서의 인간 간의 만남, 인간 간의 대화를 통해 회복할 수 있다는 점을 제시하였다.

예수는 하나님 나라로의 관점전환 및 그를 통한 진정한 자유를 얻기 위한 방법으로 만남과 대화를 중시하였다. 주목할 점은 '나-너' 관계의 연장으로서의 '영원한 너'인 하나님과의 만남은 인간이 아닌 하나님의 주도적 역할 때문에 가능하다는 점이다. 부버의 사상대로 예수는 '만남은 하나님의 은총'임을 강조하였다. 예수는 은총으로서 다가오는 하나님의 만남 요청에 인간이 어떻게 응답해야 할 것인지를 다양한 방법으로 교육하였다.

③ 참된 믿음을 위한 평생교육

예수의 가르침은 기독교 신앙교육에 대한 새로운 관점과 논의를 제공한다. 교회 내에서 신앙교육은 다양한 방식으로 전개되고 있으나 예수의 가르침은 교육방식에 대한 성찰을 제공한다. 예수 그리스도에 대한 믿음을 통한 실존적 변화는 교의와 율법에 대한 지식이나 교리교육만으로 이루어지지 않는다. 하나님 안에서의 올바른 인간으로의 변화는 교사에 의한 연속적 교육과정으로가 아닌 비연속적 교육과정의 성격이 더욱 강하기 때문이다.

믿음 안에서의 실존적 인간 변화는 실존철학에서 강조하듯 인간의 보다 깊은 본질은 교사에 의한 형성이나 교육의 대상이 아니라는 점이다. "옛 아담은 매일의 후회와 속죄를 통해서 죽고 다시금 매일 새롭게 태어나야만 했다."는 마르틴 루터(Martin Luther)의 말처럼 기독교의 평생교육은 학습자들이 끊임없이 새롭게 되기 위한 노력을 할 수 있게 유도하는 교육방식에 보다 관심을 기울여야 할 것으로 보인다.

　기독교 사상에 대한 평생교육학적 고찰은 기독교적 믿음을 더욱 공고히 하는 데도 기여할 것이라고 생각한다. 기독교적 평생교육은 인간과 신의 관계에 대한 기독교적 사유와 이해를 의미한다. 평생교육에서 사유와 이해는 불가분의 관계에 있다. 토를라이프 보만(Thorleif Boman)이 제시하듯 우리는 논증(論證)에서 논거(論據)를 이해하지 않고는 수학적인 명제의 진리를 수용할 수 없다. 믿음의 행위에도 같은 논리가 적용될 수 있다.

　물론 예수 그리스도에 대한 믿음에 논거가 필연적으로 요구되는 것은 아니며, 또한 논거의 추구가 믿음의 참모습은 아닐 수 있다. 그러나 보만의 말대로 인간은 어떤 사실을 심리적으로 이해하려 해도 어느 정도는 의식적으로 논리적 사유법칙에 맞추어 생각한다. 따라서 기독교 신앙에 대한 논리적 진리는 올바른 심리적 믿음과 이해를 위한 보조 수단이 될 수가 있다. 예수 그리스도의 믿음에 철학적·신학적 논거에 대한 이해가 뒷받침될 때 믿음이 한층 강화될 수 있다는 것이다. 기독교 사상에 대한 평생교육학적 논의는 믿음에 대한 사상적 논거를 제공한다는 점에서 또 다른 의미가 있다.

강기수(2009). 코메니우스 평화교육 사상의 성격. 교육사상연구, 23, 1-25.

강상진(2014). 토마스 아퀴나스의 실천이성과 자연법. 법철학연구, 17(1), 85-108.

강상진(2015). 아우구스티누스의 [행복론] 연구-추구와 소유 사이의 간격을 중심으로. 중세철
   학, 21, 5-33.

강선보(1989). 마르틴 부버의 만남의 교육철학에 관한 연구. 고려대학교 대학원 박사학위논문.

강선보(1996). 부버의 성인교육론. 교육철학, 14(2), 195-217.

강선보(2003). 마르틴 부버 「만남」의 교육철학. 서울: 원미사.

강선보(2004). 코메니우스의 성인교육사상. 교육문제연구, 9(21), 1-25.

강선보(2008). '마르틴 부버', 연세대학교 교육철학회 편, 위대한 교육사상가들 VII. 경기: 교육과
   학사.

강선보(2018). (마르틴 부버) 만남의 교육철학. 서울: 박영스토리.

강선보, 장지원(2009). 플라톤 후기철학에 대한 성인 교육적 고찰. 교육문제연구, 11(35), 1-19.

강양원(2004). 메지로의 전환학습이론에 대한 비판적 소고: 내면적 대화와 사회비판 간의 관계
   중심으로. Andragogy Today, 7, 107-127.

강영계(1999). 대학의 이념과 인문학의 미래지향적 방향설정. 인문과학논총, 32, 169-181.

강용원(2015). 기독교 인성교육의 성경적 기초. 기독교교육정보, 47, 361-398.

강혜란(1990. 토마스 아퀴나스에 있어서, 신학과 철학의 관계성. 論文集, 4, 341-354.

강희찬(1991). 기독교 교육사상. 서울: 연세대학교 출판부.

강희찬(1999). 기독교 교육의 비판적 성찰. 서울: 대한기독교서회.

고미숙, 홍경희(2011). 아우구스티누스의 인간론과 교육사상. 인문학 논총, 25, 313-341.

고용수(1994). (관계이론에 기초한) 만남의 기독교 교육사상. 서울: 장로회신학대학교 출판부.

고원석(2017). 포스트모던 시대의 기독교 교육학적 태도-벨쉬와 켁의 사상을 중심으로. 기독
   교교육논총, 52, 71-106.

곽영순(2011). 질적 연구: 철학과 예술 그리고 교육. 경기: 교육과학사.

구본만(1999). 예수 그리스도의 교육론에 근거한 전인 교육과정 연구. 가톨릭대학교 대학원 석사학위논문.

구본만(2011). 가톨릭 학교의 전인교육 사명에 관한 고찰. 가톨릭철학, 17, 83–134

구본옥(2007). 니체의 자기극복 교육: 위버멘쉬의 교육적 의미. 초등교육연구, 20(1), 95–118.

구혜정(2006). 사회적 자본의 형성과 대안적 평생교육. 서울: 한국학술정보.

권두승(1995). 평생교육론. 서울: 교육과학사.

권두승, 조아미(2001). 성인학습 및 상담. 서울: 교육과학사.

권택조(2003). ACTS 신학(神學)과 선교(宣教): 기독교 교육의 구약성서적 근거. ACTS 神學과 宣教, 7, 269–309.

김가원(2018). 뜻밖의 질문들: 당신의 견고한 일상을 송두리째 흔들지 모를. 서울: 웨일북.

김건수(2012). 평생교육적 관점에서 본 교회교육에 관한 고찰. 서울: 한신대학교 일반대학원 석사학위논문.

김경수(2005). 예수님의 상담학. 서울: 베다니출판사.

김경수(2014). 아우구스티누스의 [삼위일체론(De Trinitate)]의 구조와 장르. 서양 중세사연구, 34, 1–30.

김경희(1998). 전환학습과 성인교육. 평생교육학연구, 4, 217–242.

김국환(2011). 포스트모더니즘과 한국교회교육. 기독교교육논총, 26, 181–211.

김기숙(2013). 코메니우스의 평화사상의 현대적 의미. 기독교교육정보, 39, 41–75.

김기숙(2014). 코메니우스 평화사상이 통일교육에 주는 교육적 함의. 기독교교육정보, 42, 1–28.

김도일(2016). 지역공동체로 나아가는 기독교 교육. 기독교교육논총, 47, 51–93.

김득용(1991). 기독교 교육원론. 서울: 총신대학교 출판부.

김득중(1973). 참 제자의 길. 기독교 사상, 7(5), 140–147.

김득중(2011). 기독교 교육에 있어서의 신학적 지성의 중요성. 기독교교육정보, 28, 1–32.

김성호(2015). 기독교윤리: 디트리히 본회퍼의 '평화' 이해에 관한 기독교 윤리학적 담론. 신학과 선교, 46, 261–297.

김영수(2011). 영원한 너(Eternal Thou). 부산가톨릭대학교 대학원 석사학위논문.

김영철(2006). 플로티노스의 형이상학의 구조와 특징. 범한철학, 42, 137–159.

김영철(2014). 신플라톤주의의 사유 특징과 수운의 불연기연. 동학학보, 33, 227–254.

김영철(2014). 인간 본연으로의 회귀–동학의 수양론과 신플라톤주의 영혼론을 중심으로. 동학학보, 31, 129-162.

김영철(2018). 플로티노스의 물질 개념에 대한 고찰. 철학사상문화, 26, 57-72.

김영하(2010). 연구논문(研究論文): 칼빈주의 구원론에 관한 고찰. 지역사회발전학회논문집, 35(2), 25-31.

김영한(2008). 포스트모던 기독교 세계관. 기독교철학, 7, 59-87.

김영한(2010). 포스트모던 시대의 세계관. 서울: 숭실대학교 출판부.

김영한(2010). 현대판 유대주의 기독교의 구원론에 대한 비판적 성찰-종교 개혁적 구원론의 관점에서. 한국개혁신학, 28, 7-37.

김영희(2016). 기독교 교육과 상담 입문. 서울: 아세아연합신학대학교 출판부.

김옥순(2017). 종교개혁 핵심진술에 나타난 자유의미와 디아코니아실천에 관한 연구. 신학과 실천, 53, 185-215.

김용섭(1996). 基督敎敎育哲學. 서울: 개혁주의 신행협회.

김용해(2005). 그리스도교 사상 안에서의 인간존엄성 근거: 토마스 아퀴나스와 마르틴 루터를 중심으로. 철학연구, 96, 107-133.

김용해(2015). 신자유주의와 그리스도교의 재화론-그리스도교의 인간학을 중심으로. 가톨릭 철학, 25, 215-240.

김웅기(2010). 교육이 목적하는 인간상 중심의 교육 개념. 복음과 교육, 6, 79-105.

김율(2010). 신학의 학문성에 대한 윌리엄 오캄의 비판. 철학, 104, 63-93.

김인곤, 강철웅 외 역(2005). 소크라테스 이전 철학자들의 단편 선집. 서울: 아카넷.

김재성(2010). 칼뱅의 개혁사상과 교회. 성경과 신학, 53, 1-44.

김재은(2004). (기독교) 성인교육. 서울: 한국기독교교육학회.

김정준(2010). 존 칼뱅의 영성과 영성 교육적 과제. 복음과 교육, 6, 39-77.

김정준, 이사라(2014). 헨리 나우웬(Henri J. M. Nouwen)의 영성과 미래세대 영성교육의 방향. 기독교교육정보, 42, 63-97.

김정희(2008). 교회교육에 대한 기독교 평생교육적 재해석. 기독교교육논총, 17, 159-191.

김정희(2012). 노인교육 프로그램에 대한 기독교 평생교육적 입장에서의 논의 및 제언. 복음과 교육, 11, 159-188.

김종기(2012). 플로티노스 미학을 통한 [악의 꽃] 미시독서 시론(試論). 코기토, 71, 79-103.

김종서 외(2009). 평생교육개론. 경기: 교육과학사.

김종성(2015). 예수 전승에 나타난 하나님 나라에 대한 선교적 이해: Q 자료를 중심으로. 선교 신학, 39, 147-180.

김주한(2006). 마르틴 루터 신학에서 공공의 가치. 한국교회사학회지, 19, 63-92.

김주한(2015). 바울서신에 나타난 기독교 정체성 형성의 목회적 원리들과 적용. 성경과 신학, 75, 69-112.

김진숙(2016). 코메니우스의 '완전성'으로 본 기독교 신앙의 평생교육적 적용 방안. 고신대학교 일반대학원 석사학위논문.

김창환(1998). '아우구스티누스', 연세대학교 교육철학연구회 편, 위대한 교육사상가들 I. 서울: 교육과학사.

김철주, 고병철(2016). 기독교계 중등학교의 종교교육과 인성교육. 종교문화연구, 27, 177-209.

김충연(2016). 성도의 악행과 구원. 한국신학연구소, 173, 73-103.

김태규(1992). 플로티노스에 있어서 영원의 비시간성. 한국성서신학교 성서문제연구소, 1, 425-441.

김판임(2016). 가르치시는 예수. 한국신학연구소, 175, 135-168.

김학룡(2000). 기독교와 포스트모던 문화. 진리와 학문의 세계, 2(1), 11-34.

김학중(2011). 마르틴 루터. 서울: 넥서스CROSS.

김학중(2011). 어거스틴. 서울: 넥서스.

김한별(2014). 평생교육론(2판). 서울: 학지사.

김해연(1998). 즈빙글리 신학의 상황. 기독신학대학원대학교 기독신학저널, 1, 175-186.

김홍근(2007). 관계에 대한 마틴 부버의 관계신학과 대상관계이론 및 영성신학적인 조명. 신학사상, 13, 247-278.

김홍진(2006). 코메니우스의 인간과 교육의 관계성. 대학과 복음, 12, 57-89.

김홍진(2013). 코메니우스의 평생교육 연구. 대학과 복음, 17, 87-119.

나윤경(1999). 포스트모더니즘과 페미니즘 시각으로 본 Mezirow의 전환학습 이론. Andragogy Today, 2, 179-207.

남경희(2014). 플라톤: 서양철학의 기원과 토대. 서울: 아카넷.

남승택(2001). 예수와 弟子의 敎育的 關係. 신학전망, 135, 61-81.

남승택(2001). 예수의 삶에서 드러난 敎育的 過程. 신학전망, 134, 64-87.

류의근(2017). 반제국적 주체성: 예수. 대동철학, 80, 245-270.

문영식(2011). 제2 소피스트 운동과 아우구스티누스. 철학논총, 64, 269-288.

문영식(2013). 기획주제: 현대 기독교철학과 미학: [그리스도교 교양]과 아우구스티누스. 기독교철학, 17, 1–35.

박규철(2008). 플라톤 철학 전통에 대한 패러다임적 변형으로서의 플로티노스의 '일자' 형이상학. 동서철학연구, 47, 155–183.

박봉수(2000). 교회의 성인교육. 敎會와 神學, 40, 205–209.

박승은(1975). 신학자 소개: 플로티노스(Plotinos AD 204–269). 활천, 373, 66–67.

박승찬(1999). 토마스 아퀴나스의 [신학대전]에 나타난 신앙과 이성. Catholic Theology and Thought, 30, 154–187.

박승찬(2007). 인격 개념의 근원에 대한 탐구. 인간연구, 13, 83–119.

박승찬(2008). 토마스 아퀴나스에 의한 가능태 이론의 변형–신학적 관심을 통한 아리스토텔레스 철학의 비판적 수용. 중세철학, 14, 65–105.

박승찬(2010). 인격에 대해 영혼–육체의 통일성이 지니는 의미: 토마스 아퀴나스의 작품들을 중심으로. 철학사상, 35, 63–105.

박승찬(2011). 가톨릭 교육의 스승 아우구스티누스. 가톨릭철학, 17, 5–54.

박신경(2012). 하나님의 교육원리. 신학과 목회, 38, 277–304.

박용우(2000). 고등교육기관에서 기독교 교육과 선교의 방향. 대학과 선교, 2, 212–242.

박인성(1996). 신앙과 이성. 범한철학, 13, 233–250.

박인철(2010). 후설과 키에르케고르: 자기극복을 중심으로. 철학연구, 89, 5–35.

박장하(1982). 기독교 사회교육 방법론 연구 (II)–평생교육을 중심으로. 신학지남, 49(1), 121–143.

박종석(2001). 예수의 교육 목표와 방법의 상관성에 관한 연구: 요한복음 13장 1–17절을 중심으로. 기독교와 교육, 9, 44–56.

박주영(2017). 토마스 아퀴나스의 악론(De Malo) 연구. 중세철학, 23, 207–252.

박찬국(2007). 현대철학의 거장들: 마르크스, 니체, 키에르케고르, 하이데거, 하버마스, 푸코, 비트겐슈타인, 포퍼. 서울: 철학과 현실사.

박화경(2011). 대한예수교장로회(통합)의 기독교 교육학의 형성과 발전. 기독교교육정보, 31, 101–131.

박화경(2017). 온신학이 제시하는 신앙교육의 방향. 기독교교육정보, 55, 67–95.

박효섭(2002). 그리스도인이 된다는 것. 기독교 사상, 46(4), 199–207.

반성택(2007). 아고라에서 광화문까지. 서울: 아름나무.

배철현(2015). 신의 위대한 질문. 경기: 21세기북스.

백운철(2003). 예수와 인자. 가톨릭 신학과 사상, 44, 144-173.

백운철(2014). 「복음의 기쁨」의 신약 성경적 배경과 한국교회의 과제. 가톨릭 신학과 사상, 73, 62-117.

백은미(2016). 고통의 종교적 의미 형성을 위한 전환학습. 신학사상, 174, 1-41.

백은미(2016). 예수의 비유를 통해 본 비판적 성인학습의 과제. 기독교교육논총, 47, 95-126.

서도식(2006). 하버마스『인식과 관심』. 서울: 서울대학교 철학사상연구소.

서동수(2015). 요한문헌에 나타난 예수 그리스도 죽음의 다차원적 해석에 따른 구원론의 단계들. 신학과 철학, 26, 109-140.

서병창(2011). 신앙과 이성의 관계와 이중진리론-시제와 토마스를 중심으로. 중세철학, 17, 145-183.

서신(2002). 예수님의 교육 방법론 연구. 칼뱅論壇, 2002, 469-494.

서원모(2016). 성경해석과 철학-아우구스티누스의 창조론을 중심으로. 중세철학, 22, 43-115.

서을오(2010). 2010년도 추계학술대회 토마스 아퀴나스의 전쟁과 평화론. 법철학연구, 14(1), 7-48.

서충원(2009). 기획논문(주제: 기독교 인식론의 문제): 루터의 칭의론과 십자가 신학에 있어서 계시의 인식론적 초월성. 기독교철학, 9, 21-57.

서한석(2017). 성 토마스 아퀴나스(St. Thomas Aquinas)의 '신앙의 대상과 조항들'(신학대전 II-II, q. 1, aa. 1-10)과 애버리 덜레스(Avery Dulles, S. J.)의 '교의의 점진적이고 역동적인 전개'에 대한 이해. 가톨릭신학, 1, 121-162.

손경민(2015). 니체 철학에서 실재의 문제. 서울대학교 대학원 박사학위논문.

손은실(2007). 하나님은 왜 그리스도의 죽음을 통해 인류를 구원하기를 원하셨는가? 토마스 아퀴나스의 구원론: 신학대전 제3부를 중심으로. 중세철학, 13, 197-225.

손은실(2010). 토마스 아퀴나스와 루터의 신 인식론 비교. 선교와 신학, 25, 235-268.

송삼용(2009). 장 칼뱅. 서울: 넥서스CROSS.

송용원(2017). 프로테스탄트 공동선을 찾아서. 장신논단, 49(1), 37-63.

송유례(2009). 플로티노스 철학 입문. 철학사상, 33, 307-321.

송유례(2011). 플로티노스의 세계제작자-플라톤의『티마이오스』의 탈신화적 해석. 철학사상,

42, 3-36.

송혜경(2008). 콥트어 토마 복음의 인간 구원에 관한 소고. Catholic Theology and Thought, 62, 29-55.

신재식(2008). 신앙과 이성 사이에서: 아우구스티누스와 아퀴나스. 서울: 김영사.

신춘호(2010). 교육이론으로서의 칸트철학. 경기: 교육과학사.

신현광(2015). 교육목회와 가정의 신앙교육에 대한 고찰. 신학과 실천, 47, 373-399.

신현광(2015). 기독교 교육에 있어 교육목적에 관한 연구. 신학과 실천, 44, 329-358.

신현수(2001). 예수 그리스도와 사회. 기독교 언어문화논집, 4, 87-105.

심탁(2011). 그리스도교 인간 이해. 경기: 수원가톨릭대학교 출판부.

안성진(2007). 포스트모더니즘과 기독교 교육 프락시스의 관계성. 기독교 교육논총, 15, 207-246.

양금희(2017). 루터의 만인제사장 개념을 통해서 본 평신도교육 개혁. 장신논단, 49(1), 65-91

양명수(2000). 하나님의 희망인 사람-휴머니즘과 기독교. 기독교 사상, 44(2), 122-139.

양숙자(2014). 회개의 여정. 신학전망, 186, 219-247.

양흥권(2017). 학습세기의 교육론: 평생교육론. 서울: 신정.

오성주(2001). 21세기 위기사회 속에서의 영성과 기독교 교육. 기독교교육논총, 47, 13-49.

오욱환(2010). 베버 패러다임 교육사회학의 구상. 서울: 이화여자대학교 출판부.

오현선(2016). 하나님의 연민과 인간의 연대: 지역공동체와 기독교여성교육. 기독교교육논총, 47, 189-218.

오흥식(2015). 에라스무스와 성 아우구스티누스. 서양고대사연구, 42, 181-212.

유순이(2012). 코메니우스의 평생교육에 근거한 직장인학교의 프로그램 모색. 안양대학교 일반대학원 박사학위논문.

유재덕(2015). 교사로서의 역사적 예수 연구: 유대적 관점에서. 기독교교육논총, 44, 145-175.

유정선(2017). 성령론적 관점에서 본 일립 강태국의 구원관 연구. 성경과 신학, 82, 397-424.

유지황(2006). 신학적 철학인가 철학적 신학인가?: 토마스 아퀴나스 신앙과 이성 관계 이해를 중심으로. 韓國敎會史學會誌, 18, 127-160.

윤대선(2013). 레비나스의 타자철학에 나타난 영혼의 운동과 초월성에 관한 연구-플로티노스의 영혼회귀의 사상과 비교해서. 대동철학, 65, 221-246.

윤화석(2012). 칼뱅의 교육목회적인 사상과 현대 교육목회의 내용 이해. 복음과 교육, 11, 35-58.

이갑숙(2018). 영적 시각으로 찾아나서는 삶과 교육. 교육철학연구, 40(1), 111-138.

이경재(2004). 토마스 아퀴나스의 인간 인격에 대한 철학적 정당화. 신학과 철학, 6, 1-15.

이경재(2008). 성 토마스 아퀴나스의 철학과 신학. Catholic Theology and Thought, 61, 9-47.

이경재(2011). '가르침'의 의미를 중심으로 본 토마스 아퀴나스의 교육관. 가톨릭철학, 17, 55-82.

이관춘(2001). 직업은 직업이고 윤리는 윤리인가(1판). 서울: 학지사.

이관춘(2009). 호모키비쿠스: 시민교육으로서의 평생교육. 서울: 학지사.

이관춘(2017). 니체, 세월호 성인교육을 논하다. 서울: 학지사.

이관춘(2018). 거리의 파토스: 인문학, 성인인성교육을 논하다. 서울: 학지사.

이규민(2016). (포스트모던 시대의) 통전적 기독교 교육. 서울: 한국장로교출판사.

이길용(2020). 루터: 근대의 문을 연 최후의 중세인. 서울: arte.

이나가키 료스케(1997). 성 토마스 아퀴나스의 신학과 철학의 만남. 가톨릭 신학과 사상, 22, 293-304.

이덕중(2009). 토마스 아퀴나스의 '우시아' 이해. 철학논총, 55, 261-279.

이덕중(2017). 신학과 철학에 있어서 우시아의 개념 이해. 기독교철학, 23, 149-188.

이명곤(2003). 토마스 아퀴나스의 인간존재의 신비로서의 신의 이미지. 철학논총, 2(32), 411-436.

이명곤(2008). 토마스 아퀴나스, 완전한 사랑은 가능한가?. 신학과 철학, 13, 1-16.

이명곤(2017). 토마스 아퀴나스의 [신학대전]에서 '신학적인 것'과 '철학적인 것'의 구분과 통일성에 관한 고찰. 동서인문, 8, 5-41.

이복수(2012). 해방신학의 구원론에 포함된 개념들에 관한 고찰. 복음과 선교, 19, 19-55.

이상섭(2008). 신 존재 증명의 타당성에 관한 하나의 고찰-토마스 아퀴나스의 [신학대전] 제1부 제2문제를 중심으로. 중세철학, 14, 107-137.

이상섭(2014). 선한 사람(homo bonus), 복된 사람(homo beatus): 토마스 아퀴나스의 이상적 인간에 대한 연구-덕의 연결(connexio virtutum) 이론을 중심으로. 철학논집, 38, 67-102.

이상일(2011). 아리스토텔레스의 실천적 지혜(phronesis)에서 토마스 아퀴나스의 실천적 지혜(prudentia)로 변형 논쟁에 관한 연구. 동서철학연구, 61, 95-112.

이상현(2006). 코메니우스 범교육론의 도덕적 속성에 관한 연구. 교육사상연구, 19, 1-19.

이상현(2008). 마르틴 부버, 만남 철학의 교육적 함의. 교육철학, 34, 301-324.

이석철(1990). 성인 기독교 교육의 본질. 복음과 실천, 13(1), 150-189.

이성효(2011). 통시적 관점에서의 아우구스티누스의 인간 이해. 경기: 수원가톨릭대학교 출판부.

이영운(2010). 유대교육과 기독교 교육의 관계성: '유대교육'이 기독교 교육을 대신할 수 있는
    가?. 기독교교육정보, 25, 181-205.

이원일(2017). 칼뱅주의에서 기독교 인성교육. 장신논단, 49(2), 349-374.

이은규(2015). 성인기독교교육의 방향에 관한 연구. 신학과 실천, 43, 401-431.

이은규, 강용원(2006). 21세기 교회를 위한 복음주의 신학의 사명: 교육논문; 21세기 기독교 교
    육의 본질과 사명/논평. 성경과 신학, 39, 225-260.

이은선(1992). 루터, 칼뱅, 그리고 청교도의 소명사상. 대신대학 논문집, 12, 395-419.

이재경(2003). 토마스 아퀴나스는 심신이원론자인가?. 신학과 철학, 5, 1-11.

이정우(2004). 개념 뿌리들 2. 서울: 철학아카데미.

이정우(2008). 개념 뿌리들 1(개정판). 서울: 산해.

이정우(2018). 세계 철학사1: 지중해 세계의 철학. 서울: 도서출판 길.

이종만(1998). R.H. Dave의 평생교육론 고찰. 평생교육연구, 4(1), 141-156.

이찬석(2014). 몰트만의 만유구원론에 대한 고찰. 組織神學論叢, 39, 277-308.

이창우(1978). 철학의 하나님. 서울: 성광문화사.

이창호(2018). 일상의 긍정을 위한 신학적 윤리적 기반 모색-루터와 테일러를 중심으로. 기독
    교사회윤리, 40, 211-253.

임영택, 양승준(2017). 신앙형성을 위한 존 웨슬리의 은총의 수단 연구. 기독교교육정보, 55,
    121-155.

임창호(2011). 기독교 교육 목적의 하나로서 그리스도인의 인간성 문제 고찰. 기독교교육논총,
    26, 213-236.

임태평(2008). 루소와 칸트 교육에 관하여. 경기: 교육과학사.

장남혁(2017). 신학교육의 목적과 방향에 관한 로잔운동의 입장. 선교신학, 48, 208-235.

장동현(2015). 민중교육에서 생태교육으로 기독교 교육 사상의 흐름 고찰. 신학연구, 67, 473-
    499.

장욱(2002). 토마스 아퀴나스의 형이상학적 인간 이해. 중세르네상스 영문학, 10(1), 17-54.

장욱(2007). 아우구스티누스와 토마스 아퀴나스의 창조에 대한 이해. 가톨릭철학, 9, 222-278.

장호광(2014). 헤겔의 신앙론에 대한 키에르케고어의 비판. 한국개혁신학, 43, 62-87.

장호광(2017). 일상 속에서 만나는 칼빈신학. 서울: 킹덤북스.

정길영(2000). St. Augustinus의 교육론. 교육철학, 18, 289-307.

정민승(2010). 성인학습의 이해. 서울: 한국방송통신대학교 출판부.

정범모(1997). 인간의 자아실현. 서울: 나남출판.

정범모(2000). 교육과 교육학. 서울: 배영사.

정용석(2016). 플로티노스와 아우구스티누스의 시간론. 대학과 선교, 30, 73-101.

정의채(1991). 그리스도교적 교육에 관한 선언. 가톨릭教育研究, 6, 221-233.

정지웅, 김지자 (1986). 사회교육학개론. 서울대학교 출판부.

정현석(2011). 일반논문: 플라톤 넘어서기: 토마스 아퀴나스의 "플라톤주의자" 아우구스티누스 수용. 철학논집, 27, 141-178.

조규홍(2003). 교회의 성인교육. 서울: 한국장로교출판사.

조규홍(2008). 플로티노스의 중심개념: 영혼-정신-하나. 서울: 나남.

조규홍(2009). 엔네아데스(Enn. 1 6, V 8, III 5 번역글). 서울: 지만지.

조규홍(2009). 플로티노스의 엔네아데스 선집. 서울: 누멘.

조규홍(2012). 플로티노스: 그리스 철학을 기독교에 전달한 사상가. 서울: 살림.

조규홍(2013). 형이상학의 최근 쟁점: 플로티노스의 형이상학-Henology의 이해를 위한 소고. 철학논집, 34, 9-39.

조영현(2013). 구스타보 구티에레스의 해방신학. 트랜스라틴, 24, 44-60.

조은하(2007). 생태적 삶을 위한 기독교 교육: 매튜 팍스(M. Fox)의 창조영성을 중심으로. 기독교교육논총, 15, 171-206.

주영흠(2007). 아우구스티누스 인식론의 교육적 의의-의지의 지향성을 중심으로. 교육문제연구, 27, 1-25.

차건희(2016). 베르그송과 스피노자. 철학, 126, 51-76.

채혁수(2017). 종교개혁자 루터에게 나타난 기독교 교육적 함의-예수의 인자 자의식과 성도의 자아정체성을 중심으로. 신학과 실천, 57, 451-478.

최갑종(2005). 예수 그리스도. 서울: UCN.

최동규(2016). 성육신의 관점에서 본 선교적 교회의 상황화. 선교신학, 42, 287-322.

최성식(2009). 소통과 공존의 철학. 전남: 전남대학교 출판부.

최수연(2016). 니체사상에 함축된 존재를 위한 평생학습의 의미에 관한 연구. 아주대학교 대학원 박사학위논문.

최윤배(2013). 김재준 박사의 구원론에 관한 연구; 초기 신학사상(1926-1949)을 중심으로. 한국개혁신학, 38, 51-80.

최은순(2013). 아퀴나스에서의 존재론과 교육론. 도덕교육연구, 25(2), 37-56.

최준혁(2015). 홀트라이히 츠빙글리의 기독교 교육사상과 활동. 신학지평, 28, 297-327.

최진경(2010). 평생교육학의 선구자 코메니우스의 범교육학에 나타난 평생교육 이해와 시사점. 평생교육학연구, 16(1), 113-132.

최태수(2000). 교회밖에 구원은 없다(Extra ecclesiam nulla salus) 현대 가톨릭교회의 구원관 고찰. 신학과 철학, 2, 1-11.

한미라(2009). 현대 공교육의 위기 극복을 위한 칼뱅의 교육사상 이해. 현상과 인식, 33(3), 144-165.

한미라(2013). 포스트모더니즘과 기독교 교육. 기독교교육정보, 36, 1-43.

한상진(2011). 포스트모던 상황에서의 종교교육의 역할 기독교교육학적 이해를 위해. 복음과 교육, 9, 11-40.

한상진(2012). 루터의 인간이해에 대한 철학적 사고. 성경과 신학, 64, 137-161.

한숭희(2001). '평생교육연구의 메타인식: 전개와 방향', 김신일, 한숭희 편, 평생교육학 동향과 과제. 서울: 교육과학사.

한숭희(2006). 평생교육론: 평생학습사회의 교육학. 서울: 학지사.

한숭희(2007). 평생학습과 학습생태계. 서울: 학지사.

한인철(2016). 예수, 선생으로 만나다. 서울: 연세대학교 대학출판문화원.

한준상(1999). 호모 에루디티오. 서울: 학지사.

한준상(2002). 학습학. 서울: 학지사.

함영주(2014). 예수님의 교수 방법으로서의 전환학습과 기독교 교육적 함의. 개혁논총, 32, 213-242.

현석호(1992). (제2차 바티칸) 공의회문헌해설총서. 서울: 성바오로출판사.

홍현설(1977). 교사로서의 예수 그리스도. 기독교교육론, 제128호. 대한기독교교육협회.

Anderson, M. L., & Lindeman, E. C. (1927). *Education through experience*. New York, NY: Workers Education Bureau.

Aquinas, T. (2014). 토마스 아퀴나스 신학대전 1(정의채 역). 서울: 바오로딸.

Aspin, D. N. (Ed.) (2007). *Philosophical Perspectives on Lifelong Learning (Lifelong Learning Book Series, Vol. 11)*. The Netherlands: Springer.

Aspin, D. N., & Chapman, J. D. (2012). Towards a philosophy of lifelong learning. In D. N. Aspin, J. Chapman, K. Evans & R. Bagnall (Eds.), *Second International Handbook of Lifelong Learning*. The Netherlands: Springer.

Augustinus, A. (2008). *Confessions: World Book 5*. 김희보, 강경애 역(2010). 고백록. 서울: 동서문화사.

Augustinus, A. (1989). *Doctrina Chrisiana*. 성염 역(2011). 아우구스티누스: 그리스도교 교양. 경북: 분도출판사.

Augustinus, A. (2010). *Confessiones*. 최민순 역(2010). 고백록. 서울: 바오로딸.

Augustinus, A. (2011). *De Vera Religione*. 성염 역(2011). 참된 종교-교부문헌총서 3. 경북: 분도출판사.

Bailey, R. et al. (2010). *The SAGE Handbook of Philosophy of Education*. 이지헌 역(2013). 교육철학 1: 이론과 역사. 서울: 학지사.

Beck, G. A. (1971). Aims in education: neo-Thomism, In T. H. B. Hollins (Ed.), *Aims in Education: The Philosophic Approach*. Manchester: manchester University Press, pp. 109–132.

Bergevin, P. (1967). *A Philosophy for Adult Education*. 강선보 외 역(2017). 성인교육철학. 서울: 원미사.

Boelke, R. E. (1962). *Theories of Learning in Christian Education*. Philadelphia: Westminster Press.

Bogdan, M. (1975). Lifelong education and creativity. In R. H. Dave (Ed.), *Reflections on Lifelong Education and the School. UIE monograph 3*. Hamburg: UNESCO Institute for Education.

Böhm, W. (2010). *Geschichte Der Padagogik*. 김영래 외 역(2017). 서양 교육 이념의 역사: 플라톤에서 현대까지. 경기: 교육과학사.

Bollnow, O. F. (1959). *Existenzphilosophie und Padagogik*. 윤재홍 역(2008). 실존철학과 교육학: 비연속적 교육형식의 모색. 서울: 학지사.

Boman, T. (1960). *Das hebraische Denken im Vergleich mit dem griechischen*. 허혁 역(1993). 히브리적 思惟와 그리스적 思惟의 比較. 경북: 분도출판사.

Boshier, R. (2004). *Meanings and manifestations of the Anarchist-Utopian ethos in adult education*. University of Victoria.

Boyd, R. D., Apps, J. W., Associates (1980). *Redefining the Discipline of Adult Education*. San Francisco: Jossey-Bass.

Brookfield, S. D. (1992). Developing Criteria for Formal Theory Building in Adult Education. *Adult education quarterly, 42*(2), 79−93.

Brookfield, S. D. (2000). Transformative learning as ideology critique. In J. Mezirow & Associates (Eds.), *Learning as transformation: Critical perspectives on a theory in progress*, 125−148. San Francisco: Jossey-Bass.

Brookfield, S. D. (2005). *The Power of Critical Theory for Adult Learning and Teaching*. London: Open University Press.

Brunner, E. (1943). *The Divine-Human Encounter*. Philadelphia: Westminster Press.

Brunner, E. (1954). *Eternal hope*. trans. by Harold Knight. Lutterworth Press.

Buber, M. (1923). *Ich und Du*. 표재명 역(2001). 나와 너. 서울: 문예출판사.

Buber, M. (1923b). *Ich und Du*. W. Kauffmann trans. (1970). *I and Thou*. New York: Scribners.

Buber, M. (1965). *Education Between Man and Man*. trans. R. G. Smith with an introduction M. Friedman. New York, Macmillan.

Calvin, J. (1966). *Institutes of the Christian Religion*. trans. by Henry Beveridge Grand Rapids Wm. B. Eerdmans Publishing Co.

Carr, D. (1999). Catholic faith and religious truth. In J. C. Conroy (Ed.), *Catholic Education Inside Out, Outside In*, pp. 163−187.

Carr, D., Halden, J., McLaughlin, T., & Pring, R. (1995). Return to the crossroads: Maritain fifty years on. *British Journal of Education Studies, 43*(2), 162−178.

Casey, M. (2004). *Fully Human, Fully Divine: an Interactive Christology*. 수정의 성모 트라피스트 여자 수도원 역(2016). 예수, 온전한 인간 온전한 하느님. 서울: 성바오로출판사.

Cavanagh, G. (1990). *American Business Values* (3rd ed.). New Jersey: Prentice Hall.

Chadwick, H. (1986). *Augustinus*. 김승철 역(2001). 라틴 교부철학의 위대한 사상가: 아우구스티누스. 서울: 시공사.

Comenius, J. A. (1966). Pampaedia. In: *De rerum humanarum emendatione consultatio catholica*. Pragae: Academia scientiarum Bohemoslovaca.

Coombs, P., & Ahmed, M. (1974). *Attacking rural poverty. How non-formal education can help*. Baltimore: John Hopkins Press.

Cooper, J. (2007). *Panentheism: the Other God of the Philosophers: From Plato to the Present*. 김재영 역(2011). 철학자들의 신과 성서의 하나님. 서울: 새물결플러스.

Cooper, M. (2003). *Existential Therapies*. 신성만 외 역(2014). 실존치료. 서울: 학지사.

Cranton, P. (1994). *Understanding and Promoting Transformative Learning: A Guide for Educators of Adults*. San Francisco: Jossey-Bass.

Creswell, J. W. (2007). *Qualtative Inquiry & Research Design: Choosing Among Five Approaches*. 조흥식 외 역(2010). 질적 연구방법론: 다섯 가지 접근. 서울: 학지사.

Criticos, C. (1993). Experiential learning and social transformation for a post-apartheid learning future. In D. Boud et al. (Eds.), *Using Experience for Learning*, 157–168. Buckingham, England: Society for Research into Higher Education and Open University Press.

Cronbach, L .J. (1963). *Educational Psychology* (2nd ed.). New York: Harcourt, Brace and World.

Cropley, A. J. (1976). Some psychological reflections on lifelong education. In Dave, R. H. (Ed.), *Foundations of Lifelong Education*. Oxford: UNESCO Institute of Education.

Cropley, A. J. (1979). *Lifelong learning: issues and questions*. In A. J. Cropley (Ed.), *Lifelong Education: a stocktaking*. Hamburg: UIE.

Crossan, J. D. (1999). *Who is Jesus?: Answers to Your Questions about the Historical Jesus*. 한인철 역(2003). 예수는 누구인가. 경기: 한국기독교연구소.

Crossan, J. D. (2012). *Power of parable*. 김준우 역(2012). 비유의 위력. 서울: 한국기독교연구소.

Crossan, J. D. (2000). *(The) Historical Jesus: The Life of a Mediterranean Jewish Peasant*. 김준우 역(2000). 역사적 예수: 지중해 지역의 한 유대인 농부의 생애. 서울: 한국기독교연구소.

Cross-Durant, A. (1984). Basil Yeaxlee and lifelong education: Caught in time. *International Journal of Lifelong Education, 3*(4), 279–291.

Daloz, L. A. (1986). *Effective Teaching and Mentoring: Realizing the Transformational Power of Adult Learning Experiences*. San Francisco: Jossey-Bass.

Daloz, L. A. (1999). *Mentor: Guiding the journey of adult learners* (Rev. ed.). San Francisco: Jossey-Bass.

Dave, R. H. (1973). *Lifelong Education and School Curriculum*. Hamburg: UNESCO Institute for Education.

Dave, R. H. (1975). *Reflections on lifelong education and the school. UIE monographs 3*. Hamburg: UNESCO Institute for Education.

Davenport, J. (Ed.) (1976). *Foundations of Lifelong Education*. Paris: UNESCO Institute for Education.

Davenport, J., & Davenport, J. A. (1985). A chronology and analysis of the andragogy debate. *Adult Education Quarterly, 35*, 152−159.

Dawson, D. (1992). *Allegorical Readers and Cultural Revision in Ancient Alexandria*. Berkeley: University of California Press.

De Lubac, H. (2014). *La mystique et l'anthropologie dans le christianisme*. 곽진상 역(2014). 그리스도교 신비사상과 인간. 경기: 수원가톨릭대학교 출판부.

Delors, J., Mufti, I. A., Amagi, I., Carneiro, R., Chung, E., Geremek, B., … Nanzhao, Z. (1996). *Learning: The treasure within*. Report to UNESCO of the International Commission on Education for the Twenty-first Century. Paris: UNESCO.

Dewey, J. (1909). *Moral Principles in Education*. Garbondale, IL: Southern Illinois University Press.

Dillon, J. (1977). *The Middle Platonists: A Study of Platonism 80B.C. to A.D. 220*. London: Duckworth.

Dirkx, J. M. (1997). Nurturing Soul in Adult Learning. *New directions for Adult and Continuing Education, 74*, 79−88.

Dodds, E. R. (1973). Tradition and Personal Achievement in the Philosophy of Plotinus. In Dodds, E. R. *The Ancient Concept of Progress: and other Essays on Greek Literature and Belief*. Oxford: Clarendon Press.

Dupuis, A. M., & Gordon, R. L. (1966). *Philosophy of Education in Historical Perspective*.

조현철 역(2012). 서양 교육철학사. 서울: 학지사.

Durant, W. (1978). *The Story of Philosophy: The Lives and Opinions of the Greatest Philosophy*. 황문수 역(2010). 철학이야기. 서울: 문예출판사.

Eavey, C. B. (1940). *Principles of Teaching for Christian Teachers*. 박영호 역(1984). 기독교 교육원리. 서울: 기독교문서선교회.

Eavey, C. B. (1964). *History of Christian Education*. Chicago: Moody Press.

Eavey, C. B. (1964). *History of Christian Education*. 김근수 외 역(1980). 基督教教育史. 서울: 韓國基督教教育研究院.

Elfert, M. (2015). UNESCO, the Faure Report, the Delors Report, and the political utopia of lifelong learning. *European Journal of Education, 50*(1), 88–100.

Elias, J. L. (1979). Andragogy Revisited. *Adult Education, 29*(4), 252–256.

Elias, J. L. (1982). *The Foundations and Practice of Adult Religious Education*. Malbar, Florida: Robert Krieger Publishing Company.

Elias, J. L. (1984). *Adult Religious Education: An Academic Sub-Discipline*. Strawberry Hill: St. Mary's College.

Elias, J. L. (1993). *Paulo Freire: Pedagogue of Liberation*. 한국교육연구네트워크 외 역(2014). 프레이리와 교육: 해방의 교육자. 서울: 살림터.

Elias, J. L., & Merriam, S. B. (1995). *Philosophical Foundations of Adult Education*. 기영화 외 역(2002). 성인교육의 철학적 기초. 서울: 학지사.

Elias, J. L., & Merriam, S. B. (2002). *Philosophical Foundations of Adult Education*. Malabar, FL: Robert E. Krieger.

Ewert, G. D. (1991). Habermas and education: A comprehensive overview of the influence of Habermas in educational literature. *Review of Educational Research, 16*(3), 345–378.

Faure, E. et al. (1972). *Learning to Be: The World of Education, Today and Tomorrow*. Paris: UNESCO.

Fisher, J. C., & Podeschi, R. L. (1989). From Lindeman to Knowles: A change in vision. *International Journal of Lifelong Education, 8*(4), 345–353.

Foltz, N. T. (1986). *Handbook of Adult Religious Education*. Birmingham. Alabama: Religious Education Press.

Freire, P. (1972). *The Educational Role of the Church in Latin America*. Washington, D.C.: LADOC.

Freire, P. (1993). *Pedagogy of the Oppressed*. New York: Continuum Books.

Freire, P. (2000). *Pedagogy of the Oppressed*(20th anniversary ed.). New York: Continuum.

Gadamer, H., & 임홍배(2012). 진리와 방법. 경기: 문학동네.

Gallagher, S. (1992). *Hermeneutics and Education*. SUNY series in contemporary continental philosophy. SUNY press.

Galloway, S. (2012). Reconsidering Emancipatory Education: Staging a Conversation between Paulo Freier and Jacques Ranciére. *Educational Theory, 62*(2), 39-59.

Ganoczy, A. (1983). *Schopfungslebre*. 신정훈 역(2017). 창조론: 인간과 세상에 대한 그리스도교 이해. 서울: 가톨릭대학교 출판부.

Gilson, E. (1929). *Introduction a L'eude de Saint Augustine*. 김태규 역(2011). 아우구스티누스 사상의 이해. 서울: 성균관대학교 출판부.

Graendorf, W. C. (Ed.) (1981). *Introduction to Biblical Christian Education*. Chicago: Moody Press.

Griffin, C. (1983). *Curriculum Theory in Adult and Lifelong Education*. Beckenham: Croom Helm.

Groome, T. H. (1980). *Christian Religious Education: Sharing Our Story and Vision*. San Francisco: Harper & Row, Publishers.

Gutierrez, G. (1971). *Teologia de la liberacion*. 성염 역(2000). 해방신학: 역사와 정치와 구원. 서울: 분도출판사.

Habermas, J. (1971). *Knowledge and Human Interests*. Wiley-Blackwell.

Habermas, J. (1983). *Erkenntnis und Interesse*. 강영계 역(1983). 인식과 관심. 서울: 고려원.

Habermas, J. (2002). *Knowledge and Human Interests*. trans. by Jeremy J. Shapiro (First digital-print ed.). Boston: Beacon Press.

Haggard, E. A. (1963). Learning a process of change. In Crow, A. (Eds.), *Readings in Human Learning*. New York: McKay.

Heidegger, M. (1979). *Sein und Zeit*. 이기상 역(2013). 마르틴 하이데거, 존재와 시간. 서울: 까치.

Heidegger, M. (1992). *Was heisst Denken?*. 권순홍 역(2014). 사유란 무엇인가. 서울: 길.

Hellweg, J. B. (1992). *Constitutiones declarationes concilii oecumenici vaticani secundi.* 현석호 역(1992). '그리스도교적 교육에 관한 선언', Straelen, H. V. et al. (Eds.). 제2차 바티칸 공의회 문헌 해설 총서 4. 서울: 성바오로출판사.

Herbart, J. F. (1994). *Allgemeine Pägogik.* 김영래 역(2006). 헤르바르트의 일반 교육학. 서울: 학지사.

Hodge, A. A. (1973). *Popular Lectures on Theological Themens.* Grand Rapids: Zondervan Publishing House.

Hoekema, A. A. (1986). *Created in God's Image.* Grand Rapids, Michigan: Wm. B. Edrdmans Publishing Co.

Hoffe, H. O. (1994). *Klassiker der Philosophie, Volume 1 & 2.* 이강서 외 역(2001). 철학의 거장들: 고대, 중세편-고대 철학자에서 쿠자누스까지. 서울: 한길사.

Hogan, P. (1995). *The Custody and Courtship of Experience: Western Philosophy in Philosophical Perspective.* Dublin: The Columbia Press.

Howie, G. (1969). *St. Augustine: On Education.* Indiana: Gateway Education LTD.

Hurtado, L. W. (2017). *Destroyer of The Gods: [Early Christian Distinctiveness in The Roman World].* 이주만 역(2017). 처음으로 기독교인이라 불렸던 사람들. 경기: 이와우.

Jaeger, W. (1961). *Early Christianity and Greek Paideia.* Harvard University Press.

Jaeger, W. (2003). *The Theology of the Early Greek Philosophers: the Gifford.* Wipf and Stock.

Jarvis, P. (1983). The lifelong religious development of the individual and the place of adult education. *Lifelong Learning: The Adult Year, 5*(9), 20−23.

Jarvis, P. (1987). *Twentieth Century Thinkers in Adult & Continuing Education.* 강선보 역(2011). 20세기 성인교육철학. 서울: 동문사.

Jarvis, P. (1990). *International Dictionary of Adult and Continuing Education.* London: Routledge.

Jarvis, P. (1992). *Paradoxes of Learning: On Becoming an Individual in Society.* San Francisco: Jossey-Bass.

Jarvis, P. (2010). *Adult Education and Lifelong Learning: Theory and Practice* (4th ed.). Oxon, UK: Routledge.

Johnson, E. A. (2010). *Jesus, A Biography from a Believer*. 이종인 역(2012). (폴 존슨의) 예수 평전. 서울: 알에이치코리아.

Johnson, E. A. (2013). *Quest for the living God*. 박총, 안병률 역(2013). 신은 낙원에 머물지 않는다. 서울: 북인더갭.

Johnson, T. M. et al. (2017). *Christianity 2017: Five Hundred Years of Protestant Christianity*. International Bulletin of Mission Research (January 2017).

Kallen, D. (1996). Lifelong-learning in retrospect. *Vocational Training: European Journal*, May-December No. 8−9, 16−22.

Kant, I. (1781). *Kritik der reinen Vernunft*. 백종현 역(2008). 순수이성비판 1, 2. 서울: 아카넷.

Kegan, R. (2000). What form transforms? In J. Mezirow & Associates (Eds.), *Learning as Transformation*. San Francisco: Jossey-Bass.

Kenny, A. (1980). *Thomas Aquinas*. 서병창 역(2000). 아퀴나스: 시공 로고스 총서 24. 서울: 시공사.

Kirpal, P. N. (1976). Historical studies and the foundations of lifelong education. In R. H. Dave (Ed.), *Foundations of Lifelong Education*. Oxford: Ergamon.

Knight, G. R. (1989). *Philosophy and Education: An Introduction in Christian Perspective*. Berrien Springs: Andrew University Press.

Knowles, M. S. (1970). *The Modern Practice of Adult Education: Andragogy versus Pedagogy*. New York: Association Press.

Knowles, M. S. (1975). *Self-Directed Learning: A Guide for Learners and Teachers*. New York: Association Press.

Knowles, M. S. (1978). *The Adult Learner: A Neglected Species* (2nd ed.). Houston: Gulf.

Knowles, M. S. (1980). *The Modern Practice of Adult Education: From Pedagogy to Andragogy*. Englewood Cliffs, NJ: Cambridge.

Knowles, M. S., Holton, E. F., & Swanson, R. A. (1998). *The Adult Learner* (5th ed.). Houston: Gulf.

Knowles, M. S., Holton, E. F., & Swanson, R. A. (2005). *The Adult Learner*. 최은수 역(2010). 성인학습자. 서울: 아카데미프레스.

Kreeft, P. (2007). *The Philosophy of Jesus*. 류의근 역(2010). 예수 철학. 경기: 서광사.

Laal, M. (2011). Lifelong learning: What does it mean?. *Procedia-Social and Behavioral Sciences, 28*, 470-474.

Lawson, K. H. (1982). *Analysis and Ideology: conceptual essays on the education of adults*. Nottingham: University of Nottingham.

Lengrand, P. (1970). *An Introduction to Lifelong Education*. Paris: UNESCO.

Lewis, C. S. (1962). *Mere Christianity*. 이종태 역(2005). 순전한 기독교. 서울: 홍성사.

Lindeman, E. C. (1926). *The Meaning of Adult Education*. 강대중 외 역(2013). 성인교육의 의미. 서울: 학이시습.

Loeng, S. (2017). Alexander Kapp-the first known user of the andragogy concept. *International Journal of Lifelong Education, Vol. 36*, Issue 6, pp. 629-643.

Loeng, S. (2018). Various ways of understanding the concept of andragogy. *Cogent Education, Vol. 5*, Issue 1, pp. 1-15.

Louth, A. (2007). *The Origins of the Christian Mystical Tradition: From Plato to Denys*. Oxford University Press on Demand. 배성옥 역(2011). 서양 신비사상의 기원. 경북: 분도출판사.

Makowski, L. J. (1999). *Horace Bushnell on Christian Character Development*. New York: University Press of America, Inc.

Marietta, D. E. (1998). *Introduction to Ancient Philosophy*. 유원기 역(2015). 쉽게 쓴 서양 고대철학사: 탈레스에서 아우구스티누스까지. 경기: 서광사.

Maritain, J. (1947). *The Person and the Common Good*(trans. John J. Fitzgerald.). New York: Charles Scribner's Sons.

Maslow, A. H. (1970). *Motivation and Personality*. New York: Harper and Row.

Maslow, A. (1998). *Maslow on Management*. 왕수민 역(2011). 인간 욕구를 경영하라. 서울: 리더스북.

Matheson, D., & Matheson, C. (1996). Lifelong Learning and Lifelong Education: acritique. *Research in Post-Compulsory Education, 1*(2), 219-236.

Maturana, H., & Varela, F. (1987). *Autopoiesis and Cognition*. Holland: D. Riedel.

McGee, R. (2003). *The Search for Significance: Seeing Your True Worth Through God's Eyes*. 김진영 역(2013). 삶의 의미 찾기: 행복과 자기 가치감을 높이기 위한 자기계발서. 서울: 학

지사.

McKenna, R .F. (1995). *Philosophical Theories of Education*. New York: University Press of America, Inc.

McKenzie, L. (1973). *The Religious Education of Adults*. Birmingham, Alabama: Religious Education Press.

McKenzie, L. (1977). The issue of Andragogy. *Adult Education, 27*(4), 225−229.

McKenzie, L. (1979). A response to Elias. *Adult Education, 29*(4), 256−260.

McKenzie, L. (1986). The purpose and scope of adult religious education. In Nancy, T. F. (Ed.), *Handbook of Adult Religious Education*. Birmingham: Religious Education Press.

McLaughlin, T. H. (2002). A Catholic perspective on education. *Journal of Education and Christian Belief, 6*(2), 121−134.

Merriam, S. B., Caffarella, R. S., & Baumgartner, L. M. (2007). *Learning in Adulthood: A Comprehensive Guide*. 기영화 외 역(2009). 성인학습론. 서울: 아카데미프레스.

Mezirow, J. (1981). A critical theory of adult learning and education. *Adult Education, 32*(1), 3−27.

Mezirow, J. (1991). *Transformative Dimensions of Adult Learning*. San Francisco: Jossey-Bass.

Mezirow, J. (1995). Transformation theory of adult learning. In M. R. Welton (Ed.), In *Defense of the Lifeworld: Critical Perspectives on Adult Learning*, pp. 39−70.

Mezirow, J. (1998). On critical reflection. *Adult Education Quarterly, 48*(3), 185−198.

Mezirow, J. (2000). Learning to think like an adult: Core concepts of transformation theory. In J. Mezirow & Associates. (Eds.), *Learning as Transformation: Critical Perspectives on a Theory in Progress*, 3−35. San Francisco: Jossey-Bass.

Mezirow, J., & Associates (1994). Understanding Transformation Theory. *Adult Education Quarterly, 44*(4), 22−44.

Moran, G. (1979). *Education toward Adulthood: Religion and Lifelong*. New York: Paulist Press.

Nettleship, R. (1925). *Lectures on the Republic of Plato*. 김안중, 홍윤경 역(2013). 플라톤의 국가론 강의. 경기: 교육과학사.

O'Meara, D. J. (1995). *Plotinus: an Introduction to the Enneads*. 안수철 역(2009). 플로티노스. 서울: 탐구사.

Pannenberg, W. (1996). *Theologie und Philosophie*. 오성현 역(2019). 신학과 철학: 고대에서 근대(17C)까지. 서울: 종문화사.

Pelikanl, J .(2004). *Whose Bible is It?*. 김경민 외 역(2017). 성서, 역사와 만나다. 서울: 타임교육.

Perkins, P. P. (1990). *Jesus as Teacher*. N.Y.: Cambridge University Press.

Peters, R. S. (1967). *Ethics and Education*. London: Allen and Unwin.

Peterson, G. A. (1984). *The Christian Education of Adults*. 이정효 역(1988). 成人 基督敎敎育. 서울: 마라나다.

Plato, J. (2012). *Platonis opera*. 천병희 역(2012). 소크라테스의 변론, 크리톤, 파이돈, 향연. 경기: 숲.

Plato, J. (2016). 플라톤의 국가(박종현 역). 경기: 서광사.

Plato, J. (2016). 플라톤의 다섯 대화편: 테아이테토스, 크리티아스, 필레보스, 파르메니데스, 티마이오스(천병희 역). 경기: 숲.

Platon (2016). 법률(천병희 역). 경기: 숲.

Power, E. J. (1968). *The Teacher, The Fathers of the Church*. Washington: The Catholic University of America Press Inc.

Precht, R. D. (2015). *Erkenne die Welt: Geschichte der Philosophie 1(Vol. 1)*. 박종대 역(2018). 세상을 알라: 고대와 중세 철학. 경기: 열린책들.

Rawls, J. (1971). *A Theory of Justice*. Oxford: Clarendon Press. 황경식 역(1985). 사회정의론. 서울: 서광사.

Rogers, C. R (1969). *Freedom to Learn*. Columbus, OH: Merrill.

Rogers, C. R. (1961). *On Becoming a Person*. Boston: Houghton Mifflin.

Rogers, C. R. (1980). *A Way of Being*. Boston: Houghton Mifflin.

Rosenstock-Huessy, E. (1925). *Andragogy*−1925. Retrieved October 26, 2005, from http://www.argobooks.org/feringer-notes/t24.html

Runia, D. T. (1993). *Philo in Early Christian Literature*. Minneapolis: Fortress Press.

Sandmel, S. (1979). *Philo of Alexandria: An Introduction*. 박영희 역(1989). 유대의 종교철학자 알렉산드리아의 필로. 서울: 도서출판 엠마오.

Sartre, J. P. (1996). *Existentialism is a Humanism*. 박정태 역(2012). 실존주의는 휴머니즘이다.

서울: 이학사.

Savicevic, D. M. (2008). Convergence or divergence of ideas on andragogy in different countries. *International Journal of Lifelong Education, 27*(4), 361−378.

Schauffele, S., & Baptiste, I. (2000). Appealing to the Soul: Towards a Judeo-Christian Theory of Learning. *International Journal of Lifelong Education, 19*(5), 448−458.

Seraphine, C. L. (2005). Jesus of Nazareth 4BCE−AD29, In J. A. Palmer (Ed.), *Fifty Major Thinkers on Education: From Confucius to Dewey*. London: Routledge, pp. 20−24.

Shaw, S. M. (1999). *Storytelling in Religious Education*. Birmingham: Religious Education Press.

Sherrill, L. J. (1955). *The Gift of Power*. 김재은 외 역(1981). 만남의 基督敎教育. 서울: 大韓基督敎出版社.

Singer, P. (1997). *How are we to live?* 정연교 역(1997). 이렇게 살아가도 괜찮은가. 서울: 세종서적.

Skirbekk, G., & Gilje, N. (2000). *Filosofihistorie*. 윤형식 역(2016). 서양철학사 1. 서울: 이학사.

Slings, S. R. (2003). *Plato Respublica*. 박종현 역(2005). (플라톤의) 국가 · 政體. 경기: 서광사.

Solomon, R., & Higgins, C. (1996). *A Short History of Philosophy*. 박창호 역(2015). 세상의 모든 철학. 서울: 이론과 실천.

Stein, R. H. (1994). *The Method and Message of Jesus' Teaching*. 김도일 외 역(2004). 예수의 가르침에 나타난 방법과 메시지. 서울: 한국장로교출판사.

Störig, H. J. (1950). *Kleine Weltgeschite Der Philosophie*. 박민수 역(2018). 세계철학사. 서울: 자음과 모음.

Stott, J. (1980). *The Whole Christian*. 한화룡 역(2015). 온전한 그리스도인. 서울: IVP.

Stott, J. (2003). *Why I Am a Christian*. 양혜원 역(2004). 나는 왜 그리스도인이 되었는가. 서울: 한국기독학생회출판부.

Straelen, H. V. et al. (Ed.) (1992). *Constitutiones declarationes concilii oecumenici vaticani secundi*. 현석호 역(1992). 제2차 바티칸 공의회 문헌 해설 총서. 서울: 성바오로출판사.

Stubblefield, J. M. (Ed.) (1986). *A Church Ministering to Adults: Resources for Effective Adult Christian Education*. Nashville: Broadman Press.

Suchodolski, B. (1976). *Lifelong education: Some philosophical aspects*. In Dave, R. H.

(Ed.), *Foundations of Lifelong Education*. Oxford: UNESCO Institute of Education.

Sun, Qi, (2008). Confucian educational philosophy and its implication for lifelong learning and lifelong education. *International Journal of Lifelong Education, 27*(5), 559−578.

Tawney, R. (2017). *Religion and the Rise of Capitalism*(originally published in 1926). London: Routledge.

Taylor, E. W. (2000). Analyzing research on transformative learning theory. In J. Mezirow & Associates. *Learning as Transformation: Critical Perspectives on a Theory in Progress*, 285−328.

Thilly, F. (2018). *A History of Philosophy*. 김기찬 역(2020). 틸리 서양철학사: 소크라테스와 플라톤부터 니체와 러셀까지. 서울: 현대지성.

Tough, A. (1982). *Intentional Changes: A Fresh Approach to Helping People Change*. Chicago: Follett.

Towns, E. L. (1975). *A History of Religious Educators*. 임영금 역(1984). (인물 중심의) 종교교육사. 서울: 대한예수교장로회총회교육부.

Trigg, R. (1988). *Ideas of Human Nature*. 최용철 역(2003). 인간본성에 대한 철학적 논쟁. 서울: 간디서원.

Tu, Wei-Ming (1984). *Confucian ethics today: The Singapore challenge*. Singapore: Federal Publications.

Valtorta, M. (1956). *Il Poema Dell'uomo-Dio. M. Pisani*. 안응력 역(1990). 하느님이시요 사람이신 그리스도의 시. 서울: 크리스챤 출판사.

Vidmar, J. (2014). New dimensions of understanding of lifelong learning from antiquity to Comenius. *Review of European Studies, 6*(3), 91−101.

Vingren, G., & 맹용길(1975). 루터의 소명론. 서울: 컨콜디아사.

Wain, K. A. (1985). Lifelong education and philosophy of education. *International Journal of Lifelong Education, 4*(2), 107−117.

Wallace, R. S., & 나용화(1988). 칼뱅의 기독교 생활 원리. 서울: 기독교문서선교회.

Warnock, M. (1970). *Existentialism, Revised edition*. 이명숙 외 역(2016). 실존주의. 경기: 서광사.

Weber, M. (1905). *Die protestantische Ethik und der Geist des Kapitalismus*. 김현욱 역

(2016). 프로테스탄티즘 윤리와 자본주의 정신. 서울: 동서문화사.

Weischedel, W. (1971). *Der Gott Der Philosophen*. 최상욱 역(2003). 철학자들의 신. 서울: 동문선.

Wesley, J., 조종남, 김홍기, 임승안, & 한국웨슬리학회(2006). 웨슬리 설교전집. 서울: 대한기독교서회.

Whitby, C. (1919). *The Wisdom of Plotinus: A Metaphysical Study*. 조규홍 역(2008). 플로티노스의 철학. 서울: 누멘.

White, J. (1990). *Education and the Good Life*. 이지헌, 김희봉 역(2009). 교육목적론. 서울: 학지사.

Whitehead, A. N. (1929). *Process and Reality*(Gifford Lectures Delivered in the University of Edinburgh during the Session 1927-28). New York: Free Press.

Williamson, B. (1998). *Lifeworlds and learning*. Leicester: National Institute of Adult Continuing Education (NIACE).

Wilson, C. A. (1974). *Jesus the Master Teacher*. Baker: Grand Rapids.

Winston, D., & Dillon, J. (1981). *Philo of Alexandria: The Contemplative Life, the Gentiles, and Selections*. Ramsey: Paulist Press.

Withnall, A. (1986). *The Christian Churches and Adult Education*. Leicester: National Institute of Adult Continuing Education.

Wolfson, H. A. (1948). *Philo-Vol. 2*. Cambridge: Harvard University Press.

Wringe, C. (1988). *Understanding Educational Aims*. 김정래 역(2013). 교육목적론. 서울: 학지사.

Wyckoff, D. C. (1961). *Theory and Design of Christian Education Curriculum*. Philadelphia: The Westminster Press.

Yeaxlee, B. A. (1925). *Spiritual Values in Adult Education (2 vols)*. Oxford University Press.

Yeaxlee, B. A. (1929). *Lifelong Education*. Cassell: London.

찾아보기

내용

저자 소개

김향균(Kim Hyang Kyun)

khkws1268@naver.com

현재 순복음 대학원대학교 부총장으로 재직하고 있다.

중·고등학교 교사로서 청소년교육에 전념해 오던 중 교육의 궁극적인 지향은 사회복지라는 믿음으로 사회복지학을 공부하게 되었다. 청소년 교육 현장과 사회복지의 학문적 경험은 자연스럽게 평생교육의 중요성에 대한 인식으로 연결되었다. 아주대학교 대학원에서 평생교육과 인적자원개발 전공으로 박사학위(Ph.D.)를 취득하였으며, 순복음 총회신학교를 포함한 대학 및 대학원에서 사회복지 분야의 후학 양성에 힘을 쏟고 있다.

학회 및 학술지(*Andragogy Today*)에 발표한 논문의 주제와 마찬가지로 '배움의 의미탐구', '예수 그리스도의 성인교육사상', '기독교적 인성교육' 등을 연구하는 데 관심을 가지고 있다.

평생교육자로서의 예수 그리스도
기독교 평생교육사상
Jesus Christ as a Lifelong Educator
Christian Thoughts of Lifelong Education

2021년 3월 5일 1판 1쇄 인쇄
2021년 3월 15일 1판 1쇄 발행

지은이 • 김향균
펴낸이 • 김진환
펴낸곳 • (주) **학지사**
　　　　04031 서울특별시 마포구 양화로 15길 20 마인드월드빌딩
대표전화 • 02)330-5114　　　팩스 • 02)324-2345
등록번호 • 제313-2006-000265호

홈페이지 • http://www.hakjisa.co.kr
페이스북 • https://www.facebook.com/hakjisabook

ISBN 978-89-997-2374-2 93370

정가 20,000원

출판 · 교육 · 미디어기업 **학지사**

간호보건의학출판 **학지사메디컬** www.hakjisamd.co.kr
심리검사연구소 **인싸이트** www.inpsyt.co.kr
학술논문서비스 **뉴논문** www.newnonmun.com
원격교육연수원 **카운피아** www.counpia.com